José María Samper

Viajes de un colombiano por Europa

Tomo II

Barcelona **2024**
Linkgua-ediciones.com

Créditos

Título original: Viajes de un colombiano por Europa.

© 2024, Red ediciones S.L.

e-mail: info@linkgua.com

Diseño de cubierta: Michel Mallard.

ISBN tapa dura: 978-84-1126-575-1.
ISBN rústica: 9788498161557.
ISBN ebook: 9788498978681.

Cualquier forma de reproducción, distribución, comunicación pública o transformación de esta obra solo puede ser realizada con la autorización de sus titulares, salvo excepción prevista por la ley. Diríjase a CEDRO (Centro Español de Derechos Reprográficos, www.cedro.org) si necesita fotocopiar, escanear o hacer copias digitales de algún fragmento de esta obra.

Sumario

Créditos _____ 4

Brevísima presentación _____ 9
    La vida _____ 9

Primera serie _____ 11

Advertencia _____ 13

Dos palabras al lector _____ 15
    A monsieur le président de la Société d'Ethnographie Orientale et Américaine de
    France _____ 17

Introducción _____ 19

Parte primera. Suiza y Saboya _____ 23
    Capítulo I. De París a Ginebra _____ 23
    Capítulo II. Idea general de Suiza _____ 32
    Capítulo III. Ginebra _____ 48
    Capítulo IV. Los alpes saboyardos _____ 64
    Capítulo V. La hoya del alto Ródano _____ 77
    Capítulo VI. El cantón de Vaud _____ 84
    Capítulo VII. Vaud y Neuchatel _____ 94
    Capítulo VIII. El cantón de Friburgo _____ 108
    Capítulo IX. El cantón de Berna _____ 124
    Capítulo X. La región del Oberland _____ 138
    Capítulo XI. El cantón de Unterwalden _____ 151
    Capítulo XII. Los cuatro cantones _____ 163
    Capítulo XIII. Los pequeños cantones _____ 175
    Capítulo XIV. Zug y Zúrich _____ 192
    Capítulo XV. La hoya del Rin _____ 202
    Capítulo XVI. Travesía de Suiza _____ 212
    Capítulo XVII. Basilea y la Suiza _____ 217

Industrias	225
Religiones	226

Parte segunda. La región del Rin — **235**

Capítulo I. El gran ducado de Baden	235
Capítulo II. Algo de la Francia alemana	246
Capítulo III. Baden-Baden	258
Capítulo IV. Las ciudades badenses	267
Capítulo V. De Heidelberg a Francfort	275
Capítulo VI. Dos estados alemanes	282
Capítulo VII. El Rin	291
Capítulo VIII. La Prusia rineana	298
Capítulo IX. Del Rin a Lieja	306

Tercera parte. Bélgica — **315**

Capítulo I. La nación belga	315
Capítulo II. Lieja y el Brabante	322
Capítulo III. Amberes	329
Capítulo IV. Bruselas	338
Capítulo V. El país flamenco	345
Capítulo VI. La región marítima	355
Capítulo VI. De Ostende a París	362

Libros a la carta — **371**

Brevísima presentación

La vida

José María Samper Agudelo (1828-1888 Colombia. Honda, 31 de marzo de 1828-Anapoima, Cundinamarca, julio 22 de 1888).

Participó en la vida política, económica y social del siglo XIX en Colombia. Ejerció el periodismo, y escribió poemas, dramas, comedias y novelas. Fue asimismo, un viajero apasionado.

Primera serie
Al señor don Manuel Amunátegui, director de
«El comercio» de Lima

Este escrito, como la mayor parte de los que han salido de mi pluma en Europa, desde abril de 1858, debe su primera aparición a los estímulos generosos, a la ilustrada y desinteresada protección que le han dado, como propietarios y redactores de «El Comercio», usted y nuestro noble y malogrado amigo DON ALEJANDRO VILLOTA. Es «El Comercio» el que primero ha dado a luz las paginas incorrectas y frecuentemente improvisadas de este libro. Por lo mismo, a nadie mejor que a los perseverantes directores de ese diario —que defiende la libertad y difunde la semilla de la civilización en el suelo hispano-colombiano— les corresponde el modesto homenaje de esta obra. Acéptelo usted, mi fino y respetable amigo, en su nombre y en el de nuestro lamentado amigo VILLOTA, como un testimonio de alta consideración y gratitud profunda. Cada cual da de lo que tiene: hombre de corazón y escritor, lo mejor que puedo ofrecer a usted es mi cordial afecto y el humilde fruto de algunas de mis labores
    JOSÉ M. SAMPER. París, febrero 7 de 1862

Advertencia

La narración de mis Viajes comprenderá cuatro series, contenidas en cuatro volúmenes. La primera, que publico ahora, se refiere a la región del río Magdalena, en los Estados Unidos de Colombia (antes «Nueva Granada»), mi punto de partida, a la travesía del Atlántico, una parte de Inglaterra, muchos departamentos de Francia, y sobre todo España. La segunda, que va a entrar en prensa, comprenderá la descripción de Suiza, la Alemania del Rin, Bélgica y varios departamentos de Francia. La tercera abrazará las narraciones relativas a otra parte de Francia (la del Nordeste), y a Wurtemberg, Baviera, Austria, Hungría, Bohemia, Sajonia, Prusia, Hamburgo, Hanover, Hesse-Gasel y Holanda. La cuarta comprenderá la Gran Bretaña, Italia, y un estudio social comparativo de París y Londres y de la civilización europea.

Cada volumen irá provisto, como el presente, de un sencillo mapa indicativo de los itinerarios. Si, por algún inconveniente insuperable, no alcanzare a terminar mi publicación en París, la terminaré precisamente en Bogotá, en 1863. No debe olvidarse que el texto de este volumen ha sido escrito y publicado en 1859-60, y que por tanto es a esa época que se refieren todas las observaciones estadísticas, y otras de carácter más o menos transitorio

EL AUTOR

Dos palabras al lector
No sé el grado de estimación que puedan merecer de parte de muchos lectores las reflexiones de un viajero que, desconocido fuera de su patria, emprende su peregrinación desde el corazón de las selvas colombianas hasta el centro de estas viejas sociedades europeas, repletas de recuerdos, grandiosos monumentos y amargos desengaños. Amante de contrastes y siempre solicitando la verdad, he dejado mi dulce patria de libertad y de esperanzas, la tierra de las montañas colosales, de los valles espléndidos, de las cataratas, las selvas, los espumantes ríos, las altas cimas coronadas de nieve, los perfumes, los ecos misteriosos, las soledades, los tesoros de luz y de armonía y la pompa inagotable de esa naturaleza que resume en su seno toda la poesía y todas las maravillas de la creación! Todo eso se queda atrás: todo eso es Colombia, escondida bajo el manto de conchas y coral, de luz y de misterio que le extienden el Atlántico y el Pacífico... ¿Y por qué dejar tan lejos todo ese mundo que se adora? Es que el demócrata de Colombia necesita nutrir su espíritu con la luz de la vieja civilización y fortalecer su corazón republicano con las severas enseñanzas de una sociedad ulcerada profundamente por la opresión y el privilegio. Es que la verdad no se adquiere completa sino por comparación, y el espíritu debe abrazar la vida de los dos continentes que trabajan de distinto modo en la obra de la civilización. Es preciso asistir a este torbellino que conmueve al mundo europeo, en busca de la luz, de la ciencia, del refinamiento del arte, de las maravillas de la industria, y de todo este conjunto de esfuerzos admirables que constituye la obra del progreso. Es preciso contemplar el espectáculo de esta sociedad en recomposición, que bulle, que se agita y se preocupa, empeñada por resolver el problema del bienestar, luchando entre las tradiciones del absolutismo y las aspiraciones hacia la libertad.

El contraste es grandioso y merece un estudio bien esmerado. En Colombia, las sencillas escenas de la democracia, el misterio solemne, la soledad y el espectáculo sublime de la naturaleza en todo el esplendor de su pompa y su grandeza. En Europa, las intrigas de las aristocracias, la luz de la ciencia, la población exuberante, y el arte levantado hasta las más prodigiosas proporciones. Si Colombia es la tierra del porvenir, de la esperanza y de la idea; Europa es el mundo de lo pasado, de los recuerdos y de los hechos. Comparar esos dos mundos, analizando el organismo y la fisonomía de la civilización en cada uno de ellos, tal es la tarea del viajero. Por mal que desempeñe mi parte de labor ¿no he de esperar, pues, que algunos de los lectores del Nuevo Mundo se asocien a la investigación que uno de sus hermanos viene a hacer sobre el terreno de donde partió, con los horrores de la conquista, la civilización semi-feudal que se nos infiltró? ¡Feliz el viajero que, animado del más profundo sentimiento de amor hacia su familia predilecta de las regiones de Colombia, pudiera encontrar en su peregrinación tesoros de verdad que ofrecer a sus hermanos! Asistir día por día, hora por hora, a este flujo y reflujo de las instituciones y de las costumbres, de la literatura, de la ciencia y de la industria, que se revela en admirables monumentos, en suntuosos museos y ricas bibliotecas, en los ferrocarriles y telégrafos, en las fábricas de enorme o de ingeniosa producción, en las academias y universidades, en las exposiciones y los congresos internacionales, en las imprentas y los gabinetes artísticos, en las escuelas populares, en los institutos de beneficencia y de penalidad, en la administración de la justicia bajo diferentes formas, en los puertos, los diques y canales, en los teatros de todo género, en los lugares públicos destinados al servicio de la ciencia y del buen gusto, en los Bancos, las Bolsas y las asociaciones, y en todo lo que puede representar un progreso, una tradición, una organización social o un hecho característico; asistir a este movimiento, repito, es contemplar de bulto la obra de la civilización, es alimentar simultáneamente los sentidos y el alma. Ensayaré, pues, haciendo un esfuerzo por llenar esa tarea que será la historia de mi peregrinación

A monsieur le président de la Société d'Ethnographie Orientale et Américaine de France

MONSIEUR, Désirant vivement donner à la savante Société dont vous êtes le digne président, un témoignage de ma reconnaissance et de mon attachement, j'ai l'honneur de vous prier d'accepter la dédicace que je suis heureux de faire à la Société d'Ethnographie, du second volume de mes «Voyages en Europe». Veuillez accepter aussi, mon savant et respectable collègue, l'assurance de ma considération la plus distinguée.

JOSÉ M. SAMPER.

Paris, le 1er juillet 1862.

Introducción

La buena descripción de un viaje, aunque requiere ciertas condiciones poco vulgares, es un trabajo menos laborioso de lo que generalmente se piensa. Pero viajar, o «saber viajar» es un arte más delicado y difícil de lo que a muchos parece. Cuando se viaja puramente por gozar y sacudir el fastidio, no se hace otra cosa que vagar en un país o vegetar moviéndose. El pseudo-viajero, impelido por una curiosidad sin consecuencias, se parece entonces a la hoja que flota en el torbellino de un huracán, sin tendencia propia ni significación.

El viaje es un arte complejo de investigación metódica al mismo tiempo que de «capricho inteligente». Él requiere, por una parte, cualidades de viva impresionabilidad, imaginación poética, severo criterio, curiosidad de observación y libertad de espíritu, conjuntamente; y por otra, tiempo, dinero, paciencia, conocimiento de las lenguas y ciertas ventajas aplicables al país que se visita.

Por eso, al emprender una serie de «excursiones», más bien que «viajes», en Europa, he comprendido bien, sin alucinarme, las desventajas de mi posición personal. Colombiano de nacimiento, aunque cosmopolita por mis convicciones, le pertenezco ante todo a mi patria colombiana, de la cual no puedo estar por largo tiempo ausente. Pero ansioso de buscar la verdad, siguiendo y comparando el movimiento vario de los pueblos más adelantados en civilización, he tenido que conciliar dos necesidades igualmente imperiosas. No pudiendo disponer de más de cinco años en Europa, he tenido forzosamente que reducirme al estudio atento de las dos sociedades más adelantadas —Francia e Inglaterra—, y en cuanto a las demás, hacer rápidas excursiones que me permitan palpar y comprender apenas los hechos más característicos y sobresalientes, las formas o los fenómenos más visibles de la civilización europea. Es del conjunto de esas grandes formas que un hijo del Nuevo Mundo, ansioso de luz pero sin experiencia, puede obtener la noción sintética del giro y de la índole de esa civilización.

Si hubiera de dirigirme a lectores europeos, o no escribiría la relación de mis modestos viajes, o habría procurado darles a estos otras proporciones, trazándome un método que me permitiese emprender estudios de alguna seriedad o trascendencia, dentro de la medida de mis débiles fuerzas. Pero no: viajo por mi patria, es decir con el solo fin de serle útil, y escribo para mis compatriotas y hermanos los hispano-colombianos. He creído que lo que importa más por el momento no es profundizar ciertos estudios, sino vulgarizar o generalizar nociones. A los pueblos de Hispano-Colombia no les ha llegado todavía el momento de los estudios fuertes, por la sencilla razón de que la inmensa masa popular no tiene aún la noción general del progreso europeo. Hasta tanto que esa masa no haya recibido la infusión elemental de luz y fuerza que necesita para emprender su marcha (porque hoy no se «marcha» sino que se anda a tientas) el mejor servicio que se le puede hacer es el de la simple vulgarización de las ideas elementales. Después vendrá el tiempo de los trabajos laboriosos y profundos.

La inmensa mayoría de los hispano-colombianos no conoce, por falta de contacto íntimo con Europa, los rudimentos o las verdaderas condiciones del juego general de la política, las letras, la industria, el comercio y todos los grandes intereses vinculados en Europa. De ahí provienen graves errores de apreciación, de imitación o de indiferencia, que se revelan en la política, la literatura, la legislación y las manifestaciones económicas de Hispano-Colombia.

Desvanecer, si puedo, esos errores, dándole a la expresión de lo que me parece la verdad las formas simpáticas de lo pintoresco y el atractivo de una rápida, fiel y animada narración, tal es el objeto de estas páginas de impresiones.

Hasta ahora no han llegado a Colombia, relativamente a Europa, sino dos géneros de escritos: o «memorias» novelescas, escritas con un fin de especulación literaria, como las de Alejandro Dumas y muchos otros escritores franceses, que desnaturalizan las cosas, a fuerza de ingenio, exageración y fantasía, y prescinden de los hechos «sociales», ocupándose solo de lo pintoresco y divertido; o estudios especiales y científicos, que presuponen el conocimiento de las situaciones generales. El primero de esos géneros de narración o de estudio es pernicioso en Colombia, porque propaga las más falsas nociones. El segundo es incompleto y árido, incomprensible para los que no conocen la fisonomía general del país de que se trata.

Mi proceder, como narrador de rápidas y modestas excursiones, es muy sencillo: consiste en no dejar en olvido nada de lo que he observado, o mirado siquiera, interesante por algún rasgo característico; y en no inventar nada, sino relatar con candor cuanto me ha impresionado por cualquier motivo, manteniendo en la exposición de todos los pormenores, por variados que sean, la armonía de la verdad, de lo bello y lo útil, de lo natural y social. Es así como surge de la narración la imagen compleja de un país, semejante a una fisonomía humana en que se ven armonizar diversas formas: el ojo ardiente y luminoso, que revela un espíritu; la boca palpitante, que respira pasión, y la protuberancia huesosa o muscular, donde reside una fuerza.

Aun limitando mis viajes a humildes proporciones, he querido seguir cierto método. Primero Francia, el gran foco de la civilización moderna, de donde irradia toda inspiración fecunda, en el vasto grupo de sociedades que tuvo su punto de partida en la civilización latina. Enseguida España, el país análogo, la fuente europea de las repúblicas hispano-colombianas. Después la Confederación Helvética, cuya constitución política corresponde en sus formas generales a las de mi patria natal. Luego Alemania, Bélgica y Holanda, donde se asiste, en la primera, a la lucha de instituciones y civilizaciones distintas, revelando una grande y laboriosa transición; o se ven en dos pequeños y prósperos Estados los efectos de la libertad política y civil. Más tarde he estudiado ese gran pueblo de tan peculiares condiciones —la Gran Bretaña—, que resume en su genio y sus manifestaciones lo que hay de más cosmopolita, de más industrial y vigoroso en el juego complicado de la moderna civilización. Al fin le llegará su turno a Italia, el país de los grandes recuerdos y de los refinamientos del arte, que representa hoy la aspiración esencial del siglo: la idea de la «unificación». Y por último, al dejar a Europa, iré a observar las modificaciones profundas que le ha impreso a la vieja civilización europea ese pueblo formidable de colonizadores del Nuevo Mundo, que se llama la Unión Americana.

Suiza me picaba vivamente la curiosidad por sus especialidades, que la hacen tan singular e interesante en Europa. Su topografía y composición geológica, su sistema hidrográfico y sus neveras colosales y vastísimas, le dan la prioridad de interés en el estudio de esa maravillosa historia del progreso de la Creación o de la fisiología del globo, escrita en grandes y pequeños caracteres en las rocas aglomeradas en el transcurso de millares de siglos, por una serie de revoluciones naturales de la materia orgánica, para ofrecerle al hombre la base de su imperio divino. Las admirables hermosuras de ese inmenso archipiélago de montañas, lagos y nevados que se llama Suiza, excitaban en mí esa irresistible inclinación hacia lo bello, lo grandioso y poético, que eleva el sentimiento y le da expansión al alma, haciéndole admirar, con éxtasis o arrebato alternativamente, las obras del Inefable Artífice.

Además, yo sentía un vivo deseo de conocer, siquiera fuese someramente, la manera como funciona el espíritu democrático en la sola «república» importante de Europa, enclavada en el corazón de este viejo mundo de tradiciones formidables y rodeada de poderosas monarquías y aristocracias. Quería observar la yuxtaposición de dos razas que pasan por antagonistas —germánica y latina—, esta representada por los cantones franceses e italianos. Quería inquirir ese movimiento ascendente de asociación que, comenzando en la «familia», se condensa en el «Distrito», enlaza los distritos en el «cantón» o Estado, y fortifica a los cantones en la liga de la «Confederación». Quería buscar el secreto de esa prosperidad que hace de Suiza, relativamente a sus proporciones, el país más activo y poderoso por su producción. Quería, en fin, darme cuenta de la relación en que se hallan respecto de la civilización dos de las tres grandes comuniones cristianas de Europa (protestantes y católicos) colocadas frente a frente y en íntimo contacto y lucha permanente, en el terreno común de la libertad federal.

Mis esperanzas no fueron frustradas. En cuanto era dable obtener nociones importantes, mediante una incompleta y rápida excursión, pude sacar en consecuencia esta convicción: el estudio atento de la Confederación Helvética es el que, por las condiciones múltiples y peculiares de ese país, puede ofrecer las pruebas más perentorias en favor del principio de libertad y justicia, o de justicia en la libertad, como la base de toda civilización fecunda en progreso y bienestar. Tengo la confianza de que algunas de las páginas de esta narración, sinceramente verídica, justificarán esa convicción.

Parte primera. Suiza y Saboya

Capítulo I. De París a Ginebra
La Francia centro-oriental. Los paisanos franceses. Las campiñas bresanas. La vuelta del vencedor

El Sol de julio doraba con sus tibios y alegres rayos matinales los pabellones de las magníficas arboledas, las cúpulas y torres de los altos monumentos y el enjambre desigual de los techos de pizarra, que se destacaban sobre las plazas y calles todavía silenciosas de París. Apenas comenzaba a despertar la ilustre metrópoli de su sueño de estío, cuando entrábamos a la inmensa estación o embarcadero del ferrocarril que conduce a Lyon y el Mediterráneo. Tal debía ser nuestra vía para penetrar a Suiza por el lado meridional, y visitar la Saboya del norte, país pintoresco, montañoso y esencialmente estratégico que después ha sido el objeto de una complicación para la diplomacia europea.

Al subir a un vagón del tren, mi esposa me decía con dulce confianza: «Por fin vamos a visitar ese país de las montañas y los lagos, el padre de casi todos los grandes ríos del continente europeo. Eso nos producirá emociones que nos harán evocar a cada momento la imagen querida de la patria»...

La vía férrea, en su primera mitad, era la misma que yo había tomado, algunos meses antes, para ir a España, y debíamos seguirla hasta Macón, torciendo de allí hacia el este, en dirección al Ródano central y Ginebra. Teníamos que atravesar algunos de los departamentos más vinícolas de Francia y, en las cercanías del Ródano, después de cortar la estrecha hoya del «Ain», una comarca pintoresca, entrecortada por los estribos y contrafuertes más meridionales del Jura. Aquellos departamentos, surcados por la vía férrea en extensión muy desigual, eran:

El del «Sena», con 1.727.000 habitantes, cuyas siete octavas partes constituyen la población de París;

El de «Sena y Marna» con 341.000, que tiene por capital a la graciosa y pequeña ciudad de Melun.

El del «Yona», con 368.000, que cuenta algunas villas y ciudades bastante industriales, como Auxerre (la capital), Sens, Joigny, Tonnerre, etc.

Después la vía sale de la hoya del Sena para pasar a la del Saona, de modo que se sirve sucesivamente del curso de valles que se inclinan, en opuestos sentidos, hacia el canal de la Mancha y el Mediterráneo. De esa manera el ferrocarril sigue por los departamentos de:

La «Costa de oro», con 386.000 habitantes, centro principal da la antigua Borgoña, teniendo por capital a Diyon («Dijon»), ciudad tan interesante por sus monumentos y su historia como por su movimiento social.

El de «Saona y Loira», con 575.000 almas, no menos importante que el anterior por sus vinos, y cuya capital es Macón.

Por último, el del «Ain», con 370.000 habitantes, capital la ciudad de Burgo o Villa («Bourg»), antiguo centro administrativo de la provincia de «Bresa» («Bresse»); comarca que se extiende entre el Saona, el Ródano y las montañas del Jura, partiendo límites con los cantones helvéticos de Ginebra y Vaud y la alta Saboya, o Saboya septentrional, hoy departamento francés.

Quiso la fortuna que nuestro primer día de viaje fuese favorable al natural deseo de recoger impresiones, siquiera fuese al pasar. Aguardábase al emperador de los franceses, quien volvía de su campaña de Italia, ese episodio extraño, grandioso por sus formas y contradictorio en su objeto y resultados. Napoleón III venía de Italia vencedor y vencido al mismo tiempo: vencedor en las batallas; vencido después en el terreno diplomático, caliente todavía la atmósfera con el fuego terrible de «Solferino». Pero los pueblos, que jamás juzgan la política sino por las apariencias —sobre todo los que tienen la candidez campestre—, no sabían de la guerra de Italia sino dos cosas: que los franceses, sus compatriotas y hermanos, se habían batido heroicamente, según su costumbre, y eran los vencedores, y que su jefe, el emperador, volvía a recibir las ovaciones del triunfo.

Donde quiera, desde Macón hasta adelante de Bourg, se veían los más curiosos grupos de paisanos, resaltando en los cuadros pintorescos y risueños de las pequeñas poblaciones o las estaciones del ferrocarril, rodeadas de enanos sauces de ampuloso follaje, huertos y jardines, viñedos escalonados en las faldas de las colinas, lucientes praderas y plantaciones de cereales. Se veía bien que las autoridades habían trabajado con actividad en preparar recepciones oficiales con honores de «populares», como acontece donde quiera. En toda la línea se ostentaban bosques de banderas, arcos de triunfo, alegres y vistosos pabellones, escudos de armas y trofeos, inscripciones y medios de iluminación. Aquello nada tenía da curioso, porque era artificial: era una fiesta de subprefectos y alcaldes principalmente. Lo que llamaba la atención era el largo cordón de grupos de paisanos, llenos de curiosidad, impacientes pero joviales, a veces burlones, que hacían estallar sus estentóreas carcajadas al derredor de las estaciones de la línea.

A cada trecho veíamos, bajo los sombreros de fieltro burdo, o de paja amarilla y anchas alas, fisonomías femeninas bastante graciosas, con ese color vago del tipo de la Francia centro-oriental, que no es ni el rubio delicado de Picardía y Normandía, ni el suave sonrosado de las alturas jurásicas, ni el moreno picante de las gentes que pueblan las comarcas meridionales de Francia. Donde quiera también nos interesaba la robustez del campesino, su rusticidad mezclada de buen sentido y astucia, sus movimientos desembarazados y su insaciable y cándida curiosidad. Y todo eso realzado por cierta originalidad de vestidos que, sin tener la gracia de los alpestres y meridionales, ni la curiosa extravagancia de los bretones, normandos y alsacianos, nos revelaban una tendencia notable hacia las combinaciones pintorescas.

Al pasar o detenerse el tren que nos transportaba, estallaba en cada uno de esos numerosos grupos de paisanos un «hurrah!» borrascoso, por vía de saludo, y no faltaban quienes, queriendo sazonar algún chiste del vecino, exclamaban por este estilo:

—¡Eh, señor maquinista!, dígale usted a Su Majestad que se dé prisa!

—¡Bah, gaznápiro!, ¿quién te ha dicho que Su Majestad corre como el chorro de tu molino?

—¡Diantre, si se hace esperar!

—¡Si así se portara el Recaudador!...

—¡Que nos sirvan refrescos mientras viene! —gritaba otro más atolondrado.

—¿Y si no viene?

—Será más largo el refresco.

—¡Sí; comeremos más! ¡El emperador pagará todo!

—¡Viva el emperador!

Más adelante, al ver que llegaba nuestro tren, un paisano poco erudito en geografía y otras cosas, gritó con todos sus pulmones:

—¡Bravo! viva el emperador!

—¡Bruto! —le dijo uno de los compañeros—, ¿no ves que ese tren viene de París?

—Y ¿qué me importa eso, si me han encargado que grite cuando llegue el tren?

—También podía ser de carbón o leña, y serías capaz de tomarlo por el tren imperial...

—Aguarda un poco, Ruanillo —añadió otro—; ya tendrás ocasión de gritar y dejar contento al alcalde.

En otra estación, al notar que renovaban el agua en las calderas de la locomotiva, un paisano mazorral observó:

—¡Diantre, hasta la máquina bebe, mientras que yo estoy a seco!

—Ella bebe a la salud de la compañía —dijo un chusco—, aludiendo a los viajeros del tren.

Y cada cual agregaba una tosca chanzoneta o un retruécano del más rústico ingenio. A este propósito me permitiré una digresión respecto del tipo social en escena.

El paisano francés tiene cualidades muy características que le hacen digno de atención. Más tarde tuve ocasión de observarlo así en varias excursiones hechas a los departamentos del centro y del oeste, y en las escenas semi-campestres de las cercanías de París. Curioso y desconfiado por igual, todo le llama la atención, pero lo observa todo con cautela y recelo. Detesta o teme la guerra, pero se encanta con las escenas militares, por lo que tienen de pintoresco y sorprendente, porque en el fondo de su carácter esencialmente conservador, reacio al progreso y apegado a las tradiciones, hay cierta veleidad de novelería que le tienta a inquirir en las poblaciones todo lo que tiene el sello de lo desconocido, o que es superior a los alcances, los hábitos y las nociones que implica la vida campestre.

A la desconfianza y la curiosidad se añaden en el paisano francés (de las regiones no montañosas) un rasgo que es común a todas las clases del país —el genio burlón y epigramático—, y dos más que le son peculiares al hombre del campo: cierto instinto «diplomático», y una tendencia enérgica hacia la propiedad territorial. Su inteligencia es lenta en la comprensión de las cosas y carece de la soltura y ardentía que provienen de la imaginación. Pero él sabe «rumiar» una idea, revolverla, pesarla y «digerirla» con calma y malicia, y acaba siempre por trazarse un plan en cuya ejecución persiste con invencible tenacidad.

Cuando se le hace una proposición, por halagüeña que sea, vacila un momento, guarda silencio con aire cazurro, se rasca una oreja y acaba por decir: «Compadre, lo pensaremos». Ninguno le arrancará jamás una resolución improvisada o una respuesta categórica por sorpresa. Pero una vez que reflexiona y se forma una idea fija y clara —buena o mala—, no hay razonamiento ni objeción que le desvíe de su propósito. A toda réplica responde, tocándose la frente con el índice de la mano derecha:

—«Compadre, tengo otra cosa aquí adentro. Será como usted dice, pero yo tengo mi idea.»

Ello es que la lentitud de espíritu del paisano francés tiene su compensación en la malicia calculadora, la desconfianza, casi más intencional que instintiva, y el conocimiento práctico de sus intereses individuales. No hay tipo más personal, más individualista que el paisano francés. Él no comprende los hechos ni los intereses colectivos, sino los que afectan íntimamente a su hogar. Si el trabajo, el hábito de los negocios y las relaciones de vecindad le permiten penetrar la situación económica o doméstica del vecino, se guarda bien de darle consejos, o de justificar, con la injerencia en las cosas ajenas, la de cualquier otro en las suyas propias.

En esto los hábitos del paisano son diametralmente opuestos a los del obrero de las ciudades, en quien el instinto de sociabilidad, fuertemente estimulado por el medio en que vive, favorece mucho la comprensión de las cosas colectivas. El paisano, desentendiéndose de lo que preocupa a los vecinos de la cabecera del distrito, calcula y considera a su modo lo que se relaciona con su terruño, su mercado, su feria y sus contribuciones. A eso se reducen toda su política y su economía social.

Sabiendo que el Cura, el Alcalde y el Recaudador de contribuciones son tres fuerzas o personas distintas que forman una sola potencia verdadera para dominar el distrito, la diplomacia del paisano consiste en lisonjear, a esas tres entidades, vivir en buena armonía con ellas, ocultarles los recursos de que dispone y dejar que ruede la bola del vecino, sin inquietarse por nada. Su egoísmo es tan calculado como su diplomacia, porque llegado el momento de hacer bien, sabe mostrarse caritativo y consagrado sin ostentación. Pero como el círculo de su actividad es tan reducido, maneja sus intereses con acierto y permanece en la más completa inmovilidad de relaciones y hábitos.

Adherido al trabajo y la tierra por necesidad, sus operaciones son de un positivismo estrecho. El paisano se dice: «Mi hijo ha de ser paisano como yo; poco importa que no aprenda a leer ni escribir, con tal que sepa ganar dinero y tenga fortuna». Así, lejos de enviarle a la escuela, le asocia a todos sus trabajos, le hace siervo del «campo» y del arado, y le trasmite rigurosamente sus preocupaciones y costumbres.

Su manía consiste en adquirir propiedad territorial o aumentarla que tiene, aunque el producto de la tierra sea muy inferior al de las especulaciones o la industria; sin perjuicio de reservar la suma necesaria para rescatar al hijo mayor de la conscripción militar. Dominado por esa idea fija, se hace económico y avaro, imponiéndose mil privaciones y atesorando franco sobre franco y escudo sobre escudo. El paisano sabe esperar la buena ocasión, disimulando su tesoro. Cuando llega el momento de una compra ventajosa se sirve de toda su diplomacia para reunir a su fanega de tierra[1] otra contigua, y otra y otras, sin satisfacerse nunca.

Su sueño constante de ser propietario de tierra no corresponde a una verdadera aspiración a gozar de los productos del suelo dándose comodidades: él busca en la tierra una consideración que le satisfaga su vanidad personal y de familia, y una seguridad tangible contra toda catástrofe, como guerra, hurto, dilapidación o cosa semejante. Su frase favorita expresa bien su convicción: «El viento arranca las mieses en ocasiones, pero nunca se lleva la tierra».

De algunos años acá el paisano francés está pasando por una crisis peligrosa, especie de fiebre que domina sobre todo a la juventud campesina. La noticia de los altos salarios que obtienen en las grandes ciudades manufactureras o comerciales ciertas clases de obreros, ha conmovido profundamente a los paisanos proletarios, inspirándoles el deseo ardiente

---

1   El paisano francés no calcula nunca por «hectaras», sino por fanegas, «arpents».

de mayor lucro. Para ellos cada gran ciudad ejerce la misma atracción fascinadora que la fabulosa California, de 1848 a 1853, para los emigrantes europeos. De ahí esa constante emigración de paisanos de todas las campiñas de Francia, que abandonan sin pesar sus risueños valles, sus pacíficas llanuras y montañas por aglomerarse a centenares de miles en las sombrías e insalubres callejuelas de las grandes ciudades manufactureras: París, Lyon, Roan, Lila, Estrasburgo, Mulhouse, San Esteban, Marsella y Burdeos.

Y cosa rara! lo que preocupa a los paisanos al ceder a esa corriente de concentración, no es en realidad la aspiración clara y precisa a mejorar de condición adquiriendo más bienestar positivo. Lo que les tienta, lo que les impulsa es el deseo de la mayor «ganancia», de obtener más alto «salario», sin cuidarse de las consecuencias ni averiguar si ese salario elevado de las ciudades manufactureras, debiendo satisfacer mil necesidades facticias y gastos muy considerables, es realmente superior, en el centro de fabricación, al salario modesto pero suficiente que ofrecen los trabajos agrícolas. Como quiera que sea, la manufactura ha revolucionado la vida del paisano francés, y las condiciones de su existencia íntima y social van sufriendo profundas modificaciones.

A las manufacturas se une la conscripción militar, como una causa de perturbación, exagerada en extremo por las exigencias de la política. Cada año salen de los distritos (ciudades y campiñas) cerca o más de 100.000 conscriptos que van a reemplazar a otros 100.000 en el servicio de las armas. Pero de los reemplazados una gran porción se queda en las ciudades (sin contar los que han sucumbido bajo el uniforme), de manera que la sangría militar de todos los años no tiene compensación. En cuanto a los que vuelven, su transformación ha sido completa, y su regreso a las campiñas produce una infusión de bienes y males que modifica mucho los hábitos y las nociones de los que no han salido jamás de la comarca. Por una parte, el soldado licenciado, suponiendo que vuelva sano y cabal, trae los hábitos de mando altivo o de obediencia servil, las tradiciones de la taberna militar, las costumbres y el lenguaje libre de los cuarteles y campamentos, el desprecio por el trabajo pacífico y la tendencia a la holgazanería y las querellas ruidosas. Por otra, su espíritu se ha ensanchado con el contacto del mundo, sus nociones sociales son más claras y extensas, sabe leer y escribir pasablemente, ha olvidado algo su patué provincial detestable, y trae en el corazón los sentimientos de la patria, del honor y de la valentía, fuertemente desarrollados por el espectáculo a que ha asistido durante algunos años como actor y espectador al mismo tiempo. ¿Será mayor la suma de los males que la de los bienes? Tendré ocasión de tratar este asunto al escribir mis observaciones generales respecto de Francia y las particularmente relativas a París. Que el lector me disimule entretanto esta digresión, de que no he podido prescindir.

Al dejar la estación de Macón, siguiendo la dirección hacia los contrafuertes meridionales del Jura, al través de los departamentos de Saona y Loira y Ain, el paisaje comenzó a presentar un aspecto más risueño y hermoso que el de las llanuras burguiñonas. En vez de esas planicies desnudas, ligeramente interrumpidas por colinas graníticas o pedregosas, sin majestad ni riqueza de tintas en la vegetación, se extendía hacia el Oriente un inmenso plano inclinado, onduloso, reluciente de verdura y de contornos pintorescos que, dilatándose en escalones de suaves faldas ascendentes, iba a encuadrarse en el marco magnífico de las montañas de poderosa caliza que forman las abruptas serranías paralelas del Jura.

Donde quiera los frescos vallecitos, las alegres faldas y lomas arrugadas y los planos sucesivos ostentaban su vegetación multiforme y de variados matices, a la luz mate del Sol poniente. Vastas plantaciones de viñedos y cereales se encuadraban en los ondulosos pliegues del terreno, orillados en sus bordes superiores por las espesas arboledas de abetos o las franjas de abedules y los relieves severos de las altas rocas o barrancas, que sirven de asiento a los estribos de los primeros contrafuertes jurásicos. El tren tocó en la ciudad de Bourg, localidad de unos 11.000 habitantes, sin importancia, y al pasar pudimos ver, destacándose sobre el fondo poco lejano de las montañas, las torres de la iglesia gótica de «Brou», monumento magnífico que es uno de los más acabados y de gusto más delicioso que cuenta Francia entre sus numerosos templos de la edad media.

Poco después, cuando habíamos salvado por un hermoso puente el río «Ain», afluente del Ródano, y la noche cobijaba ya con sus vagas sombras el bello paisaje de las campiñas bresanas, el tren se lanzó en un laberinto de estrechos y profundos callejones formados por vallecitos muy tortuosos que sirven de lecho a un limpio riachuelo. El ruido de la locomotiva y los carruajes resonaba ronco y estridente entre las dos filas de altos murallones de caliza, salpicados de matorrales y bosquecillos de abetos, que encajonan aquella sucesión de vallecitos, dándoles la forma de tortuosas calles y románticas encrucijadas. En el fondo, bajo numerosos puentes o casi escondido al pie de las rocas y la vegetación, serpenteaba el riachuelo. De trecho en trecho, al voltear los recodos de la vía, veíamos algunos pobres pueblecitos, trepados en caprichosos anfiteatros sobre las faldas empinadas, a la vera del camino, o sobre los relieves abruptos de las rocas que dominan las angosturas.

Al cabo la oscuridad fue completa, y después de cortar la cadena de bajas montañas que liga al Jura con los Alpes de la baja Saboya, nos hallamos en el angosto valle del Ródano central que debíamos orillar hasta Ginebra. En medio de las tinieblas solo se sentía a veces, confusamente, el ruido casi subterráneo del Ródano, estrechado entre peñascos formidables y aun escondido en cierto trecho en abismos que nadie ha podido sondear; ruido que se perdía, como la voz grandiosa de la naturaleza, confundido con el del tren —la voz de la industria humana— en las lejanas concavidades del complicado laberinto de cerros.

El tren se detuvo largo tiempo en la estación de «Culoz» para darle paso (porque el ferrocarril es de una sola vía) a otro convoy que venía de Chambery. Algunos soldados, franceses y suizos, formados en grupos cerca de la estación, lanzaban tiros de fusil y gritos estentóreos de alegría que contrastaban con el silencio y la actitud reservada de algunos paisanos atraídos por la curiosidad. ¿Qué iban a buscar allí? Querían conocer a su emperador, detenido en la estación por algunos momentos para hacerles a sus fieles súbditos el raro honor de tomar un ligero refrigerio y dejarse contemplar un poco. Tuvimos ocasión de oír a un admirador maravillarse de que Su Majestad hubiese tomado un helado y dos o tres bizcochos (hubo disputas sobre si fueron dos o tres). Esa circunstancia inaudita (hablo con absoluta verdad y nada invento) le hizo exclamar a otro curioso entusiasta:

—¡Conque el emperador ha comido!...

—Pues; su Majestad come a veces, cuando quiere probar su benevolencia.

31

—¡Qué bondad, qué bondad!

Al fin la sombra gigantesca del tren imperial se movió y pasó casi tocando el nuestro, dejándonos ver en él fondo de un carruaje la figura del vencedor de «Solferino» y negociador de «Villafranca»... El silencio era completo; ningún grito estalló en medio de las sombras y el soberano se perdió en las tinieblas del valle.

Eran las once y media de la noche cuando, rendidos de cansancio, llegábamos a la activa y poética Ginebra, cuyas mil luces de gas se reflejaban admirablemente en la superficie murmurante de las ondas del Ródano y del lago Lemán.

Capítulo II. Idea general de Suiza
Configuración orográfica. Hidrografía. Historia de los suizos. Instituciones políticas. División general del país

La descripción social y pintoresca de un país es incomprensible cuando no se posee la idea general de su configuración y aspecto, de su historia, sus instituciones fundamentales y su división administrativa. Digamos, pues, con la mayor concisión posible, antes de comenzar la narración de nuestras impresiones, lo que es Suiza como territorio y nación.

Nada más difícil que determinar con absoluta precisión, siguiendo un sistema, el aspecto múltiple de ese admirable país, cuyos rasgos, de prodigiosa variedad, rechazan toda clasificación rigurosamente metódica. Suiza es un aparente caos de formaciones geológicas, orográficas e hidrográficas en que todo interesa y admira, todo tiene su carácter particular, y sin embargo todo se combina y multiplica maravillosamente. No hay dos valles, dos altiplanicies, colinas, montañas, picos colosales, gargantas, páramos, desfiladeros, ríos, lagos o nevados que se parezcan totalmente entre sí, entre innumerables formaciones análogas.

Imaginad por un momento un inmenso grupo o archipiélago terrestre compuesto de jardines lucientes de verdura y abismos de concavidad insondable y aterradora; de alegres huertos y rocas desnudas, formidables y sombrías que los dominan; de lujosos plantíos entrecortados por habitaciones campestres de imponderable gracia, al pie de coronas y guirnaldas seculares de negros pinos y abetos, ciñendo los ásperos relieves y las concavidades abruptas de cerros que parecen gigantes evocados en una pesadilla; de ciudades risueñas, industriosas y activas, donde abundan los bellos monumentos del arte y de la ciencia, y rústicos y solitarios caseríos encuadrados o perdidos en las profundidades de las selvas. Suponed ese archipiélago de mil formas en contraste, rodeado, cortado por laberintos de mil direcciones y por innumerables lagos azules y dormidos; mil cascadas caprichosas que se precipitan sobre los valles de lo alto de rocas tajadas y estupendas, en brillantes remolinos entre cuyas espumas vagan las gasas tornasoladas del arco iris; ríos saltadores o de pérfida mansedumbre, de color gris al pie de los nevados y de un azul transparente en las regiones bajas; bancos inmensos de hielo, ondulosos y resplandecientes de blancura, que parecen mares mediterráneos de cristal trepados sobre las montañas en momentos de grandes cataclismos, donde imperan el silencio, la soledad y la tristeza; vastas alfombras de verdura, frescas y matizadas de mil flores y tintas diversas, y en derredor barreras colosales de granito y caliza, en cuyas cimas se cierne el águila imperial o saltan el ciervo de enorme cornamenta y el gamo fugitivo por encima de los abismos; barreras que encierran tantas hermosuras, escondiéndolas a la vista del viajero que no penetra hasta el fondo mismo del laberinto. Suponed todo eso, repito, y tendréis apenas una idea muy vaga de las maravillas que contiene Suiza.

El habitante de Colombia que no ha viajado en Europa, no tiene idea de las formas de este continente, con solo imaginar valles y llanuras, lagos y ríos, bosques y praderas, montañas y mares. El aspecto de los paisajes es absolutamente distinto, aun en zonas análogas por su latitud o elevación, como es distinta la composición geológica de los dos continentes en su corteza exterior. En los Andes la hermosura principal está en la grandiosidad del conjunto, de los vastos panoramas, las inmensas selvas o pampas, más o menos desiertas o salvajes, que parecen océanos interiores, en contraste con estupendas cordilleras que siguen la coordinación general de un sistema. Allí los pormenores son poco severos, los relieves poco «acentuados» (permítaseme el neologismo) y el espectáculo de la naturaleza tiene cierta uniformidad imponente, a veces monótona, que agrada más de lejos que de cerca.

En los Alpes y las montañas que corresponden a su sistema irregular y trunco, la grandiosidad está más en los pormenores que en el conjunto; en el contraste de lo natural y social, que produce variedades infinitas; en la severa estructura de las rocas abruptas, las hoyas y ramblas estrechas y profundas, los abismos insondables, los picos desnudos en forma de agujas, las neveras fascinadoras y llenas de piélagos (de muy diversa composición que las colombianas), la multiplicidad de los lagos, y sobre todo la estrechez de los horizontes.

En Colombia se registra desde cualquier altura algún ancho valle, algún vasto anfiteatro de faldas sin violento declive, alguna selva inmensa, algún largo cordón de montañas en dirección regular, alguna pampa en cuyo horizonte luminoso y sin límites se pierde la mirada como en el Océano. En Europa todos los horizontes continentales, excepto los que es extienden hacia el bajo Danubio, son reducidos, y en cada panorama lo inmenso está reemplazado por todo lo que es saliente, condensado y enérgico. El mundo colombiano es un mundo de grandes rasgos y formas, de «síntesis» topográfica; el europeo, es un mundo de pormenores o «análisis».

Aunque pudiera decirse que Suiza no tiene en realidad sino dos formas generales, las montañas y las planicies, más o menos interrumpidas, es exacta la división que se hace del país en tres sistemas topográficos que se enlazan entre sí: la zona de los Alpes, la de las Planicies y la del Jura; la primera oriental, la segunda central y la tercera occidental. Las tres zonas giran en una dirección generalmente paralela de sur a norte. Pero es de notar una curiosa diferencia: mientras que las mayores alturas de los Alpes se hallan al sur, de modo que sus grupos y eslabones van decreciendo a medida que se acercan al norte, hacia el lago superior de Constanza, las cadenas regulares del Jura, derivadas de los Alpes saboyardos, son más bajas al sur y se elevan a proporción que se acercan al Rin en la dirección norte.

Partiendo límites con Francia al sur, por la Saboya septentrional, y al este, por los departamentos del Jura; con el gran ducado de Baden y los reinos de Wurtemberg y Baviera, al norte y nordeste; con Austria, por el Tirol, al este, y con Italia al sudsudeste, el territorio suizo mide 41.170 kilómetros cuadrados de superficie, 384 kilómetros de longitud extrema (del este al oeste) y 200 kilómetros de latitud, de sur a norte. La hoya o cuenca multiforme de Suiza está determinada por los Alpes y el Jura, montañas que, enlazadas al sur de Ginebra, no obstante la ruptura del Ródano, describen dos cuerdas irregulares, idealmente paralelas, cuyos extremos reposan al Norte, en cuanto a Suiza, en Schaffhouse y la punta superior del lago de Constanza, encerrando así todo el país.

Suponed dos ondas sólidas encadenadas, la una colosal, que al descender produce una vasta hoya sinuosa o quebrada en mil pliegues, y vuelve a levantarse adelante para reproducir su forma general en otra onda mucho menor, que al descender a su turno se disuelve en una serie de planos inclinados y llanuras, tal es la estructura de Suiza. La grande onda es la cadena de los Alpes que va descendiendo de oriente a poniente, como de sur a norte, en escalones despedazados y rugosos, para descansar en una hoya intermediaria, región de planicies y bajas montañas. Enseguida el terreno se levanta de nuevo hacia el occidente, también en escalones, forma las cadenas del Jura, y al llegar a los puntos culminantes desciende sobre Francia, en anfiteatros y planos inclinados, para perderse en los valles del Doubs y el Ain.

Los dos sistemas de montañas difieren en todo. En los Alpes no hay ni paralelismo de cadenas ni enlace alguno de formas regulares o sostenidas. Es una serie de seis grupos colosales ligados por ramificaciones tortuosas, despedazadas y revueltas, cuyos innumerables estribos y contrafuertes se desprenden en todas direcciones. De ahí provienen numerosos sistemas hidrográficos enteramente distintos y aun opuestos, que corresponden a las hoyas del Rin, el Danubio, el Po y el Ródano. En los Alpes el granito es el elemento casi único de las formaciones geológicas, y así como en la orografía falta la regularidad de formas y direcciones, en la estructura de las rocas son rarísimas las estratificaciones regulares y horizontales. Allí se encuentran los terribles ventisqueros, los páramos desiertos y sombríos, las neveras perpetuas de movimiento misterioso, tan vastas y grandiosas que algunas miden hasta 18 leguas de longitud en varias direcciones, abarcando más de la décima parte de la superficie del país. Las elevaciones son generalmente muy considerables, contándose muchas de 3, 4 y 4.500 metros sobre el nivel del mar. En esas cimas reina el invierno perpetuo, con más

35

rigor que en los polos; el hombre está proscrito de allí; la vegetación ofrece la más variada escala de gradaciones que es posible en la zona templada del hemisferio boreal.

Es de los Alpes suizos que surgen casi todos los grandes ríos de Europa, llevando la fecundidad y el movimiento a las comarcas más opuestas. El solo grupo complicado y maravilloso que, por un sistema de enlaces, se extiende desde el extremo oriental del «San Gotardo» hasta las alturas de «Sidelhorit» (pasando por «Matthorn» y «Gries», «Diechterhorn» y «Grimsel»), da origen a los siguientes ríos que toman las más opuestas direcciones:

Al sur, el «Tesino», el «Maggia» y el «Tosa» y «Toccia», que llevan sus aguas al lago «Mayor» y constituyen luego el caudal principal del Po.

Al sudoeste, el «Ródano», que va a llenar la cuenca magnífica del lago «Lemán» o de Ginebra, y sigue su curso por Francia hasta el golfo de Lyon.

Al oeste, el «Aar» o «Aare», que después de ensancharse en los lagos de «Brienz» y «Thun» y bañar a Berna y Solera (Soleure o Solothurn) desemboca en el Rin, entre Schaffhouse y Basilea.

Al norte, el «Reuss», río que alimenta al lago de los «cuatro cantones» (o de Lucerna), se escapa de esa cuenca en medio de la ciudad de ese nombre y va a engrosar el Aar, no lejos de la confluencia del «Limmat».

En fin, al nordeste, las fuentes del Rin, llamadas «Rin superior» y «medio».

No debe olvidarse que el cantón suizo de los Grisones le envía al Danubio superior su más importante afluente, el «Inn».

Así, pues, de los Alpes de Suiza nomás surgen las aguas principales que, por el Danubio, el Rin, el Ródano y el Po, llevan los aluviones del corazón de Europa hasta las hoyas lejanísimas del mar Negro y el del Norte, el Mediterráneo y el Adriático.

Las montañas del Jura tienen otro carácter. De ellas no surge ningún sistema hidrográfico importante; las neveras perpetuas faltan en sus cimas absolutamente; las formaciones de caliza reemplazan a las de granito; los grupos desordenados, complicados y muy abruptos no existen, sino que en su lugar giran tres cadenas de montañas paralelas y de extensión desigual: dos de ellas de 15 leguas cada una, y de 18 la que llega hasta Schaffhouse. La más alta cima del Jura no excede de una elevación de 1.720 metros sobre el nivel del mar, y el espesor total de las tres cadenas no pasa de 55 kilómetros; mientras que los Alpes tienen un espesor de 112 a 285 kilómetros. Por último, la vegetación del Jura es mucho menos variada, por el hecho de ser sus zonas menos numerosas y elevadas.

La región intermediaria o de la baja Suiza (formada principalmente por los cantones de Vaud, Friburgo, Berna, Solera, Lucerna, Zug, Zúrich, Argovia y Turgovia) se compone, como he dicho, de planicies ondulosas, vallecitos estrechos y poco profundos, planos inclinados y colinas, con una elevación sobre el nivel del mar que varía entre 250 y 390 metros, y algunas montañas cuya altura no excede da 975. Toda esa risueña y pintoresca región está muy poblada y cultivada, y tiene por marco, de un lado la línea occidental de los lagos Lemán, de Neuchâtel y de Biena y del bajo Aar, del otro la línea oriental que, partiendo del mismo lago Lemán y terminando en el superior de Constanza, gira por los de Thun, Brienz, Lucerna, Zug y Zúrich.

Puesto que he mencionado algunos lagos, diré algo más sobre el conjunto de los que tiene Suiza. El territorio de la Confederación contiene, en totalidad o en parte, dieciocho lagos de primer orden (aunque muy desiguales en extensión), nueve de segundo orden y más de sesenta de tercero, es decir casi microscópicos relativamente a los primeros. Casi todos los de primera clase son navegados por buques de vapor y barcas veleras; algunos solo son surcados por barquichuelos o canoas de remo insignificantes; el mayor número carece de toda navegación. La gran multitud de lagos de tercer orden se halla en los laberintos encumbrados de los Alpes, en las cabeceras de los ríos o al pie de las neveras. En cuanto a los de primero y segundo orden más importantes, se hallan distribuidos así:

En la hoya central del Ródano, el de «Lemán», el más considerable de todos.

En las hoyas cuyas aguas recoge el Tesino italiano, los lagos «Mayor» y de «Lugano».

En el curso del Rin, los pequeños de «Sils», «Siva Plana» y «Moriz», y los dos de «Constanza», de los cuales el superior es el segundo de la Confederación.

En la región occidental, al pie del Jura, los de «Neuchâtel», «Biena» y «Morat».

En la hoya del Aar central, los de «Brienz» y «Thun».

En las del Reuss y el Limmat y las planicies comarcanas, los de «Lucerna», «Wallenstadt», «Zug», «Zuric», «Baldeg», «Sempach», «Hallveil», «Greiffen», «Pfoeffikon», «Egeri», «Lowez» y «Sarnen».

De toda esa multitud de lagos, admirablemente bellos, cinco son internacionales: el de Lemán, que demarca límites con Francia (a virtud de la anexión de Saboya); los de Lugano y Mayor, que ligan a Suiza con Italia; el de Constanza superior, límite respecto de Austria, Baviera, Wurtemberg, y el gran ducado de Baden, y el de Constanza inferior («Unter-See») respecto del mismo Baden. Los demás lagos le pertenecen exclusivamente a la Confederación.

La circunstancia de hallarse Suiza en la zona templada, al mismo tiempo que posee tan altas montañas de la más variada configuración, le da la singular ventaja de tener, durante la primavera, el verano y el otoño, tres elementos de variedad climatérica y consiguientemente de vegetación, industrias, costumbres, etc. Las estaciones producidas a virtud de la latitud y las evoluciones del globo, son constantemente modificadas en Suiza, más que en ningún otro país de Europa, por la influencia de las alturas y la exposición de los lugares. De ese modo, el territorio suizo tiene tres temperaturas simultáneas de primer orden, determinadas por el Sol, la altura atmosférica y las corrientes de aire que descienden de las heladas montañas por los boquerones o gargantas estrechas.

Con excepción de los frutos vegetales exclusivos a la zona tórrida, en Suiza crecen al aire libre todas las plantas que pueden vivir desde la zona baja de las viñas hasta las regiones del polo boreal. He visto florecer en plena tierra, en las márgenes del lago Lemán, naranjos, granados y otros árboles frutales y arbustos que se obtenían con abundancia en Italia y España. No es, pues, extraño que Suiza sea tan pintoresca, ofreciendo los más variados paisajes de topografía y vegetación, desde el profundo valle y la ondulosa planicie hasta las agujas graníticas, negras y completamente abruptas, y las cúpulas de nieves eternas que se pierden en los abismos de la atmósfera, casi jamás holladas por el hombre.

Así, en los valles del Ródano, el Rin y sus afluentes y el Tesino, lo mismo que en las riberas de los lagos de la región central (particularmente en los de Lemán, Neuchâtel, Zúrich y Constanza) las viñas constituyen la base principal de la agricultura. A 200 o 300 metros más arriba, en las planicies montuosas y quebradas, los campos están cubiertos de legumbres, cereales, granos y hortalizas de todas clases, y árboles frutales en mucha abundancia, como el manzano, el peral, el albaricoque y el ciruelo. Se sube un poco más y aparecen los bosques de hayas o variedades de encinas, los matorrales interminables de avellanos silvestres y muchos otros árboles frutales resistentes, como el cerezo. Las legumbres escasean o faltan, los trigos no medran, reemplazados por el heno; todo va cambiando de aspecto. En otra zona superpuesta no viven sino las coníferas, es decir los pinos y abetos en increíble variedad de especies, y las malezas ásperas. Más arriba desaparecen esos pabellones sombríos de las altas montañas, dejando el campo casi exclusivamente a las gramíneas enanas, que se extienden hacia las cimas de las faldas en inmensas y tupidas alfombras. Encima está la región de los helechos enanos, líquenes y musgos de tintas pálidas o sombrías. Por último, toda vegetación desaparece, la vida termina bajo todas sus formas risueñas, las aguas se coagulan o se filtran para perderse en los abismos subterráneos, y no quedan sino, desiertos de granito y mares de hielo, donde solo se siente el grito estridente del águila o el mugido aterrador del huracán... En aquellas alturas el Sol mismo pierde frecuentemente su esplendor; la soledad de un eterno invierno impera sobre abismos insondables, que guardan en sus concavidades el misterio admirable de la fisiología del globo.

 Esa gran variedad de temperaturas y producciones simultáneas de la flora suiza, ha hecho nacer naturalmente muchos órdenes de industrias y costumbres, escalonados desde el fondo de los valles hasta las más altas eminencias habitables. Así, hacia las márgenes de los lagos y ríos encuentra el viajero activas ciudades fabricantes, manufactureras y comerciales, como Ginebra, Losana y Vevey, Neuchâtel, Lucerna, Zúrich, Basilea y Schaffhouse, y numerosísimos cultivadores de viñas y bateleros. En la región inmediata superior halla las bellas artes, las obras de mano delicadas, tales como los trabajos de relojería, escultura en madera, porcelanas, sombreros de paja, encajes y bordados, en Chaux de Fonds, Berna, Friburgo, San Gall, Appenzell, etc. Más arriba recorre la zona de los pintorescos «chalets», de las queserías, las praderas cubiertas de ganados, la vida y las costumbres apacibles del pastor. Por último, en la región más elevada, el fabricante y el batelero, el comerciante y el artista, el agricultor y el pastor han desaparecido totalmente; allí solo se ve al inglés extravagante que hace excursiones a los nevados, o al cazador de ciervos y gamuzas, rey de las soledades que despierta con las detonaciones de su fusil los ecos de los abismos, y sorprende en su voluptuosa somnolencia al águila posada sobre los conos graníticos.

Abajo, los trenes y los buques de vapor lanzan sus silbidos estridentes, en los ferrocarriles que surcan los valles y planicies y sobre las ondas azules de los lagos. Más arriba no encontráis sino las diligencias y sillas de posta, cuyos conductores de curioso uniforme hacen resonar la voz aguda de sus clarines por carreteras ondulosas que giran al través de los bosques, ya trepando sobre las altas colinas, ya descendiendo hasta el fondo de las ramblas. Subís algunas centenas más de metros, y por entre selvas seculares de abetos, pinos y avellanos silvestres, seguís fragosos caminos, tan bien conservados como es posible, caballero en algún caballo o macho gigantesco, de constitución férrea, que os conduce a paso lento y seguro por los senderos más difíciles basta los bancos de hielo. Más arriba solo existen las sendas imperceptibles, los surcos variables de los torrentes y de los derrumbes del invierno, que sigue el cazador en sus audaces excursiones. Por último, si queréis marchar sobre el lomo brillante y resbaloso de las neveras, exponiendo la vida por un capricho de «turista», necesitareis saltar sobre grietas profundas de cristal, y trepar cuidadosamente por escalones que vuestro guía va practicando en el hielo a golpes de pico o hacha. ¡Qué de transiciones y variedades físicas y sociales entre la región de los ferrocarriles y la de las neveras, entre el ingeniero y el cazador salvaje! Toda la distancia que media entre una civilización muy avanzada y la ausencia completa de la vida!...

La Confederación suiza o helvética es un pueblo formado por la aglomeración de muchas razas o derivaciones de razas constituidas sucesivamente en Estados o entidades que, gozando de soberanía propia, se han ido aliando en nacionalidad compleja, sin perder en manera alguna sus tradiciones y su personalidad política y social. Ese origen contrasta evidentemente con el de todas las naciones de Europa, cuya unidad ha resultado de una serie de conquistas o absorciones. De ahí la especialidad del tipo suizo, donde todo tiene el sello de la vida local o de la independencia y la variedad dentro de la unidad federativa. Sin pretender resumir la historia complicadísima de ese país, que ha sufrido la influencia de muchas o muy distintas invasiones y dominaciones (romanas, italianas, sarracenas, francesas, alemanas, saboyardas y aun británicas), indicaré rápidamente los episodios generales de primer orden; reservando los pormenores más curiosos para la página que corresponda a cada cantón en particular.

La primera época hasta donde alcanza la historia con alguna precisión respecto de los habitantes que los Romanos denominaron «Helvecios» o «Helvetos», ofrece apenas un enjambre de tribus bárbaras, de carácter áspero y ruda constitución física, diseminadas en las montañas y planicies desde la orilla septentrional del lago Lemán hasta la margen izquierda del Rin central, y desde las alturas alpestres de los «Grisones» o «Rhetianos» hasta las faldas del Jura vertientes del lado del Franco-condado meridional. Ocupando un territorio intermediario de razas y civilizaciones invasoras, los suizos sufrieron sucesivamente tres dominaciones extranjeras de primer orden: la del imperio romano, conquista comenzada sesenta años antes de la era cristiana, y completada por Cesar; la del imperio franco, que terminó en el siglo IX, poco después de la muerte de Carlomagno, y la de los alemanes y la casa austriaca de Habsbourg, dominación comenzada a sacudir por la liga de la independencia que inició Guillermo Tell al principio del siglo XIV.

Así, puede decirse que la historia de Suiza se resume en tres grandes épocas. La primera fue de barbarie, de «tribus libres» que se llamaron «Ambronos, Tigurios, Tuginios» y «Verbigenos», en el centro, el oeste y el norte; «Allobroges» del lado de Ginebra; «Rhetianos» en los Alpes orientales, etc. La segunda época, que Cesar inauguró con la gran batalla de Autun (o Bibracte), fue de «conquista», romana durante cinco siglos, continuada luego por los francos y germanos durante siete y medio siglos más. El país se llama entonces «Helvecia» y recibe poderosamente la infusión del feudalismo. La tercera fue la época «federal y» de independencia, inaugurada por Guillermo Tell y los cantones de Urí, Schwyz y Unterwalden, coligados para sacudir la dominación de los Habsbourg representada por el odioso Gessler. Es entonces que el país toma el nombre de Suiza («Schweiz»), derivado del de los «Schweizer» o habitantes del cantón de Schwyz.

En la primera época falta todo lazo de unión entre las tribus. En la segunda, después de los progresos introducidos por la civilización romana, el feudalismo hace surgir por todas partes obispos, abades, condes, bailíos y señores que dominan porciones de territorio y ciudades libres importantes y privilegiadas. Todas esas porciones rinden vasallaje sucesivamente a los emperadores francos y soberanos alemanes, y la política de los grandes vasallos consiste solo en atacarse mutuamente para engrandecerse unos a expensas de otros; sin perjuicio de las luchas sociales entre los señores y sus siervos y los ciudadanos y paisanos. Así, la verdadera historia «nacional» de los suizos no comienza sino en el siglo XIV.

La batalla sangrienta de Morgarten, ganada contra el duque Leopoldo de Austria, descendiente de Rodolfo de Habsbourg, y contra la nobleza del país coligada para oprimir a los pueblos, aseguró la independencia de los tres cantones que fueron el núcleo de la Confederación. Desde 1308 hasta 1848 Suiza ha pasado por una serie de cruentas luchas y de los más extraños episodios, peleando unas veces por su libertad doméstica, otras rechazando las invasiones extranjeras, no pocas veces atacándose entre sí los cantones para disputarse territorios contiguos. Durante algunos siglos ese pueblo ha ofrecido al mundo un extraño contraste: mientras que defendía con ardor su libertad e independencia, daba el escándalo infamante de sus capitulaciones y enganches para suministrar regimientos de mercenarios a casi todos los tiranos o déspotas de Europa. Hoy, gracias a la energía del gobierno federal y sobre todo a la revolución italiana, esa ignominia de la civilización desaparece, y Suiza no verá en sus hijos sino soldados de su propia causa.

Prescindiendo de los acontecimientos que no se han relacionado directamente con la formación de la liga federal, los más notables episodios de la historia de los suizos se pueden resumir así:

El ejemplo de la fuerza adquirida para la defensa por los tres cantones coligados en 1308 hace entrar sucesivamente en la Confederación, durante medio siglo, a otros cinco cantones o Estados independientes: Lucerna,

Zúrich, Glaris, Zug y Berna, el primero adherido en 1332 y los demás de 1351 a 1353. Desde entonces la nación se hace respetable, y uniendo sus fuerzas obtiene conquistas en los territorios aledaños. La lucha contra la nobleza y la casa de Austria continúa con ventaja creciente para los pueblos, y su prosperidad es muy notable.

Hacia fines del siglo XV los Grisones, que habían formado su liga separada, se constituyen en cantón independiente. Carlos el Temerario, duque de Borgoña, ha sido batido por los Confederados en las memorables batallas de Grandson y Morat. La dieta federal de Stans admite en la Confederación, en 1481, a los cantones de Friburgo y Solera.

Las guerras civiles y exteriores renacen poco después, y la Confederación, triunfante una vez más de los austriacos en 1499, se acrecienta, de 1501 a 1513, con los nuevos cantones independientes de Appenzell, Basilea y Schaffhouse. Otros cantones libres existían entonces, tales como Neuchâtel, San Gall, Grisones y Valles, pero no figuraban respecto de la Confederación sino como simples aliados para la defensa común.

La reforma religiosa dividió profundamente a los suizos en guerras civiles muy cruentas y tenaces, complicadas con las cuestiones político-sociales entre la nobleza y los ciudadanos y paisanos, y entre los cantones aristocráticos y católicos y los de organización democrática y religión protestante o reformada.

Fue en 1553 que los cantones católicos dieron el ejemplo del «mercenarismo», celebrando la primera capitulación que puso un regimiento suizo al servicio del rey de Francia Enrique II. Los partidos o cantones católicos y reformados tuvieron alternativamente la victoria y la preponderancia, y la nación se vio hasta fines del siglo XVIII envuelta en mil dificultades y aun a punto de disolverse.

La revolución francesa de 1789 conmovió profundamente los espíritus en Suiza y produjo cambios y episodios muy importantes. Los franceses invaden el país y los pueblos oprimidos se agitan y levantan donde quiera contra los obispos o abades soberanos y los señores o nobles. En unas partes reclaman libertades y garantías, como en Basilea (o Basel) y los cantones de Vaud, del Tesino, los Grisones, San Gall, Schaffhouse, Solera y Friburgo; en otras cambian su gobierno, como la república independiente de Ginebra.

El general francés Brune se apodera de Berna; la Confederación queda disuelta y recibe una reorganización impuesta por las armas francesas y la revolución.

Suiza es entonces República una e indivisible, basada en el principio democrático y compuesta de 18 cantones. El de los Grisones queda como aliado; la república de Ginebra y varios territorios del Jura son usurpados por Francia. Algunos cantones alemanes, los más antiguos, resistieron; pero en breve fueron sometidos. Así, la Confederación iniciada por Guillermo Tell había durado 490 años, Nacida del triunfo sobre una dominación venida del lado de los Alpes, sucumbía bajo el peso de otra invasión procedente del lado del Jura.

Suiza fue entonces un vasto campo de batalla entre los grandes beligerantes europeos, donde Massena y Korsakof se disputaron el terreno palmo a palmo. La paz de Amiens había suspendido la lucha, que fue reemplazada por la guerra civil. El partido federalista destruyó el gobierno unitario, y Napoleón intervino violentamente, imponiéndole al país la célebre «Acta de mediación» que reconstituyó la Confederación y provocó la nueva guerra europea. Desde 1803, el número de cantones se elevó de 13 a 19, por el ingreso de los de Argovia, Grisones (desmembrado), San Gall, Tesino, Turgovia y Vaud. Ginebra continuó anexada a Francia, lo mismo que Mulhouse y otros territorios del Jura. Esa Constitución establecía la igualdad social y cantonal, suprimiendo las prerrogativas aristocráticas y todo vasallaje, y asegurando a los suizos libertades bien importantes.

Vencido Napoleón, todas sus obras de artificio político se fueron a tierra. Los coligados invadieron a Suiza para penetrar a Francia; el acta de mediación fue abolida, y el partido aristocrático quiso recuperar su antigua posición. Al cabo de dos años de agitaciones e incertidumbre la Dieta de Zúrich expidió la constitución del 7 de agosto de 1815, llamada «Pacto federal», que restableció la vieja nacionalidad suiza. Entretanto, el Congreso europeo de Viena había acordado resoluciones muy importantes respecto de la Confederación, entre otras la de hacer ingresar como cantones federales los de Ginebra, Neuchâtel y Valais (o Valles), poco antes dominados por Napoleón. Así, Suiza quedó compuesta definitivamente de 22 cantones, formando un cuerpo de nación cuya inviolabilidad y neutralidad fueron por primera vez solemnemente reconocidas por las potencias europeas en el Congreso de París.

Si bien los cantones reformaron, en su mayor número, sus constituciones particulares, en 1830, bajo el influjo de la segunda revolución francesa, la Constitución federal no sufrió alteración ninguna hasta septiembre de 1848, a virtud del triunfo de la revolución radical sobre la liga del «Sonderbund». Los veintidós cantones, aunque ligados por el pacto federal, se hallaban profundamente divididos por cuestiones políticas y sociales, económicas y religiosas. No solo había tres o cuatro razas en antagonismo, sino también dos religiones y sobre todo dos principios que se excluían: el democrático y el aristocrático. El catolicismo aristocrático era preponderante o absoluto en casi todos los cantones de raza alemana; mientras que el liberalismo protestante predominaba en los de raza o infusión latina: contraste singular y curioso, que tuvo sin embargo sus excepciones.

En 1841 Ginebra realizaba su revolución radical o democrática, que se reprodujo en 46. En 1844 el cantón de Valles respondía con una reacción aristocrática, y luego la guerra civil se hizo general. Ella había sido provocada por la «liga separada (Sonderbund)», verdadera confederación dentro de la Confederación, que tomó por pretexto la expulsión de los Jesuitas y otras medidas liberales de la Dieta nacional. Los cantones de Friburgo, Lucerna, Schwyz, Urí, Unterwalden, Valles y Zug hicieron esa liga particular para defenderse mutuamente y resistir a la autoridad y las reformas de la Confederación, y esta tuvo que apelar a la fuerza para disolver el Sonderbund en 1847.

En breve Friburgo se rindió al general Dufour, sin combatir; Lucerna capítulo después de dos días de pelea, y los demás cantones disidentes se sometieron bajo condiciones. El triunfo de la revolución radical, sostenida principalmente por los cantones de Ginebra, Vaud, Berna, Zúrich y Tesino, hizo necesaria una reforma definitiva. La Constitución federal del 12 de septiembre de 1848, aceptada desde su sanción por quince y medio cantones, lo fue poco después por los seis y medio restantes. Las reformas interiores y liberales de los que habían hecho la revolución fueron seguidas de las que hicieron en sus constituciones, de 1848 a 1850, diez de los otros cantones.

Las últimas reformas en sentido liberal han tenido lugar en Neuchâtel, Tesino y Vaud, en 1858, 59 y 61.

Si las constituciones cantonales son en su gran mayoría muy liberales, la de la Confederación nada o poco deja que desear, en punto a libertades políticas y personales, igualdad y elementos de fuerza y armonía. Gracias a ella el país ha hecho grandes progresos en los doce últimos años, consolidando sus instituciones de todo género y adquiriendo respetabilidad en el mundo, a pesar de su pequeñez como territorio y población.

La Constitución garantiza a todos los suizos la igualdad de derechos y deberes, la libertad de la prensa, de la industria, del tránsito, del domicilio, de asociación y del ejercicio de todo culto cristiano; manteniendo así vínculos estrechos de unión y comunidad, sin perjuicio de la autonomía comunal y cantonal. Los cantones tienen el deber de ajustar sus constituciones al principio republicano, representativo o democrático, y respetar el derecho público de la Confederación. El ejército es federal, como el sistema monetario y de pesas y medidas, los correos y las relaciones exteriores que afectan a la nacionalidad entera; de modo que las facultades reservadas al gobierno federal en nada vulneran la autonomía de los Estados o cantones.

Ningún país en el mundo tiene una organización tan natural y lógica como la de Suiza. Allí la nacionalidad no es más que una síntesis, un elemento de fuerza común respecto del extranjero. El «distrito» es la verdadera forma social de los suizos, la forma íntima y elemental. Cada distrito tiene su autonomía, sus bienes propios, sus ciudadanos o vecinos y su régimen de vida fraternal. La sociedad suiza no está realmente sino en la entidad comunal. Lo demás es accesorio o de interés secundario. Es para atender a los intereses secundarios, que requieren cierta fuerza y respetabilidad, que los distritos se han aglomerado en cantones. Es para alcanzar la fuerza puramente internacional que los cantones se han confederado como potencia europea.

Al hablar de cada cantón indicaré los rasgos particulares que los distinguen. En cuanto a la Confederación, su gobierno es ejercido por tres divisiones del poder, de las cuales la fundamental emana, en parte, del sufragio universal. El poder legislativo está a cargo de una «Asamblea federal» compuesta de dos Cámaras: el «Consejo de los Estados», especie de Senado, cuyos cuarenta y cuatro miembros representan a los cantones en razón de dos por cada cantón, y uno por cada «medio cantón»; y el «Consejo nacional» o Cámara de Diputados, elegidos por los cantones en razón igual de su población. El poder Ejecutivo lo ejerce un «Consejo federal» compuesto de siete miembros elegidos cada tres años por las Cámaras reunidas, uno por un cantón a lo más. De su seno sale el presidente de la Confederación, nombrado anualmente por la misma Asamblea nacional. En fin, el poder Judicial es ejercido por un «Tribunal federal», también de origen parlamentario, asociado en ciertas ocasiones a un jurado.

La Confederación se compone de veintidós cantones, de los cuales dos están divididos en «medios cantones» con administración y representación distinta. La mayor parte tienen el mismo nombre que sus capitales respectivas. Su rango, en el orden en que han entrado a la Confederación, en el siguiente:

1 Urí (capital Altorf)

2 Schwyz

3 Unterwalden, dividido en los medio cantones de Obwalden (c. Sarnen) y Nidwalden (c. Stans)

4 Lucerna

5 Zúrich

6 Zug

7 Glaris

8 Berna

9 Solera

10 Friburgo

11 Basilea, dividido en los medio cantones de Basilea-ciudad y Basilea-campaña (c. Liesthal)

12 Schaffhouse

13 Appenzell

14 San Gall

15 Grisones (c. Coira o Coire)

16 Argovia (c. Aarau)

17 Turgovia (c. Frauenfeld)

18 Tesino (capitales Bellinzona, Locarno y Lugano)
19 Vaud (c. Losana)
20 Valais o Valles (c. Sion)
21 Neuchâtel
22 Ginebra.

Al terminar esta narración presentaré a los lectores un cuadro comparativo de los cantones, según su extensión territorial, población, razas y religiones, naturaleza de industrias e instituciones. Por ahora, lo expuesto basta para tener una idea general.

Capítulo III. Ginebra
Geografía del cantón. El lago Lemán. Resumen histórico. Estructura general de Ginebra. Sus condiciones políticas y sociales. Monumentos e instituciones públicas. Las casas de prisión. Ginebra como centro social europeo
No sin razón decía Voltaire, haciendo resaltar la pequeñez física de Ginebra en contraste con su alto valor social, que «cuando él sacudía su peluca en aquella ciudad, cubría de polvo a todo el cantón». jamás un puñado de tierra encerrado en tan estrechos horizontes fue más encantador por su aspecto, ni más ampliamente fecundo para la civilización, por sus genios eminentes y sus esfuerzos seculares en servicio de la libertad. En mis excursiones en Europa no he visitado pueblos que me hayan inspirado tantas simpatías como el ginebrino en Suiza y el vascongado en España. Es realmente extraordinario ese fenómeno social de tanta grandeza moral relativa, contenida en un recinto, tan estrecho, casi microscópico, cual es el cantón o Estado federal de Ginebra.

A virtud de la reciente anexión de Saboya a Francia (que ha sido uno de esos actos de justicia y progreso que la diplomacia suele consumar por medios disputables) el cantón de Ginebra se halla hoy completamente enclavado entre una curva de fronteras francesas, cuyo círculo no es interrumpido sino por las aguas del lago Lemán y el extremo meridional del cantón de Vaud, uno de los más extensos y prósperos de la Confederación. Mide el territorio ginebrino unos 33 kilómetros en su mayor longitud, de oriente a poniente, por 15 kilómetros de anchura, de sur a norte, conteniendo la superficie total de 242 kilómetros cuadrados. Su clima es generalmente suave y apacible, habida consideración a la latitud y a la orografía del país circunvecino; sus terrenos son poco fértiles, pero hábil y totalmente cultivados; sus horizontes reducidos, pero admirablemente bellos y seductores. La ciudad de Ginebra tiene apenas una elevación máxima de 375 metros sobre el nivel del mar, lo que le permite no solo poblar sus términos de mieses, frutas y legumbres, sino también cultivar sus graciosos viñedos, que le dan al panorama en las riberas del lago, en las colinas cercanas y en los valles del Ródano y el Arve, una melancolía que seduce y cautiva, al lado de los más alegres paisajes campestres.

Desde la ciudad misma, subiendo a las torres de su catedral, que desde lo alto de su colina domina todo el paisaje como el atalaya del lago, se registra con la mirada todo el territorio del cantón, así como las faldas y los contrafuertes más o menos distantes de las montañas de la Saboya septentrional (Faucigny) y del Jura. Al sur se ven los valles del Ródano y el Arve, que se confunden a corta distancia de Ginebra, girando en dirección a la baja Saboya o las provincias de Annecy y Chambery, y dominados por los contrafuertes alpinos y jurásicos, ostentándose en sus hoyas las gracias de la vegetación artificial y las praderas, las altas curvas de los bosques de pinos y los grupos de algunas poblaciones. Al oriente, una sucesión de suaves faldas y colinas arranca desde la ribera misma del lago para irse levantando y detenerse a bastante distancia al pie de la cadena de «Voirons», ondulosa y cubierta de praderas que han reemplazado los antiguos bosques del lado occidental, pero abruptas y severas por su vegetación salvaje en el costado opuesto. Esa cadena es el término del encrespado y áspero sistema orográfico de las antiguas provincias de Chablais y Faucigny, comprendidas entre la hoya del Arve y el lago Lemán.

Al poniente, los planos inclinados, sus estrechos vallecitos, las colinas, las faldas empinadas y al fin los altísimos cerros se van sucediendo en bellos y entrecortados anfiteatros, desde las ondas del lago basta las crestas culminantes del Jura. Todo ese panorama topo-orográfico es de un efecto maravilloso, en contraste, o mejor dicho, haciendo juego con el lago; pues si en el fondo se ve la angosta y larga superficie azul, más arriba se ostenta la faja de viñedos, de alegres huertos, graciosas quintas y caprichosas sementeras; faja de mil colores que sube basta encuadrarse en el marco sombrío, soberbiamente majestuoso de la alta vegetación jurásica (los bosques de pinos y abetos) y de las rocas de composición caliza que descuellan en algunos picos. Por último, al norte se dilatan, entre líneas de irregulares contornos, las ondas luminosas, prodigiosamente azules y trasparentes del lago, unas veces violentamente sacudidas por los huracanes que soplan de los Alpes, otras dormidas y murmurantes, gimiendo frecuentemente bajo la quilla de algún vapor o bergantín, inmóviles como un inmenso espejo en que se refleja todo el esplendor de los azules e infinitos abismos del cielo. Y esas ondas, que siempre arrebatan o cautivan, van a detenerse en el marco pintoresco de las riberas y colinas del cantón de Vaud, ondas terrestres de luciente verdura.

El lago de Ginebra o Lemán es, sin disputa, el más hermoso y útil de los que contiene Suiza, rivalizado apenas por el de Constanza bajo el punto de vista comercial. Teniendo en su totalidad la forma de un arco o media Luna, cuyas extremidades inclinadas al E. y al S. O. se hallan en Villa nueva (Villeneuve) y Ginebra, es decir hacia la entrada y la salida del Ródano, sus riberas se estrechan entre Ivoire (Saboya septentrional) y el cabo que determina el pequeño golfo largo y angosto. La parte superior se llama el «gran lago»; la inferior el «pequeño lago» o el de Ginebra propiamente dicho. Su mayor longitud es de 71 kilómetros, y su anchura máxima de 14-4 kilómetros, entre Evian (puerto y pequeña villa de Saboya) y Morges, villa del cantón de Vaud; conteniendo una superficie total de 1.430 kilómetros cuadrados. La profundidad varía mucho, pues llega en el centro del lago hasta 350 metros (prodigiosa en un lago cuyas montañas más vecinas son poco elevadas en lo general), mientras que entre Nion y Ginebra nunca excede de 97 metros.

Abunda todo el lago en peces (como treinta especies) y en pájaros de especies mucho más numerosas; ofreciendo la pesca ocupación lucrativa a muchas gentes. Las aguas son de un azul turquí admirable, sin igual tal vez, y de tal transparencia que se alcanza a ver perfectamente el fondo a muchos metros de profundidad. Esta profundidad enorme, los fenómenos singulares de las corrientes interiores, y la acción de los contrarios vientos que dominan el lago, impiden que sus aguas se congelen nunca, aun en los inviernos más rigurosos, excepto en las orillas, donde se acumulan escarchas. No se tiene memoria de que la congelación total haya tenido lugar sino dos veces, en los siglos VIII y IX.

Las tempestades del lago son muy terribles y funestas a veces; pero los fenómenos de calma y violencia, de crecidas y disminuciones de volumen, se producen y suceden con extraordinaria rapidez. Cuarenta y dos ríos afluyen a las riberas del Lemán, suaves y arenosas del lado septentrional, rocallosas, abruptas y fuertemente empinadas del lado de Saboya. De esos ríos los más considerables son: el Ródano, desde luego, que por sí solo equivale al mayor número de los otros, y el «Dranza» (que no se debe confundir con el «Dranza» afluente del Ródano), río que después de surcar las rudas montañas de Chablais, desemboca entre «Thonon» y «Evian». El mismo Ródano es el único desaguadero del lago, escapándose como una ancha cinta de lázuli, a la altura de 368 metros sobre el nivel del mar, al través de Ginebra, de cuya circunstancia deriva su nombre la ciudad, según la etimología céltica de «gin», salida, y «av», río.

Es tan enorme la masa de arenas graníticas y calizas y limo que el Ródano acumula en el Lemán, hacia su entrada y su salida, que cada día crecen los bancos peligrosos en las cercanías de Ginebra, y las aguas se retiran de Villa nueva, surgiendo una llanura de aluviones en el extremo superior; al mismo tiempo que las ondas invaden la ribera septentrional o del cantón de Vaud. Es curioso el contraste del Ródano superior e inferior: el primero, vomitando sobre la cuenca del lago sus turbiones de lodo ceniciento; el segundo, saliendo del lago purificado y límpido, como si hubiese de simbolizar la pureza de las costumbres y claridad de las libres instituciones de Ginebra y Vaud. Esa circunstancia, que también se nota en otros lagos, como los de Brienz y Thun, se explica por la existencia, en el fondo, de una sustancia purificante y colorante que obra como reactivo poderoso.

La navegación del Lemán es activa, extensa y muy valiosa. A parte de las innumerables góndolas o faluchos que pueblan todos los puertos concurridos, y particularmente el de Vevey y la dársena extensa de Ginebra, navegan en todas direcciones buques de vapor, cuyo movimiento es incesante, para el solo transporte de pasajeros.[2] En cuanto al tráfico de mercancías (pres-

---

2   El primer vapor, con el nombre glorioso de «Guillermo Tell», fue echado al agua en Ginebra en 1823. La fecha es significativa.

cindiendo de las numerosísimas barcas pescadoras) se hace por tres clases de buques de vela: bergantines, barcas de puente completo, y «cocheras», o barcas de una forma singular, descubiertas en gran parte y destinadas al transporte de maderas, combustible y materiales de construcción.

La República de Ginebra, que durante siglos estuvo reducida a la ciudad de ese nombre, se acrecentó en 1816, a virtud de los tratados de Viena y París que le anexaron quince distritos saboyardos y seis franceses. La población del cantón ha subido (en 1860) a 83.345 habitantes, de los cuales más de 9.000 son ciudadanos de otros Estados de la Confederación, y unos 12.000 extranjeros, franceses hoy en su mayor número. La sola capital contiene 41.415 habitantes, que hacen de Ginebra la primera ciudad de la Confederación. Aunque en el Estado dos tercios de los habitantes profesan la religión reformada o del rito llamado calvinista, y los católico-romanos componen, con unos 1.000 judíos, el otro tercio, en la capital la mayoría de reformados no está en la misma proporción. Por lo demás, si bien a cada paso se oye en las conversaciones el acento alemán-suizo, italiano, inglés (por la abundancia de viajeros), y aun el «roman» mismo, dialecto que se habla en los Grisones, la lengua francesa es la oficial y común para todos los habitantes.

Ginebra ha tenido una historia tan tormentosa y difícil como fecunda, sufriendo, como todos los pueblos de la raza de los «Alobroges», las invasiones y dominaciones sucesivas de los romanos, los bárbaros del siglo V, los burguiñones, ostrogodos y francos, los suizos y saboyardos mismos y últimamente los franceses republicanos en 1798. Dominada por los romanos hasta el año de 426, fue alternativamente una de las capitales de los burguiñones, luego capital del reino de los francos hasta mediados del siglo IX, y del segundo reino de Borgoña hasta casi mediados del XI, poseída por los sucesores de Carlomagno; cayendo después bajo la autoridad más alternativa aún de sus obispos soberanos y de los condes y duques de Saboya, que se la disputaron entre sí con tenacidad, no menos que a los ginebrinos mismos.

Si desde el principio del siglo XVI el pueblo comenzó a luchar por su independencia contra obispos y condes, la reforma religiosa fue la que le aseguró su autonomía civil, lo mismo que su emancipación respecto de Roma. Gracias a Calvino, que regularizó el movimiento y consolidó sus resultados, Ginebra se hizo la «metrópoli» del protestantismo reformado y la base de la organización republicana en el sur de Suiza.[3] Admira la energía con que esa pequeña ciudad, rodeada de enemigos y aislada entre sus fortificaciones, pudo hacer respetar su nacionalidad hasta 1798, servir de asilo seguro a todos los proscritos y perseguidos en el continente, aun en presencia del poderoso Luis XIV, y glorificarse como centro fecundo de civilización, actividad económica y propaganda literaria, política y religiosa. Al poner el pie en Ginebra, sobre la ribera de su lago, no se puede menos que contemplar alternativamente la isla microscópica contigua al gran puente, llamada «de Juan Jacobo Rousseau», el punto no lejano que indica la situación de «Ferney», en uno de los planos inclinados que remontan hacia el Jura, y las altas eminencias que escalara Saussure con el barómetro en la mano; objetos que hacen evocar las glorias más conspicuas de la literatura, la filosofía y la ciencia, en que Ginebra ha tenido tan envidiable parte.

Desde mediados del siglo XVI hasta 1816 Ginebra no careció de su independencia sino durante los dieciséis o diecisiete años de la dominación francesa, a cuyo torrente no pudieron resistir ni los más grandes imperios. Incorporada a la Confederación suiza al caer Napoleón, la república ginebrina continuó su antigua marcha, regida por instituciones que se alejaban bastante de la democracia y de la tolerancia religiosa. La huella de Calvino había quedado profundamente marcada en la «Atenas» del protestantismo reformado. Andando los tiempos, la clase más alta del país había constituido una aristocracia o oligarquía intolerante y privilegiada, y para destruir su poder el pueblo emprendió una lucha tenaz, que se manifestó por revoluciones más o menos incompletas y poco fecundas en 1830, 41 y 43, hasta triunfar definitivamente en 46. La organización radical data de 47, y en los trece años de gobierno popular y libre que desde entonces ha tenido Ginebra ha hecho las más bellas conquistas en la vía del progreso.

---

3   Con todo, las luchas continuaron hasta 1602, época en que el duque de Saboya perdió toda esperanza de recuperar a Ginebra. Llamábanse entonces «Mamelucos» los partidarios de los obispos y condes, y «Eigenossen» o aliados por juramento, los defensores de la independencia. Ese nombre alemán, pronunciado «Higenós», dio origen al de «Huguenots», con que se llamó a los calvinistas o reformados.

El gobierno de ese Estado es democrático-representativo. Todo ciudadano mayor de veintiún años es elector y elegible. La Constitución garantiza a todos los habitantes la plena libertad de religión y culto,[4] así como la de la prensa, del tránsito, de la industria, la enseñanza, la petición y asociación, la inviolabilidad del domicilio y la correspondencia. Allí la autoridad no invade con sus reglamentos la esfera de la actividad y del derecho individual; sin que por eso les falte una protección eficaz a la instrucción primaria y profesional, la beneficencia pública, las vías de comunicación y algunos otros objetos de primer interés. Como los ciudadanos saben que el poder reside en sus manos, en su opinión, la prensa tiene la más notable actividad y variedad para servir todos los intereses, y las juntas y sociedades de todo género son muy numerosas y frecuentes. El principio de asociación tiene las más fecundas aplicaciones en la política, como en las letras, el comercio, la industria, etc. Acaso, con excepción de Stuttgard y Leipzig, ciudades alemanas cuyo movimiento de publicidad es vastísimo, no hay en Europa ninguna ciudad que, relativamente a sus proporciones, haga un uso tan extenso, variado y fecundo de la prensa, como Ginebra.

El cantón es gobernado conforme al principio de la separación completa de los poderes, aunque todos emanan del voto popular, directa o indirectamente; y el régimen municipal es muy libre. El poder legislativo lo ejerce en todo el cantón una Asamblea o «Gran Consejo» de elección bienal y popular, que se compone de noventa y tres miembros. El ejecutivo está a cargo de un «Consejo de Estado», cuyos miembros, de igual duración, son nombrados por el Gran Consejo. En Ginebra no hay tropa permanente ni jerarquías militares. Todos los ciudadanos de veinte a cincuenta años son miembros de la milicia del Estado, que presta su servicio cuando la autoridad la llama, y de cuyo seno sale un contingente anual para el modesto ejército federal. No hay gendarmería: la policía es invisible, porque no tiene distintivo ninguno, ni incomoda a quien hace uso de su derecho, ni se hace sentir sino por los servicios eficaces que presta. Si se comete algún delito en la calle, todo el mundo le presta su concurso voluntario a la autoridad para reprimirlo y aprehender al culpable. En realidad, la policía en Ginebra es obra de los ciudadanos, y son ellos los que, guiados por el interés común de la libertad

---
4 Excepto, por desgracia, a los judíos.

y del honor del Estado, mantienen el orden más perfecto, en armonía con la más completa libertad personal en cuanto puede ser inocente y lógica. En todos los lugares públicos de Ginebra se ve una tabla o cartulón con esta leyenda: «Estando los paseos públicos destinados a la utilidad y el placer de todos, el Consejo administrativo (el de la ciudad) los pone bajo la salvaguardia de los ciudadanos». Hay en esas palabras de admirable simplicidad, de las cuales los ginebrinos se muestran muy dignos, toda una teoría o enseñanza profunda y universal de moral y política, de economía social y legislación y de filosofía histórica.

Si la etnografía del pueblo ginebrino explica el predominio en él y en todas sus manifestaciones literarias, de la lengua francesa, su genio político, industrial y social y sus instituciones corresponden a un curioso amalgama de elementos diversos. Las emigraciones europeas de gentes superiores, atraídas a Ginebra por la libertad que esa república garantizaba en tiempos de despotismo universal (no obstante la antigua distinción de cinco clases de ginebrinos) han introducido allí la sangre y el genio de otros pueblos, de tal modo que abundan mucho los apellidos alemanes, italianos, ingleses y aun españoles, y los tipos de diversas razas, más o menos confundidos. Esto le da a Ginebra un notable carácter de cosmopolitismo. En ninguna parte más que allí es tan manifiesto ese fenómeno de fisiología social, tan frecuente en el mundo y sin embargo casi siempre olvidado por la historia, de la transformación moral de una raza casi por la sola virtud de sus instituciones.

Ciudad en otro tiempo reducida, por las necesidades de la defensa, al aislamiento material dentro de sus bastiones y fortalezas, Ginebra se ha hecho luego cosmopolita, refugio de todo idea proscrita y de todo hombre perseguido, acogiendo todo lo bueno de la civilización, practicando resueltamente la democracia, penetrando en todas las esferas de la actividad intelectual, yendo a buscar hasta en el Nuevo Mundo la fórmula moderna de la filosofía penal. Raza esencialmente francesa por su origen, su lengua y sus tradiciones, el pueblo ginebrino tiene las cualidades sin los defectos del genio francés. Posee el espíritu de investigación, simultáneamente analítico y generalizador, la tendencia cosmopolita en las aspiraciones, el sentimiento artístico, literario y generoso en alto grado, y no poco de esa jovialidad expansiva y elástica, de esa facultad de asimilación, que distinguen al francés. Pero carece de ese instinto funesto de centralización, de esa idolatría respecto de la autoridad, servilismo que abdica la iniciativa individual ante la del gobierno, de esa ligereza en las costumbres e indiferencia para con las convicciones tenaces, que han contrariado la adquisición de la libertad en el seno de la sociedad francesa. El ginebrino cultiva con esmero todo lo que tiene algo de artístico y delicado: la pintura, la escultura, la música, el grabado, la relojería, la joyería y hasta la disecación de vegetales y animales curiosos. Pero ha sabido aliar el arte con la industria, sus disposiciones poéticas y altamente francesas, con la seriedad y profundidad de investigación y el sentimiento severo de la personalidad o del derecho individual, característico de las razas germánicas.[5]

¿De dónde proviene ese feliz amalgama? Evidentemente de la acción del protestantismo reformado (cuyos abusos e intolerancia de otros tiempos estoy muy lejos de aprobar) el cual, creando la noción y el hábito del libre examen, de la creencia razonada y profunda (sin materialismo pagano) y de la autonomía personal, ha modificado fuertemente los instintos latinos y franceses de la raza, sostenidos por las tradiciones y la lengua.

En Ginebra todas las manifestaciones sociales armonizan, haciendo un juego seductor: las poéticas perspectivas del territorio y el lago; los caprichos de las antiguas construcciones feudales; la elegancia suntuosa de la arquitectura moderna; los bellos museos y bibliotecas abundantemente provistas; las casas de corrección y penalidad; las fábricas y los vapores, cuyas chimeneas humeantes contrastan con las lindas fachadas, los templetes y jardines de las innumerables quintas situadas entre parques magníficos en las cercanías del lago; el movimiento mercantil de las calles y los muelles; las pacientes labores de 8 o 9.000 «artistas», que trabajan en la fabricación de 150.000 relojes de oro por año, en muchos grabados excelentes (en piedra, madera y metal), en la elegante y delicada joyería, las esculturas y pinturas, y en la preparación de muchos instrumentos científicos, musicales, industriales, etc. Todo ese conjunto de manifestaciones de actividad agrada en esa ciudad de estructura semifeudal y semimoderna,

---

5   Es tan inseparable de esas razas el espíritu de independencia personal, que siempre me ha parecido que un alemán (o sus asimilables) que no profesa en religión la doctrina del libre examen, es un hombre incompleto y contradictorio.

cuyos habitantes, al eco de los silbidos de las locomotivas en los vapores del lago y en dos ferrocarriles, trabajan con empeño por demoler todas las fortificaciones y reemplazarlas con monumentos, jardines, fábricas, arboledas, muelles y barrios enteros elegantes y pulcros. Eso llama la atención del viajero, cautiva sus miradas y le hace respetar una civilización que, desarrollándose bajo la influencia de la libertad, demuestra que la grandeza de un pueblo no consiste en la masa de su población nativa y la extensión de su territorio, sino en la fecunda energía y la armonía de sus progresos.

Ginebra está dividida por el Ródano en dos partes desiguales. En el vértice del lago, a los dos lados de la islita sombreada por hermosos árboles en que se destaca la estatua de Rousseau, se escapa el Ródano en dos brazos bajo de un extenso puente de madera, produciendo un islote cubierto de casas y molinos, baños de natación, etc., que reposan sobre estacadas. A la margen derecha se extiende el barrio de «San Gervasio», lleno de fábricas, almacenes y relojerías, dominado por la estación de los ferrocarriles que giran hacia Francia, Losana y Neuchâtel, y ostentando en los malecones y muelles, en las riberas del lago y del río, hileras de casas espléndidas y hoteles que parecen palacios suntuosos, y más lejos un enjambre de graciosas u opulentas quintas, parques, huertas y jardines. Es en una de las calles antiguas de ese barrio que se encuentra la sombría casucha de dos pisos donde nació Juan Jacobo.

La «ciudad» propiamente dicha se extiende a lo largo de la margen izquierda del lago y del río, presentando en gran parte de la línea una vasta fachada de hermosos edificios modernos. Después de cubrir la ribera, trepa hasta la cima de una colina casi abrupta, formando un laberinto de callejuelas, cuestas y graderías rígidas, de antigua y extravagante construcción, en cuyo centro se levantan la catedral, el palacio del Gobierno, la casa de detención y otros edificios públicos, y gira un extenso paseo sobre las murallas de las antiguas fortificaciones. Por último desciende hacia el sudeste, y se dilata en una planicie ligeramente accidentada, entre el Ródano, el valle del Arve y las colinas del oriente que se desprenden de los contrafuertes saboyardos. Es allí donde, al derredor de la «Puerta nueva», se encuentran los jardines públicos, el teatro, el conservatorio de música, el museo Rath, el palacio electoral y las construcciones más recientes, y donde va surgiendo la nueva Ginebra que, libre del obstáculo de las fortificaciones, se extenderá indefinidamente hasta ligarse con «Carouge», villa de 4.500 habitantes situada sobre la margen izquierda del Arve.

Nada más delicioso que un paseo en coche por la ribera izquierda del lago, en dirección a «Collonge», al través de quintas y parques bellísimos, huertos, jardines y viñedos, y dominando con la vista el soberbio panorama del lago y las montañas del Jura; o bien, mecido suavemente en una góndola por el vaivén de las azules ondas del lago, surcar su superficie a las nueve de la noche, cuando las estrellas fulguran en el fondo de un magnífico cielo, se despiertan las brisas nocturnas cargadas de perfumes, y se ve a lo lejos en la ribera el vasto semicírculo de luz que producen las hileras de faroles en todos los muelles, a cuya línea se sobreponen las mil luces caprichosas de la parte antigua de la ciudad que se levanta en anfiteatros irregulares sobre la colina. Ginebra tiene entonces tanta poesía y su lago tan arrobadora seducción en sus reflejos múltiples, sus rumores vagos, su transparencia deslumbradora y sus ondulaciones suavísimas, que uno se siente como encantado por un sueño y transportado a regiones muy lejanas de los Alpes y el Jura.

Si el Ginebrino se distingue del francés por la seriedad y circunspección, careciendo de esa viveza retozona y esa agudeza de chiste que llaman «esprit»; si su acento es duro y su francés muy defectuoso (en la generalidad de la clase «media» y las masas); y si los tipos fisonómicos, aunque revelando mucha inteligencia, son apacibles y carecen de la energía de líneas propia de las razas puras, posee también cualidades muy estimables. Entusiasta por los intereses públicos y las bellas causas; sobrio de palabras y grave en sus convicciones; laborioso y persuadido de la nobleza del trabajo, sus costumbres son puras, sin gazmoñería ninguna, y en todos sus actos manifiesta tener la conciencia igual del derecho y del deber. En Ginebra no se ve un solo mendigo ni un hombre ebrio, y a excepción de los que viajan por recreo ninguno está desocupado allí. El verbo francés «flaner»[6] tan característico de París, no tiene significación en Ginebra.

---

6   Pasar el tiempo como un gandul, paseándose por los lugares públicos sin objeto y con curiosidad insustancial.

Como obras de arte, los monumentos de esa ciudad no son de mucho interés. Si los modernos de la «Puerta nueva» y algunos otros son elegantes y bien adecuados a sus objetos, los antiguos son de una arquitectura sólida, pesada y fría. El jardín botánico, aunque pequeño y relativamente nuevo, es gracioso y está bien provisto y mantenido. Las colecciones del «Museo académico» son abundantes y valiosas. Además de la Biblioteca pública, que contiene más de 40.000 volúmenes impresos y 500 manuscritos, algunos de estos muy interesantes o curiosos,[7] la Sociedad de lectura posee un gabinete superior en que hay 35.000 volúmenes impresos y un surtido de 140 periódicos de todas clases. El museo «Rath», fundado por el general de este nombre, contiene una notable colección de obras de escultura y pintura, antiguas y modernas. La Academia o universidad es digna de toda estimación. Ginebra, siendo tan pequeña, posee además: un observatorio astronómico, un conservatorio de música, varios colegios secundarios, un arsenal, una excelente máquina hidráulica que funciona en el Ródano para el servicio de la ciudad, y numerosos establecimientos de enseñanza primaria, beneficencia, crédito y economía. El cantón tiene el mérito de contar en sus escuelas primarias de 7.000 alumnos que reciben anualmente la instrucción elemental.

Como era natural, nada me llamó tanto la atención en Ginebra como las casas de corrección o penalidad. La pena de muerte está abolida allí desde hace muchos años, y Ginebra es tal vez el segundo Estado europeo que ha adoptado el régimen penitenciario de los Estados Unidos. Aunque hay algunas diferencias entre las dos penitenciarias de Ginebra, su sistema de administración se basa en los principios de la legislación penal filosófica: el aislamiento, el trabajo, la vigilancia, la economía y el estímulo ofrecido a la enmienda del culpable, Ensayaré describirlos, según las observaciones que pude hacer en una visita a cada establecimiento.

La casa de «Detención» tiene un doble objeto: es penitenciaria para las mujeres, cuya reclusión puede durar hasta por largos años, según la gravedad del delito, y es lugar de simple corrección para los varones que, desde la edad de diez años, son condenados a detención celular hasta por un año,

---
7   Por ejemplo: un manuscrito de Cicerón, iluminado, las homilías de San Agustín, escritas en el siglo VI, y algunos volúmenes de cartas autógrafas, sermones y manuscritos de Calvino.

por delitos, si son mayores de edad, o por crímenes, si el reo es un menor. El edificio, construido en 1842, tiene la forma de un cuadrilongo regular, dividido en tres compartimentos de cuatro pisos, inclusive el del nivel de la calle. En el centro están la entrada, la sala de recibo, la oficina del director, las habitaciones de este y los demás empleados, y la cocina y demás piezas del servicio doméstico. A la derecha está el departamento de los hombres, que puede contener hasta 120 detenidos, y a la izquierda el de las mujeres, capaz para 112,[8] análogos en todo, separados y simultáneamente vigilados. El local de los hombres que visité, es un salón de altísimo techo, cuyas celdas ocupan solo una ala, superpuestas en cuatro hileras o pisos que se comunican por escaleras y corredores angostos, girando en el interior del salón como en un teatro. De este modo, situándose en cualquier punto se registran todos los corredores y las puertas de las celdas. Además de esos cuatro pisos hay otro subterráneo en que se hallan los calabozos para el encierro de los que, por una conducta en extremo rebelde y reprensible, merecen el castigo adicional y transitorio de una reclusión más severa. Esos calabozos son completamente oscuros y carecen de ventilación. Detrás del edificio están cercados por altas y sólidas murallas los patios a donde salen los reclusos, de uno en uno y por turno, a descansar y gozar del Sol, del aire puro y algún ejercicio.

Cada detenido se encuentra en su celda trabajando, obligado a una tarea de mínimum fijo, y constantemente vigilado. Frecuentemente, cuando la conducta de algunos detenidos es muy buena y se considera necesario asociarlos, dos o tres trabajan juntos en una celda, sin perjuicio de dormir siempre separados. Las celdas tienen bastante luz y reciben aire puro por ventanas de fierro altas y muy sólidas. Cada detenido tiene, además de los materiales y útiles de trabajo, su cama, una silla y algunos muebles indispensables que le permiten comer, dormir, etc., en aislamiento absoluto. Cada puerta de celda tiene practicado un pequeño y sencillo aparato que permite vigilar al detenido sin que este se aperciba de ello. El director y tres empleados subalternos bastan para la administración puntual y rigurosa del establecimiento. Los detenidos se ocupan en la fabricación de zapatos,

---

8   Cuando estuve allí había ochenta reclusos, número que es el ordinario, y treinta reclusas solamente.

esteras y otros objetos sencillos y de consumo popular, y los productos son destinados a cubrir los gastos del establecimiento y formar un fondo de economías para cada detenido, según el valor de su trabajo. La predicación y enseñanza religiosa que se da a los reclusos es austera, inteligente y afable.

Si el encierro en el calabozo, la privación transitoria de alimentos, del paseo en los patios, etc. son medios de coerción o represión adicional, también tiene el recluso estímulos poderosos para meditar en su delito, arrepentirse y moralizarse. En caso de buena conducta, dando pruebas de arrepentimiento, obtiene mayor participación en el fruto de su trabajo, permiso para trabajar en compañía de uno o dos más, pero siempre en silencio, y una reducción de pena que puede llegar hasta la mitad de su duración legal. Nótase que las reincidencias son rarísimas entre los varones adultos, y algo frecuentes entre las mujeres y los púberes o impúberes cuando no obtienen ocupación segura al salir de la prisión. Por lo demás, en el establecimiento reinan el orden, el silencio, la pulcritud y la economía. El director y uno de los celadores me manifestaron la convicción profunda de la eficacia del sistema en todos sentidos; aunque reconocían, como otras personas, la necesidad de que el régimen celular tenga su complemento en una institución social que permita ofrecerle instrucción y trabajo por algún tiempo al recluso libertado, a fin de que, siéndole suave la transición del encierro y el trabajo forzado a la libertad con el trabajo libre pero inseguro, se conjuren los peligros de la reincidencia. Llegará un día, no lo dudo, en que las sociedades civilizadas reconocerán que la fecunda corrección del culpable y el deber supremo de la justicia exigen la íntima correlación de tres instituciones: el lugar de castigo, la escuela, y el taller o cosa parecida; y que el poder social no tiene plena autoridad para castigar, sino a condición de instruir y moralizar al culpable, y abrirle, una vez arrepentido, la vía infinita de toda rehabilitación: la del trabajo, y la independencia personal.

La Casa Penitenciaria tiene formas y condiciones distintas, no obstante la comunidad del sistema. El edificio tiene la forma exterior de una media rueda de carro de tres radios y horizontal. En el centro está la fachada, que da sobre un vestíbulo de tres pisos correspondientes a los del interior. La parte interna y baja del vestíbulo es semicircular, y paralela a la gran semicircunferencia descrita por dos altos murallones igualmente paralelos entre sí que, separados por una callejuela, encierran toda la fortaleza. Del centro a la circunferencia se extienden como radios dos edificios iguales y cuadrilongos y otra construcción intermedia coronada por una cúpula, separados por muros que encierran cuatro patios. Todos ellos y las murallas del contorno están a cubierto de las miradas exteriores y dominados por la cúpula y algunas ventanas para ejercer la vigilancia. La oficina del director y de su ayudante se halla en el interior del peristilo, y en el centro del arranque de los radios están los intersticios que permiten observar a los presos y comunicar órdenes al través de los muros, sin ser visto. De los tres pisos de esos radios el inferior contiene los talleres de trabajo, y los dos superiores las celdas de habitación de los reos, mientras que en la parte central se hallan los locales destinados al servicio de los empleados. Debajo del despacho, al nivel de los patios, están el locutorio para las visitas a los reos, la oficina y otras piezas de menaje.

El edificio entero, al parecer complicado, pero en realidad muy sencillo, costó apenas 30.000 pesos y solo exige un gasto anual de 5.000, a lo sumo, como déficit del producto que deja, respecto de los gastos, el trabajo de los reclusos. Puede contener cincuenta y seis reos, a juzgar por el número de celdas; pero jamás se ha colmado y ordinariamente no tiene sino unos cuarenta y seis. De este número que había cuando visité la Penitenciaria, doce eran reincidentes: solo siete pertenecían al cantón de Ginebra (donde hay libertad, instrucción y actividad industrial) y la mayoría de reclusos se componía de saboyardos, pertenecientes a una población excesivamente pobre, ignorante, sin industria, comercio ni comunicaciones, encerrada entre los Alpes y las líneas de aduanas. El gran número de los reclusos representaba los crímenes de hurto y robo, crímenes que, en la generalidad de los casos, no indican perversión, sino miseria y falta de instrucción y trabajo. El número de protestantes y católico-romanos del cantón se equilibra en la Penitenciaria, aunque en la totalidad hay gran mayoría de católicos.

Cada reo duerme en su celda en absoluto aislamiento. Las celdas son pequeñas pero suficientes, muy limpias y bien ventiladas, alumbradas por la luz natural, y provistas de los modestos muebles necesarios. Los reclusos trabajan y toman los alimentos en común guardando silencio absoluto, y divididos en secciones según su criminalidad. Hacen tres comidas por día, abundantes, sencillas y sanas, y después de cada una de ellas salen por turno a pasar media hora al aire libre en alguno de los patios. Solo un caso de evasión ha ocurrido hasta ahora, y eso por negligencia de un celador. Jamás recluso alguno ha perdido la razón ni atentado contra los guardianes. El encierro total sin trabajo ni luz, y la privación temporal de alimentos o cama en que dormir, son los medios coercitivos o de represión. El trabajo de los reclusos consiste en fabricar zapatos y esteras o pilar granos. Cada uno de los talleres comunes es vigilado interiormente por un celador que gana, además de la manutención y el alojamiento, 3 francos diarios. El director, un ayudante o secretario y esos celadores son los únicos empleados activos del establecimiento, y lo sirven muy bien. Los capellanes concurren los domingos a hacer los oficios religiosos y morales, sin perjuicio de su concurso accidental.

Cuando un recluso se hace merecedor de consideraciones, se le permite recibir de tiempo en tiempo la corta visita de algún deudo. Esta se verifica en un locutorio, al través de una reja de alambre fino, que permite la conversación y el cambio de miradas, bajo la vigilancia del celador presente, pero que impide todo contacto y comunicación de cartas, dinero, armas, etc. Se llevan libros que hacen constar escrupulosamente todos los hechos de la economía interior y las observaciones sobre la estadística y moralidad de los reclusos. Según esos documentos, si la conducta de un reo es irreprensible obtiene un tratamiento menos riguroso y una rebaja de condena, que llega hasta la mitad. Esas rebajas son muy frecuentes. En cuanto al producto del trabajo, el sistema es análogo al de la Casa de Detención, pero una parte se destina a socorrer, si son pobres, a los hijos, padres, o consorte del recluso. La Penitenciaria sirve solo para los condenados, por crímenes o delitos graves, a más de un año de reclusión celular. El máximum de la duración es de veinte años, aplicado solo en casos de reincidencia en crímenes muy graves.

Lo que más me llamó la atención en la Penitenciaria fue la capilla, local de extrema sencillez, sin adornos ningunos y provisto de bancas en anfiteatro. Allí los reclusos son divididos en secciones, según su criminalidad. En el fondo, junto a la modesta cátedra del capellán, está un pequeño altar reducido a un Cristo, la imagen de la Virgen y los vasos y objetos necesarios para el culto romano. Ese altar está provisto de un cortinaje oscuro y espeso. Cuando los reclusos católico-romanos están en la capilla, el altar está descubierto y funciona el sacerdote respectivo. Cuando a su turno asisten los protestantes, se cubre el altar y no queda a la vista sino la Biblia sobre la mesa. Así, el mismo púlpito y local sirven al sacerdote y al pastor. Jamás en mi vida había encontrado un espectáculo social tan sublime como el de esa humilde capilla, igualmente consagrada al servicio de dos comuniones religiosas que han ensangrentado la tierra con sus luchas impías. ¡Qué profunda enseñanza de espiritualismo en la religión, de noble sencillez en el culto, de fraternidad y tolerancia, de universalidad en la idea religiosa, sin parar mientes en las diferencias de símbolos y formas, de verdadero cristianismo, en fin! Enseñanza escondida en el fondo de una prisión, símbolo de la igualdad de la conciencia ante el deber y la justicia, para inculcarle al culpable la noción de la fraternidad en Dios y en el hombre, del derecho igual de todos, cuya violación constituye precisamente lo que se llama falta, delito o crimen!

Al dejar a Ginebra, llevaba no solo una impresión de profundo respeto por ese pequeño Estado de filósofos, artistas y hombres libres e industriosos, sino también una especie de consuelo y confianza en el porvenir de la humanidad. ¡Qué de grandes ejemplos y altísimas inspiraciones le debe la civilización europea a ese pequeñísimo pueblo que, habituado a fabricar relojes y ejercitar el libre examen, parece tener en su genio la regularidad severa del cronómetro y la expansión independiente de las organizaciones libres! Allí han nacido, para gloria de las letras y de las ciencias de todo género, naturalistas audaces y pacientes como Saussure y Candolle; jurisconsultos como Burlamaqui; historiadores como Sismondi y Mallet; economistas como Juan B. Say y el mismo Sismondi; hombres de Estado como Necker; literatos como madama Necker, Topffer y Cherbuliez; artistas distinguidos, pensadores filósofos como el inmortal Rousseau!

Capítulo IV. Los alpes saboyardos
Los compañeros de viaje. La hoya del Arve. El valle de Chamonix. El grupo del Monte Blanco. Las neveras. Contrastes naturales y curiosidades

Un enorme carruaje abierto, dividido en tres compartimentos y conteniendo unas veintitrés personas, aparte de los equipajes, debía conducirnos por el valle del «Arve» hacia Chamonix, al pie del grupo colosal de montañas en cuyo centro se ostenta la admirable cúpula del Monte Blanco. Los ingleses, como sucede en todos los sitios, vehículos y líneas de excursión, estaban en mayoría, representados principalmente por una media docena de «young ladies» robustas, rubias, rosadas y vestidas caprichosamente.

Soberanamente fastidiado siempre con las espesas brumas, la vida uniforme y el aislamiento geográfico de su opulenta isla, el inglés es eminentemente cosmopolita, por razón higiénica, por genio y tradición, y por curiosidad, frecuentemente pueril. Hasta en el último rincón del mundo y sobre las más altas cimas se le encuentra, imperioso, exigente, intratable, cuando no necesita de los demás, lacónico, frío, cargado de bastones, paraguas y mil enseres, impasible cuando los demás se conmueven, afeitado y perfumado en regla aun en el fondo de los precipicios y las neveras, y ataviado con su singular vestido de un solo color y un solo corte, que a fuerza de ser uniforme toca en la extravagancia. Fino, caballeroso, hospitalario y cumplido en su isla («at home»), el inglés se hace duro en país extranjero, medio salvaje a veces, porque el orgullo de su raza y su nacionalidad le da la conciencia de que a todas partes lleva su patria consigo, es decir con su derecho individual, su nombre y su bolsa. De ahí su carencia absoluta de elasticidad y tolerancia para acomodarse en país extranjero a los usos de los demás pueblos y a las necesidades de las circunstancias. Es ciertamente curioso ese fenómeno de transformación moral que se verifica en el inglés, viajero tan apegado a la «idea» de la patria, y al mismo tiempo tan adicto a los viajes que le alejan del «suelo» patrio.

El francés, al contrario, hombre de «espíritu» más bien que de convicciones, de expansión indefinida más que de hábitos, socialista por excelencia, deja la patria al cruzar la frontera de Francia, y encuentra una adoptiva, provisoria y «ad hoc» donde quiera que se le presenta un medio de sociabilidad, un círculo de ideas. De ese modo, se asimila con admirable facilidad todas las condiciones de vida, y acepta con el mejor humor todas las situaciones posibles, lo mismo en los «Campos Elíseos» de París que en el fondo de una selva americana, o de un desierto de África. Es por eso que, cuando se viaja en Europa entre ingleses y franceses, se ve siempre a los primeros silenciosos, esquivos, encerrándose en su personalidad rigurosa; mientras que los otros entran desde luego en el amplio carril de la conversación desembarazada y múltiple, llegando fácilmente hasta la jovialidad.

Estas observaciones, que por ser personales nada tienen de nuevas u originales sin embargo, y que he confirmado en todas mis excursiones, me vinieron desde luego a las mientes al seguir, en la diligencia de Ginebra, la carretera que conduce a Chamonix. La conversación era tan animada entre nosotros y dos o tres franceses y algunos suizos de la misma raza, como notable el silencio contemplativo de los ingleses. Llamónos la atención particularmente un ministro o pastor protestante del cantón de Vaud, que viajaba muy modestamente con su hija —una inteligente y graciosa señorita de dieciséis años—, con ánimo de hacer fructuosas excursiones a pie. Era un hombre de modales finos, lleno de modestia y distinción en su porte, sencillo, tolerante y filósofo, fuertemente empapado en el sentimiento de la fraternidad y caridad cristianas, amigo de la buena conversación y la discusión, observador atento, entusiasta por todas las bellezas naturales, de instrucción general y sólida y particularmente adicto a la geología, la física, la botánica y la historia natural. Su hija, tan instruida como amable, tan candorosa como inteligente, le acompañaba siempre en sus peregrinaciones. A pie, provistos de bastones y de un modestísimo ajuar de viaje, habían recorrido juntos las más interesantes regiones de la Suiza central, escalado las alturas del Jura, las neveras del Oberland bernés, etc., recogiendo plantas curiosas y haciendo atentas observaciones. Llevaban la intención de recorrer en parte las neveras del Monte Blanco y visitar todas las curiosidades naturales de Chamonix. Raras veces he viajado con un compañero tan instructivo como ese digno pastor vaudense, que me pareció uno de los más bellos tipos del sacerdocio moderno.

Doce horas mortales de diligencia y coche debíamos soportar para hacer el trayecto de 90 kilómetros hasta Chamonix, entre espesas nubes de polvo y bajo los rayos de un Sol que aprecia tropical. De otro modo no es posible admirar las bellezas de tan variados paisajes que ofrece la vía. Ella es poco interesante hasta «Bonneville», capital que fue de la antigua provincia de Faucigny, con 1.500 habitantes. Es allí donde, cerca de las montañas de

«Môle» y atravesando por un hermoso puente el Arve para remontar su margen izquierda hasta «Cluses», el viajero comienza a contemplar de cerca las hermosuras de los Alpes. El río corre por el fondo de una hoya profunda formada por altos contrafuertes o cordones de montañas ásperas, sobre un lecho pedregoso, llevando en sus revueltas ondas una espesa disolución de arenas graníticas y calizas que le dan su tinta cenicienta.

A veces la hoya se ensancha en vastos pliegues y severas curvas, y el valle se presenta lleno de ondulaciones y pequeñas colinas, donde brillan al Sol limpios viñedos, hermosas mieses y verdes legumbres, o se extienden en tupidos tapices algunas pequeñas praderas que van a perderse al pie de los barrancos estratificados de caliza, o de las rígidas y verticales rocas graníticas que parecen amenazar al viajero desde lo alto de sus bastiones formidables. En otras partes, el valle se estrecha: la carretera gira sobre el borde de alguna falda o barranca que domina las ondas del río; este salta, se disloca y retuerce espumante sobre su revuelto lecho de pedriscos; los cerros se levantan a uno y otro lado como murallas colosales, ofreciendo las más románticas formas en sus altas cavernas, sus rugosos relieves, sus enormes grietas verticales; sus derrumbes, sus picos desiguales y severos, sus cascadillas que se lanzan al valle en delgados hilos para convertirse en menudo polvo argentino, sus matorrales ásperos y tristes flotando casi al viento y apenas adheridos a los intersticios de las rocas, y sus franjas superpuestas de un verde sombrío, guirnaldas de abetos enhiestos que las nieves respetan en las montañas de los Alpes, dejándoles su eterna majestad. Y por en medio y encima de todo eso, se abre un cielo esplendoroso, y a lo lejos, al oriente, se alcanza a ver, sobre un enjambre de colosos de granito coronados de hielo, la cúpula del Monte Blanco, digno baluarte de dos grandes naciones —Italia y Francia—, soberana de aquel mundo de magníficos horrores que llaman los Alpes!

En toda la hoya del Arve abundan los sitios salvajes, las curiosidades naturales y los puntos de vista encantadores. Como la sociedad es allí muy poco interesante, la naturaleza, llena de fuerza y majestad, es el primer actor. Población pobre, raza sin tipo bien determinado, aunque tradicionalmente valerosa, los saboyardos de ese valle inspiran cierta simpatía compasiva, sin que sus localidades llamen la atención del viajero. Gentes sencillas, resignadas a los rigores de su clima y amantes de sus montañas, viven sin admirar las bellezas de su suelo, hablan muy mal francés y no piensan en la política del mundo. Solo suspiraban, antes de la anexión a Francia, por una situación que les permitiese mejorar de condición económica. En toda la ruta, «Bonneville» y «Sallanches» son las únicas localidades de alguna importancia.

En «San Martin», pobre pero graciosa aldea del valle de Sallanches, dejamos la diligencia para tomar un cochecito de cuatro asientos, y en breve, acompañados por el estimable pastor protestante, comenzamos a alejarnos de la orilla del Arve, siguiendo por su lado derecho, y a trepar la pendiente cuesta de «Chede». Desde sus altos recodos veíamos los abismos inmensos en cuyo fondo se despeña el río, iracundo y desbocado, despertando con el ruido de sus cascadas los mil ecos de las montañas. El camino gira, entonces a la altura de «Servoz», por entre laberintos de peñascos destrozados y bosques seculares y espesos de pinos y abetos, donde yacen dispersas esas rocas «erráticas» que han sido uno de los misterios de la geología, revelaciones del poder asombroso de las neveras viajando sobre las faldas de los cerros. En el fondo del bosque brama el Arve, torrente furioso allí, y donde quiera reina la majestad de la naturaleza salvaje. Al cabo, el bosque termina, el terreno se nivela, el Arve presenta un curso menos tormentoso, las montañas se abren un poco, y el valle de Chamonix, tapizado de flores, helechos y gramales, y poblado de mieses y animales de cría, se desarrolla seductor, dominado a un lado y otro por estupendos peñascos o cerros de granito, bosques elevados de abetos y pinos, y mares de hielo que tienen la triste solemnidad de la desolación.

El valle de Chamonix, situado a cerca de 1.000 metros de elevación sobre el nivel del mar, mide una longitud de 20 a 25 kilómetros del N.-E. al S.-O., y una anchura de 1.500 a 2.000 metros. Súrcalo en toda su extensión el Arve, río que, naciendo en las heladas alturas del cuello de «Balme», se acrecienta fuertemente con las aguas que arrojan al valle las inmediatas neveras que lo dominan. Encerrado entre montañas estupendas y abruptas, el valle ofrece los más raros contrastes de alegría risueña y salvaje aspereza, de rústica tranquilidad y de grandiosidad en las formas y desolación en algunos objetos. Al poniente, las neveras faltan del todo: cerros altísimos, cubiertos de negros bosques de pinos y abetos, en su mayor extensión, se alzan a hundir en las nubes sus severos picos o conos graníticos, y presentan a trechos esos derrumbes espantosos, rastros de los catástrofes de la primavera que se llaman «avalanchas» Al lado opuesto del valle se levantan los contrafuertes del Monte Blanco, revueltos, despedazados por innumerables y gigantescas grietas, aterradores de hermosura y severidad, ora terminando en neveras que derraman sobre el valle sus ondas congeladas; ora cubiertos de ásperas malezas, helechos y bosques de abetos; ora aguzándose en sus cimas en penachos extravagantes y agujas colosales, desnudas y sombrías, para servir de apoyo a un inmenso anfiteatro de invisibles montañas y neveras cuyo pináculo es la cabeza admirable del Monte Blanco. Hay tanta majestad en aquel mundo de granito y hielo, que casi es un atrevimiento injurioso el aspirar a describirlo de cualquier modo.

La aldea de Chamonix ocupa el centro mismo del valle a igual distancia de las neveras llamadas de «Bois» y «Bossons», que son las más próximas a la planicie. La población en toda ella se reduce a Chamonix y cinco o seis caseríos pobrísimos, con 2.000 habitantes a lo sumo. Chamonix es literalmente un pueblo de hoteles y posadas, más o menos confortables y de apariencias más o menos seductoras. Los edificios son todos de granito con pisos de tablas. Cuando termina el verano, época en que el valle es visitado por muchos millares de curiosos, Chamonix queda reducido a unos 500 o 600 vecinos: todo el ruido de mulas y coches se disipa; los hoteles quedan totalmente desiertos, y el valle vuelve a la sepulcral desolación del invierno. Frecuentemente la nieve es tan abundante en ese tiempo y los derrumbes de los cerros son tan temibles, que las gentes duran días enteros incomunicadas y reclusas, porque las casas se cubren de nieve por todos lados en capas muy espesas. La vida es entonces bien triste y miserable en aquel desierto de hielo.

En Chamonix se encuentran casi todas las comodidades que el viajero puede apetecer. Donde quiera se ven tiendas o pequeños museos de objetos de arte en mármol, granito, madera, hueso, etc., y muestras de la flora, la fauna y la geología de aquellas montañas, que los viajeros compran por curiosidad y por llevar recuerdos de sus excursiones. Chamonix es en realidad un pueblo de guías o conductores de viajeros, que prestan su servicio por turno riguroso, son propietarios de mulas aperadas y viven asociados en su profesión, conforme a un reglamento de la autoridad. Durante la primavera todos esos hombres son agricultores. En los meses de verano pasan a ser guías y muleteros, sin descuidar por eso sus labores. Cuando el invierno suprime esos medios de actividad, se consagran a los trabajos domésticos y fabrican objetos artísticos; o bien se van a buscar trabajo en Ginebra y otras ciudades. No omitiré decir que, en su gran mayoría, los habitantes del valle se distinguen por dos cualidades muy notables: la probidad más acrisolada, y la ventaja de saber leer por lo menos, corrientemente. Esto hace honor a esos sencillos montañeses tanto como al Gobierno de Cerdeña que hasta 1860 los regía, interesándose sobre todo en favorecer la instrucción primaria y las vías de comunicación y excursión.

Son numerosas e interesantes las excursiones que puede hacer el viajero curioso en Chamonix. Las menos fatigantes son las de las neveras de «Bois» y «Bossons», que se hacen en coche o a pie como simples paseos. Las de los altos cerros llamados «Jardín», «Brevent» y «Buet» no son tolerables sino para los que gustan de muy fuertes emociones y saben marchar a pie con energía. En fin, las del «Mar de hielo» y la «Flégère» son las preferidas por los que desean observar de cerca los nevados y aman las excursiones a caballo o en silla de manos. Nosotros[9] resolvimos trepar al Montanvers por la mañana, en solicitud del «Mar de hielo», y visitar por la tarde, a pie, las cascadas de los «Peregrinos» y el «Dard» y la nevera de «Bossons».

Nada más curioso y pintoresco que la escena que se ofrece a la vista en el pueblo de Chamonix, desde las cuatro o cinco de la mañana, cuando los centenares de viajeros que pueblan los hoteles y se renuevan sin cesar, como hormigas ávidas e inquietas, comienzan a emprender sus excursiones. Las más altas cimas de la cadena de Monte Blanco, cuya cúpula no es posible ver desde Chamonix, brillaban ya iluminadas por los argentinos rayos del Sol, en tanto que en el valle, a las cuatro y media de la mañana, vagaban todavía las últimas sombras de la noche. Donde quiera reinaba el movimiento: en las puertas de los hoteles, en las calles vecinas y en los afueras del pueblo. Enormes mulas, lerdas y toscas pero de suma resistencia y solidez, y habituadas a caminar según su instinto y voluntad

---

9   Cuando hablo en plural me refiero a mi esposa y yo.

por los más agrios desfiladeros y páramos, aguardaban a sus caballeros y amazonas prosaicas, modestamente ataviadas; en tanto que muchos peones cargueros alistaban sus sillas de manos para transportar a las señoras enfermas o incapaces de montar.

Al salir de Chamonix se dispersaban, en largos e irregulares cordones y en muy distintas direcciones, más de 250 excursionistas, provistos de los más variados atavíos y venidos desde las extremidades de Rusia, las llanuras de Alemania, las Islas británicas o las ciudades y selvas del Nuevo Mundo, para rendir homenaje a las magnificencias de los Alpes. Hacia las alturas del Jardín, Brevent, etc., se dirigían los aficionados a las peregrinaciones pedestres, las más duras pero también las más libres, fructuosas y económicas. Eran en su mayor número jóvenes resueltos, acaso contando demasiado con sus fuerzas, y marchaban con regularidad, provistos de largos bastones de abeto, sólidamente calzados, vestidos con mucha sencillez, y llevando algunos sobre las espaldas ligeros morrales que contenían el humilde ajuar del peregrino. El mayor número de los excursionistas se encaminaban hacia Montanvers para ver el Mar de hielo, o hacia la vasta nevera, mucho más lejana, de la Flégère. Era curioso ver a casi todos los ingleses cabalgando como si anduviesen de paseo en Hyde Park, u otro de los parques favoritos de los «fashionables» de Londres; provistos de sombreros negros de alta copa, lentes o binóculos, elegantes bastoncitos, delgados botines de charol, levitas o fracs de aparato, corbatas blancas o rojas, chales de fina gasa para defender contra los rigores del viento y el Sol sus delicadas y afeitadas mejillas, y delgados guantes de cabritilla. Un pequeño grupo de tres insulares fastidiados, acompañados por tres o cuatro guías, emprendía nada menos que ir a escalar el Monte Blanco para sacudir en sus hielos el «esplin», pasar por encima del inmenso lomo y descender a los valles del Piamonte.

Esa manía enteramente británica se va generalizando mucho, por desgracia, entre los hijos de Albión, sin que sean bastante a reprimirla ni el ridículo que acompaña a los que ostentan ese salvaje y estéril heroísmo, sin coronarlo de buen éxito, ni las terribles catástrofes que han ocurrido con frecuencia en las soledades y los abismos del Monte Blanco. La audacia fría y terca de los excursionistas de los precipicios sería muy honorífica, si el objeto de esos extravagantes «espliníticos» fuese hacer estudios y descubrimientos que prestasen servicios importantes a la ciencia. Pero esta no entra por nada en semejantes empresas. Los «héroes» de los hielos van por pura vanidad a despeñarse en las neveras y sepultarse bajo de los bancos de hielo. Su único anhelo es lograr que los periódicos de Europa le digan al mundo: «Mr. Tal y Mr. Cual han hecho el prodigio de pasar, sanos y salvos, del valle de Chamonix al Piamonte, por encima del Monte Blanco». O en último caso: «Mr. Tal y Mr. Cual han perecido tristemente en uno de los precipicios del Monte Blanco; y sus compañeros Mr. Mengano y Mr. Perensejo, han tenido la satisfacción de salvarse con las piernas rotas».

La subida desde el valle de Chamonix hasta el sitio llamado «Hospicio de Montanvers» es larga y laboriosa. El áspero sendero serpentea por entre enormes peñascos, bosques más o menos tupidos de abetos y pinos, enmarañadas malezas y pedriscos tapizados de musgo y helechos enanos. A medida que se trepa la empinada falda, el valle se hace más interesante por sus contrastes de claridad brillante y oscuras sombras, de vegetación artificial y salvaje, de variadas tintas. En el fondo corre el Arve por un lecho gris y pedregoso, como un torrente de ceniza y lodo, produciendo islas despedazadas y cubiertas de alisios, y tristes playas que muestran la desolación causada por las violentas avenidas del fin de la primavera y el principio del verano. Al pie de la nevera de Bois se ve el pobre caserío del mismo nombre, que parece como amedrentado por el peligro de que lo arrope algún derrumbe de la onda cristalizada que lo domina.

La impresión que se siente al llegar al pequeño hotel que corona la cuesta de Montanvers[10] es profunda y sorprendente para el viajero que llega por primera vez al «Mar de hielo». Desde la eminencia en que está situado el edificio, batido frecuentemente por violentos huracanes y dominando un abismo, se ve el panorama más tristemente hermoso y severo que las montañas pueden ofrecer. Una especie de valle o golfo larguísimo y estrecho, que termina en el caserío de Bois y trepa en plano inclinado hacia el corazón de los Alpes para ligarse a todas las encrucijadas del Monte Blanco, constituye el fondo de la hoya profundísima producida por dos cordones

---

10 Traducción literal, «Subiendo hacia», acaso porque aquella vía es una de las que conducen al Monte Blanco.

de cerros o contrafuertes estupendos. Sus cimas, a uno y otro lado, ora desnudas, ora cubiertas de hielo y nieve, se despedazan en enjambres de agujas, picos, conos truncados, soberbios obeliscos, pirámides y cúpulas de los más extraños relieves y el más severo aspecto. Más arriba se destacan en lontananza gigantes más y más colosales, cuyas cabezas refulgentes se pierden en las vagas ondulaciones de las nubes.[11] En unos trechos los hielos descienden hacia el golfo congelado, en desiguales latitudes, como las puntas desgarradas de un encaje terminando una inmensa colgadura de armiño. En otros, los peñascos graníticos se presentan desnudos, ennegrecidos, destrozados por enormes grietas verticales, de cuyas bocas surgen mil torrentes o cascadas, o salpicados de manchas de pinos y abetos enanos, cuya tinta sombría hace el más soberbio contraste con la vastísima sábana de hielo que va a perderse en las vagas perspectivas del cielo. En el fondo del abismo, frío, silencioso y desolado como una inmensa tumba de hielo, están las ondas revueltas y cristalizadas de ese golfo que se llama «la Mer de glace».

Los geólogos que han estudiado atentamente esa y otras neveras[12] han apelado a diversas hipótesis, más o menos fundadas, para explicar la extraña formación que con tanta propiedad ha recibido el nombre mencionado. Su aspecto es efectivamente el de «un mar que, después de una gran borrasca, se hubiese congelado repentinamente en el momento de comenzar a calmarse, pues toda la superficie es una sucesión de bancos ondulosos de nieve que imitan exactamente no las grandes olas del Océano irritado, pero sí las de un mar mediterráneo». Todo hace creer que esa forma es debida a lentas y seculares aglomeraciones producidas por la acción combinada de la presión atmosférica, la tendencia de gravitación de los bancos y depósitos de hielo y nieve, la fuerza poderosa de las corrientes

---

11   Si los cercanos picos, tales como el del «Sombrero» y la aguja de «Bochard» no son muy notables por su elevación, los que se ostentan detrás o continúan la cordillera en dirección al Sur, alcanzan las siguientes elevaciones sobre el nivel del mar: la aguja del «Fraile», 3.858 mts.; la de «Dru», 3.906; la «Verde», 4.081; las de «Charmoz», 2.783; la del «Greppond», 3.670; las de «Blaitière» y «Plan», 3.688; la del «Mediodía», 3.916; la del «Tacul», 4.625; el «Monte Blanco», 4.811.
12   Es de notarse que, así como la vegetación alpestre y andina difiere enteramente, las neveras de los Alpes no tienen semejanza de composición y «vitalidad» con los nevados de los Andes.

subterráneas, las condiciones químicas del suelo y de las rocas, y la facultad explosiva del cristal de hielo comprimido en todas direcciones. Aterra y maravilla el pensar en los misterios de vida, de organismo mineral, que se agitan bajo la inmovilidad aparente de esas neveras allá en las profundidades insondables de los abismos «subterráneos».

Todavía acompañados por nuestro consabido pastor vaudense, que hacía la peregrinación a pie con su hija, descendimos del «Hospicio»,[13] muy paso a paso, para ir a contemplar de cerca la nevera, que tiene allí como 550 metros de latitud. Sintiéndonos poco dispuestos a llevar nuestra curiosidad hasta el extremo de exponer la vida en la travesía de toda la nevera, vimos al pastor protestante alejarse con su animosa hija, marchando lentamente, apoyados en sus largos bastones y escalando los bancos o colinas de hielo para pasar al lado opuesto del golfo congelado y descender por otra vía. Apenas nos atrevimos a caminar por entre aquellos abismos de cristal en un trayecto de 80 a 90 metros. Nos conducían dos guías que, con el auxilio de hachas y picos, iban practicando en el hielo pequeñas hendeduras que nos servían de escalones para trepar hasta la cima de alguna onda o colina. Si, visto en su conjunto y de lejos, el «Mar de hielo» no tiene la nitidez y tersura de los altos nevados de la cadena, porque los derrumbes y los vientos cubren la superficie de una capa terrosa, de cerca el aspecto de las hondas es de una hermosura sorprendente.

Donde quiera esas ondas están destrozadas o separadas por grandes grietas de insondable profundidad, en cuyo seno surgen y se deslizan o saltan como surtidores mil filtraciones, cascaditas y arroyuelos caprichosos, cuyas aguas purísimas van a perderse en recónditas cavidades donde se elabora un río, el «Aveiron», compuesto de innumerables e invisibles torrentes. Aquellas grietas, donde al caer o deslizarse hay muy rara esperanza de salvación, ofrecen los más bellos variantes de colores, reflejos, cortes y relieves: en unas partes, blancos y fúlgidos cómo el diamante pulido, o azules como el cielo; en otras, verdes o cristalinos como las ondas de un lago, o ligeramente sonrosados como los pálidos pétalos del lirio silvestre.

Aquel espectáculo tiene una majestad imponente y sublime, que humilla y hace enmudecer en el primer momento, como una de las más solemnes

---

13   A 885 mts. de altura sobre Chamonix.

manifestaciones de la pujanza, la maravillosa eternidad reproductiva y los misterios de la naturaleza, siempre viva, trabajando y progresando aun bajo las formas en que se la cree muerta o inanimada. Pero al pasar la primera impresión de sorpresa, de respetuoso horror y admiración «material», la meditación se abre campo: el alma, como resbalando sobre la superficie de aquel Mediterráneo de hielo, se remonta por encima de las soberbias cúpulas hasta lo infinito del cielo; aspira a cosas más grandes que las visibles en el mundo, a sondear horizontes más dilatados; se fortifica y ensancha con su secreta y vaga aspiración, y comprende toda la grandeza y divinidad de este ser, en apariencia tan pequeño, que se llama el Hombre, ser que no solo ha tenido genio y audacia para estudiar y adivinar los misterios de la Creación, sino que, siendo materialmente un átomo al pie del Monte Blanco, tiene el poder de alzarse por encima de ese coloso formidable hasta darle la mano a Dios, confundiéndose con él en la idea de la inmortalidad y la noción de lo infinito...

Para convencernos una vez más de que lo risible se halla comúnmente muy cerca de lo sublime, el pequeño hotel de Montanvers, a donde volvimos poco después, nos llamó la atención con sus curiosidades. La sala principal contenía un verdadero museo artístico y alpestre, donde cada viajero compraba algunas graciosas fruslerías. Pero más que todo nos interesó un libro o «registro» de excursionistas, mueble infalible en todos los sitios de esa clase, como en los museos, las bibliotecas y otros establecimientos públicos y privados de las ciudades. Cada visitante es invitado a inscribir su nombre en ese registro, que viene a ser no solo un elemento curioso de estadística, sino también un objeto de gran valor por los millares de autógrafos que reúne, cuando concurren personajes eminentes, y por las curiosas observaciones morales a que puede prestarse. Pusímonos a hojear el consabido registro y hallamos tan interesantes extravagancias que no pudimos menos que reír a carcajadas. ¡Cómo se revelan en esos libros las vanidades humanas y las diferencias de los tipos sociales! Las firmas de rusos eran de un laconismo severo. Las inglesas, uniformes como hechas en molde, contenían a veces observaciones de una singular candidez como estas: «Chamonix is a very beautiful country!» John Belton.

«I am very happy indeed»; William Carter.

Las de italianos abundaban en citas de versos de Dante, Ariosto y otros poetas ilustres. Las francesas aparecían no pocas veces acompañadas de breves comentarios burlándose de los anteriores firmantes; siendo notable sobre todo las dos siguientes. A continuación de un desahogo pasablemente insípido de un viajero anónimo que lamentaba la ausencia de su adorada, un tal «P. Farnel» había escrito: «Monsieur l'amoureux, vous mentez; l'amour est une bêtise ou un mensonge». En otra página decía otro, bajo la firma de «Un Parisien», estas filosóficas palabras: «Tous ceux qui mettent leurs signatures dans ce livre sont des bêtes, y compris le soussigné».

Pero nada era tan curioso como la literatura de los excursionistas de la Unión Americana, que se hacían notar por sus preocupaciones gastronómicas, su entusiasmo por el «brandy» (como la cosa mejor posible en Montanvers), sus lamentaciones sobre las mulas que habían cabalgado, o algún dolor de estómago que les acongojara, y sus recuerdos consagrados a la lejana patria. Brillaba entre todos esos americanos (que se mostraban muy convencidos de su importancia) un cierto «ciudadano del Estado libre de Massachussets», cuya muestra literaria hubiera sido digna de figurar en una colección especial de barbaridades insignes.

Si la fuente del río «Aveiron» es interesante por varios motivos y ha provocado serias investigaciones científicas, la nevera de «Bossons», situada hacia el sur de Chamonix, y las vecinas cascadas de los «Peregrinos» y el «Dard», nos llamaron de preferencia la atención por sus agrestes paisajes. ¡Con cuánto gozo recorrimos el valle, siguiendo la margen izquierda del Arve y cruzando los humildes caseríos de «Praconduit, Barraz» y «Favrans», que demoran entre praderas lustrosas, plantaciones de lino y pequeños bosques de alisios y abedules! ¡Con cuánto gozo también nos internamos en las vecinas selvas, sombrías y llenas de magníficos rumores, que suben en planos inclinados hacia las montañas! Bajo de aquellas cúpulas de negra verdura, sostenidas por los altos mástiles de los abetos, los senderos cruzan un terreno sembrado de peñascos graníticos y rocas erráticas, surcado por saltadores arroyuelos cuyas armonías se confunden en la espesura del bosque con los ecos de los lejanos mugidos de las vacas, los sonoros repiques de las campanillas que llevan en el cuello las cabras, mulas, vacas, etc., el estruendo más lejano de las cascadas y los torrentes que se despeñan de lo alto de las montañas, y los recónditos píos de algunos pajaritos saltando de rama en rama y buscando su alimento en las semillas de los abetos.

La cascada de los Peregrinos es determinada por un torrente que, descendiendo a saltos y casi perpendicularmente por entre las fracturas del cerro, recoge sus aguas en una especie de taza granítica, en el fondo de una rambla profunda, destrozada y sombría, y se lanza luego en semicírculo a una hondura de 50 metros, escondiendo su hermoso chorro entre una vegetación enteramente agreste. Al lado de la cascada, entre ella y el grueso torrente del Dard, reside durante el verano una pobre paisana, en una humilde choza situada como un mirador sobre el alto peñascal, Su oficio es vender a los excursionistas algunos ligeros comestibles y refrescos y esa multitud de pequeñas curiosidades artísticas, vegetales y minerales que aparecen reunidas en modestos museos en todos los sitios concurridos de Saboya y Suiza.

Más arriba se ostenta en toda su majestad la vasta nevera de Bossons, en tanto que en lo alto de las rocas y de las asperezas de un bosque desolado por los hielos brilla al lado de la nevera la cascada del Dard, dividida en dos caídas, una de 13 metros de altura y otra de 50. En el fondo de esos despeñaderos demoran los pueblecitos o caseríos de Bossons y los Peregrinos o «Nant», tranquilos y pobres, rodeados de bosques y praderas. Más abajo se desarrolla el valle, luciente de lozanía, rico en flores y perfumes, y salpicado de animales de cría cuyo movimiento desigual por las tortuosas márgenes del Arve completa el encanto de aquel bellísimo paisaje.

Capítulo V. La hoya del alto Ródano
El camino de la «Cabeza negra». El cantón de Valais. El Valle del Dranza y Martigny. El Ródano
El trayecto que media entre el valle de Chamonix y el del alto Ródano es en extremo interesante, si no bajo su aspecto social (curioso pero subalterno), bajo el punto de vista geológico y topográfico. Allí el viajero se encuentra totalmente rodeado de los magníficos cuadros de la naturaleza alpestre, de tal manera análogos, aunque multiformes, que no se percibe muy fácilmente la transición al pasar del país monárquico de Saboya a la republicana Suiza.

Caballeros en dos robustas y pacientes mulas y guiados por un excelente muletero, hombre sencillo, inteligente, locuaz, benévolo y muy conocedor del país y de sus tradiciones, como son casi todos los guías saboyardos, emprendimos la marcha de Chamonix a Vevey, tomando el camino de la «Cabeza negra». Es este el menos elevado y grandioso, pero más seguro que el del «Cuello de Balme», páramo encumbrado donde las borrascas son frecuentes, casi repentinas y temibles en todo caso. La vía, que es solo de herradura, gira durante un trayecto de 9 o 10 kilómetros por el valle del Arve, remontándolo. Poco a poco se va estrechando entre las altas montañas; algunas aldeas, como la muy graciosa de «Argentière», se destacan en la planicie y van quedando atrás. El lindo valle de Chamonix sigue su curso ascendente, regado por el Arve, hasta el pie de las montañas de Balme. El viajero, torciendo hacia el N. O., comienza a trepar las faldas pedregosas, áridas y tristes y los boquerones abruptos que median, en la serranía del «Brevent» y las «Agujas rojas», entre la hoya del Arve y la del «Trient», tributarios del Ródano en sentido opuesto.

La vegetación artificial, las rústicas praderas y los graciosos «chalets» o casas de campo alpinas, han desaparecido. Todo a los ojos del viajero es salvaje y solemne. Allí se camina por el fondo de gargantas profundas, o por encima de faldas muy arrugadas, que se van eslabonando en tortuosos giros, conduciendo al viandante de sorpresa en sorpresa. Donde quiera se alzan peñascos colosales como de una sola pieza, de oscura tinta y medroso aspecto, ora desgarrados en sus flancos por los derrumbes, ora desnudos como torres o bastiones de fortalezas titánicas, o cubiertos de malezas y bosques de abetos diezmados por los huracanes.

Poco después se llega al punto culminante de esas gargantas solitarias, determinándose la opuesta dirección de los sistemas hidrográficos. La hoya del «Agua negra», riachuelo atormentado que más abajo reúne sus aguas a las del Trient, se abre allí con toda su salvaje hermosura de paisajes, encerrada entre la serranía del Brevent, que va a terminar en Balme, y la que, arrancando en ella del nevado de las «Agujas rojas», se dirige hacia el norte para terminar en el valle del Ródano, presentando en su curso los bellos nevados del «Buet» y del grupo de montañas llamado «Diente o Muela del Mediodía». El riachuelo del Agua negra («L'eau-noire») desciende atropellado y espumoso por un lecho profundo, entrecortado por grandes peñascos de granito y bancos de esquisto arcilloso negro que le dan su turbio color. Donde quiera se multiplican los más «románticos» grupos de colinas, faldas arrugadas, ramblas hondísimas y cavernosas y empinados peñascos, en medio de los cuales, al estruendo de numerosas cascadas, a la sombra de bosques vírgenes de abetos y en el fondo de lindas praderas en miniatura, demoran algunas pobres aldeas en las más pintorescas situaciones.

He ahí la «Valorsina», aldea que vive arrullada por los rumores de el agua Negra, que recibe el tributo del «Barberina», torrente que a corta distancia del camino ostenta los iris de una bellísima cascada de 100 metros de altura. En breve comienza el territorio del cantón suizo de los «Valles» («Valais»). La vía remonta desfiladeros espantosos, orillando el cerro estupendo de la Gran Gradería («Le Gros-Perron»), base del pico que tiene el nombre de «Cabeza negra». El camino, abierto a pico en la inmensa roca sobre el borde de abismos que amedrentan, pasando hasta por un socavón tallado laboriosamente, hace mucho honor a los suizos, que manifiestan sumo interés por las vías de comunicación. Al volver un recodo del desfiladero se encuentra la unión de las estrechas gargantas u hoyas del Agua negra y del Trient, riachuelo que desciende del extremo septentrional de los nevados que forman la cadena del Monte Blanco.

Dos horas después, cuando se ha salvado el cuello de «Forclaz» (a 1.516 metros de altura), el viajero pierde de vista esa gran cadena de nevados que queda atrás, al sur; los bosques de abetos desaparecen de la vía totalmente; las áridas gargantas, los peñascos, abismos y torrentes profundos se alejan; el panorama que se ofrece a los ojos del viandante es enteramente distinto del que ha contemplado con recogimiento: es risueño, apacible y grandioso al mismo tiempo.

La Saboya ha terminado, y el país suizo, lleno de encanto y majestad, desarrolla sus contrastes de ricos y complicados valles y montañas colosales y abruptas. Es el cantón «vallesino» el que allí cautiva las miradas.

El cantón de los Valles o Valais está comprendido entre dos grandes cadenas de los Alpes: la que al sur continúa la del Monte Blanco y, partiendo límites entre Italia y Suiza, va a bifurcarse en las alturas que median entre «Gries», «Fibia», y «Mutthorn», separando allí a los cantones del Tesino, los Grisones y los Valles, y la que al norte se desprende del nudo colosal de montañas llamado «Diechterhorn», donde tiene sus fuentes el Ródano, y con el nombre general de «Alpes Berneses» va a terminar con una de sus ramificaciones en los contrafuertes de los «Diablerets», cerca del lago Lemán, entre los cantones de Valles y Vaud. La vasta hoya intermediaria de esas grandes cadenas es la del alto Ródano, que abarca en su totalidad al cantón de que me ocupo. Su territorio es de una hidrografía y orografía tan «bifurcadas» o complejas, que en realidad es un conjunto de 41 valles más o menos considerables, surcados por ríos todos convergentes hacia el valle central del Ródano. Esa multiplicación de contrafuertes, valles y ríos casi paralelos entre sí y perpendiculares a la línea del Ródano, haciendo juego con las estupendas montañas que sirven de elemento generador del sistema orográfico, le da al cantón de Valais, visto desde las alturas, el aspecto más variado, interesante y pintoresco. Ese cantón, que es el tercero de la Confederación por su extensión territorial, numera unos 90.800 habitantes y mide una longitud de 178 kilómetros, de oriente a poniente, por una latitud de 17 kilómetros, de sur a norte.

El Valais es relativamente uno de los cantones pobres de la Confederación, y bajo un aspecto el menos afortunado. Exclusivamente agrícola como es, carece de industria y de comercio propio; si bien su desarrollo económico va siendo ya notable, a virtud del ferrocarril que, partiendo de las orillas del lago Lemán y remontando el curso del Ródano, llega ya hasta Sion (la capital del cantón) y será continuado hasta salir a la alta Italia por la vía del Simplon. No muy tarde se podrá ir de París a Milán en ferrocarril, al través de todas las montañas de Suiza (el Jura, los Alpes, etc.) y de las de la alta Italia. Las viñas o la producción de vinos, suaves en lo general, constituyen la base de la agricultura vallesina, y en segundo lugar los cereales, las legumbres y frutas, algunos granos y las modestas crías de ganado vacuno.

El cantón de los Valles es, por desgracia, el país clásico del coto y el idiotismo, enfermedades horribles, sobre todo la segunda, que tienen allí los más aflictivos caracteres. Acaso esa espantosa calamidad (porque en el mundo todo es una cadena de compensaciones) es la causa principal de las virtudes que distinguen a los Vallesinos. El sentimiento de caridad y fraternidad es allí profundo, y el espíritu de dulce y benévola hospitalidad es proverbial y común. El triste espectáculo de los idiotas («cretins») seres que, si fuese permitida una frase grosera y que puede parecer impía, podrían ser designados con el nombre muy exacto de «huevos movidos de la especie humana»; ese espectáculo, digo, es profundamente doloroso para el observador filántropo. Esos seres nacidos para la inacción, fetos hasta la hora de la muerte, en quienes todas las facultades del alma y del corazón parecen ausentes o en eterno sueño, como si Dios les hubiese negado su inefable soplo, y en cuyas masas inertes el Sol mismo parece ser impotente para producir una emoción, han provocado naturalmente una tierna solicitud muy propia para perpetuar las más dulces inclinaciones. La necesidad de asistir y cuidar a esas criaturas sin vida, como bienaventuradas, y la humildad de carácter que el coto y el idiotismo han inspirado a los pacíficos habitantes del Valais, han alimentado allí las ideas piadosas, las costumbres benévolas, las tradiciones llenas de poesía religiosa, la sencillez en los gustos, la modestia en todas las aspiraciones, y cierta tendencia al ascetismo y la beatitud contemplativa, que dan a las poblaciones una fisonomía particular.

Donde quiera se ven en los caminos públicos, a cortas distancias, dos objetos que llaman mucho la atención, revelando la índole de los Vallesinos: nichos de piedra establecidos a la vera del camino, conteniendo pequeños altares con Cristos y estatuas de la Virgen o de santos, cuajados de «votos» o reliquias y guirnaldas de flores y muy venerados por los paisanos; y al lado del nicho sagrado, o por lo menos de una cruz, una fuente bien conservada o una canal de abeto al aire libre, que lanza sobre algún receptáculo de piedra o madera un hermoso chorro de agua cristalina y deliciosa. El nicho o la cruz revela el sentimiento profundamente religioso de aquellas gentes; la fuente indica la previsión caritativa, en beneficio del viandante y sus caballerías.

Hasta hace poco tiempo las gentes de los campos alimentaban ciertas preocupaciones groseras que les eran muy nocivas. Creían, por ejemplo, que el nacimiento de un idiota en la familia era una verdadera felicidad, una muestra de la protección divina, puesto que el idiota alejaba del hogar muchas calamidades y nacía condenado a purgar con su miserable estupidez e inacción los pecados de toda la familia. Así, los paisanos lejos de procurar la extirpación de la enfermedad la sostenían. Hoy esas preocupaciones o han desaparecido totalmente en algunos lugares, o en otros se han debilitado tanto que en breve estarán extinguidas. El tráfico con los extranjeros y los demás habitantes de Suiza, el desarrollo dado a la enseñanza primaria y las vías de comunicación, los esfuerzos hechos por la autoridad pública y las sociedades filantrópicas a fin de extirpar las dos enfermedades, y el despertamiento moral que se va produciendo en esas poblaciones, a virtud de las instituciones democráticas que rigen al cantón y exigen el concurso activo de todos los ciudadanos, van combatiendo con muy buen suceso aquellas calamidades. Ellas son de origen complejo, puesto que las causas no solo existen en la exposición de los lugares a los vientos fríos de los nevados, la naturaleza de las aguas y del aire atmosférico y un vicio tradicional o hereditario en la constitución orgánica, sino también en el desaseo, la vida sedentaria y las preocupaciones.

La historia del cantón de Valais (cuyo último dominador extranjero fue Napoleón) es poco interesante, aunque las luchas de sus partidos han sido bien tormentosas y sangrientas, a causa de la tenacidad de los anteriores obispos y señores feudales en mantener sus privilegios, monopolios y tiranía, excluyendo al pueblo del bienestar y del gobierno. La constitución enteramente democrática del cantón data de 1839, y no obstante la reacción aristocrática de 1844, pasajera, el país continúa regido por instituciones liberales y hombres amigos de la democracia. Agregaré que las lenguas que se hablan en el cantón son la francesa y alemana, bastante alteradas o convertidas en dialectos o patués.

Al descender del cuello de Forclaz hacia la llanura de Martigny, el espectáculo que se domina con la vista es tan grandioso como pintoresco. Al frente se ven las complicadas serranías de los Alpes berneses, cubiertas de abetos o praderas en sus faldas, o mostrando algunos flancos y picachos desnudos, y en cuyas más altas eminencias brillan como coronas de diamante los nevados de «"Diablerets, Arbelt, Strubel", etc.». En el fondo se ve el valle del Ródano, violentamente truncado en ángulo recto, y los valles convergentes del «Dranza», río que desciende de la cadena suizo-italiana y desemboca en el Ródano cerca de Martigny, y del Trient, que sale de entre su laberinto de montañas salvajes a engrosar el mismo Ródano un poco más abajo de la confluencia del Dranza. Por último, al derredor y bajo el paso mismo del viajero, se desarrolla una vasta complicación de faldas muy accidentadas que ofrecen tres órdenes superpuestos de vegetación y de paisajes: arriba, en las crestas de los cerros, espesos bosques vírgenes de abetos y pinos, cuya tinta oscura tiene una severidad casi solemne; en el centro descienden, en cien planos inclinados, estrechas hondonadas, vallecitos risueños y lucientes planicies entrecortadas, bosques de avellanos silvestres, hayas y otros árboles de las alturas inferiores, e innumerables huertos y plantaciones de nogales, castaños, cerezos, perales y otros muchos árboles frutales, cultivados entre sementeras de heno, lino, papas y legumbres variadas, árboles que, ora sombrean el camino alineados en calles interminables de tupidas bóvedas, ora se muestran dispersos en mil grupos irregulares, dando a la campiña la más pintoresca variedad en las formas y las tintas de la vegetación. Abajo, en fin, se extienden los viñedos tapizando vastas extensiones, tanto en las colinas y faldas más vecinas a los valles como en estos mismos, salpicados de villas y aldeas del más gracioso y original aspecto.

Después de atravesar la pequeña villa («bourg») de «Martigny», de poco más de 1.000 vecinos, situada al pie de una montaña y de las ruinas soberbias de un antiquísimo castillo feudal, la vía gira enteramente por la llanura del valle del Dranza. Al cabo de veinte minutos el viajero va a reposarse en «Martigny-la ciudad» de los ardores del Sol y las fatigas de una marcha de diez horas hecha a discreción de la mazorral mula. Esa pequeña ciudad, la segunda localidad del cantón, cuenta apenas unos 1.100 vecinos. Se halla situada al pie de la serranía que separa los valles del Ródano y el Dranza y casi en la confluencia de los dos ríos, en el centro de una alegre, fértil y bien cultivada llanura. No obstante la originalidad que se nota en la estructura de sus casas y los puentes vecinos, la ciudad de por sí no ofrece interés ninguno, sino como centro del movimiento agrícola del bajo Valais.

Dos horas después tomamos un tren del ferrocarril, recientemente inaugurado entonces, que conduce a las márgenes del Lemán. La campiña es notablemente variada. Dominado y estrechado el valle por los contrafuertes de las dos opuestas serranías, que bajan casi hasta tocarse en «San

Mauricio» por los estribos del grupo del «Mediodía» y el de «Morcles», donde quiera se ofrece el bello contraste de los inmensos murallones alpestres, de severo aspecto y vegetación sombría; los grandes derrumbes que surcan las faldas de los cerros; el curso atropellado del Ródano, cuyas cenicientas aguas desbordan sobre la llanura pedregosa, produciendo pequeñas ciénagas, y las alegres plantaciones de todo género en cuyo fondo se destacan numerosas aldeas, no sin gracia en su aspecto, pero desnudas de interés. La bella cascada de «Pissevache», producida por el torrente o riachuelo de «Sallenche», que se despeña con estrépito entre gargantas salvajes, llama la atención por sus formas caprichosas. Mide la caída 64 metros de elevación, y su espectáculo es de muy agradable efecto sobre la llanura.

San Mauricio, villa antiquísima y de aspecto enteramente feudal, con 1.250 habitantes, es la única localidad que llama la atención en todo el trayecto de Martigny al puerto de «Boveret» en el lago Lemán.

Algunos excursionistas muy aficionados a ciertas antiguallas suelen detenerse allí para ver algunas curiosidades de poco valor. En ese punto el ferrocarril se bifurca, con el Ródano de por medio: la línea de la ribera izquierda va a terminar en Boveret; la de la margen derecha, que es muy reciente, sigue su curso por Bex, Aigle y Villeneuve, costea la ribera septentrional del Lemán, por Verey, y sigue por Losana en dirección a varios cantones de la Suiza central y occidental. Un vapor nos condujo, en momentos en que una recia tempestad amenazaba en el lago, de Boveret a Vevey, ciudad interesante y curiosa del cantón o Estado de Vaud.

Capítulo VI. El cantón de Vaud
Territorio y población del cantón. Su historia; sus instituciones; sus producciones; sus institutos. La ciudad de Vevey y su panorama. Objetos interesantes y curiosos

Si el lector ha acogido con benevolencia el plan que me he propuesto seguir al trazar los rasgos principales de los cantones suizos, en lo moral y material, me permitirá que antes de hablar de las tres ciudades principales de «Vaud», que tuve ocasión de visitar, indique brevemente las condiciones características de esa pequeña pero muy interesante república confederada.

El territorio de Vaud (en alemán «Waadtland o Waadt»), que es por su extensión el cuarto en la Confederación, pertenece en su mayor parte a la región intermedia o de altiplanicies ondulosas del centro de Suiza. Limitado del lado meridional por la convexidad del lago Lemán, su extremo superior arranca en el valle del alto Ródano, y el inferior toca en los límites de Ginebra, extendiéndose desde las alturas de los Alpes berneses, en la nevera de Diablerets, hasta las del Jura, en las cimas de «Mont-d'Or» y «Dôle», de la frontera francesa. Ese territorio tiene los más irregulares contornos, partiendo límites en el alto Ródano y los Alpes con los cantones de Valles y Berna, y en la planicie central, al E., N. O, y N., con el de Neuchâtel.

Aunque dentro del cantón existen en totalidad tres pequeños lagos, uno de ellos (el de «Joux») de segundo orden, los más interesantes para Vaud son los de «Lemán», «Neuchâtel» y «Morat», en que tiene una parte muy considerable de riberas. Mide el territorio vaudense, en su mayor longitud, 100 kilómetros, de N. E. a S. O., encerrando una área de 3.850 kilómetros cuadrados. En su suelo, sumamente risueño y fértil y admirablemente cultivado, llama mucho la atención la baja y pequeña cadena de montañas del «Jorat». Esta, con sus graciosas inflexiones, determina no solo el sistema hidrográfico del cantón, sino también las mil ondulaciones pintorescas de los vallecitos y colinas, los planos inclinados y montuosos y las entrecortadas planicies de la parte central del país. Esa cadena, destinada por la naturaleza a mantener el equilibrio entre dos grandes sistemas hidrográficos, nace en «Vevey» casi sobre la orilla del lago, lo costea siguiendo la dirección E. O. hasta adelante de «Losana», y luego se dirige al N. O., apartándose del Lemán, hacia Sarraz, al pie de los primeros contrafuertes del Jura. De ese modo, el Jorat es el lazo de unión transversal entre los Alpes berneses y los montes jurásicos.

Bellísima por sus formas y vegetación —que ofrecen donde quiera los más risueños paisajes—, la cadena del Jorat, cuya elevación alcanza rara vez a 1.000 metros, es interesante por la demarcación a que da lugar en la agricultura, y por la separación que produce entre las aguas que vierten sobre el lago Lemán, para ir al Mediterráneo, y las que tienden hacia la hoya del

Aar para descender por el Rin al mar del Norte, en dirección absolutamente opuesta. El río «Venoge» que, como sus tributarios, nace en las montañas del Jura y afluye al Lemán, entre Morges y Ouchy, es el único centro hidrográfico de alguna consideración que corresponde a la hoya del Ródano. Al lado opuesto de los montes de Jorat corren: el «Orbe», cuyas aguas son la base principal del lago de Neuchâtel, y el «Broya» («Broye»), que riega los cantones de Vaud y Friburgo, forma el pequeño lago de «Morat» y afluye luego al de Neuchâtel. El «Sarina», centro hidrográfico de Friburgo, riega también una pequeña parte de Vaud en la región montañosa de los Alpes berneses.

Si en las extremidades del cantón, es decir en las montañas alpinas y jurásicas, la composición geológica, la vegetación, la agricultura, la ganadería, la industria y las costumbres tienen respectivamente las condiciones comunes a las altas regiones de Suiza, en la parte central, doble regazo de los montes del Jorat, todo tiene un aspecto que alegra la vista y seduce al viajero, todo sigue las leyes físicas y económicas de las planicies secundarias. Allí se manifiesta la vida en todas partes, llena de poesía, frescura y lozanía.

El territorio está naturalmente dividido en tres regiones que tienen su aspecto y vegetación particulares. En la montañosa, principalmente del lado del Jura, se ven ricos prados naturales, poblados de pastores, ganados, queserías y «chalets», y de extensos y espesos bosques de pinos, hayas y abetos explotados para el comercio de maderas. En las faldas y planicies ondulosas del sistema «jorático», innumerables plantaciones de tabaco, cereales, lino y cáñamo, plantas oleaginosas y medicinales, crías de excelentes caballos, y bellísimos bosques o huertos de árboles frutales muy aprovechados, tales como la higuera, el almendro, el olivo, el castaño, el manzano y el nogal. Por último, sobre la ribera del Lemán (y en parte sobre las de los lagos de Neuchâtel y Morat) se extiende una ancha faja de más de 50 kilómetros de longitud, cuyo suelo se compone de colinas suaves y planos inclinados hacia el lago; faja enteramente cubierta de viñedos innumerables y salpicada de villas o pequeñas ciudades, aldeas, caprichosos caseríos y graciosas quintas o habitaciones campestres. Es sobre esa larga faja que demoran casi todos los centros de población más importantes, cuyos campanarios, casas y terrazas se miran en el límpido y azul espejo del Lemán. La explotación de bancos de sal gema y fuentes saladas y de ricas minas de asfalto, mármoles, hierro, piedras importantes, azufre, hulla y otras sustancias, le da también al cantón, en notable proporción, el carácter de minero.[14]

La población de Vaud, que en 1837 era de 183.582 individuos, y en 1850 de 199.575, subió en 1860 a 213.606. Cerca de la vigésima parte se compone de ciudadanos de otros cantones y unos 3.500 extranjeros. La religión reformada o calvinista es la que profesa la inmensa mayoría de los habitantes, en términos que solo cuatro pequeños distritos son principalmente católico-romanos, no excediendo su número de unos 7.000 en todo el cantón y de 400 el de los judíos. Si bien se hablan algunos dialectos en que entran más o menos las lenguas francesa y alemana y algunas palabras de idiomas indígenas extinguidos, el francés es el idioma social y oficial de los Vaudenses. Sin embargo, no es difícil distinguir por el acento la diferencia entre un habitante del país y un francés.

La población de Vaud se distingue por su moralidad, su amor a la paz y el trabajo, su carácter dulce y honrado, su espíritu de investigación, independencia personal, fraternidad ilustrada y liberalismo democrático. Admira realmente la calma y sinceridad de conciencia con que el pueblo vaudense delibera y resuelve, reunido en comicios, sobre los intereses públicos, y el entusiasmo perseverante con que se sostienen allí, en todas las ciudades y villas, numerosas asociaciones científicas, literarias, industriales, patrióticas, etc., que gozan de plena libertad y ejercen fecunda acción sobre el progreso moral, intelectual y material. Los ferrocarriles y caminos, la navegación de los lagos, las escuelas populares, los colegios, museos y bibliotecas, los institutos de caridad, beneficencia, crédito y economía, y cuantos pueden distinguir a una sociedad civilizada, son atendidos con gran solicitud por las autoridades y los ciudadanos, y no hay progreso que no encuentre acogida simpática entre los vaudenses, dignos émulos de los ginebrinos.

La historia de Vaud tiene mucha analogía con la de Ginebra: la misma sucesión de conquistas y dominaciones bajo los romanos, los bárbaros, los

---

14   Se hace también en las montañas un considerable cultivo de genciana, sustancia que se destila y exporta en gran cantidad.

francos y burguiñones, los condes de Saboya, los obispos y condes del país, y los franceses desde 1798 hasta 1814. Sin embargo, Vaud estuvo sometido en los últimos siglos (de 1536 a 1798) a la dominación de Berna, que no llegó a pesar sobre Ginebra. La revolución francesa independizó al país de Vaud respecto de Berna, haciéndolo figurar en diversas combinaciones de Napoleón. Así, de 1798 a 1803 fue primero «República lemánica»; después hizo parte de la «República rodánica» (bajo la protección francesa), y al cabo fue «cantón» independiente confederado a Suiza. Su constitución con este carácter data de 1803, ratificada luego por los tratados de 1815. Por lo demás, los vaudenses han sido poco belicosos, como lo indica la ausencia de fortificaciones en sus principales ciudades, excepto en Losana (donde las han demolido) y en la pequeña ciudad interior de Romont.

La población vaudense está muy esparcida en los campos y en pequeñas ciudades, aldeas y distritos, circunstancia que explica bien el esmero con que están cultivadas todas las campiñas, graciosamente salpicadas de casas de labor y alegres quintas.

El cantón está dividido en diecinueve circuitos político-judiciales, sesenta círculos electorales con jueces de paz, y 388 distritos o «comunes» con municipalidad, aparte de las aldeas que, por su pequeñez, carecen de personalidad política. Así, el término proporcional es de unos 500 habitantes por distrito.

Los centros político-sociales más importantes del cantón son diez, de los cuales siete corresponden a la hoya del Ródano y tres a la del Aar o el Rin. Los primeros son:

«Losana», ciudad algo industrial, que cuenta cerca de 20.500 habitantes.
«Vevey», centro muy fabril y comercial, con 5.500.
«Morges», ciudad comercial, con 3.500.
«Bex», situada en el valle del Ródano y notable por sus salinas, con 3.200.
«Nyon», con 2.600, y «Rolle» con 1.400 en la ribera del Lemán.
«Villa nueva», con 1.300, puerto importante del extremo oriental del lago y punto de escala para el comercio que toma la vía que conduce de Ginebra a Milán por el Simplon.

En las comarcas interiores solo tienen importancia algunas pequeñas ciudades: «Iverdun», con 3.800 habitantes, situada en el extremo meridional del lago de Neuchâtel, notable como punto de escala comercial y de la navegación por vapor; «Moudon», con 2.450 vecinos, una de las más antiguas ciudades de Suiza, y «Romont», plaza fortificada (con 1.250) muy frecuentada por los agricultores a causa de sus ferias de ganado y caballos.

El cantón de Vaud estuvo en 1814 a punto de perder su autonomía, y para salvarla hubo de hacer el sacrificio de algunas libertades.
Hasta 1830 conservó su primera constitución cantonal, pero la impulsión dada al movimiento liberal en Europa por la revolución francesa de julio, provocó en Vaud una reforma democrática exigida por el pueblo en masa. Con todo, la reforma de 1831 pareció más tarde insuficiente, y en 1845 una nueva revolución hizo surgir la constitución vigente hoy que es completamente democrático-republicana.[15]

Conforme a ella todos los hijos o vecinos permanentes del Estado, de edad de veintitrés años, son ciudadanos y ejercen la soberanía en comicios o asambleas, o eligiendo sus representantes. El pueblo se ha reservado el poder constituyente y solo delega la autoridad legislativa, ejecutiva y judicial, en los negocios generales. En los distritos que tienen menos de 600 habitantes, ejerce el poder administrativo y legislativo propio un «Gran consejo», enteramente patriarcal y democrático, que se compone de todos los jefes de familia mayores de veinticinco años. En los distritos de mayor población, la autoridad legislativa es confiada a un «Consejo comunal» de elección popular, compuesto de veinticinco a cien vecinos; y la administración y policía están a cargo de una «municipalidad» presidida por un «síndico».

Los circuitos en que se divide el Estado son administrados por prefectos. El poder legislativo cantonal reside en un «Gran consejo», compuesto de 195 miembros elegidos popularmente por los «círculos», el cual se reúne en Losana dos veces por año en sesiones ordinarias, sin derecho a remuneración. Los poderes de los representantes duran cuatro años. El Gran Consejo nombra los diputados a las Cámaras de la Confederación y los altos funcionarios, entre estos los nueve miembros del «Consejo de Estado», que

---
15 En 1861 se ha votado una importante reforma constitucional más avanzada aún en el sentido democrático.

ejerce el poder ejecutivo por períodos de seis años. Esos nueve consejeros deben salir del seno del Gran Consejo, y ellos nombran anualmente de entre sí el presidente o jefe del gobierno. El «orden judicial» está bajo la dependencia del cuerpo legislativo. El Estado atiende a todas sus necesidades con un presupuesto anual de unos 550.000 pesos.

En Vaud están abolidas desde hace algunos años las penas de muerte, trabajos forzados en presidio, vergüenza pública y confiscación. El sistema penitenciario es enteramente análogo al de Ginebra, y el bello panóptico de Losana es el primero que se ha fundado en Europa. Los vaudenses y demás residentes gozan de la más amplia libertad de religión, publicidad, instrucción, locomoción, asociación, etc. Excepto las vías de comunicación y la enseñanza pública gratuita, que el Estado sostiene, las manifestaciones de la actividad social pertenecen a la iniciativa privada. Es tan grande el interés que allí se tiene por el progreso de la instrucción pública que casi no hay una ciudad que no tenga su biblioteca bien surtida, su museo y muchos institutos y colecciones importantes. Hay en el Estado cerca de 800 escuelas primarias, diez colegios comunales y veintidós escuelas secundarias, unas clásicas y otras politécnicas. Allí se mira con particular atención la ciencia económica, y no ha muchos meses[16] que Losana reunió un congreso y un concurso de economistas europeos para combinar el mejor sistema de impuestos. Es muy pequeña en el Estado la minoría de los individuos que carecen de alguna instrucción.

De las localidades de Vaud en que tocamos, tres nos llamaron particularmente la atención y a ellas reduciré algunas rápidas observaciones.
Vevey, donde desembarcamos al atravesar el Lemán desde Boveret, es una ciudad tan graciosa por su estructura, su admirable situación y sus bellos paisajes de las cercanías, como interesante por su movimiento social. Arrancando desde la ribera misma del lago, en cuyas ondas baña sus pequeños muelles, sus elegantes quintas, terrazas y jardines y los muros de muchas de sus casas, se extiende primero sobre un terreno llano de poca extensión y luego trepa por en medio de viñedos y huertos hasta la colina que la domina, la cual sirve de asiento a la catedral de «San Quintín» y varias

---

16   En 1861.

obras de un antiguo castillo, limitados por una gran terraza que sombrean frondosos olmos y castaños. Al pie de los muros que sostienen la ciudad del lado del lago se balancean en las ondas numerosos barquichuelos barnizados con vivos colores, y de todas partes se levantan mil rumores llenos de poéticas armonías. El hotel mismo de las «Tres coronas» en que nos alojamos, extiende sus terrazas elegantes hasta el lago, repletas de flores y arbustos, entre otros el naranjo, el jazmín y el «habano» de hojas lanceoladas, plantas que crecen al aire libre y en plena tierra, como en los climas meridionales.

Vevey, rodeada de ondulosas colinas y lindas laderas, y en cuyas cercanías son numerosos los bellos puntos de vista y agradables paseos, ofrece uno de los más encantadores panoramas que se pueden imaginar, sobre todo si se la contempla desde la terraza o la encumbrada torre de San Quintín, monumento gótico de estilo muy sencillo y severo. Al pie se desarrolla la ciudad como un jardín de los más variados contornos y colores; después se extiende el vasto lago, tranquilo y murmurante, lleno de luz y poesía y surcado por numerosos vapores, buques de vela y barcas y faluchos de remos, y limitado en su margen meridional por la barrera abrupta, rocallosa y severa por su sombría vegetación, que forman las montañas de Saboya o de la antigua provincia de Chablais. En la ribera misma, al pie de esas montañas, se ven las pequeñas localidades de «Meillerie» y «San Gingolfo» (donde comienza la nueva frontera de Francia), puertos dominados por los contrafuertes y las altas cimas del «Diente de Oche» y «Chaumeny». Más lejos se levanta el magnífico grupo nevado del «Diente del Mediodía» y detraes y al S. E., en un inmenso horizonte de colosos de granito, las inextricables y estupendas montañas que forman las cadenas del «Monte Blanco» y el «San Bernardo». Nada más majestuoso en su género que esas montañas empinadas casi verticalmente sobre el lago, cubiertas de bosques seculares y sombríos, con algunas praderas naturales en las estrechas faldas, salpicadas de numerosísimos «chalets» o casas de pastores que de lejos parecen microscópicas moradas de animales alpestres.

Si se torna la mirada a derecha e izquierda, sobre la costa misma de Vevey, se ve donde quiera un enjambre pintoresco de casas de campo y viñedos entrecortados por cercas de palos, y sostenidos en anchos anfiteatros de muchos escalones por pretiles o muros de construcción sólida y sencilla que impiden los derrumbes del terreno. Aquello es una inmensa ola de sarmientos que las brisas encrespan, y cuyo verde claro hace el más gracioso juego con el azul turquí resplandeciente del lago y las lejanas tintas oscuras de las montañas. Es imposible no sentirse profundamente seducido por los encantos de ese incomparable panorama, lleno de risueña poesía, de promesas de amor y dulce movilidad en su conjunto y sus pormenores. No es, pues, extraño que Vevey sea en Europa una de las residencias predilectas de los extranjeros que viajan en solicitud no de los placeres del juego, las vanidades del lujo y las emociones violentas, sino de la calma de la naturaleza, la dulzura del clima y los goces moderados y delicados. Baste decir que Vevey ha sido visitada con delicia por Voltaire y J. J. Rousseau, Byron y Víctor Hugo y mil viajeros eminentes.

Aquella ciudad sorprende bajo el punto de vista social, no solo al hijo de las comarcas solitarias o salvajes de Colombia sino también a los habitantes de las capitales europeas. En Europa, en lo general, una localidad de 5.000 habitantes es un átomo; y sin embargo, son muchas las ciudades de 25 a 30.000 vecinos que carecen de verdadera cultura. En Suiza, donde, a excepción de las montañas, todo es pequeño, gracioso y esmerado, las pequeñeces valen mucho y los pormenores son todo. Es ciertamente admirable hallar en la modesta ciudad de Vevey, de poco más de 5.500 habitantes, un gran número de institutos y todas las comodidades de la vida, que regularmente no se encuentran sino en las grandes ciudades muy avanzadas en civilización. Si las condiciones físicas del país han favorecido ese desarrollo, no puede negarse que la libertad individual y colectiva, la bondad de las instituciones y el espíritu de independencia y dignidad que engendra el calvinismo, aliado a las generosas cualidades de la raza francesa, son las causas principales.

En efecto, Vevey contiene, entre otras cosas interesantes: dos bibliotecas, la una religiosa y popular y la otra de la ciudad, con 13.000 volúmenes; un número muy considerable de colegios, escuelas, hospitales, hospicios y otros institutos de enseñanza y beneficencia; varios pequeños museos o colecciones científicas, literarias y artísticas; tres círculos, con gabinetes de lectura; muy buenos edificios para todos los servicios públicos; excelente alumbrado de gas, muelles y mercados; centenares de talleres y pequeñas fábricas, y una multitud de sociedades que atienden a los intereses literarios, religiosos, económicos, etc. Son muy notables entre ellas las de «mosqueteros, arcabuceros y carabineros», que se ejercitan en el tiro, instituciones esencialmente nacionales y muy interesantes por su carácter político-social en Suiza, donde cada ciudadano es un soldado en reserva y las montañas hacen vivir al cazador.

Vevey no solo es un centro de primer orden en el Estado, en la producción y exportación de vinos (blancos y muy suaves, del género «Champaña»), sino que es notable por la explotación de mármoles y otros objetos minerales, la fabricación de relojes, joyas y máquinas, el comercio de maderas y la cría de gusanos de seda. Así, aunque por su población es la segunda ciudad vaudense, es la primera por su industria y comercio.

Entre las asociaciones libres de Vevey hay una que, además de ser curiosa por las tradiciones y costumbres que mantiene, da la medida del interés que allí se toma por la agricultura, y de la fecundidad del espíritu de asociación: hablo de la «Abadía de los Viñadores», congregación muy antigua de los cultivadores de viñas y propietarios más interesados en ellas. Teniendo por divisa las palabras «Ora y trabaja», su objeto no es otro que el de favorecer la prosperidad de las viñas y sus cultivadores. Así, todos los años envía comisionados a recorrer minuciosamente los viñedos del distrito, y en virtud de sus informes la congregación discierne premios a los cultivadores que más se distinguen y toma las medidas necesarias para mejorar el cultivo, ensanchar el comercio de vinos veveisinos y extirpar toda enfermedad o mal que pueda atacar a los viñedos. No es menos curiosa «la Fiesta de los viñadores», que estos celebran cinco o seis veces en cada siglo, en las épocas de grandes cosechas, fiesta que, según nos contaron, ofrece las más singulares escenas de costumbres, y tiene cierto carácter pagano que la hace muy original en la época presente.

Capítulo VII. Vaud y Neuchatel
Losana y sus cercanías. Sus monumentos e institutos. De Losana a Iverdun. Iverdun. El lago de Neuchâtel. El cantón. Su historia. Sus instituciones y productos. El régimen comunal. La ciudad de Neuchâtel. Un panorama suizo

El Sol de la tarde brillaba con melancólica hermosura sobre las crestas de las montañas jurásicas y el lago y las campiñas riberanas, cuando nos embarcamos en el vapor «Aigle» y nos dirigimos hacia el puerto de «Ouchy», costeando la ribera septentrional. Las brisas rizaban las ondas del lago, resplandeciente y lleno de murmullos deliciosos, como agitaban las guirnaldas de tupidos sarmientos en los viñedos de la «costa»; y en el fondo de ellos, a 100 metros de distancia, vimos destacarse cinco o seis pueblecitos o aldeas llenos de gracia en sus pormenores, y como descendiendo de sus suaves colinas en pintoresco desorden, para bañar en el lago los festones y las terrazas de sus alegres casitas. Cada uno de esos pueblecitos parece el original de uno de esos «pesebres o nacimientos» tan populares en las sociedades españolas en el mes de Navidad.

«Ouchy», pequeño caserío de la ribera, sombreado por hermosas arboledas y rodeado de quintas elegantes, jardines y parques, es el puerto de Losana. Allí mismo, o a muy corta distancia, existió la antigua «Lausanium», destruida en el año de 563 por el choque violento de las aguas del lago, producido por la caída de una montaña en la ribera opuesta. Los habitantes, aterrados, buscaron el sitio más alto de la comarca vecina y en él fundaron a Losana, con increíble capricho, a tres kilómetros de distancia de Ouchy. Un ómnibus nos condujo inmediatamente a esa ciudad, por un amplio camino, que en realidad es una inmensa calle orillada por quintas suntuosas y terrazas, parques de espeso follaje y jardines cargados de perfumes.

La ciudad, cortada en el fondo por dos arroyos que se juntan en profundas ramblas, demora sobre tres colinas y sus faldas interiores y estrechos vallecitos intermedios. Así sus formas son tan irregulares y complicadas que llegan hasta la extravagancia. Sus calles, casi todas estrechas, oscuras, tortuosas y muy pendientes, forman un laberinto de cuestas que obligan a subir o bajar en todo caso. No ha mucho la comunicación entre las calles de las tres colinas era muy lenta y penosa; pero luego el magnífico puente

«Pichard» (que reposa sobre una doble arcada y mide 180 metros de longitud, de una colina a otra), algunas calles que faldean esas colinas y los hermosos caminos de ruedas y paseos exteriores, han mejorado mucho la ciudad y facilitado el movimiento de las gentes y de los carruajes.

Nada más extraño que el contraste que ofrecen los primorosos contornos de Losana (donde todo respira alegría y el horizonte se abre en derredor lleno de encantos), contornos que son enjambres de jardines y elegantes quintas, y el aspecto interior de la ciudad, feo y repelente en lo general, a pesar de algunos graciosos edificios modernos. Losana se compone de tres partes muy distintas, que revelan su origen o la época de su fundación: la una, la más alta, es la «Cité o Ciudad» propiamente dicha, donde se establecieron en la edad media el obispo y los canónigos. Allí se hallan la catedral, el antiguo palacio episcopal y el castillo fuerte de los viejos tiempos, ya desmantelado y trasformado. El aislamiento del pequeño mundo clerical era tan completo, que una muralla separaba la ciudad o fortaleza eclesiástica del barrio aristocrático y el mercantil o plebeyo. En aquellos tiempos en que la iglesia era militante y cada obispo un soberano más o menos poderoso, el templo tenía por lo común el aspecto o la posición de una fortaleza, y cada canónigo tenía el aire de un combatiente.

Los nobles edificaron sus residencias sobre la colina de «Bourg» (la «Villa»), mientras que los negociantes y plebeyos, los verdaderos ciudadanos, se establecieron en la ladera de «San Lorenzo» y las honduras pantanosas de la «Palud», formando el arrabal o «faubourg», es decir «la falsa villa.» De ese modo, como dice un autor muy entendido en la materia, regían simultáneamente en la triple ciudad tres derechos: el canónico en la «ciudad»; el germánico en la villa noble; y el derecho popular o revolucionario, preludio de la democracia, en los arrabales de la vecindad o «burgosía», organizados en numerosas cofradías, según las industrias, y regidos por las libertades conquistadas palmo a palmo en la lucha tenaz contra los señores feudales, y no pocas veces contra el alto clero también.

La reunión de las tres partes de Losana no se efectuó sino en 1481, y poco después la ciudad entera se constituyó según los principios de todas las ciudades libres de Suiza, gobernada por un gran consejo y aliada con Berna y Friburgo. Más tarde la muralla divisoria desapareció enteramente, y así como la reforma religiosa niveló el derecho de las conciencias, nobles y plebeyas, las revoluciones políticas pusieron al pueblo en posesión de su soberanía.

En Suiza, país tan visitado por los excursionistas europeos, se encuentra a cada paso algún sitio que conserva el recuerdo de uno o más personajes célebres. Así, el hermoso hotel «Gibbon» en que nos hospedamos, y cuya situación es muy feliz para contemplar el panorama del Lemán, ocupa el lugar de un antiguo jardín donde el ilustre historiador inglés de aquel nombre escribió, según afirman, en 1787, las últimas páginas de su bella «Historia de la decadencia y ruina del imperio romano». Voltaire se encantaba con su residencia en Losana, y allí se reunieron con frecuencia muchos hombres ilustres, tales como Fox, Mercier, Raynal, Servan, Brissot y Zímmermann. El extraordinario Byron, el bardo atrevido inspirado por la terrible musa del resentimiento y del orgullo herido, escribió, según cuentan, en dos días, detenido en Ouchy, su magnífico poema del «Prisionero de Chillón».

Si el tránsito por las calles interiores dé la ciudad es desigual y desapacible, a causa, de las subidas y bajadas, la tristeza de las callejuelas tortuosas y el aspecto poco agradable de la generalidad de los edificios, muy al contrario, el espectáculo que se domina desde los puntos culminantes de las colinas es encantador, sea que se abarque con la vista la extensión del lago y de las montañas que lo rodean, coronadas a lo lejos de nevados, sea que se torne la mirada en derredor de la ciudad misma, por su risueño término, o en dirección a los graciosos montes del Jorat. Todo ese país circunvecino forma un admirable paisaje, comprendido entre aquellos montes y el lago, repletos de viñedos y otras plantaciones y salpicado en todas partes de jardines y parques, huertos de simétrica verdura, quintas que reposan sobre elegantes terrazas, e innumerables casitas campestres que parecen desgranadas de los pueblos vecinos.

Losana tiene pocos monumentos importantes como obras históricas y de arte superior, pero no carece de todo interés bajo ese aspecto. Una gradería de 300 escalones de piedra, pendiente casi como una escala, conduce del centro de la ciudad a la cima o pequeña altiplanicie donde tienen su asiento la catedral, el Colegio académico (especie de Universidad cantonal), el viejo Castillo, resto de construcciones feudales, donde reside el Consejo de Estado, y las «Casas cantonales», donde se reúne el Gran Consejo y funciona el Tribunal del Estado. Amigo como soy de las comparaciones y de buscar la significación de los contrastes, confieso que me sentí encantado al recorrer esa pequeña altiplanicie, en cuyos edificios veía la prueba del progreso humano y de los triunfos de la democracia.

En efecto, la historia entera de los pueblos parece concretarse en la coexistencia actual de aquellos edificios. La catedral, símbolo del cristianismo, subsiste allí después de nueve siglos, y representa la renovación de las sociedades y la inmortalidad de los principios esenciales del cristianismo, puesto que, habiendo sido en sus primeros siglos catedral católico-romana, el pueblo la convirtió en catedral «reformada», sin más operación que la de suprimir las imágenes y algunos símbolos. El templo queda siempre venerable, porque representa la libertad de la conciencia humana en su culto de adoración al Ser Supremo. El castillo feudal, fundado para sostener la dominación despótica sobre los pueblos, es hoy el asilo de otro poder, de un Consejo que ejerce la autoridad basada en la «ley», inspirada por el «derecho» común, limitada por el «deber» y la «opinión». Los bastiones y las otras obras de la antigua fortaleza clerical, donde un tiempo reinara la autoridad que se llamaba infalible y monopolizaba el saber, han desaparecido para dar lugar al Colegio académico, símbolo de la libre discusión y de la universalidad de la luz intelectual. En fin, ese pueblo que en un tiempo se viera reducido a sus pantanos del fondo de Losana, ha luchado sin tregua, y al fin, escalando la colina «sagrada», ha plantado en la cima su bandera y edificado «su palacio», donde legisla el Gran Consejo en nombre de la soberanía, la libertad y la igualdad del pueblo.

La catedral es considerada con razón como una de las más hermosas de Suiza, lo que no es mucho decir, sin embargo, porque ese país no brilla, en la generalidad de sus ciudades, por los monumentos de arquitectura superior. Sus mejores monumentos son sus montañas y sus lagos, donde el suizo se manifiesta pastor y fabricante, libre, independiente, laborioso, honrado y sencillo. Aquella catedral, fundada en el año 1.000, construida en el siglo XIII y reconstruida en parte a principios del XVI, ofrece en sus formas y adornos el contraste de varios estilos de arquitectura gótica, Su mayor elevación es de 60 metros, por 93 de longitud, y su forma es la de cruz latina, tan usada en las catedrales de la edad media. En una de sus torres (la que esta completa) contiene los archivos del Estado, y en el interior del templo se encuentran no pocas bellezas de escultura y algunas curiosidades históricas. Desde lo alto de la terraza (a 47 mts. de altura sobre el suelo del templo) dominada por el «beffroi» o torre-atalaya, se contempla uno de los más bellos panoramas de Suiza.

En la parte baja de la ciudad se encuentra la «Casa municipal, y» no lejos de ella el «Hospital cantonal», edificios importantes pero sin interés artístico. Losana es notable por sus numerosos institutos de enseñanza, beneficencia, etc., y entre los primeros es muy digno de atención el mencionado Colegio académico. Este contiene cerca de 50.000 volúmenes en dos bibliotecas (la una cantonal y la otra de los estudiantes), un excelente gabinete de física, el museo cantonal (bien provisto y ordenado), la escuela normal, etc. Como se ve, la pintoresca Losana, cuyos habitantes muy simpáticos se distinguen por su moralidad y amabilidad, es bien digna de ser la capital de uno de los más prósperos y estimables Estados de la Confederación, que puede figurar como un modelo en Europa.

De Losana a Iverdun el ferrocarril recientemente construido toca en cuatro o cinco pequeñas localidades o estaciones que carecen de todo interés; pero gira por en medio de campiñas pintorescas y risueñas (cortando los montes del Jorat) cuyo aspecto hace muy gratas las pocas horas del trayecto. Es un país accidentado por multitud de pequeñas colinas y suaves ondulaciones, que determinan una sucesión caprichosa de llanuritas y vallecitos llenos de lozanía, poblados de huertos, diversas plantaciones y bosques productivos, en cuyo fondo se destacan muy graciosamente las casas campestres del estilo peculiar de Suiza.

Se echa de ver que el bienestar reina en esas campiñas, al reparar la dulce y contenta fisonomía de los campesinos, la pulcritud y propiedad de sus vestidos, la belleza candorosa de las mujeres, la robustez algo rubicunda de los niños, el orden y holgura de las habitaciones, y el esmero con que son cultivadas las tierras. Y esas gentes, realmente sencillas, nada tienen de rústicas sin embargo: saben leer, escribir y calcular, en lo general, comprenden sus derechos y deberes civiles y políticos, y tienen esa conciencia de su personalidad que les viene de la libertad, del trabajo independiente y de las prácticas sencillas y austeras de la religión reformada. En el seno de esas poblaciones laboriosas el sacerdote es un hermano, un verdadero pastor, porque no domina ni explota las conciencias, tiene instrucción sólida, vive modestamente, sin aspiraciones políticas, ni a ser canónigo ni obispo, es padre de familia, y como tal sus intereses están en perfecta armonía con los de los ciudadanos.

Iverdun demora sobre la margen derecha y una pequeña isla del «Orbe», a muy corta distancia de la desembocadura de ese pequeño río en el lago de Neuchâtel y al extremo de una fértil y bien cultivada llanura. Esa ciudad ha adquirido notable incremento de pocos años acá, a causa del ferrocarril que la comunica con Losana, Morges y Ginebra, que se acaba de ligar con otro que de allí gira por Neuchâtel en dirección a Solera y Basilea. Como la ensenada que forma el Orbe es el puerto de los vapores y las barcas de remolque o vela que navegan el lago, el movimiento comercial de Iverdun es considerable. Compónese la ciudad de tres grandes calles paralelas, en su parte principal, y solo es notable en cuanto a su estructura por las formas extrañas y el color amarillento de las casas, y un antiguo castillo feudal flanqueado en sus cuatro esquinas por torreones de severo aspecto.

Iverdun esta rodeada de hermosas arboleda y paseos, y así tan pequeña como es (con solo 3.800 habitantes) se distingue por la posesión de una biblioteca pública, un colegio, un hospital, varias escuelas y casas de educación y varios institutos de beneficencia y economía. En Suiza no hay una ciudad, por pequeña que sea, que no posea —como las mejores pruebas de civilización, fraternidad e interés por la cosa pública— estos elementos: una o más bibliotecas públicas, museo más o menos surtido y ordenado, caja de ahorros, colegio, numerosas escuelas, hospital y hospicio. En vista de esto es fácil comprender por qué el pueblo suizo es uno de los más honrados, libres e instruidos que se conocen, relativamente a la estrechez de su territorio, lleno de obstáculos, inhabitable en mucha parte y encerrado entre montañas en el centro de Europa.

Iverdun conserva piadosamente la memoria del célebre Pestalozzi, fundador del método de enseñanza primaria más popular y fecundo: hombre pobrísimo (como casi todos los grandes benefactores) cuya vida fue una serie de actos de abnegación en obsequio de la infancia ignorante y desvalida. Fue en esa humilde ciudad donde Pestalozzi ensayó y probó durante muchos años la excelencia de su método; y todavía subsiste allí una casa de educación dirigida por uno de sus discípulos.

En Iverdun nos embarcamos a bordo de un bonito vapor para surcar el lago hasta Neuchâtel. Sus ondas de color verde claro son bellísimas, aunque no comparables con las del Lemán. La ribera del lado derecho o N. E. es triste y desapacible, y en sus rocas abruptas y elevadas, de estratificación caliza, que las ondas golpean con violencia, se ve casi reinar la soledad, porque los puertos son rarísimos y la población escasa. Pero del lado S. O. el aspecto de la ribera y las colinas y montañas circunvecinas es pintoresco y animado. Por allí gira el ferrocarril de Neuchâtel, cuya construcción ha exigido en muchos trechos costosos trabajos de mina en las rocas, o nivelaciones entre las ondas del lago. Desde sus playas cascajosas el terreno se levanta en planos inclinados y muy ondulosos, enteramente cubiertos de viñedos; pequeñas y graciosas poblaciones lo salpican[17] situadas sobre la ribera, y luego, elevándose en una sucesión de colinas más o menos empinadas y rocallosas, va a confundirse con las montañas del Jura, cuyos más bajos estribos y contrafuertes bajan hasta el lago mismo arrojando por sus hondas ramblas algunos arroyos. Esas montañas tienen un aspecto infinitamente menos majestuoso que las alpinas, siendo más bien risueñas por sus menudas formas y vegetación variada.

El lago de Neuchâtel (en alemán «Neuenburger-See») da riberas a cuatro cantones circunvecinos: Vaud, Neuchâtel, Berna y Friburgo; mide 27 kilómetros de longitud de sur a norte, por 6 de anchura, y contiene de área 242 kilómetros cuadrados. Su profundidad es considerable, pero no excede de 150 metros; y es muy notable por sus frecuentes y violentas borrascas, bastante peligrosas para la navegación porque son casi siempre repentinas y los puertos carecen de abrigo.

Antes de hablar de la ciudad de Neuchâtel, una de las más graciosas de Suiza (aunque casi todas demoran a orillas de lagos o de ríos, en situa-

---
17 La más notable es la villa de Grandson, perteneciente a Vaud, que tiene 1.500 habitantes.

ción muy pintoresca), resumiré las más importantes nociones relativas al cantón o Estado. El territorio neuchâtelés se extiende en su región baja sobre las dos terceras partes de la ribera occidental del lago, y siguiendo la orilla izquierda del río «Thiele», que es el desaguadero de aquel, abarca una pequeña porción de la ribera también occidental del vecino lago de «Biena» («Bienne»), que es en cierto modo la reproducción reducida del de Neuchâtel. De resto, el cantón se extiende sobre las tres cadenas paralelas del Jura, y aunque contiene algunos estrechos valles intermedios es esencialmente montañoso. Parte límites al O. con Francia, al S. con el cantón de Vaud, al N. con el de Berna, y al E. tiene el lago de por medio respecto del cantón de Friburgo. Su mayor longitud es de 43 kilómetros, su mayor latitud de 20, y contiene en su área 7.678 kilómetros cuadrados. La población del cantón alcanzó en 1860 a 87.847 habitantes, incluyendo unos 15.000 suizos de otros cantones y más de 3.000 extranjeros, la mayor parte franceses. La igualdad de lengua y religión (francesa y reformada) hace que Neuchâtel, Vaud y Ginebra formen un grupo de pueblos completamente análogos. En todos tres domina plenamente en las instituciones el radicalismo democrático, la industria es homogénea en tres de los ramos principales (fabricación de relojes, producción vinícola y corte de maderas), y las costumbres y el carácter y espíritu de los habitantes los hacen muy análogos. En realidad se pudiera definir a los ginebrinos, vaudenses y neuchâteleses, llamándolos: «franceses serios». Si la religión reformada les ha inspirado el espíritu de independencia personal y creencia razonada y profunda, la república democrática los ha fortalecido en el amor a la libertad y el horror por el tutelaje oficial.

La historia del cantón de Neuchâtel «(Castillo nuevo», nombre derivado de su origen feudal) es también análoga a la de Ginebra y Vaud, en cuanto a los francos, el antiguo reino de la segunda Borgoña, las luchas con los condes de Saboya y los berneses, etc. A virtud de enlaces de familia de los antiguos dominadores de Neuchâtel y Valengin, la casa francesa de Orleans-Longueville poseyó el país como suyo hasta el principio del siglo XVIII. Extinguida entonces esa familia, presentáronse muchos pretendientes, y entre estos el pueblo neuchatelés (ya que por entonces ninguno podía vivir sin señor) tuvo el acierto de escoger al más lejano, y por lo mismo el menos, temible: el rey de Prusia, Federico I. Esta dinastía dominó suavemente el principado hasta el principio del presente siglo, en que hubo de cederlo al imperio francés. Napoleón, que entre otras habilidades tenía la muy famosa de regalar Estados y pueblos como cajas de tomar rapé, dispuso del país (en 1805) para constituirle un patrimonio al mariscal Berthier. El tratado de 1814 le dio a «Neuchâtel-Valengin» un carácter mixto, haciéndolo entrar en la Confederación helvética como Estado o cantón libre, y devolviéndolo en su gobierno interior al rey de Prusia. Desde esa época hasta 1848 gozó de una constitución bastante liberal y benéfica; pero el interés de la independencia arrastró al pueblo neuchâtelés a la revolución general de ese año; no sin que antes, en 1831, hubiese estallado una insurrección que fue reprimida por los prusianos.

El pueblo se dio en 48 una constitución democrática o radical, y aunque el rey de Prusia continuaba llamándose príncipe de Neuchâtel y reclamando sus pretendidos «derechos» (anulados por el mismo pueblo que se los concediera en 1707) la independencia del cantón era efectiva de hecho y tenía que serlo. En 1857 se suscitó una grave cuestión diplomática que amenazó producir la guerra entre Prusia y Suiza; pero las grandes potencias intervinieron, Francia ofreció su mediación, y aunque el rey de Prusia conserva su vano título de «príncipe de Neuchâtel», como otros se llaman «reyes de Jerusalén», la absoluta autonomía del cantón, como Estado federal, quedó reconocida. El pueblo votó directamente la Constitución en 1858, y esta rige en el país a satisfacción de sus habitantes.

Conforme a ella el pueblo es soberano, y se gobierna por sí en los negocios comunales y por el sistema representativo en los generales del cantón, siguiendo reglas análogas a las de Ginebra y Vaud. Todos los ciudadanos son hábiles para los empleos públicos, están sujetos al servicio militar y soportan las contribuciones con igualdad proporcional. La Constitución abolió las antiguas regalías de los señores feudales, sin perjudicar a los propietarios de tierras, así como los títulos, privilegios y distinciones nobiliarias. Todos los ciudadanos son iguales ante la ley, y la Constitución les garantiza la libertad absoluta de religión y culto, el derecho de petición, asociación, uso de armas y libre establecimiento en el cantón, la libertad de la prensa y la seguridad individual, con el domicilio, la correspondencia y la propiedad inviolables.

El cantón de Neuchâtel es esencialmente fabricante, en términos que su fabricación es una de las más valiosas del mundo, relativamente a su población y territorio. En efecto, el cantón fabrica en sus tres centros principales, anualmente, cerca de 300.000 relojes de oro, plata, acero, etc., y un número muy considerable de péndulos, cronómetros y otros instrumentos análogos y de música, física y matemáticas. Tiene además numerosas fábricas de papel, telas de algodón impresas, cuchillería, artículos de hierro y cobre, encajes, guantes y otros objetos de bonetería. La sola industria de relojería (introducida en el país en el siglo XVII) ocupa a cerca de 11.000 obreros. La pequeña ciudad de «Chaux de Fonds» produce por sí sola más de 250.000 relojes; el resto es fabricado en «Locle» y «Neuchâtel».

Enseguida de la fabricación figuran en considerable valor los productos de las viñas (vinos blancos muy suaves y estimados), de la extracción de maderas en los extensos bosques de las montañas (pinos, abetos, hayas y encinas), de la cría de ganados muy apreciables, en las praderas naturales, y del cultivo de cereales, árboles frutales, etc. El comercio es activo, y el cantón no solo tiene la navegación de los lagos y buenas carreteras, sino que mantiene comunicaciones hacia Francia y los demás cantones por medio de cuatro ferrocarriles.

Los principales centros del cantón, como he indicado, son: Neuchâtel, la capital, que cuenta unos 10.300 habitantes, ciudad donde tiene su foco el pequeño partido conservador o aristocrático; Chaux de Fonds, con 14.500, (bonita ciudad que es el centro del radicalismo y de la prensa activa del cantón, y el que sostiene más extensas relaciones con Francia), y Locle, que tiene 8.800 habitantes. Así, tres localidades nomás reúnen el 38 % de la población cantonal, hecho que se produce en mayor o menor proporción en todos los Estados manufactureros o fabricantes, donde es inevitable la concentración de grandes masas de obreros, sobre todo cuando las tierras son escasas o están en pocas manos. La altura de esas tres ciudades es muy diversa: así, la de Neuchâtel sobre el nivel del mar es de 480 metros en su parte más alta; mientras que Locle y Chaux de Fonds, situadas en la región montañosa, tienen respectivamente 921 y 1.000 metros de elevación.

Locle fabrica principalmente relojes y encajes. Chaux de Fonds es una ciudad de considerable movimiento y que no pocas veces ha sido el asilo, como Ginebra, de franceses proscritos. Allí se oye sin cesar el ruido de mil martillos y todo es actividad en los talleres y forjas. Acaso sus mayores progresos y su rara perfección y prontitud en la fabricación dependen principalmente de la división del trabajo, llevada allí hasta sus últimas consecuencias. Cada obrero trabaja en una sola operación, más o menos sencilla, de manera que un péndulo o reloj representa el concurso de centenares de obreros. Estos trabajan en sus casas por tarea, con taller u obrador propio, sin descuidar a sus familias y aprovechando el concurso de estas. Su independencia personal es tan evidente como su moralidad. Y sin embargo de esa independencia y división, como un reloj se compone de tan numerosas piezas, su complicación misma establece la solidaridad o comunidad de intereses de todos los obreros. Acaso uno de esos relojes es la mejor manifestación de esa verdad profunda de la armonía de las cosas y las sociedades, que concilia y hace coexistir perfectamente la personalidad del hombre y la solidaridad social, donde quiera que la libertad permite y favorece la plena acción de esa ley de la naturaleza.

En efecto, de esa situación resulta en Chaux de Fonds este hecho notable: que en todo caso una crisis comercial o industrial afecta igualmente a todos los empresarios y obreros, haciendo común la desgracia, lo mismo que en los años de prosperidad la ventaja es común. De ese modo el capital no puede dar la ley al salario, ni viceversa, y sus relaciones son las del interés legítimo fundado en la libre competencia y la independencia y dignidad del trabajo.

Es aquí el caso de indicar un rasgo característico de muchos de los cantones, o casi todo el pueblo suizo, que ofrece el medio de dulcificar la situación del obrero en los tiempos de crisis. En Suiza la organización política ha seguido el movimiento lógico y natural de las leyes que presiden a la «conglomeración social», muy al contrario de Francia y otras naciones donde el «Estado», absorbiéndolo todo, ha hecho del «distrito» (que es la realidad) una ficción puramente administrativa, y de la nación una «causa» en vez de un «efecto». En Suiza, el «común» o distrito es más que la base fundamental de la sociedad política, es la sociedad misma. Los distritos, gozando de su autonomía primitiva y natural, se han aglomerado para fortalecerse, formando el «cantón» o Estado, y no para limitar o abdicar su vitalidad propia. Los cantones, después de muchos años y aun siglos de plena soberanía, armonizando sus intereses bajo el punto de vista de la nacionalidad, se han confederado para estrechar y simplificar sus relaciones, asegurar cierta solidaridad y hacerse respetar como una potencia. Pero en realidad la vida del ciudadano suizo está en el distrito comunal. Es allí donde él se siente realmente soberano (en su parte respectiva), adherido a la sociedad por derechos, deberes e intereses, y miembro activo de una confraternidad.

Los derechos y deberes políticos que se refieren a la Confederación son comunes en toda ella, sin distinción de domicilio; pero el suizo de Zúrich, Berna o Ginebra, aunque ligado al de Chaux de Fonds por esos vínculos, es realmente extraño a la comunidad neuchâtelesa, en tanto que no acepta el compromiso local. Allí el «vecino» comunal es mucho más que el «ciudadano» confederado, porque los vecinos constituyen verdaderamente Una «familia». Cada cual tiene el deber de la residencia ordinaria, de servir al distrito de cierto modo, contribuir constantemente para el fondo común de socorros o aseguros mutuos. Y cada cual tiene el derecho, en caso de enfermedad, invalidez, miseria o falta de trabajo, de obtener la protección directa y eficaz de la comunidad. Así, cada uno de esos distritos es en rigor y por sí solo una república democrática, libre en su vida interior, al mismo tiempo que una asociación de aseguros mutuos; sin que eso obste para que los ciudadanos se interesen vivamente por la prosperidad del cantón y la Confederación.

La ciudad de Neuchâtel, situada en la desembocadura del «Seyon», demora en la falda de una montaña considerable y montuosa que es uno de los más grandes contrafuertes de la cadena oriental del Jura, y se levanta en graciosos anfiteatros, después de cubrir una angosta faja de terreno llano sobre la ribera del lago. Pocas ciudades he conocido en Europa tan pintorescas y llenas de capricho como Neuchâtel, que algunos comparan por su situación a Nápoles. Ceñida en la ribera por lujosas arboledas, que al mirarse en las ondas sombrean las playas y terrazas, y coronada en la parte superior por las guirnaldas de sus lindos jardines y los tupidos festones de sarmientos, parece una ciudad de casas de baños y de recreo sembrada en el fondo de un jardín, rica en colorido y arrullada por los rumores del lago y las brisas generosas de las montañas que la dominan.

Y sin embargo, si se observan los rasgos particulares, recorriendo el interior, se encuentran dos tipos diferentes. En la parte llana, a lo largo de la ribera, halláis alegres puertos a donde llegan numerosos barquichuelos; en uno de aquellos humean las chimeneas de los vapores y se amontonan las barcas veleras y de remolque, repletas de mercancías. Allí veis calles espaciosas, limpias y bien niveladas, casas elegantes, bonitos hoteles, edificios monumentales, tiendas vistosas y cafés bulliciosos, en fin, la ciudad moderna y confortable. Si echáis a andar hacia los arrabales, encontrareis las calzadas que sirven de carreteras y paseos, orilladas por bellísimas quintas en que el gusto artístico de la arquitectura hace juego con la magnificencia de los jardines y la gracia de los pequeños parques.

Si penetráis en la parte antigua, que arranca en la base misma de la montaña y se eleva en desiguales escalones, encontrareis calles de severo aspecto, callejuelas tortuosas y pendientes, construcciones de estilo semigótico, los talleres de la industria, fuentes tradicionales de extraña forma y coronadas por gigantes de piedra muy característicos, representando soldados del siglo XV armados hasta los dientes. En fin, en la cima de una colina rocallosa, el viejo castillo feudal, curioso monumento establecido en el siglo XIII por uno de los condes Bertoldos, y casi a su lado la catedral (la fortaleza del clero), edificio de estilo gótico del segundo período, fundado en el siglo X y reconstruido en el XII.

Aparte de esos monumentos curiosos, Neuchâtel tiene varios modernos que son bien estimables por su arquitectura y su objeto. Citaré entre estos la hermosa «Casa municipal», el «Hospital» de la ciudad, el de «Pourtalès» (del nombre de su fundador), de servicio universal, el «Templo nuevo» y el «Gimnasio». Este contiene el colegio cantonal y un bellísimo museo particularmente curioso por sus colecciones suizas de historia natural, en que los animales figuran en la actitud de la vida y según sus costumbres. Esa pequeña ciudad (que ha producido artistas muy notables, como Calame,

Moritz y Osterwald, especial en la construcción de panoramas en relieve) contiene colecciones particulares de pinturas que son muy estimables; y se hace notar además de lo que llevo indicado, por sus dos bibliotecas públicas, su escuela normal, su excelente caja de ahorros, las sociedades Bíblica y Filarmónica, y numerosas escuelas gratuitas y establecimientos de beneficencia y crédito.

Para tener idea completa de la hermosura de aquellas comarcas, nada mejor que la ascensión a la cumbre de la montaña de «Chaumont», que se eleva hasta 1.772 metros sobre el nivel del mar, o sea 1.340 sobre el del lago. Una pequeña tartana tirada por una guapa yegua nos condujo por la excelente carretera que faldea el cerro caracoleando hasta la cumbre y se prolonga por el fondo de un valle hasta Chaux de Fonds. Hasta una altura muy considerable la carretera gira estrechándose poco a poco, por entre espesos bosques de abetos y pinos colosales, en cuyo fondo sombrío no se ve sino interminables columnatas de mástiles desnudos bajo la alta capa de verdura que los rayos del Sol no pueden penetrar. De trecho en trecho se rasga la espesura del bosque, dejando columbrar por pequeños espacios el admirable panorama que se desarrolla al N. N.-E.; pero apenas se tiende la mirada para contemplarlo cuando el inmenso cortinaje de verdura vuelve a cerrarse, y en vez de los nevados y montañas, los lagos y lejanos valles y planicies entrevistos por un segundo, torna a rodearlo a uno la tupida floresta de pinos, abetos, hayas y pequeñas encinas. Hacia la cumbre el bosque disminuye y se aclara, y las pequeñas praderas de pasto natural se desarrollan como hermosas alfombras, salpicadas de lindas flores de mil matices y bosquecillos de avellanos enanos, y se aspiran con infinita delicia las brisas de las montañas, cargadas de aromas desconocidos.

La escena que se contempla desde el sitio más encumbrado de Chaumont, llamado la «Señal», es tan magnífica, tan vasta y soberanamente bella, que casi es imposible describirla. Al Occidente se alzan las cadenas del Jura, cubiertas de rica vegetación y altas praderas, entrecortadas por risueños valles de esmerado cultivo, entre los cuales es perfectamente visible de un lado el de «Ruz» o el «Seyon». Al S., N. y E. se contempla el prodigioso almácigo de nevados y montañas colosales que se extiende desde el Monte Blanco hasta el «Titlis», es decir la más espléndida región de los Alpes, casi todo el cantón de Vaud y la parte inferior del de Berna que se llama el «Oberland» (país alto). Al N. y N.-E. se registra toda la región de planicies accidentadas y bajas montañas que ocupan los cantones de Berna, Solera, Argovia, Lucerna y Friburgo, país del más pintoresco y variado aspecto, que tiene el Aar como centro hidrográfico. Y en el fondo, al pie de la gran montaña, se admira la belleza serena de los lagos de Neuchâtel, Biena y Morat, cuyas riberas, pobladas de viñedos, aldeas y cortijos, tienen tintas de un verde melancólico, y en cuyas ondas, rizadas por el viento e incendiadas por el Sol de la tarde, se alcanzan a ver como nubes flotantes los vapores, y como mariposas las blancas velas de las barcas que navegan allí.

Aquel panorama inmenso tiene todas las condiciones que constituyen la hermosura compleja, todos los contrastes posibles en la naturaleza europea: la grandeza y la pequeñez, la majestad imponente y el encanto, la fuerza y la suavidad, la luz esplendorosa y las sombras profundas, los colores alegres y las tintas melancólicas, la tristeza del invierno eterno de los hielos y el brillo de la vegetación del verano, las maravillas de la mano de Dios y las pruebas del genio y la actividad del Hombre... La Suiza entera parece desarrollar todas sus galas y todos sus horrores naturales en ese cuadro compuesto de millares de paisajes. Tal es la hermosura del espectáculo que la noche nos iba sorprendiendo en la cumbre de Chaumont, cuyo admirable mirador no se quisiera abandonar. ¡Es tan dulce olvidarse a veces del mundo y entregar el alma y los sentidos a la sola contemplación y el amor supremo de la naturaleza!...

Capítulo VIII. El cantón de Friburgo
La diligencia suiza. Los tres lagos hermanos. Morat. Geografía del cantón; su historia; sus instituciones. Panorama de Friburgo. Sus monumentos y curiosidades. La ermita de la Magdalena
Estábamos listos para continuar nuestra excursión, dirigiéndonos de Neuchâtel a Berna por la vía de Morat y Friburgo, cuando el clarín del postillón nos avisó que la diligencia iba a partir. En Suiza el servicio de postas y diligencias por las carreteras está monopolizado por los gobiernos federal y cantonales, según la naturaleza de la vía. Cada cantón tiene sus carreteras y

trenes propios de diligencias, que giran de frontera a frontera o combinadas por tratados. Como los trayectos que hay que recorrer de unas ciudades a otras son tan cortos, las diligencias se suceden y renuevan en cada capital, y los vehículos (como lo requieren las fuertes ondulaciones de un territorio tan montañoso) son mucho menos incómodos y voluminosos que los que se usan en España, en Italia y otros países.

Ninguno de los rasgos característicos de la diligencia española, esencialmente bárbara, se encuentra en la de Suiza. Dos o tres hermosos caballos indígenas, fuertes, robustos y pacientes, componen el tiro, y los atavíos son ligeros y graciosos. El postillón sobre todo es un tipo curioso por su actitud y uniforme oficial, en que parecen amalgamarse el militar y el arlequín. Un pantalón estrecho, de paño azul con franjas amarillas, que llega hasta las rodillas y se ajusta bajo dos grandes botas charoladas; un chaleco de paño amarillo o rojo, sobre el cual va una chupa de cola microscópica, forrada con anchas solapas y con puños de color rojo y enormes botones de metal reluciente; un sombrerito de charol o fieltro, de copa larga, estrecha y puntiaguda y con adornos; un larguísimo foete, y un clarín terciado al costado, componen el vestido y los arreos del príncipe de la diligencia suiza. Ese curioso uniforme, que provoca a reír, contrasta con el aire militar y seriote del «rechoncho» personaje, quien desde lo alto de su trono ambulante se anuncia al llegar a las localidades o salir de ellas, y en las estaciones de relevo, con los toques agudos de su clarín y los prolongados traqueteos de su foete que producen extraños ecos en las montañas y los bosques de la vía.

Por lo demás, el postillón suizo, que comprende que su individuo es un funcionario público, se hace notar por su amabilidad, su inteligencia en la conducción del vehículo y la regularidad de todos sus actos, exentos de brutalidad. El funcionario suizo es así en todas las escalas: atento, comedido, lacónico, íntegro y fiel a su consigna. Hay en su regularidad y precisión algo que recuerda al soldado (porque en Suiza todo el mundo está obligado al servicio militar); como hay en su porte comedido algo que mantiene el tipo del ciudadano libre, educado por el principio de la igualdad.

La carretera, después de salir de Neuchâtel por un arrabal poblado de bellas quintas y alegres jardines, costeando la ribera del lago en dirección al N., tuerce al N.-E., atraviesa el río «Thiele» (arteria de reunión entre dos grandes vasos del organismo hidrográfico del país), corta el estrecho istmo pantanoso que media entre los lagos (de Neuchâtel y Biena) y comienza a remontar, en dirección al E., una sucesión de planos inclinados y colinas montuosas, casi despuntando el extremo septentrional del lago de Morat. Excepto en la parte llana del istmo, expuesta siempre a inundaciones, el cultivo de la viña es casi exclusivo en las riberas poco elevadas de esos lagos. El horizonte es allí extenso y melancólico, sobre todo a la luz crepuscular de la tarde, que produce en los tres lagos un reflejo suave, cuya poesía incita a dejar vagar el espíritu en el mundo de los ensueños dulcemente tristes.

Los tres lagos, que tienen entre sí mucha analogía de aspecto, son navegados por vapores, barcas y faluchos. El de Biena («Bieler-See»), casi todo contenido en territorio bernés, tiene la particularidad de su graciosa isla de «San Pedro» que ilustró con su residencia el inmortal utopista Juan Jacobo, en 1765. La longitud del Biena no excede 14 kilómetros por 3-1/2 de latitud, con 434 metros de altura sobre el nivel del mar y 70 de profundidad. Risueño por el color de sus aguas y el aspecto de sus riberas pintorescas tapizadas de viñas, en cuyo fondo se destacan, como suburbios caprichosos de algunas localidades, numerosos grupos de bonitas casas campestres, el lago es sin embargo severo y majestuoso en la región inferior de su cuenca, por el soberbio semicírculo, abrupto como un inmenso y colosal baluarte, que forman las montañas del Jura del S.-O. al N.-O. El lago de Morat (o «Murten-See»), separado del de Neuchâtel apenas por una montaña y algunos planos ondulosos, mide solo 7.795 metros de longitud, 3.186 de latitud, 52 de profundidad y unos 23 kilómetros de circunferencia. En él son riberanos solamente los cantones de Friburgo y Vaud. Al abarcar con la mirada el conjunto de los tres lagos, no se puede menos que notar la íntima «fraternidad» que los enlaza en un sistema. Tal es el carácter del mayor número de los lagos de primer y segundo orden que se encuentran en Suiza. Unos engendran a otros, multiplicando la vida y los encantos de la naturaleza. No es de extrañar que el pueblo suizo imite con sus instituciones y costumbres la variedad y la fraternidad de la naturaleza. Allí todo es diverso, y sin embargo todo armoniza y se enlaza como los grupos admirables de los Alpes y el juego primoroso de su hidrografía.

Es sobre la margen derecha u oriental del lago Morat que demora la villa o pequeña ciudad del mismo nombre (de unos 1.800 habitantes), construida sobre una colina en su parte superior. La parte baja o riberana es industrial y mercantil. La alta tiene un aspecto curioso y original, por sus calles de arcadas macizas, oscuras y pesadas, sus casas de estructura antigua, semi-feudales, y sus fuentes de historia secular, análogas a las de Neuchâtel. Morat es de origen antiquísimo y muy ligado a tradiciones heroicas, y célebre por la famosa batalla que ganaron en sus cercanías, en junio de 1476, los confederados de Berna, Friburgo, Basilea y otras comarcas, contra el poderoso ejército de Carlos el Temerario, batalla que aseguró la independencia de esos pueblos respecto de los duques de Borgoña. Una columna de piedra erigida en 1822 por la república friburguesa consagra en el centro mismo de su campo la memoria de esa batalla, de tan fecundos resultados para los suizos.

Morat es el centro de la minoría de reformados que hay en el cantón de Friburgo. La noche cubrió con sus vagas sombras el paisaje (porque la Luna estaba velada por espesas nubes) cuando atravesábamos aquella comarca, donde la diligencia rodaba por entre tupidos bosques de hayas y praderas y mieses. Buen trabajo nos costó el hacernos abrir un hotel en Friburgo, a las diez de la noche, cuando bajamos de la diligencia. En esa ciudad, donde los jesuitas y los frailes han impreso su profunda huella, todo tiene en las costumbres como en los edificios el tipo de lo feudal y monacal. Se trabaja poco y se duerme bastante, y en todos los pormenores de la vida se encuentra el sello de lo vetusto y la autoridad del hábito.

El cantón de Friburgo, que es el 8° de la Confederación, por su población y extensión territorial, cuenta hoy más de 106.000 habitantes,[18] y su área contiene 1.435 kilómetros cuadrados. Su territorio, cuya longitud es del S.-E. al N.-O., se halla contenido entre los de Berna y Vaud y dividido en tres porciones muy desiguales. La masa principal, de área continua, está surcada en su centro por el bello y pequeño río «Sarina», casi de extremo a extremo, y arranca desde los contrafuertes o terrazas ásperas de los Alpes berneses. Las otras porciones, muy pequeñas, están enclavadas en el terri-

---

18   En 1851 tenía 99.801, de los cuales eran católico-romanos 87.753 y los demás reformados o calvinistas.

torio vaudense, y una de ellas es también riberana del lago de Neuchâtel. Exceptuando la comarca montañosa que se extiende hacia el «Oberland» bernés, el territorio de Friburgo (cuya hoya del Sarina va a confundirse con la del Aar) se compone de planicies ondulosas y entrecortadas, estrechos vallecitos y una complicada sucesión de bajas colinas pobladas de alegres y tupidos bosques (pinos, abetos, hayas, etc.) y de planos inclinados cubiertos de prados naturales y sementeras. Es un país admirablemente pintoresco, donde toda la grandiosidad de las regiones montañosas está reemplazada por la gracia de las ondulaciones y la belleza suave de una vegetación intermediaria.

El Sarina y el «Broya», los ríos principales, son apenas navegados por pequeños botes, balsas y canoas. El comercio de tránsito es considerable; no faltan en el cantón algunos establecimientos industriales (molinos, aserríos de madera, cervecerías y tenerías) y es notable la producción de sombreros de paja indígena o italiana, muy elegantes y ligeros. Con todo, el cantón es principalmente agrícola. Aparte del cultivo de granos, legumbres, tabaco, frutas y plantas filamentosas, y el corte de maderas, la riqueza principal consiste en las viñas, las crías de ganados (de muy buena calidad) y la fabricación de los excelentes y afamados quesos de «Gruyères» y otras clases.

La población friburguesa se compone de dos razas, más o menos mezcladas, que se sirven de los dos idiomas respectivos, aunque degenerados. El francés es la lengua oficial; pero el que hablan las gentes en el uso familiar es tan vicioso como su alemán. En realidad ninguna de las lenguas domina totalmente, pues el dialecto alemán llamado «welsch» predomina en las ciudades de Friburgo y Morat y sus campiñas y distritos, mientras que el dialecto francés llamado «romanche» es el del resto de la población, particularmente en las ciudades y villas. En cuanto a las razas, aunque su origen se presta a discusiones, como el de todas las razas europeas, la latina o franco-suiza (75 p. 100) y la germánica (25 p. 100) están allí reunidas, pero fraternizan y se han mezclado tanto que, aunque el cantón de Friburgo es el que demarca la geografía de las dos razas en Suiza, en una línea que gira desde las montañas de los Grisones hasta las del Jura en Berna, es muy difícil determinar la zona en que terminan las razas que pueblan los cantones del Tesino, Valles, Vaud, Ginebra, Neuchâtel, Friburgo y parte de los Grisones y Berna, y la que ocupa los demás cantones de la Confederación.

Se puede decir que toda la historia del cantón de Friburgo («Villa libre») está, como la del de Ginebra, concentrada en la capital. Las épocas de los romanos y Bárbaros no han dejado en el país sino tradiciones oscuras o tristes. Fue en el siglo XII que, bajo la autoridad superior del imperio de los francos, a la cual estaba sometido el país como parte de la Borgoña transjurásica, los duques de Zaehringen resolvieron crear un sistema de ciudades libres que resistiese a la ambición y las depredaciones de los nobles salteadores llamados señores feudales. Con tal fin fue fundada Friburgo en 1179, con privilegios especiales de ciudad «libre», pero feudataria del imperio, como su nombre lo indica, bajo una constitución análoga a la de Colonia. La poderosa ciudad de Berna nació de la misma aspiración, siendo de notarse la semejanza de posición de Friburgo y Berna, ambas ocupando inexpugnables penínsulas formadas por ríos profundos y dotadas de fuertes medios de defensa estratégica.

Hasta la mitad del siglo XV Friburgo estuvo dominada primero por sus fundadores y después por el imperio germánico, sucesor del de los francos, y principalmente por la casa de los Habsbourg. Así figuró en las guerras contra Berna y los Confederados suizos. Aquella casa le devolvió su libertad; pero en breve cayó Friburgo, como insolvente, en manos de los condes de Saboya, sus acreedores. La guerra emprendida por Carlos el Temerario dio lugar a que Friburgo se aliase con los patriotas suizos y recuperase su independencia con la victoria de Morat. En 1481, agrandada con diversas adquisiciones, entró a figurar como cantón de la Confederación, y posteriormente ensanchó su territorio a expensas de los vecinos, por medio de conquistas locales o pactos amigables.

El régimen aristocrático dominó enteramente en Friburgo hasta 1798, época en que la intervención francesa favoreció la revolución democrática. La coalición europea restableció en 1814 el estado anterior, pero las revoluciones de 1831 y 1847 (sobre todo la segunda) aseguraron el triunfo de la república democrática. Con todo, no se debe tomar a la letra esta calificación, pues hay bastante diferencia entre el liberalismo o la democracia relativa de Friburgo y el radicalismo de Ginebra, Vaud, Neuchâtel, etc. El partido aristocrático ha hecho vanos esfuerzos por recuperar el poder, es verdad, y el cantón, que hasta 1847 había sido uno de los más retrógrados de la Confederación (como Lucerna, donde todavía dominaban los Jesuitas), es hoy una de las fuerzas del liberalismo.

El gobierno es popular representativo y los poderes funcionan con independencia, aunque el Ejecutivo y Judicial emanan del Gran Consejo legislativo. Esa fórmula que hace nacer toda autoridad y elección del cuerpo legislativo (único representante directo) es tan general en Suiza que se la encuentra en casi todos los cantones, aun en los que difieren en sus instituciones fundamentales de otro género. En Friburgo la duración de los períodos legales es bien considerable. Las más importantes libertades, la igualdad legal, la seguridad personal, están garantizadas a los ciudadanos.

A pesar de los doce años ya transcurridos desde que se inauguró el régimen liberal, el cantón de Friburgo me pareció uno de los menos adelantados de la Suiza central y occidental, particularmente en lo relativo a instrucción pública e industria. La mayor parte de la Confederación mantiene todavía los gremios o corporaciones industriales privilegiadas, y esto contrasta mucho con la libertad política y el genio emprendedor de los suizos. Pero allí donde ese mal se ha ligado con el de la ignorancia o una educación viciosa, mantenidas por las instituciones aristocráticas y monacales, como ha sucedido en Friburgo, la fisonomía social, triste y aletargada, contrasta mucho con el risueño aspecto de la naturaleza.

La larga dominación que los Jesuitas ejercieron en Friburgo, hasta 1847 o 48, lejos de propagar la instrucción en el pueblo la concentró en un estrecho círculo, entretuvo a las masas en la más deplorable ignorancia, y solo sirvió para mantener en auge las ideas de la casuística, el espíritu aristocrático, la rutina en todo, el culto de lo superficial en religión, el monopolio de la luz, y principalmente el de la «riqueza». Friburgo es acaso (relativamente) el cantón que ha tenido más conventos (16 o 17), y es casi el único en donde he encontrado mendigos y gentes ociosas, desaseo, incuria y muy poco espíritu de empresa. ¿Será que las instituciones monásticas llevan consigo, como consecuencias forzosas, los hábitos de mendicidad, pereza, rutina y humillación y el estancamiento de las aspiraciones libres y elevadas?

Entre las instituciones de Friburgo hay una muy curiosa que no he hallado en ninguna otra nación de Europa: la ley obliga a todo propietario de casa o edificio a asegurarla contra incendios y otros accidentes, y el Gobierno cantonal es el asegurador que especula con el monopolio de la empresa. Esa institución que, bien comprendida, ampliada y aplicada de otro modo sería fecunda (porque en el fondo hay una grande idea), tal como existe en Friburgo no es sino un monopolio socialista y del peor socialismo posible. Por lo demás, las rentas del cantón, que se equilibran con los gastos, alcanzan a unos 90.000 pesos anuales, producto de las aduanas (pues en Suiza cada cantón tiene las suyas), de los bienes cantonales, los impuestos indirectos y sobre las bebidas, los sellos, correos y peajes, y el monopolio de la sal y la pólvora. ¡De toda aquella suma no se invierten 2.000 pesos en favor de la instrucción pública, que está bajo la dirección de la autoridad! Pero en compensación el cantón, que es pobre, ignorante y atrasado, tiene la ventaja de que le canten responsos y maitines 325 clérigos seculares y 450 frailes y monjas distribuidos en diecisiete conventos... El guarismo no es tan pequeñito para 106.000 habitantes, que ocupan apenas un área de 1.400 kilómetros cuadrados.

Por fortuna, después de 1847, se ha trabajado en las vías de comunicación, aunque no en grande escala, y el ferrocarril que se está concluyendo de Losana a Berna, pasando por Friburgo —obra de una compañía francosuiza—, desarrollará notablemente la riqueza y prosperidad del cantón.

El panorama de Friburgo, contemplado desde el lado opuesto del Sarina, hacia la vía que conduce a Berna, es admirablemente pintoresco y gracioso. Allí falta el doble marco de las montañas y los lagos que les da su interés principal a Ginebra, Neuchâtel y otras ciudades. El encanto está todo en la situación, los relieves, los contornos el aspecto propio. Me detendré a describir a Friburgo porque pocas ciudades ofrecen tan extraño contraste como esa entre sus formas generales y sus rasgos interiores. Situada a 628 metros de altura sobre el nivel del mar y de 60 a 90 sobre el fondo del vallecito del Sarina, la ciudad ocupa la planicie ondulosa de una colina que, rodeada en más que semicírculo por su lindo río, tiene, por sus colosales barrancas abruptas, todo el aire de una estupenda fortaleza. En la planicie misma el terreno se levanta hacia el N. N.-O. en otras colinas, produciendo una demarcación notable en la ciudad, en términos que en muchos puntos las callejuelas que ligan los dos barrios altos (el «Bourg» o la Villa y las «Plazas» o planicies) no son otra cosa que escaleras pendientes, estrechas y del más extraño aspecto.

Pero la ciudad, sintiendo la atracción del río y su valle, ha «derramado» en cierto modo sus edificios y sus extravagantes callejuelas sobre uno de los flancos de la colina peninsular, y descolgándose así por medio de un barrio suspendido sobre el abismo, casi aéreo, en que cada casa parece un relieve del peñasco calizo —el barrio del «Auge»—, Friburgo ha llegado al fin, asentada sobre su roca y con la cabeza en las colinas secundarias, a sentar un pie sobre las playas del Sarina; creando así el barrio moderno y de la industria, la «Villa nueva». Por tanto la comunicación entre los barrios altos y el bajo, entre la cima y el fondo del abismo, no tiene lugar sino por una vía, en extremo curiosa, que luego describiré.

Desde el sitio que he indicado como el mejor para contemplar a Friburgo, se admira un paisaje encantador. Al frente se destaca la masa de la ciudad, sin perspectiva de calles, porque los edificios están como amontonados sobre el borde de la barranca, cual si quisiesen todos mirarse, por los huecos de sus innumerables balcones y ventanas, en las ondas azules y trasparentes del fondo del abismo, y aspirar las brisas de las campiñas de la margen derecha. Al pie de la ciudad, arrancando desde la orilla izquierda, trepa el cordón de sólidas murallas y torreones antiguos, como un enorme brazo que Friburgo extiende desde sus alturas para cerrar la puerta a todo escalamiento. En las suaves colinas que coronan el barrio de las «Plazas» se alza el grandioso «Pensionado» (edificio que perteneció a los Jesuitas) asentado sobre su terraza de verdura, y detraes se destacan el «Liceo», la hermosa torre de la catedral (cuyo juego de campanas da sus conciertos gratis a cada hora) y las humildes torres de algunas otras iglesias.

En el «Bourg» la cintura de edificios parece formar un segundo baluarte, como si el de la enorme roca no fuese bastante, baluarte de formas caprichosas, cuya desnudez contrasta con los huertos llenos de verdura que yacen en el fondo del valle y trepan hacia la mitad de la barranca. Allí caracolea el Sarina (dominando por un soberbio puente colgante), límpido, murmurante y risueño. En el fondo también se alcanza a ver, en el vértice del ángulo que forma el río, el extremo de la «Villa nueva», donde arrojan sus columnas de humo algunas fábricas y se hallan los molinos y las tintorerías. Levantando la vista sobre las colinas del E. S.-E., que dominan la margen derecha del río, se ven sobre alfombras de grama los más alegres bosquecillos y huertos, y senderos caprichosos cavados en las peñas, y luego se extienden hasta perderse en el horizonte lejano de los Alpes berneses, bajo un cielo sereno y dulce, lustrosas praderas donde pacen los ganados de cría y alegres campiñas donde medran las mieses y numerosos grupos de árboles frutales.

Si se mira la península o roca de Friburgo por el lado opuesto, es decir situándose en la parte superior del río, el aspecto es enteramente distinto. La ciudad se presenta allí sin solución de continuidad pero con muy extrañas formas. Es un torrente de casas extravagantes que se desploma desde la cima, como si fuese una catarata de peñascos en lugar de ondas y chorros de agua. En el fondo del valle, que mide a lo sumo 300 metros de latitud, las calles de la «Villa nueva» son irregulares, caprichosas, húmedas, de formas modestas o vulgares. Allí no encontráis sino tenerías, molinos, tintorerías, etc.; pero eso tiene vida, tiene la alegría del valle. Arriba, en todo el flanco de la enorme roca, no se ve sino un «palomar» habitado por hombres, que parece estar siempre a punto de derrumbarse de un momento a otro. La calle del «Camino corto» (si es permitido llamar «calle» aquel desfiladero) es el centro y la vía principal de ese barrio. Desde el borde de la barranca, dominado por la «Torre maldita», hasta el fondo del valle, desciende una cuesta o callejuela sumamente empinada y compuesta de varios centenares de escalones al aire libre, paralelos a un pasadizo análogo de madera. Ambos forman un caracol de encrucijadas violentas, orilladas por casas y casuchas del más sombrío, revuelto, sucio e inextricable aspecto. De trecho en trecho desembocan otras callejuelas transversales más estrechas, que son otros tantos desfiladeros escalonados sobre el abismo. Los techos de las casas correspondientes a la callejuela más baja sostienen literalmente los cimientos de la inmediatamente superior, esta apoya a los de más arriba, y así sucesivamente hasta la cima. De ese modo se produce un laberinto de construcciones empatadas unas en otras, y el barrio entero no es otra cosa que una «estratificación discordante», o un montón de peñascos artificiales habitados como cavernas.

Friburgo posee unos 10.400 habitantes, de los cuales cerca de 600 son reformados y los demás católico-romanos. Sus barrios altos son verdaderamente curiosos bajo el punto de vista artístico, en términos que la ciudad es una de las más interesantes de Suiza, en ese sentido. Me detendré solo a bosquejar o mencionar los monumentos más importantes.

Desde luego llama la atención en el «Bourg» la catedral o iglesia de San Nicolás, edificada de 1183 a 1500, monumento de algún mérito interior y muy notable en el exterior por su magnífica torre única, aislada sobre el gran portal. Esa torre, de un estilo gótico severo y grandioso en sus formas superiores y que mide 117 metros de altura, es por sí sola un monumento. Es muy notable la portada, cuyos bajos relieves representan «el juicio final», cuadro tan favorito de las iglesias de la edad media. El juego de campanas de la torre, de muy variadas «sinfonías», es acaso el mejor de Suiza. Pero el interés principal para el viajero está en el admirable órgano de la iglesia, obra del artista Aloys Moser, que no tiene rival en Europa, ni en los famosos órganos de Berna y Harlem. Consta nada menos que de 7.800 tubos, con 64 registros, y sus proporciones son tan enormes que algunos de los tubos miden 10 metros de longitud.

Nada más curioso y romántico que un concierto nocturno de ese coloso de plomo. Todos los viajeros y curiosos que quieren oír compran sus billetes para cierta hora, de modo que la catedral se convierte en una sala de concierto. En Suiza, como en Bélgica y otros países, los sacristanes especulan mucho con las curiosidades de las Iglesias, lo mismo que en Alemania especulan los príncipes y reyes con sus ricos palacios, los pasaportes y las casas de juego.

Eran las ocho de la noche cuando entramos al templo, que se hallaba en absoluta oscuridad. En breve los curiosos ocuparon les asientos; cerráronse las puertas y unos cien espectadores aguardábamos el gran concierto. Los tibios rayos de la Luna penetraban horizontalmente por las altas ventanas ojivales, quebrándose en las rejas de alambres y proyectando sobre el inmenso órgano y los arcos, relieves y concavidades de las naves un juego magnífico de sombras irregulares y cintas de luz pálida y suave. ¡Bello contraste con las tinieblas del fondo de la catedral, vasto sepulcro de piedra donde se sentía el reprimido murmullo de los espectadores invisibles! Aquella escena tenía no sé qué de profundamente misterioso y solemne, como una iniciación masónica o de «iluminados».

De repente estalló un coro de rumores cavernosos que hizo estremecer el aire, despertó los ecos más severos en la mole cóncava de piedra y nos obligó a todos no solo a enmudecer sino a suspender la respiración. La montaña de plomo comenzaba a llenar con su voz múltiple todos los senos de la montaña artificial de piedra. El concierto infinito, remedo de todas las interjecciones, los gritos y lamentos de la Creación, había comenzado. Durante una hora la inmensa arpa metálica nos hizo oír todos los ecos, los rumores, los cantos, las sinfonías, las detonaciones de esa arpa viviente de millones de cuerdas siempre vivas y vibrantes, que se llama Naturaleza. Tal aprecia como si escuchásemos el sublime, el inefable concierto del Sinay.

Ya percibíamos la armonía de coros de voces infinitamente finas, infantiles, como si cantasen cien querubines invisibles desde las profundidades aéreas de un mundo beatífico; ya sentíamos la queja lastimera, el gemido amante y profundo, el susurro vago, casi imperceptible, como un soplo del céfiro. Ora dominaba los ecos el canto religioso de toda una comunidad de monjas o frailes, que aprecia comenzar en el coro mismo y luego alejarse en un interminable claustro; ora el canto de guerra, de caza, de victoria, de muerte, de alegría, de esperanza, de tristeza, todo alternativa o simultáneamente y en admirable armonía. Tan presto oíamos el silbido lúgubre del viento, el zumbido de los árboles azotados por la borrasca, el ruido del agua al caer sobre las hojas en tenue lluvia o en violento aguacero, el estruendo del torrente y la cascada, como la voz del ave que canta, gime o arrulla, el grito del águila sobre las altas rocas, los indefinibles rumores del bosque umbrío, la vibración metálica del aire desgarrado por el rayo, los rugidos del huracán y el estallido del trueno retumbante.

Unas veces las voces y los ruidos aturdían como si estallaran sobre los tímpanos; otras se alejaban repentinamente o iban suavizándose por grados hasta desvanecerse cadenciosamente en un eco vago, infinitamente lejano, como si el sonido se perdiese entre los pliegues invisibles del cielo, en los desiertos y abismos del Océano o en las profundidades recónditas de una selva americana sin fin. Durante un minuto dominaba sola, como un himno divino, una voz de tenor o de soprano; luego otra de contralto, de mezzo-soprano, de barítono, de bajo profundísimo, o la explosión de un coro de millares de acentos. Ya se sentía la vibración clarísima de la cuerda o de la flauta; ya la del clarín, de la corneta pistón, del tambor o del estrombón.

Todo lo que la voz humana puede remedar lo remedan aquellas 8.000 gargantas de plomo, animadas por el alma misteriosa de la armonía y el soplo del aire espiritualizado por la magia del artista. Todos los rumores, ecos, acentos, gritos, detonaciones y voces que la naturaleza puede producir en sus más sublimes y poéticas manifestaciones —eternos conciertos de vida y transformación ofrecidos a Dios—, surgen con todo el vigor onomatópico posible de aquel enorme pulmón metálico que no cesa de respirar torrentes de armonía, multiplicando sus himnos como el Océano multiplica las secretas leyendas de la Creación que se agita en su seno; y llegando a veces a tan maravillosa pureza de sonidos, que parece como si cada tubo estuviese recitando un verso, un salmo, o pronunciando distintamente una plegaria, imprecación o sentencia.

No lejos de la catedral vive todavía, en el centro de una plazuela, sostenido por pilastras de piedra y barras de fierro, un venerable anciano de cuatro siglos, que es el monumento más querido de los friburgueses. Es un tilo sembrado el día de la victoria de Morat, en honor del acontecimiento y del combatiente que llevó primero la noticia. ¡Con cuánto amor se sientan al pie del venerable tronco, casi cadáver ya, los hijos de la multitud! ¡Bello y poético culto tributado a la vida, cuatro veces secular!

Cerca de la plazuela muestra su sombría cabeza la «Torre maldita», donde se guardaban los instrumentos de tortura, verdadera irrisión de aquel árbol, símbolo de victoria y emancipación. Muy cerca también están: la «Casa de la ciudad», el hotel o «Palacio» del gobierno cantonal y la graciosa iglesia de «Nuestra Señora». Ese templo y los demás que existen en los barrios altos se distinguen por su estilo del Renacimiento, sumamente recargados en su interior de mármoles, dorados, relieves y mil adornos que tanto abundan en todas las iglesias donde los Jesuitas han puesto la mano. Como su sistema consiste en deslumbrar y seducir con exterioridades, decoraciones y cosas de aparato, que hacen de cada templo un «teatro» religioso y de las ceremonias del culto verdaderas «representaciones» —sistema muy eficaz sobre el espíritu curioso del infante, la mujer y el anciano, y que pervierte el sentimiento religioso—, los Jesuitas prodigan siempre en sus iglesias los mármoles, dorados y adornos, las decoraciones y banderolas de colores vivos, las pinturas muy animadas, en fin todo lo que tiene colorido y brillo, lo que atrae, seduce y somete el sentimiento religioso a la fascinación artística, excluyendo la meditación, evocando lo mundanal y favoreciendo la táctica de la casuística. No hay país de Europa que yo haya visitado donde estas observaciones no hayan sido confirmadas sin excepción: en Francia como en España, en Suiza como en Bélgica, en Austria y en toda la Alemania. Es preciso reconocerlo: el Jesuita es un animal muy hábil para su negocio. Por eso, nada hay que él deteste tanto como la sencillez elocuente, sombría, desnuda y solemne de las catedrales o iglesias góticas.

El «Pensionado» y el «Liceo» son los más notables monumentos modernos de Friburgo. El primero es un edificio inmenso y regular que tiene al mismo tiempo las proporciones de un palacio real y el aspecto y las formas interiores de un convento. Allí tuvieron su colegio los Jesuitas hasta su expulsión en 1847. Al recorrer los vastos corredores, las soberbias escaleras y los innumerables salones y aposentos del edificio, no puede uno menos que admirar el talento y la previsión con que la tenaz Compañía sabe establecer donde quiera su residencia y hacerla seductora para la tierna juventud y la infancia. Hoy están en completo abandono el teatro, el salón de música y otros locales que estaban destinados al placer. El inmenso palacio está desierto, y apenas se encuentra en él una pequeña fábrica de sombreros de paja. Los pájaros negros han hecho su nido en otra parte: acaso en otro extremo del mundo. ¡Extraña asociación que no sabe suscitar sino la admiración fanática o el odio!

El Liceo cantonal, especie de Universidad para estudiantes externos, hace honor a Friburgo. En la parte baja se dictan cursos sobre todas las materias profesionales. En los pisos superiores del vasto edificio se encuentran: una hermosa biblioteca de 30 a 40.000 volúmenes, un rico y bien ordenado museo de historia natural, algunas muestras de escultura y varias colecciones muy interesantes de mineralogía, numismática y antigüedades.

Pero los más grandiosos monumentos de Friburgo, los que revelan el espíritu de la época, son sus dos puentes colgantes, gigantescos en todo, que dominan los abismos del Sarina y su afluente vecino. El primero, construido en cuatro meses en 1834 y emprendido por una compañía particular, se compone de dos cables principales de fierro, apoyados en las extremidades contra hermosos pórticos de orden dórico. Esos cables de formidable potencia sostienen todo el peso de la obra y su resistencia fue ensayada con pruebas increíbles. Mide el puente de un pórtico al otro 287 metros de longitud, con 7 de latitud y 55 de elevación sobre el valle del Sarina. El peso del material empleado en fierro y madera es de 200.000 kilogramos y los cables pueden soportar uno de 240.000. La obra, que costó cerca de 370.000 francos, no solo hace mucho honor al ingeniero y a Friburgo, sino que ha sido de gran utilidad para la vida de la ciudad y su comercio. Baste decir que los carruajes que ahora atraviesan el valle en dos minutos, gastaban en otro tiempo una hora en bajar y subir desfiladeros para pasar de un lado al otro del río.

El segundo puente, construido en 1840, domina otro abismo: el profundo vallecito del «Gotleron», riachuelo que baja al Sarina, despuntando casi la Villa nueva, por entre un enjambre de molinos. La longitud de ese puente (que no tiene relación directa con la ciudad) es de 210 metros nomás; pero su elevación alcanza 97 metros sobre el fondo del vallecito. Si me detengo en estos pormenores no es por manía de hacer descripciones. Repito que no escribo sino para los hispano-colombianos, y por eso quiero ofrecerles en todo ejemplos provechosos. Friburgo, ciudad pobre de 10.000 habitantes, ha gastado en dos puentes colosales (que son de los más bellos de Europa en su género) más de 600.000 francos; y los gobiernos de Hispano-Colombia, con fuerzas enormemente superiores, dejan vegetar en la inacción a los pueblos por falta de obras semejantes, en tanto que gastan millones y millones en soldados y en tener a sueldo las rebeliones de cuartel o de sacristía.

¡Y cosa extraña y que entristece!, esos admirables puentes colgantes no son otra cosa que plagios fecundos que el ingeniero de Europa hace de los puentes que nuestros indígenas inventaron hace siglos. Pero el europeo reemplaza las fuertes pero poco durables lianas con el hierro, el bambú con la tabla de abeto, y el árbol que sustenta el puente con el poderoso estribo de calicanto donde agarra el cable; y la invención se civiliza y ennoblece. ¿Y qué hacemos los hispano-colombianos respecto de los europeos? Olvidamos sus grandes invenciones o aplicaciones útiles, y solo pensamos en plagiar las paradas militares, hacer con nuestros dictadores caricaturas de soberanos, y remedar las modas, el lujo, las vanidades y los vicios de las sociedades europeas.

A distancia de hora y media de Friburgo visitamos un «monumento» extraño, de las más curiosas formas: la ermita o gruta de la «Magdalena». Ella prueba que el hombre, cuando no tiene humor ni fuerza para «destruir», se suele entretener por lo menos en «crear» estorbos o cosas inútiles. Después de atravesar risueñas campiñas regularmente cultivadas, descendimos del coche para bajar a pie por un sendero montuoso, entre bosques de avellanos y hayas, hasta la cima de un enorme peñasco de caliza estratificada, abrupto y severo, que domina la margen derecha del Sarina. Es en el seno de ese peñasco que se encuentra la gruta.

Desde hace algunos siglos alguien, muy tonto y desocupado, se entretuvo en cavar la gruta sobre el borde del abismo. Un solitario más tenaz, piadosamente ocioso, ensanchó la «obra» y la completó, hacia fines del siglo XVIII, trabajando con solo un compañero por espacio de veinte años. Juan Dupré de Gruyères (así se llamaba el romántico «arquitecto») convirtió así la gruta, por sustracción de materia, en una ermita monumental. Un estrecho pasadizo abierto en un relieve de la roca da entrada del bosque de hayas que cubre el terreno al interior de la ermita, por una cavidad que tiene los honores de puerta. Allí vive un pobre viejo, cuyo dialecto alemán incomprensible equivale a la mudez; pero sus gestos son expresivos. Su vida consiste en hacerle a cada curioso la misma explicación, presentarle un viejo registro para que firme y recibir la propina.

Todo en el interior es triste, romántico y curioso. Los dos zapadores de la roca o artistas en arquitectura negativa lograron, a fuerza de inaudita labor de demolición, practicar en el corazón de la peña una iglesia de 20 metros de longitud, 11 de latitud y 7 de altura, con su campanario que mide 22 metros de elevación. Además, una cocina con su chimenea de 29 metros que arroja el humo en medio del bosque superior, un refectorio, una gran sala, sacristía, dos gabinetes, varias celdas, algunas ventanas que dan vista al enorme abismo y las campiñas circunvecinas, una caballeriza, en fin un sótano donde se encuentra un manantial de agua deliciosa. ¡Qué de trabajo empleado allí!

Es curioso ver en todos los muros interiores innumerables y embrolladas inscripciones escritas por los viajeros o visitantes, unas reducidas a la simple firma (entre las cuales noté el nombre de Alejandro Dumas y de otros hombres célebres), otras exornadas con versos, sentencias y exclamaciones en todos los idiomas. Algún español hubo de visitar la ermita, porque en un muro alcancé a ver cierta interjección característica. Al asomarse por alguna de las «ventanas» se descubre al frente un bellísimo paisaje, pero se siente vértigo al sondear con la mirada el abismo. El Sarina se desliza en el fondo, limpio y silencioso, a más de 100 metros de profundidad.

Si en el primer momento no puede uno menos que hacerse la reflexión que he apuntado sobre la inquietud del espíritu del hombre, al salir de la ermita y aspirar de nuevo el aire embalsamado del bosque y las praderas, sabiendo ya que la obra se debe al trabajo paciente y prodigioso de un solitario, infatigable en cavar durante veinte años, también se dice uno con orgullo y consuelo: Si el genio humano y el trabajo pueden producir una obra tan notable en lo inútil, qué no han de producir cuando los inspira una idea fecunda y una gran necesidad de creación!

Capítulo IX. El cantón de Berna

De Friburgo a Berna. Los artistas y artesanos viajeros. Topografía del cantón. Historia de la república bernesa; su población e instituciones. Producciones, industria y objetos más notables. La ciudad de Berna; sus institutos y curiosidades

El trayecto que media entre Friburgo y Berna, que se hace en menos de cuatro horas, no ofrece bajo el punto de vista social nada que interese la curiosidad del viajero. Desde que se deja la primera de esas ciudades desaparece toda huella de la raza que puebla los cantones meridionales antes recorridos. La raza germánica, aunque no muy pura, impera sola y se manifiesta donde quiera: en las costumbres, las instituciones, la vida social y política, la estructura de las localidades y cuanto puede ser característico.

Lo que seduce al viajero en el tránsito de Friburgo a Berna es el encanto del panorama que le rodea, de una variedad deliciosa. Es tal la belleza de las campiñas, y su aspecto indica de tal modo el modesto bienestar de las poblaciones y el genio campestre o agrícola que las domina, que el ojo no se cansa de admirar los sitios pintorescos y las ondas caprichosas de aquel mar de verdura extendido sobre enjambres de colinas, vallecitos profundos, planicies en miniatura y faldas de contornos risueños, dividiéndose en suaves planos inclinados que descienden en todas direcciones. En toda esa sucesión, de planicies, valles y colinas o pequeñas montañas, cuyo conjunto parece formar un inmenso jardín o parque inglés, alternan en la más graciosa armonía limpios arroyos saltadores, perdiéndose en medio de rocas hundidas entre abismos de verdura; espesos bosques de abetos, hayas y encinas, a veces de tan admirable regularidad natural, que parecen como decoraciones de ópera en un teatro sin límites; lustrosas praderitas sobre cuyas alfombras hacen contraste en algunos puntos los terraplenes y puentes de un ferrocarril; alegres cortijos que se muestran a la vera del camino, casi invadidos por las bóvedas umbrías de los bosques de abetos; en fin, numerosas casas rústicas trepadas sobre las lomas, en medio de hortalizas, árboles frutales, plantaciones de cereales y rebaños de ganados diversos, redondos y lustrosos como las lindas lomas en que pacen. Todo eso tiene un encanto indefinible, un aspecto de dulce tranquilidad, de candor y bienestar que seduce o halaga como una égloga viviente.

Si las ondulaciones del terreno producen una constante sucesión de subidas y bajadas, que le van procurando al viajero mil sorpresas agradables, las vueltas del camino contribuyen también a los cambios instantáneos de paisaje y horizonte. Unas veces la diligencia rueda suavemente por entre tupidos bosques, basílicas perfumadas de verde y blando tapiz y elegantísima techumbre, donde la mirada se siente como aprisionada entre artesonados de verdura aérea coronando interminables columnatas de color gris o rojizo, como parecen los mástiles de los abetos y pinos; otras se desciende al fondo de un estrecho vallecito lleno de aromas y rumores salvajes, o salpicado de «chalets» y sementeras, o colmenas de abejas domesticadas, que le dan el aspecto de un huerto caprichoso y variado; otras, en fin, al trepar a una eminencia, sobre alguna de las más altas montañas, o al pasar por delante de una abra de los grupos o cordones que las forman, se registra un vasto horizonte que abarca toda la Suiza central, y se ve a lo lejos, al S. S.-E., el grandioso anfiteatro de montañas graníticas y nevadas de los Alpes berneses.

En una de esas eminencias de la vía, mientras que la diligencia hacía un relevo, vimos pasar algunos jóvenes, modestamente ataviados, que viajaban a pie, cada cual con su maleta sobre la espalda y su bastón en la mano. Creímos en el primer momento que aquellos viajeros de infantería serían meros «amateurs» de excursiones a pie, como hay tantos en Suiza, donde las bellezas del país y las facilidades de comunicación convidan a esa clase de peregrinaciones, indispensables para el naturalista y las más fructuosas y económicas para los estudiantes y «turistas» pobres y curiosos. Pero uno de los suizos que nos acompañaban en la diligencia nos dijo que los jóvenes viajeros pedestres no eran sino artistas o artesanos peregrinos, que viajaban gratis conforme a una institución particular que solo existe en Suiza y aun en algunos Estados alemanes.

La institución es curiosa en efecto, porque manifiesta no solo la organización que tiene la industria en la mayor parte de los cantones suizos (todavía sometida en ciertos ramos al sistema de «compañías» o «gremios» privilegiados), sino también el espíritu de fraternidad que predomina en las poblaciones confederadas. Cuando algún joven ha obtenido su diploma que lo reconoce como miembro de alguno de los gremios de artistas o artesanos, si no encuentra colocación ventajosa en la ciudad de su domicilio, o si quiere procurarse una mejor en otra parte, se echa a viajar a pie de ciudad en ciudad, y su diploma le da el derecho de obtener gratuitamente la hospitalidad y los auxilios necesarios en los lugares del tránsito, en las casas campestres de la vía y en la ciudad misma donde se detiene a ejercer su industria, arte u oficio, mientras carece de colocación. La explicación que nos dieron de tan bella institución (que según creo es obra de las costumbres tradicionales y no de las leyes) nos causó vivo placer, haciéndonos hasta cierto punto excusar el vicioso régimen de los gremios, en gracia de ese noble espíritu de fraternidad y hospitalidad.

El cantón o Estado de Berna es bajo todos aspectos el más importante y respetable de la Confederación, no obstante que ocupa el octavo lugar en el orden o rango histórico de los cantones, por la fecha de su ingreso a la confederación primitiva. Su territorio, el más extenso de la Suiza entera, es relativamente enorme, y su topografía sumamente variada y de muy bello aspecto. Divide casi toda la Confederación en dos partes, la una al S.-O., casi totalmente compuesta de poblaciones de lengua, costumbres y tradiciones francesas, y la otra al N.-E., completamente germánica por sus elementos históricos y sociales. Al N. el territorio bernés parte límites en una extensa línea con Francia, penetrando por una punta al Franco-condado, en dirección al alto Saona, en medio de los departamentos franceses de Doubs y el Alto Rin. Del lado opuesto, hacia el S. y S.-E., ese territorio arranca en la extensa línea de colosales nevados de los Alpes que separan las hoyas del Ródano, el Aar y el Reuss, y de este modo parte límites con los cantones de Vaud, Valles y Urí. Al E. y N. se extienden sobre las fronteras de Berna los cantones de Urí, Unterwalden, Lucerna, Argovia, Solera y Basilea, describiendo con sus contornos una línea sumamente irregular y angulosa; mientras que al S., S.-O., O., N.-O., y N. toca sucesivamente con los cantones de Vaud, Friburgo y Neuchâtel y el territorio francés. El cantón de Berna mide dentro de las fronteras unos 150 kilómetros de longitud, de S. a N., por cerca de 50 de anchura media, conteniendo 9.545 kilómetros cuadrados de superficie.

Extendiéndose desde las más colosales alturas de los nevados de los Alpes suizos hasta las faldas occidentales de las montañas del Jura, el cantón de Berna contiene en sí solo todos los elementos y todas las variedades de la geología, la topografía, la hidrografía, la flora y la fauna de Suiza, sea en la admirable región de intrincados laberintos graníticos de los Alpes, sea en las bellas y benignas comarcas del centro (de planicies ondulosas, fértiles y pobladas), y las montañas calizas y de más benigno clima que las alpinas, que componen la cadena del Jura. La parte meridional o alpina se llama «Oberland», mientras que la septentrional o jurásica tiene el nombre general de «Leberberg».

Si la variedad topográfica favorece tanto en Berna la variedad de climas y producciones, la de su hidrografía le da no solo las condiciones más grandiosas y pintorescas sino también considerables ventajas de navegación. Así, por una parte cuenta con las aguas del Aar propiamente dicho y de varios afluentes importantes, como el Sarina, el Thiela, el Emmen y el Simmen, navegables en mucha parte por balsas y pequeños botes y canoas; y por otra se sirve de los bellos lagos navegables de Brienz y Thun, enteramente encerrados en el territorio bernés, y de los de Neuchâtel y Biena, en cuyas riberas tienen participación otros cantones.

La agricultura propiamente dicha, la ganadería y el corte de maderas son los elementos principales de riqueza y prosperidad y de vida social en el cantón de Berna. En las regiones montañosas el territorio está cubierto de inmensos bosques de abetos, hayas, pinos y otros árboles de construcción, que se explotan en vasta escala, aprovechando todas las corrientes considerables para hacer bajar hasta el Rin central las maderas del interior; pero esas florestas de inagotable fecundidad están donde quiera entrecortadas, a alturas más o menos considerables, por extensas praderas naturales, donde pacen numerosísimos rebaños, principalmente vacunos, que son la base de una valiosa exportación de ganados de raza muy afamada en Europa, y de quesos superiores cuyo valor monta a muchos millones. En las regiones bajas o centrales la agricultura bernesa, muy esmerada pero insuficiente para el consumo interior, se divide en tres órdenes principales, perfectamente determinados por la naturaleza: en el fondo de los valles lacustres y fluviales de temperatura suave, medran y prosperan las viñas sobre las riberas; en las planicies y colinas demoran donde quiera enjambres de cortijos, que reúnen el cultivo de todos los cereales, las plantas filamentosas de Europa, las legumbres, los árboles frutales, la cría de abejas, etc.; en fin, en las bajas montañas que surcan esas mismas planicies se explotan igualmente los bosques de abetos, encinas, hayas, etc., y se ven no pocos rebaños de ganado mayor y menor y hermosas yeguadas muy estimadas en Europa.

El cantón de Berna no es únicamente agrícola. Su comercio es considerable. Explota minas de fierro, plomo y cobre, algunas de hulla (en la región del Jura) y numerosas canteras de mármoles y piedras diversas. En cuanto a la fabricación, consiste principalmente en tejidos de lino y algodón, sederías, cueros curtidos y labrados, destilación de licores, artículos de fierro y cobre, relojería (en los distritos del Jura fronterizos del cantón de Neuchâtel), sombreros finos de paja y preciosas esculturas en madera (juguetes, curiosidades, etc.) que constituyen la industria de los pastores artistas del Oberland. Es curioso observar a este propósito que las manos más toscas al parecer, por ser las más rústicas, son precisamente las que en Berna y otros cantones suizos fabrican los objetos artísticos más delicados. Así, los rudos y candorosos pastores que han pasado el verano y principio del otoño sobre montañas encumbradas, fabricando quesos y guiando sus rebaños por en medio de precipicios y bosques salvajes, al aproximarse el invierno (hacia el mes de octubre) descienden de sus praderas y bosques a convertirse en artistas. Con sus manos callosas y rudas fabrican entonces, al derredor del hogar, unos, en Berna y otros cantones análogos, una infinidad de objetos primorosos de madera, cuerno, marfil, hueso, etc., que el viajero admira y solicita, por la gracia de su composición, la originalidad de las formas, la delicadeza de ejecución, la exactitud perfecta de imitación de los animales, montañas, habitaciones, etc., etc.; y otros, en los cantones de San Gall y Appenzell, ejecutan labores de otro género, produciendo esos admirables encajes, bordados y tejidos de mano que todas las mujeres de gusto solicitan en Europa como verdaderas obras de arte y de lujo.

¿Quién les enseña esa habilidad artística a los toscos y sencillos pastores de las montañas suizas? Nadie, al menos en lo más esencial. ¿De dónde les viene su inspiración caprichosa y admirablemente fiel? La naturaleza y el hábito lo hacen todo. La constante contemplación de los nevados, los abismos, las cascadas, los torrentes, los bosques solitarios y salvajes, los ganados de cría, los cuadrúpedos y pájaros silvestres, los sublimes o risueños paisajes que rodean los «chalets», y todas las obras de esa incomparable y fecundísima artista que llamamos Naturaleza; esa contemplación, digo, y el espectáculo del cielo, y las armonías de mil rumores preñados de misterio y poesía, no pueden menos que inspirar al pastor de los Alpes, del Jura y otras montañas, ese genio artístico que le permite fabricar objetos cuya gracia y finura maravillan al viajero.

El cantón de Berna, a pesar de ser tan montañoso, se distingue por sus numerosas y excelentes vías de comunicación. No solo tiene buenas carreteras en todas direcciones, y en las montañas muy quebradas buenos caminos de herradura, sino que además de la navegación a vapor en los lagos y el Aar, ha establecido ferrocarriles que mantienen comunicaciones fáciles y baratas respecto de Francia y casi todos los cantones limítrofes.

La historia del cantón de Berna se confunde en sus rasgos más notables con la de toda la Confederación, en cuya balanza ha tenido siempre un peso muy considerable la política bernesa. En lo demás tiene analogía muy estrecha con la historia de Friburgo. El origen de la república de Berna, como de casi todos los cantones, fue bien humilde. Hasta fines del siglo XII el país que hoy pertenece al Estado era un enjambre de dominios o señoríos feudales, cuyos nobles propietarios vivían como bandidos, cometiendo depredaciones de todo género bajo la autoridad superior de las emperadores francos. El propósito de poner a las poblaciones a cubierto de esas violencias animó al duque Bertoldo V de Zahringen al fundar una pequeña ciudad fortificada, de constitución libre, al derredor del castillo de Nydeck, sobre la bella península que determina en la planicie ondulosa el curso tortuoso del Aar. El duque, en una de sus cacerías, había muerto un oso en aquel sitio, y en recuerdo del incidente le dio a la nueva ciudad el nombre de «Bern», derivado de «Boer» que en alemán significa oso.

En su principio Berna estuvo reducida a la ciudad libre y un territorio muy pequeño en derredor, formando una colonia aislada y expuesta a muchos ataques; pero sus instituciones libres y su excelente posición atrajeron inmigrantes numerosos; la ciudad se ligó con otros pueblos vecinos por medio de alianzas y pactos de fusión, y gracias a esto y a varias conquistas sucesivas, más o menos audaces, al cabo de tres siglos (a partir de 1.191, época de la fundación) el país vino a ser una República aristocrático-patricia muy poderosa, que hizo respetar su independencia y extendió su dominación hasta los cantones de Vaud, Argovia y otros. Berna adquirió en esos tiempos gran reputación militar, primero sola o aliada a Friburgo y otros países, después confederada con los cantones de la liga fundamental; y sostuvo constantemente luchas muy violentas y gloriosas para los Berneses, ya contra los emperadores de Alemania y los duques de Austria, ya contra las coaliciones de otros príncipes y señores feudales, algunas formidables.

Si en su origen Berna fue una ciudad de gobierno comunal o democrático, su engrandecimiento modificó tan notablemente su política, que el poder se halló al cabo concentrado en manos de unas pocas familias de patricios; en tanto que los paisanos se hallaban respecto de los nobles propietarios en una situación análoga a la de los siervos de Rusia, Austria, Alemania, etc. La revolución francesa y la invasión de 1798 cambiaron ese estado de cosas. Berna perdió conquistas muy importantes, por la independencia de Vaud, Argovia y otros países; las instituciones democráticas triunfaron en la Constitución y las leyes; los paisanos quedaron emancipados, y la nobleza perdió sus títulos y privilegios.

Sin embargo, la reacción recuperó el poder en 1814, apoyada por la coalición europea; la Confederación se reorganizó conforme a bases conservadoras, y la aristocracia bernesa, ya que no logró restaurar todo lo que había perdido en cuanto a posesiones, volvió al poder y al goce de privilegios políticos muy importantes. Pero la segunda revolución francesa hizo sentir también su contragolpe en Suiza. El pueblo se levantó y triunfó, y el 31 de julio de 1831 quedó aceptada una constitución que consagró el reinado de la democracia. Se reconoció la soberanía popular, el sistema representativo, la igualdad de todos los ciudadanos y la libertad de la prensa, los cultos, la industria, la petición y asociación, el tránsito, etc., y la garantía de la seguridad individual. Desde entonces el cantón de Berna entró resueltamente en la vía de la libertad y del progreso, y el triunfo del radicalismo sobre el «Sonderbund» completó para los Berneses la regeneración política. Su Constitución actual, que data de 1846, es mucho más liberal que la de 1831, y tiene grandes analogías con las de los otros cantones radicales de cuyas instituciones he tratado anteriormente.

La inmensa mayoría de la población de Berna se compone de protestantes reformados pertenecientes a la raza germánica. Así, en 1850 había en el cantón 458.301 habitantes, de los cuales 403.768 eran reformados, 54.045 católico-romanos y 488 judíos. En 1860 la población se ha elevado al número total de 468.515. Un aumento tan pequeño en diez años (10.214 individuos) en un Estado tan libre y próspero como el de Berna, no es explicable sino por la corriente constante de la emigración, que busca en el Nuevo Mundo tierras menos ingratas y de más amplio porvenir que las de Suiza. En cuanto a la proporción de las razas en el cantón de Berna, la germánica absorbe las nueve décimas partes de la población, poco más o menos, hallándose concentradas en la región del Jura todas las poblaciones que corresponden al grupo francés o franco-helvético. Se hablan, pues, las dos lenguas en el país, aunque en proporción enormemente desigual, y el alemán es el idioma oficial, si bien es cierto que las gentes de buena educación hablan indiferentemente alemán y francés, como lo exige la promiscuidad de esos idiomas en la literatura, la legislación, el periodismo y las costumbres de la Confederación. Sin embargo, no puede decirse en rigor que lo que hablan los Berneses en su gran mayoría es alemán, sino más bien un dialecto de la opulenta y complicada lengua alemana, mucho más análogo al que se habla en las comarcas del Danubio que al alemán castizo de las bajas regiones de Hanover, Bremen y Berlín.

El cantón de Berna ofrece, en mayor escala que ninguno otro de la Confederación, la prueba evidente de lo que constituye el secreto de la prosperidad de las sociedades modernas: instrucción pública y vías de comunicación. Por lo que hace a la primera, sus progresos son admirables, y el cantón de Berna, como el de Ginebra, puede figurar en el mundo como un Estado modelo, digno rival de Prusia o del Estado americano de Nueva York. En efecto, los Berneses han comprendido la lógica de los deberes sociales, reconociendo que, si el interés de la instrucción primaria es altamente político y social, desde el momento en que la sociedad interviene en la materia, concediendo la enseñanza popular gratuita, es inevitable hacer obligatoria la instrucción, como lo son el servicio militar de todos los ciudadanos, el pago de las contribuciones, etc. La asistencia a las escuelas populares en cierta edad es, pues, obligatoria en el cantón de Berna. Ya desde 1830 la comunión protestante por sí sola tenía en servicio 700 escuelas (hoy hay cerca de 800) en las cuales recibían instrucción anualmente 70.000 alumnos. En la actualidad, computadas las escuelas de las diversas comuniones religiosas, no hay en el cantón menos de 900, con un total de alumnos que excede en mucho de la quinta parte de la población de la República bernesa.

Si a estos hechos y a la existencia de tan numerosas y excelentes vías de comunicación de todo género, se agrega que el cantón posee una bella universidad y multitud de colegios y escuelas superiores, unas literarias, otras profesionales, politécnicas o normales, y si se tiene en cuenta el gran número de hospicios, hospitales y otros diversos establecimientos de beneficencia, que prestan los más eficaces servicios, se vendrá en conocimiento de que la prosperidad y el grado tan notable de civilización que ha alcanzado el cantón de Berna se debe a la feliz combinación de las instituciones libres, la propagación de la instrucción, las vías de comunicación activa, la beneficencia y los institutos de economía o previsión, que mantienen la moralidad en las costumbres, elevan la dignidad y la conciencia del pueblo, hacen efectiva la igualdad, en lo posible, socorren al desvalido y favorecen el desarrollo de la industria, el comercio y todos los elementos de riqueza y bienestar.

El sistema fiscal del cantón de Berna es muy análogo al de Friburgo, y llama la atención también por la curiosa institución del aseguro forzoso de las casas, a cargo y en provecho del Estado. En 1836 las rentas alcanzaban a la suma de 3.912.390 francos (782.478 pesos) y los gastos anuales eran algo menores. Hoy las rentas y los gastos exceden ordinariamente de 900.000 pesos, suma bien reducida si se la compara con los beneficios o ventajas de una excelente administración que favorece todos los intereses.

La capital del cantón y de la Confederación es, sin disputa, la más bella ciudad de Suiza, no obstante que carece de las ventajas de perspectiva pintoresca y poética que los lagos procuran a otras ciudades muy graciosas, tales como Ginebra, Losana, Neuchâtel, Lucerna, Zúrich, etc. La posición elevada de Berna, tan análoga a la de Friburgo, le ofrece al mismo tiempo los más elegantes contornos en su estructura, y en derredor un panorama inmenso, variado y hermosísimo. Del lado N.-O. la planicie se extiende y ensancha indefinidamente en una vasta sucesión de campiñas alegres y esmeradamente cultivadas. Es de ese lado que se hallaban las fortificaciones de la ciudad hoy demolidas, donde se encuentra la estación de los ferrocarriles que giran hacia Friburgo, Solera, Lucerna, Zúrich y Thun, y a donde afluyen las carreteras principales. Por allí abundan los bellos jardines, las hermosas y elegantes quintas, los parques y vergeles.

Después, el asiento de Berna se avanza rodeado por el Aar en forma de península, de manera que de cualquier punto de los bordes de la ciudad se ve en el fondo el precioso vallecito donde se atropellan en un lecho profundo las ondas azules del clarísimo río, dominadas por muros de verdura. La altura de Berna sobre el nivel del Aar es de 76 metros, tomada en el Observatorio, mientras que la del fondo del estrecho vallecito es de 507 metros sobre el nivel del mar. Si se tiende la vista en derredor, desde lo alto de la catedral o del Observatorio, no solo se registra la encantadora región de las planicies, que se extiende en todas direcciones, sino también, y esto es más interesante por su majestad y hermosura, la cadena de nevados soberbios del Oberland, desde las alturas meridionales de «Stockhorn» (2.356 mts.) hasta las orientales de «Wetterhorn» (3.718 mts.), pasando por un cordón de colosos resplandecientes, tales como el «Jungfrau», que mide 4.175 metros de elevación, y el «Finsteraarhorn» todavía más elevado. Ese espectáculo, contemplado así de lejos y de frente, es de una grandiosidad que embelesa y llena el alma de admiración y recogimiento, y que, por el contraste que hace con las planicies de la hoya del Aar, completa uno de los más sublimes panoramas que la Europa continental puede ofrecer. Sin embargo, hay algo superior a esas magnificencias, como pocos días después tuvimos ocasión de admirarlo desde la cima del monte Righi.

Lo primero que llama la atención al recorrer las calles principales de Berna, elegantes, limpias y muy animadas en lo general, es la curiosa estructura de sus viejas arcadas en la gran vía central y otras adyacentes. Casi todo lo que la ciudad tiene de más curioso y característico se encuentra reunido en la parte central. Casi todas las calles giran paralelamente de oriente a poniente, en la dirección de la península, cortadas generalmente en ángulos rectos; y los edificios tienen todos mucha analogía en sus formas y el color pardo de sus piedras. Todas las calles están surcadas por cañerías cubiertas que proveen las fuentes públicas de aguas abundantes y puras, y esas fuentes tienen todas cierto carácter que las hace muy curiosas, por las figuras de caballeros antiguos y animales feroces que representan. La gran calle central es interesante bajos diversos aspectos: allí todas las casas reposan o se avanzan sobre extensas y sombrías arcadas de mampostería o bastiones muy macizos, de unos ocho pies de latitud y muy bajas, donde circula todo el mundo a cubierto del Sol y de las lluvias. Es allí donde están aglomeradas las tiendas de comercio, exhibiendo en gracioso desorden todos los objetos más notables de la industria bernesa. Como la calle misma sirve de mercado en ciertos días, y allí se encuentran casi todos los hoteles o fondas de la ciudad, se produce un movimiento social que abunda en interés, colorido y variedad.

En efecto, por una parte llama la atención el cruzamiento de diligencias, ómnibus y sillas de posta que llegan a cada momento a derramar a las puertas de los hoteles y de la casa de Correos y Postas sus contingentes de viajeros de todos los países, correspondientes por lo mismo a los más diversos tipos. Por otra, interesan mucho al extranjero los grupos de campesinos que estacionan a orillas de la calle y al derredor de las fuentes, vendiendo sus frutas y provisiones: gentes de fisonomías candorosas y amables, sobre todo las mujeres, ataviadas del modo más original. Las campesinas en casi todo el cantón, y las mujeres de las clases subalternas en la capital, se hacen notar por un vestido que no carece de algunas analogías con los que se usan en Holanda, pero que en Suiza es infinitamente más gracioso. Como los tipos más elegantes y curiosos los vimos en Interlaken y Grindelwald, reservo la descripción de esos vestidos nacionales para el capítulo siguiente.

Si el movimiento de las gentes que circulan en la calle es curioso en un sentido, el de las que hormiguean bajo las arcadas y visitan las tiendas no es menos entretenido Allí se codean: el indolente y espiritual francés, haciendo comentarios que revelan su eterno buen humor; el inglés vestido como un dandy, grave, tieso, altivo, maravillado de todo lo que ve, pero muy reservado en sus manifestaciones el alemán de las ciudades, locuaz hasta el prodigio, armado de su enorme pipa de porcelana y tubo de madera por donde arroja torrentes de humo, descuidado, brusco y casi primitivo en sus maneras, pero bondadoso y amable hasta hacerse perdonar sus toscos modales; la bernesa elegante, de rubia y hermosa cabellera, pero de fisonomía poco expresiva y belleza muy dudosa; en fin, el negociante activo, negligente en el vestir y preocupado solo con sus compras o ventas.

Cada tienda es en realidad un pequeño museo, desde la de relojes superiores, cronómetros e instrumentos de precisión, o de bonitas joyas de las fábricas nacionales, hasta la tienda que no contiene sino canastos de todas las formas y tintas imaginables, o muñecas y juguetes de toda clase. En una de esas tiendas no encontrareis sino encajes y bordados primorosos de producción nacional, o sombreros muy finos y elegantes de paja blanca o amarilla, o canastillas de obras de arte. En otra veréis solamente estampas, grabados y mapas en relieve que os ofrecen la fiel reproducción de todos los panoramas suizos, de todos los tipos y monumentos nacionales, y las vistas en fotografía, o grabadas o iluminadas con esmero, o al óleo, de todos los paisajes interesantes, las ciudades, los lagos, las montañas, etc.; o bien encontrareis inagotables surtidos de curiosidades artísticas del Oberland, tan graciosas, originales o tentadoras, que el más repleto bolsillo corre buen riesgo de quedar vacío en veinte minutos, si el viajero no sabe reprimir su entusiasmo por todas esas futilezas primorosas. En fin, si os interesan las ciencias naturales, hallareis también almacenes donde comprar las más variadas colecciones de muestras de cristales, mármoles, etc., álbums de flores y plantas disecadas, cuadrúpedos y aves hábilmente preparados para los museos, y mil otros objetos que el viajero curioso se complace en recoger donde quiera.

Berna es una ciudad bastante considerable, al menos en proporción al país, y por su población es la tercera capital de Suiza, después de Ginebra y Basilea. En 1860 tenía Berna 29.010 habitantes, casi en su totalidad de raza germánica, de los cuales solo 1.500 eran católicos. Relativamente a sus proporciones es una capital muy rica en establecimientos públicos estimables, entre los cuales citaré la Universidad, el Liceo académico, el Gimnasio literario, la Escuela politécnica, la Escuela de sordomudos, el Observatorio astronómico, una hermosa Biblioteca de la ciudad con 40.000 volúmenes y 1.500 manuscritos, la Biblioteca medical (7.000 vol.), el Jardín de plantas, y un excelente museo mixto de historia natural, mineralogía y cuadros de pintura: todo eso por lo que hace a la instrucción pública, sin contar las escuelas primarias y algunas pensiones particulares.

Si atendemos a los institutos de beneficencia y de servicio oficial de la ciudad o del gobierno cantonal, son muy notables: el Arsenal cantonal, con una hermosa colección de armas y armaduras antiguas, el Banco de préstamos, la Caja de aseguras contra incendios, la Casa de moneda, que acuña también para muchos otros cantones de la Confederación, la Casa de reclusión o de forzados, en que caben 400 detenidos y que es una de las mejores de Europa, en su género, la Casa criminal de detención, el Granero público de la ciudad, la Fábrica de pólvora, cuyos productos son de los mejores de Europa, y en fin algunos bellos hospitales ricamente dotados.

Esa abundancia de establecimientos públicos excusa en cierto modo una extravagancia peculiar de los Berneses, que no carece de originalidad como símbolo del sentimiento nacional. Me refiero al «Hoyo de los osos», encanto y orgullo de los ciudadanos de Berna. En esa ciudad tropieza uno con un par de osos de piedra a la vuelta de cada esquina, al pie de las fuentes públicas, de la estatua de Bertoldo V en la plaza de la catedral, y en cuantos lugares ofrecen ocasión para ostentar el símbolo tradicional, como en las puertas de la ciudad y las fachadas de los monumentos o edificios oficiales. Pero los Berneses, cuyo nombre les da parentesco con los osos, no se han contentado con tributar culto al animal, en pintura o escultura. La ciudad mantiene con sus rentas tres o cuatro grandes osos negros, en una fosa circular situada en la margen derecha del Aar, y la manutención de los feroces brutos le cuesta no poco dinero al vecindario. Todas las tardes vecinos y forasteros corren a contemplar a los salvajes prisioneros, admirar sus gracias e inteligentes evoluciones de todo estilo, y obsequiarlos, según la predilección de cada cual, con bizcochos y golosinas. Cada oso tiene su nombre y sus partidarios: los Berneses los admiran con deleite como maravillas, y el extranjero que se atreviese a burlarse de la «institución», o a injuriar a un oso o negarle sus méritos, sería mirado como enemigo del país y del honor nacional.

La industria de Berna es notable por su fabricación de armas de fuego superiores, instrumentos de precisión, máquinas y aparatos, sombreros finos de paja, papeles y cueros curtidos. En cuanto a sus monumentos, aparte de las curiosidades del «Lauben» (la calle de las Arcadas) lo mejor de la ciudad es: su bella y muy elegante catedral gótica, el espléndido palacio federal (donde funcionan los Poderes de la Confederación), y el puente de «Nydeck», sobre el Aar, obra de arte bien notable, de granito y gres, que costó 600.000 pesos. La catedral tiene todo su mérito en el exterior, o mejor dicho, en la fachada y su torre única, de 62 metros de altura, de un gusto delicioso y muy seductor. Ese interesante monumento data del siglo XV y muestra las tendencias de transformación o transición hacia el Renacimiento que dominaron generalmente en la arquitectura gótica de ese tiempo. Como la catedral está destinada al culto reformado, carece en el interior de todo atractivo, y su desnudez no es disimulada sino por una serie de escudos heráldicos alusivos a la historia de Berna y un órgano monumental que casi rivaliza al de Friburgo.

Capítulo X. La región del Oberland
De Berna a Thun. Una reflexión sobre la civilización moderna. La villa de Thun. Magnificencias de su lago. Unterseen e Interlaken. El tipo de las paisanas. El Lütschina. Grindelwald. Las neveras y sus grutas. Escenas sociales. La vida campestre

Al tomar el tren que debía conducirnos por el ferrocarril que gira de Berna a Thun, atraídos por el interés del Oberland y sus lagos, fuimos agradablemente sorprendidos por un sistema de «vagones» o carruajes que no conocíamos aún, y que más tarde hallamos adoptado en otros cantones suizos, así como en Wurtemberg y otros Estados alemanes. Era simplemente la aplicación, en pequeña escala, del sistema de comunidad democrática que, como es sabido, existe en los ferrocarriles de los Estados Unidos de América. En Berna los vagones suntuosos de Alemania, llamados de «primera clase», no tienen cabida, y casi todas las gentes de buena sociedad entran en los de segunda. Estos son vagones inmensos, con dos filas de asientos arreglados como las bancas de un teatro, separadas por un pasadizo por donde circulan los viajeros y los empleados conductores que mantienen la vigilancia. En vez de los ocho o diez viajeros que van encerrados en los vagones de Francia, Inglaterra, etc., en Suiza se reúnen cuarenta, cincuenta o más en un solo carruaje, y el viajero curioso de observar el país puede salir a la pequeña plataforma que se halla entre cada dos vagones y desde allí contemplar con arrebato o embeleso las magnificencias del paisaje. El sistema de ese viaje en común tiene la doble ventaja de mantener la vigilancia de los conductores, a fin de que los viajeros no cometan imprudencias, y que no puedan ocurrir desórdenes y crímenes como los que han tenido lugar en muchos ferrocarriles de Europa; y la de establecer entre los que viajan cierta familiaridad cortés y pasajera que hace más entretenido el viaje y permite el cambio de noticias y observaciones instructivas.

Sin embargo, es preciso reconocer que tal sistema sería inaceptable en los viajes largos o de más de cinco horas, en los cuales el viajero desea tener independencia y, al sentirse fatigado, reposar con comodidad. La promiscuidad de los grandes vagones no se acomoda en rigor sino a las costumbres democráticas, y bajo este aspecto me pareció perfectamente suiza. Confieso que el incidente, fútil en apariencia, me dio lugar a una reflexión que, en mi concepto, contiene toda la síntesis de la civilización. El ferrocarril, el periódico, el buque de vapor, el telégrafo eléctrico, las exhibiciones industriales, artísticas, etc., y los congresos científicos internacionales, son evidentemente los símbolos o caracteres distintivos del presente siglo, puesto que en el fondo no significan sino libre competencia, comunidad de intereses, publicidad y cosmopolitismo. La universalidad es, pues, la condición esencial de todas esas manifestaciones del progreso.

Pero es evidente que si la universalidad hubiese de llevar consigo la uniformidad, la civilización se hallaría estancada en breve por falta de personalidad en cada uno de los grandes grupos humanos, y que el espectáculo del progreso se haría tristemente monótono. A ese mal se opone la libre acción de los pueblos, felizmente, y es por esto que la libertad de todos los pueblos interesa mucho a la humanidad entera. En efecto, cada pueblo, según su genio particular, sus recursos y las condiciones de su territorio, se sirve a su modo del instrumento universal de progreso, dándole su fisonomía propia y local; y es de la múltiple y simultánea aplicación de tantas fuerzas desiguales que resulta la grande armonía de la civilización. Así, todos los pueblos civilizados tienen periódicos, es decir, un instrumento común y universal, pero cada cual les da a los suyos un estilo, una forma y tendencia que lo revelan y le conservan su fisonomía propia, su personalidad. Todos viajan por ferrocarriles y en vapores, pero cada pueblo, según su índole y su territorio, adopta el sistema parcial que mejor le conviene, sin que por eso desaparezca o sufra la armonía general. ¿No es muy interesante y bello este fenómeno? Por mi parte, a despecho de los que vierten tantos improperios contra el materialismo y la indiferencia del presente siglo, admiro y bendigo en él la creación venturosa de la alianza entre el cosmopolitismo humano y la personalidad de los pueblos, y entre esta y la del individuo.

Que el lector me disimule esta digresión, de que no he podido prescindir antes de decirle que de Berna a Thun, remontando el risueño valle del Aar central o sub-lacustre, el viajero se siente subyugado por el encanto indefinible que atesora la Suiza central. El río serpentea con rapidez como una inmensa y tortuosa veta de lázuli entre festones de graciosa y límpida verdura; las planicies se desarrollan en mil ondulaciones primorosas; las praderas, los bosques y las plantaciones alternan formando como interminables e irregulares tableros de damas; los caseríos, las aldeas y los rústicos cortijos se destacan donde quiera en pintoresca diseminación; y bajo un cielo de verano, admirablemente sereno en algunos días y más azul que el de las regiones bajas de Europa, se contempla con arrobamiento ese mundo de colosos de hielo, semillero de ríos y torrentes, de lagos y cataratas, salpicado de formidables torreones de granito levantados por el arquitecto invisible y divino, y ceñido por anchas fajas de vegetación sombría y terrazas y anfiteatros admirables, que se llama el Oberland bernés.

En dos horas llegamos a la villa de Thun, asentada graciosamente sobre las márgenes del Aar al pie de una montaña o colosal peñasco que tiene el más romántico aspecto. No era nuestro ánimo detenernos en Thun, villa que cuenta más de nueve siglos de existencia, y que no carece de interés por las excursiones a que convidan sus cercanías. Haré notar solamente a propósito de ese lugar, por donde no hicimos más que pasar, que teniendo apenas 3.400 habitantes (todos reformados) posee una biblioteca de más de 7.000 volúmenes con numerosos e interesantes manuscritos, excelentes escuelas, un hermoso hospital y otras ventajas análogas. Esto es característico de Suiza, donde bajo las formas de lo pequeño se encuentran donde quiera las mejores cosas de la civilización, gracias a las inspiraciones que la libertad ha dado al genio nacional, y al espíritu de emulación desarrollado por la autonomía federativa y municipal de los pueblos.

En el puerto del Aar, situado en el centro de la villa, tomamos el vapor que debía conducirnos por el lago de «Thun» hasta el pintoresco istmo interlacustre donde demoran «Unterseen» e «Interlaken». Después de algunos minutos de navegación remontando el río, por en medio de primorosas quintas y hoteles que orillan y dominan las dos márgenes, penetramos al lago. Confieso que no tenía idea de la suprema hermosura semi-salvaje que se desarrolla sobre el estrecho horizonte de la cuenca del lago. Verdad es que en Suiza se anda de sorpresa en sorpresa. El conjunto parece tener ciertas formas generales que se resumen en montañas y nevados, ríos y lagos, cascadas y torrentes, praderas y «chalets», risueñas campiñas y graciosas ciudades y aldeas; y sin embargo, no hay dos objetos de esos que se parezcan: la diversidad de aspectos y formas es infinita, y esto es precisamente lo que difunde el encanto en toda la Suiza.

Los lagos de Ginebra y Neuchâtel nos habían parecido muy bellos e interesantes bajo todos aspectos; pero en ellos hay no sé qué de «civilizado», de regular y cadencioso, que agrada mucho pero no sorprende. En los lagos de Thun y Brienz la naturaleza es áspera, sombría y de una melancolía grandiosa. Allí se siente el soplo de las neveras más penetrante; los rumores son más acentuados; las cuencas de los lagos tienen, permítaseme la expresión, mucho de «personal», privativo y soberanamente original. Así como los lagos Lemán y de Neuchâtel tienen un aspecto «francés», los de Thun y Brienz lo tienen «alemán». Se echa de ver, aunque no se supiera, que las aguas del Lemán están destinadas a regar un país francés y perderse en un mar meridional o latino; mientras que las del Aar, pasando por románticas cuencas, han de llevarle su tesoro al Rin, el gran río germánico, y al mar del Norte, como símbolo de esa grande y bella raza alemana, soñadora, individualista, profundamente original, semi-salvaje por su carácter y encumbrada y nebulosa por su espíritu.

Mide el lago de Thun, desde su extremo superior en la isla de «Wissenau» hasta el inferior, donde se destaca entre magníficos árboles el elegante castillo moderno de «Schadau», una longitud de 18 1/2 kilómetros por 3.606 metros de anchura, y tiene en su mayor profundidad 234 metros. Sus brisas son variables pero generalmente tranquilas; su altura sobre el nivel del mar es de 586 metros, y sus aguas son de un color verdeazul muy hermoso. En el lago de Thun como en el de Brienz se observa el mismo fenómeno de coloración que en el Lemán, aunque en distinto grado. En efecto, además de diecinueve torrentes, casi todos cristalinos, que recibe en sus márgenes el lago de Thun, su caudal se acrecienta por la ribera izquierda con las aguas muy turbias del «Kander» y el «Simmen» reunidos, ríos algo considerables que descienden, por estrechas gargantas y angostos valles, de las neveras situadas al sur del grupo resplandeciente de «Jungfrau». Pero todas esas aguas, turbias como las del Aar en la región superior, pierden su tinta cenicienta al confundirse en el magnífico recipiente de granito que las trasforma en tranquilas ondas de esmeralda azulosa.

El espectáculo es tranquilo, imponente y completamente rústico. No obstante la irregularidad de los contornos, casi se domina toda la extensión del lago de un extremo al otro, y el viajero sorprendido que surca las dormidas ondas a bordo de un vapor, por el centro del valle líquido, se siente rodeado por la majestad de una naturaleza pomposa en su conjunto y alternativamente risueña o severa en sus rasgos. En derredor se alza un cerco de peñascos abruptos, unos escalonados, otros unidos en poderosas cuchillas, altas montañas arrugadas y ásperos y enormes bastiones de titanes. La cuenca es tan cerrada que apenas deja ver un pedazo del cielo, al mismo tiempo que por entre el abra determinada por el valle del Aar se ve la espléndida mole de Jungfrau reverberando como una inmensa urna de plata...

Pero ese poderoso cerco de montañas graníticas que arrancan desde las ondas mismas, donde bañan sus pies para elevar sus crestas y picos a considerables alturas, tiene un aspecto en que todo interesa, en que lo salvaje y rudo se combina con lo gracioso y apacible. Arriba se ve asomar unas veces la calva cabeza de una roca formidable por entre las grandes manchas formadas por los bosques de abetos que remedan las naves sombrías de las catedrales góticas. Más abajo las faldas aparecen a trechos cubiertas con las alfombras frescas y tupidas de algunas praderas, o de repente se ve una rambla estrecha y profunda por cuyos agrios peñascales se precipita algún torrente, saltando de roca en roca en luminosos torbellinos de perlas y espumas y regalando a las brisas su eterno concierto de salvajes rumores. En fin, hacia las márgenes se ven donde quiera graciosísimas aldeas, unas trepadas como centinelas del lago sobre el recuesto de alguna loma, otras sobre la ribera misma, adormecidas a los suspiros de las ondas, a la sombra de algún peñasco enorme, en el fondo de un puertecito en miniatura donde se balancean suavemente algunos barquichuelos toldados con telas de color azul.

Ningún ruido se escapa de esas aldeas donde la vida parece deslizarse en eterna paz, en la dulce calma de la humildad que nada ambiciona. Así, es vivísimo el contraste que hacen con aquel silencio sublime los silbidos prolongados y agudos de la válvula del vapor, al acercarse a algún puerto, los ecos de la música, producidos por una pequeña banda de aficionados, y las conversaciones a bordo entre gentes de todos los países y de diversas condiciones, explicando sus impresiones simultáneamente en las lenguas de Cervantes y Voltaire, de Milton y Goethe, de Dante y Camoens, en medio de aquel paisaje que tiene todo el sello de una originalidad, solemnidad y rusticidad eminentemente poéticas...

Desembarcamos en «Neuhaus», a poca distancia de la desembocadura del Aar, y allí tomamos un cochecito que nos condujo en veinte minutos a «Interlaken», pasando por «Unterseen», situado en el centro del valle de «Baedeli», es decir del istmo que media entre los lagos de Thun y Brienz. Unterseen, pequeña villa de cerca de 1.400 habitantes, que después recorrimos a pie, no ofrece particularidad ninguna, si bien son curiosas algunas de sus viejas casas de madera de un aspecto que el tiempo y el humo de los hogares han hecho casi sombrío. Es en el extremo superior o el arrabal de «Aarmuhle» que comienza la porción del valle verdaderamente bella, donde se halla el grupo de semi-palacios, tiendas graciosas y jardines que se llama Interlaken («Entre lagos»).

Tal parece como si lo que hay de más culto y elegante entre los excursionistas de Europa se hubiera dado cita para ir a encontrarse durante algunos días de cada verano en aquel lindo sitio, que parece un pedazo de algunos de esos elegantes arrabales compuestos de palacios y quintas que se ven en los alrededores de Londres, París y Berlín. En efecto, desde la salida del arrabal de Aarmuhle comienza una hermosa alameda que va a terminar en el puerto de los vapores del lago de «Brienz», compuesta de dos filas de magníficos olmos y nogales, detrás de las cuales se extienden lustrosas praderas y se destacan formando calle veinticinco o treinta hoteles de construcción elegante, rodeados de jardines, terrazas y pabellones de verdura; hoteles que alternan en su larga fila con numerosas casitas de artístico aspecto, donde el viajero encuentra tiendas de perfumería y objetos de viaje, armas y una gran profusión de pequeños museos compuestos de vistas de tipos y paisajes, curiosidades alpestres, cristales tallados, juguetes y muebles nacionales trabajados con madera, hueso, marfil, cuerno, etc., y curiosas muestras de los bordados y tocados del país.

Cada uno de esos hoteles está siempre repleto de viajeros que se suceden y renuevan sin cesar, llegando de todas las comarcas de Europa y dispersándose en direcciones diversas; y por la gran alameda como por los jardines y prados vecinos circulan sin cesar los alegres y apuestos grupos de viajeros, ya visitando las tiendas para comprar curiosidades; ya paseando a caballo o en ligeros cochecitos en solicitud de los admirables paisajes de las montañas vecinas; ya haciéndose recíprocas visitas, yendo al tiro de carabina, o dirigiéndose por las mañanas a la elegante «Casa de conversación» a tomar los sueros medicinales, o por las noches a bailar, divertirse, y no pocas veces amontonarse, a horas avanzadas, al derredor de la «carpeta verde», plaga inevitable de casi todos los sitios a la moda en Europa durante los veranos.

Es curioso ver el contraste que forman allí los acicalados dandys ingleses con los paisanos berneses, y los vestidos encantadores de las hijas del país, llenos de gracia, candor y originalidad, con los ampulosos y espléndidos trajes de seda o de ricos linones que arrastran allí las «leonas» de Londres y París, barriendo el suelo con sus colas «pontificales», y ofreciendo al viento de los nevados solitarios materia para trabajar con brío en las monumentales crinolinas. Se ha dicho siempre que los hombres se revelan comiendo y jugando; y en verdad que nada es más propio para juzgar a las razas europeas, en su conjunto, que uno de esos banquetes o comidas de «table d'hôte» que ofrecen los grandes hoteles, sobre todo en Interlaken, a orillas del Aar, en medio de dos preciosos lagos y ante la majestad de las montañas y los nevados del Oberland.

La mesa, muy buena y barata en Interlaken, estaba espléndidamente servida, en el hotel de los «Alpes», donde nos habíamos hospedado, y más de 150 personas teníamos asiento allí. Se hablaba en todos los idiomas y aun en dialectos, pero el inglés y el francés estaban en enorme mayoría.

Los ingleses sobre todo tienen particular predilección por Interlaken. Los franceses trataban de política o referían sus excursiones, riendo con llaneza y hablando ruidosamente y casi todos a un tiempo, pero siempre corteses, galantes y procurando agradar, por instinto y hábito. Los ingleses, o guardaban un silencio desdeñoso, como si estuvieran fuera de su esfera, o comían mucho y bebían más, sin hacer caso de nadie ni preocuparse con ninguna galantería, o conversaban sobre cosas «profundamente insustanciales»; pero unos y otros querían ser los primeros servidos en todo caso y ponderaban candorosamente el gusto de todo plato con su inevitable «very nice» que les sirve para lodo. Es curioso observar que el inglés en todo país extranjero tiene el privilegio de mirar, «with reluctance», todo lo social, y encontrar que toda cosa comible es «very nice» y todo objeto físico, aun la piedra más insignificante, «very beautiful indeed».

Nada nos agradó tanto en esas horas de banquete o mesa común como el gracioso tipo de las mujeres que servían, pues en Interlaken el servicio de la mesa es femenino y esta proscrita la peste de los «garçons» vestidos de baile, tiesos y ceremoniosos como dandys de cocina. La linda muchacha bernesa que servía la parte de la mesa en que nos hallábamos tenía el tipo más simpático y se nos grabó mucho en la memoria. Que el lector me permita retratarla, y tendrá idea de las paisanas de Interlaken, semejantes en lo más notable a las del resto del cantón de Berna.

Era la «chica» una apuesta joven de veintidós a veinticuatro años, sencilla, candorosa y muy servicial, de mediana talla, pelo de un rubio casi amarillento, cara ovalada, fina y sonrosada, ojos de un bello azul oscuro, grandes y tímidos, nariz delicada y preciosa boca. Su complicado y elegantísimo vestido, que era el del país, se componía de una camisa de muselina muy blanca, sin cuello, graciosamente plegada en el pecho, con anchas mangas abombadas hasta la mitad de los brazos; un corpiño de seda violeta con ribetes azules, abotonado por delante y muy avanzado hacia abajo, llegando solo hasta la altura de la mitad del pecho y la espalda, y sujeto con unas cadenas de plata en forma de calzonarias; estas se desprendían de los hombros, por dos piezas de seda azul que los cubrían, y caían pendientes hasta abajo de la cintura, sobre enaguas muy plegadas y nada ampulosas, de una especie de muselina de color de castaña, que salían debajo del corpiño. Agregad a eso un lindo chal de listas azules atado al cuello en forma de corbata con el nudo atrás, una rosa natural prendida del borde superior del corpiño, un espeso moño de hermosas trenzas ceñido por una ancha cinta negra en forma de corona, dos redes de seda negra en los brazos atadas con cintas arriba de los codos, bajando hasta los puños y dejando ver la redondez y la frescura de esos miembros, y en fin un par de botines calzando sencillamente dos pies enanos: agregad esos pormenores, digo, y tendréis completo el atavío de una paisana de Interlaken.

Entre las diversas excursiones muy interesantes que se pueden hacer hacia las montañas nevadas, tales como las de «Grindelwald», «Lauterbrunnen», «Kandersteg», etc., escogimos la primera, esperando, no sin razón, encontrar variadas y muy gratas impresiones. El camino, que es carretero, aunque difícil y muy pendiente cuando trepa las montañas, atraviesa el valle, y pasando por delante de tres o cuatro aldeas rodeadas de bosques y vergeles, casi por el pie de una colina donde se destacan aún las ruinas del castillo de «Unspunnen», penetra al estrecho valle del «Lutschine», riachuelo que desciende a saltos, atormentado y espumante, por un lecho de grandes rocas y peñascales. En breve el valle se va estrechando entre empinadas y ásperas montañas de salvaje aspecto, donde descuellan cien picos abruptos entre bosques magníficos de abetos, y el viajero contempla con arrebato sucesivamente los soberbios nevados de la «Jungfrau»,[19] del «Monch», el «Eiger» y el «Wetterhorn».

Después se encuentra la confluencia de los dos riachuelos del mismo nombre de Lütschina, llamado el uno «blanca (Weisse)», que baja de las alturas de Lauterbrunnen, y el otro «negra (Schwarze»,) que desciende, por la derecha del Eiger y su base, de las neveras de Grindelwald. Pasamos el ruidoso riachuelo y comenzamos a subir lentamente, por encima de la margen derecha del Lütschina negro, la cuesta que conduce al alto vallecito objeto de nuestra excursión. Confieso que jamás en mi vida había experi-

---

19   La «Joven Doncella»: llamado así porque hasta 1811 nadie había podido escalarlo y hollar sus blanquísimas nieves.

mentado tan suprema felicidad como en aquellos momentos. Tenia delante y en derredor todas las hermosuras de una naturaleza severa, salvaje, grandilocuente por sus rumores y su aspecto, deslumbradora y preñada de infinita poesía; y a mi lado, soñando despierta como y o, la mujer adorada, la compañera y el ángel guardián de mi vida...

El cochero nos parecía invisible; creíamos que alguna fuerza nos arrastraba como por encanto: tal era el embeleso de nuestra completa contemplación de la naturaleza. ¡A cuántos seres no habrá hecho dichosos la admirable Suiza! Habíamos olvidado enteramente la sociedad y sus pasiones, sus luchas, miserias y pesares, y solo sentíamos nuestras almas empapadas de amor y de ese sentimiento infinitamente religioso que se llama la adoración de lo bello y lo sublime...

La cuesta caracoleaba por entre lomas y peñascos, en el centro de una angosta garganta formada por colosales y desnudas moles de granito, cercadas en sus bases por bosques seculares de abetos. De trecho en trecho encontrábamos algún rústico «chalet» solitario aguardando que el otoño hiciese volver sus habitantes, o veíamos alguna praderita medio escondida en medio de los bosques. En el fondo del abismo bramaba el torrente, sacudiendo su parda y espumante melena, colérico y oprimido, contra cada peñasco que le cerraba el paso para procurarle una caída. Y arriba... un cielo maravillosamente bello, como un lago Lemán suspendido en la atmósfera, coronando y arropando las cúpulas de los nevados, que nos aprecian los tronos resplandecientes y severos del genio de la Suiza...

Al llegar al onduloso vallecito de «Grindelwald» la escena cambió notablemente, ofreciéndonos un bello cuadro de contrastes. Nos habíamos apeado del ligero cochecito delante del elegante hotel del «Águila (Eiger)» de formas enteramente nacionales. Detraes de nosotros, en la dirección del lago de Brienz, teníamos una formidable barrera de montañas casi desnudas y de aspecto rudo. A nuestra izquierda se extendía, hacia el N.-E., lo que se llama el valle, que es una sucesión de planos inclinados, ascendentes hacia lejanas neveras, muy accidentados y cubiertos de aldeas y «chalets» en gracioso desorden, pequeñas praderas y muchas plantaciones de legumbres, árboles frutales y cereales. Al frente se ostentaban como dos gigantes el soberbio nevado del «Eiger», al S., redondo en su base, y al N.-E. el «Mettenberg», teniendo en medio, en la parte baja, la nevera inferior de Grindelwald, que descendía hasta el fondo del valle, y en la parte superior los nevados «Viescherhorner», cerrando el horizonte como una fortaleza colosal de cristal o de plata. En derredor tentamos el pueblo de Grindelwald, que cuenta casi 3.000 habitantes (todos reformados); y nos hallábamos a 1.550 metros de altura, casi en el centro del valle, que mide 20 kilómetros de longitud y 5 de anchura.

La nevera nos atraía poderosamente con la solemne fascinación de su hermosura, y la contemplábamos a la distancia de 1.500 metros con infinito encanto. Un guía nos condujo a pie hasta los primeros bancos de hielo. Queríamos ver de cerca la fuente o salida del Lütschina negro y penetrar en las grutas de hielo, magníficas alcobas de cristal que la naturaleza fabrica en masa y que los paisanos se encargan de perfeccionar para seducir al viajero curioso. El espectáculo de la salida del grueso torrente es realmente bello. El banco inmenso de hielo, pardo y onduloso, se detiene repentinamente a la vera del valle, formando una alta muralla que parece cortada a pico. Bajo su borde se abre la boca sombría del abismo de misterios que se esconde bajo la montaña de hielo, y por la abertura abovedada sale como una furia el torrente, repentino y atormentado cual si lo vomitase algún gigante abrumado por el peso de la inmensa mole cristalina. Es un río sin principio visible, río de torbellinos y borbotones espumantes y de rocas de hielo desprendidas de los abismos interiores, que salta en ondas frenéticas sobre un lecho de pedriscos grises y arenas graníticas, haciendo un ruido ensordecedor que contrasta mucho con la majestad silenciosa de la gran fábrica helada de torrentes.

Comenzamos a trepar lentamente, sobre los bancos de hielo para llegar, por en medio de profundas grietas, hasta la gruta principal abierta en el fondo de una ancha hendidura en forma de callejón. Descendimos y entramos por la boca principal. La cavidad de la gruta era apenas de unos cinco pies de anchura y nueve de elevación, y seguía un giro tortuoso, en una longitud de 35 metros. Teníamos encima de nuestras cabezas una capa de hielo de 50 pies de espesor, y en el extremo interior de la gruta habían practicado, aprovechando una grieta, un conducto de tres pies de cavidad por donde entraba la luz y se subía, con el auxilio de una escalera de palos, hasta salir el aire libre sobre la superficie de la nevera.

Las paredes y el techo de la gruta tenían una hermosura luminosa increíble; por todas partes se escapaban hilos de agua purísima como cascadillas de perlas sonrosadas, y los muros presentaban colores muy variados, ya el blanco de la esmeralda pálida o el blanco mate de la nieve, ¡Qué indefinible emoción la que sentimos allí, cogidos de la mano, en aquella atmósfera de la más deliciosa frescura, bajo esa bóveda de cristal húmedo y tornasolado, aislados del mundo entero y en inefable arrobamiento!... Nuestro guía había trepado por la escalera para darnos el ejemplo; por eso no pudo percibir si un eco delicioso del interior de la gruta era producido por el rumor de las cascadillas microscópicas, o por un ósculo de infinito amor que había saludado aquella mansión de los misterios de la naturaleza... Cuando salimos a lo alto de la escalera nos aprecia que habíamos vivido en cinco minutos diez años de ventura desconocida.

Una hora después, cuando reposábamos en el hotel del «Águila», comiendo frutas, deliciosa leche, miel de abejas y riquísimo queso auténtico del valle, vimos desfilar sucesivamente por delante del hotel una procesión de paisanos y una caravana de ingleses excursionistas, que nos llamaron la atención. El contraste vale la pena de una breve descripción.

La caravana de ciudadanos de la Gran Bretaña se componía de diez o doce individuos. Bajaban de las altas montañas, a donde habían ido a hacer una excursión, y venían a paso lento, caballeros en enormes y pacientes mulas, montados en sillas del país bastante rústicas y de notables dimensiones. Todos vestían casaca, pantalón, corbata y chaleco negros, como si vinieran de un entierro, y soportaban los picantes rayos del Sol con singular filosofía, cubiertos con sus sombreros negros de ala plana y copa encumbrada, enteramente como si anduvieran de paseo por «Regent Street o Hyde Park». Dos o tres más cuidadosos de sus personas traían paraguas abiertos; otros dos bajaban armados de grandes anteojos de larga vista, y los demás, completamente dandys, empuñaban flexibles bastoncitos «fashionables», con las manos finamente cubiertas con guantes amarillos de cabritilla. Es incuestionable que el tipo inglés se presta mucho a la risa en sus excursiones de todo género; pero también es preciso reconocer que en esa filosofía altanera que le distingue aun en medio de los abismos alpinos, el inglés no manifiesta, en el fondo, otra cosa que dos fuertes y bellos sentimientos: el de la personalidad, que se sobrepone a los usos ajenos, y el de la patria, que le hace tener la ilusión de que al andar por un valle de los Alpes se está paseando en su parque de Inglaterra o su calle favorita.

La interesante procesión de paisanos salía de la iglesia principal (era domingo) y se dirigía, silenciosa pero de buen humor, hacia una casa donde se iba a celebrar una boda. Más de trescientos paisanos de uno y otro sexo desfilaron por delante de nosotros, por pares o en pequeños grupos. Los hombres, en lo general de talla más que mediana, delgados y bien musculados, eran notables por el mirar franco de sus ojos azules, sus fisonomías rudas pero sencillas, abiertas y simpáticas, y el andar lento y seguro. Vestían todos calzón angosto y chupa de paño burdo, color de castaña o pardo, sombreros de paja, pintados de negro, de alas angostas y copas monumentales a estilo de «cubiletes»; y calzaban gruesos botines claveteados o zuecos de madera bien trabajados. Cada cual llevaba en la boca una enorme pipa de porcelana con pinturas, empatada en una caña negra o amarilla de un pie de longitud y pendiente del labio inferior sin apoyo ninguno de la mano.

En cuanto a las mujeres, sus fisonomías eran más dulces y sus vestidos verdaderamente graciosos. Todas tenían cabelleras abundantes de un rubio color de oro, atadas por fuera de las cofias formando enormes roscas, o pendientes sobre las espaldas en espesas trenzas con grandes lazos de cintas negras. Si el mayor número de las paisanas no llevaban en la cabeza sino sus grandes cofias negras con anchos encajes de punto, muchas tenían coronas de enormes rosas artificiales. Usaban todas corpiño y enaguas de paño negro o color de castaña, con mangas, pechera y delantal de muselina o indiana blanca. Asimismo, todas revelaban su benignidad de carácter y su modesto bienestar en sus redondas carnes, sus rosadas mejillas, su risa candorosa y afable y sus ojos azules llenos de dulzura.

Toda esa población de Grindelwald tiene sus habitaciones fijas en el valle, pues a pesar de su altura y de la vecindad de los nevados está protegido contra muchas borrascas. En el verano cultivan unos los campos, y otros suben a las montañas a cortar maderas o cuidar los rebaños y fabricar quesos. En el invierno descienden a su distrito y aldeas del valle, y mientras los más fuertes se ocupan en bajar de las montañas las maderas cortadas, los demás se encierran en sus casas a trabajar bordados y encajes, fabricar curiosidades de madera, tallar y pulir cristales, etc.

El día declinaba y era preciso volver a Interlaken: montamos otra vez en nuestro cochecito y emprendimos la bajada, dando un saludo de admiración al espectáculo prodigiosamente bello y variado que con tanta delicia habíamos contemplado.

Capítulo XI. El cantón de Unterwalden
El lago de Brienz. Giessbach. Brienz. El valle de Meyringen. El cuello de Brünig. Los valles de Sarnen. Un paisaje de parroquia. Condiciones históricas, sociales y políticas del cantón

El cielo estaba lleno de luz y esplendor y las brisas de la mañana rizaban las ondas y nos llegaban de las montañas cargadas de los ricos aromas que emanan de los bosques de abetos, cuando subíamos a bordo de un gracioso vaporcito, que en breve comenzó a cortar como un cisne pardo las bellas aguas del lago de «Brienz». Más de cuarenta pasajeros nos hallábamos sobre el puente de popa, y no pocos iban apiñados hacia la proa. Algunos iban directamente a desembarcar en «Brienz», en el extremo superior del lago; otros debían detenerse en el puertecito intermediario de «Boenigen»; los del mayor número íbamos a visitar de paso, durante algunas horas, la bellísima cascada de «Giessbach». A la derecha veíamos distintamente la ancha faja ceniciento de las aguas del Lütschina, afluyendo sobre la ribera izquierda del lago como un reguero de ceniza echado sobre el verde tapiz de una pradera. Más adelante, del mismo lado, pasamos casi tocando con la primorosa islita de «Boenigen» o «Schnecker-Insel» («Isla de los caracoles»), que parece una miniatura fabricada por ondinas.

El lago de Brienz, perfectamente análogo por su color al de Thun y producido por el mismo río Aar, es de los menos considerables entre los de primer orden, pero el más profundo de todos los de Suiza. Mide apenas unos 15 kilómetros de longitud, de N.-O. a S.-E., por 6 de anchura, y su profundidad llega hasta la prodigiosa medida de 600 metros en algunos puntos. El lago recibe algunos torrentes, de los cuales el más curioso es el que da salida a las aguas del «Faulen-see» (o «Lago podrido»), situado encima de las montañas, torrente que perdiéndose en cavidades subterráneas no reaparece sino en el momento de arrojarse al lago de Brienz. Las montañas que determinan la cuenca de este son mucho más ásperas, salvajes y elevadas que las del lago de Thun, y se levantan repentinamente en estupendos murallones tajados a pico que parecen amenazar desplomarse sobre las ondas. Sin embargo, en la circunferencia prolongada de la cuenca se ven unos diez o doce pueblecitos, de los cuales los más notables son los de Brienz y Boenigen, con una población total de cerca de 7.000 habitantes: unos pintorescamente trepados sobre las lomas abruptas y al pie de tupidos bosques de abetos, y otros reposando muellemente sobre las riberas del lago.

Al aproximarnos a la cascada de «Giessbach» el espectáculo nos sorprendió por su gracia imponderable. Allí no hay nada de esa majestad imponente y sublime de la catarata de «Tequendama», capaz, como otras de Colombia, de hacer profundamente poeta y religioso a un ateo (si es que puede haber alguno) con solo mostrarle el colosal prodigio de la Creación. No: el interés de la de Giessbach, como de las mejores cascadas suizas, está en la gracia, el capricho, la variedad encantadora. En su presencia se puede amar, conversar, reír y galantear; mientras que delante del Tequendama no es permitido sino contemplar con asombro, admirar y meditar en lo infinito.

Al saltar al puertecito de Giessbach, casi al pie mismo de la cascada, todos los pasajeros nos dispersamos por las diversas encrucijadas de la cuesta, ávidos de emociones que contentasen nuestra curiosidad. La montaña, cubierta de espesos bosques, se abre en un recuesto que produce en cierto modo un vallecito, a unos 60 o más metros de altura sobre el lago, teniendo su límite inferior en el peñasco enorme que domina la ribera, y elevándose del lado interior por la espesa montaña hasta una altura bien considerable. En el extremo de ese recuesto se halla un elegante hotel precedido de hermosas terrazas, y al frente de él se precipita la cascada, dando saltos estrepitosos por entre vastas alcobas de verdura sombría tapizadas de líquenes y musgos. Allí cada viajero va situándose sucesivamente en los balcones o miradores de piedra que permiten de trecho en trecho contemplar de cerca la cascada.

El torrente se precipita de lo alto de la montaña por una abra estrecha, semejante a un enorme chorro que se lanzase de una azotea por entre balcones de piedra cuajados de guirnaldas y cubiertos con flotantes cortinajes de severa verdura. Compónese la cascada de una sucesión de catorce caídas o cascadas, de proporciones y aspectos diferentes, formando como una inmensa escalera de torbellinos y de peñascos, sobre los cuales se lanzan las aguas en brillantes plumajes, en enormes chorros o en espirales cristalinas y nubes tornasoladas de menuda lluvia Si el conjunto, visto de frente, es encantador, se experimenta suma delicia al situarse debajo de uno de los más enormes peñascos, donde gira un pasadizo practicado en la concavidad de la roca; sintiéndose uno arropado por el turbión que salta por encima, formando una soberbia bóveda líquida y espumante que se encuadra primorosamente en el doble marco de los bosques.

El contraste es muy sensible si se aleja uno de la cascada para subir hasta el mirador que se encuentra sobre el borde de la roca poderosa que se destaca sobre la ribera del lago. Desde allí se abarca con la mirada un paisaje soberanamente bello. A la derecha, al N.-O., se ve el valle superior del Aar o de «Hasli», la entrada del turbio río al lago, y Brienz y algunos otros pueblos; a la izquierda, el lindo valle de Interlaken, y más lejos el lago de Thun; al frente, una inmensa fortaleza de montañas de rústica majestad; en el fondo, la extensión total del lago, silencioso, dormido y solitario, que parece como indiferente a la cólera del torrente de Giessbach que le lanza sus chorros espumantes, y cuya tranquilidad engañosa fascina al viajero maravillado, que a la sombra de los abetos contempla el abismo de esmeralda líquida que tiene a sus pies. Añadid a todo eso los silbidos de la locomotiva de algún vapor que atraviesa el lago, despertando los ecos de aquellos senos de granito y proyectando entre el cielo y las ondas su blanquísimo penacho de humo, y tendréis el cuadro completo que estimulaba nuestra admiración.

Brienz es una pequeña villa de unos 1.800 habitantes, bastante animada y curiosa, gracias a su comercio considerable de excelentes quesos, su fabricación de esculturas y curiosidades de madera, su viejo castillo arruinado, sus renombradas cantatrices de canciones nacionales, y su vecina cascada de «Muhlbach» que mide 360 metros de altura. En Brienz nos detuvimos apenas el tiempo necesario para tomar un refrigerio y hacer enganchar un carricoche que debía llevarnos por el valle del Aar en dirección al cantón de Unterwalden, pasando por el cuello de «Brünig». Al llegar al pie de la montaña, al extremo de un puente que atraviesa el Aar, nos apeamos de la pequeña tartana: el cochero se convirtió en muletero y guía, dejó el carruaje a la vera del camino carretero, ensilló los dos robustos y lerdos caballos del tiro, montamos y comenzamos a trepar la cuesta, encerrada entre modestos cortijos e hileras de nogales corpulentos.

Después de una hora de marcha lenta y perezosa por un sendero pedregoso y rudo, subimos a un estrecho volador que ceñía el costado del cerro. Toda vegetación artificial había desaparecido, y caminábamos al través de enormes derrumbes que las nieves y las lluvias producen, al pie de manchas de abetos deteriorados por los huracanes. Mirando hacia atrás contemplábamos el romántico panorama del lago de Brienz; abajo teníamos el gracioso valle de Hasli (en cuyo centro demora «Meyringen») surcado por el Aar y dominado por altísimos muros de montañas perpendiculares, a uno y otro lado.

Era interesante el contraste de los objetos que componían el cuadro. El Aar estaba muy crecido y, saliendo de madre, había inundado con sus ondas grises muchas porciones del valle, arrastrando chozas y cercas destrozadas, montones de piezas de madera, árboles enteros y algunos animales. En el resto del valle todo era alegre y risueño, gracias a las variadas sementeras y los pueblos, caseríos y cortijos dispersos en todo sentido. Arriba, al S.-E., se destacaban a lo lejos los magníficos nevados de donde surge el Aar; más cerca, en el segundo término de la perspectiva, enjambres de montañas cubiertas de abetos; y en el primer término, dominando el valle, se alzaba como una muralla artificial, inmensa, la roca desnuda y de tintas melancólicas por donde se precipitan paralelamente de grandes alturas, como cintas de acero bruñido, las bellas cascadas de «Oltschibach, Wandelbach y Falchernbach».[20] Así, el cuadro era un conjunto de desolación, tristeza, majestad y pintorescos paisajes, resumiendo diversos géneros de poesía.

Por lo demás, el valle de Hasli, en cuya región superior nace el Aar y termina el territorio del cantón de Berna, es uno de los más renombrados de Suiza. Tiene la particularidad, según la crónica y las observaciones hechas, de que toda su población se compone de los restos de dos razas puras, originarias del Norte, a virtud de una inmigración de 6.000 suecos y 1.200 ostfrisones que fue a establecerse en el valle en el siglo V. Toda esa población, hermosa y de tipo vigoroso, profesa la religión reformada, mientras que al lado opuesto de la montaña que íbamos trasmontando la religión católica domina con la misma exclusión.

Acaso entre los fenómenos sociales no hay ninguno más curioso y digno de atención que el de la geografía de las religiones, tan misteriosa en apariencia. En Suiza, más que en ningún otro país de Europa, lejos del artificio actual de las religiones convencionales, se puede observar ese fenómeno en el seno de poblaciones rústicas y sencillas. En efecto, se ve que entre dos valles separados por alguna montaña secundaria, o en una planicie cortada por un riachuelo, de un lado reina sin competencia el catolicismo y del otro el calvinismo. Y sin embargo la topografía, las producciones y los climas son exactamente iguales o semejantes, la raza y la lengua unas mismas, y las diferencias de instituciones y costumbres poco sensibles. ¿Qué influencia ha podido determinar la absoluta discordancia religiosa? Evidentemente la acción o presión histórica de los gobiernos. Por mucho que se diga en contrario, son los gobiernos los que hacen a los pueblos, y es por eso que la responsabilidad de los primeros es infinitamente mayor que la de los segundos.

Que el lector me disimule esta digresión moral (acaso inoportuna desde el corazón de una montaña) y se digne acompañarnos a trasmontar el cuello de Brünig; dejando de la hoya magnífica de los «Cuatro cantones», al través de una selva llena de rumores, de ricas, y salvajes bellezas, de majestad y misterio.

La selva era inmensa y su hermosura solo comparable con la poesía de su soledad. Caminábamos sin ver ni un rayo del Sol poniente, bajo

---

20 La terminación «bach» significa en alemán «cascada o torrente».

bóvedas y pabellones interminables de verdura sombría reposando sobre columnatas colosales de abetos, revestidas de líquenes y musgos. Ningún ruido extraño se mezclaba al eco de las pisadas de nuestros caballos y a ese rumor vago, sin causa visible pero eterno, que es la voz misteriosa de las florestas. Pero de tiempo en tiempo sentíamos las explosiones causadas por las minas en las rocas que taladraban en el fondo de la selva algunos peones, abriendo un camino carretero por en medio de abismos. Después volvía a reinar el silencio, cuando no lo interrumpía por momentos el canto melancólico y gutural de nuestro guía, y, caminando con recogimiento, nos creímos errantes en un mundo enteramente salvaje... ¡Error! a nuestro lado, por encima de nuestras cabezas, iba también de árbol en árbol, escondiéndose bajo las ramas, un compañero, un espíritu invisible, que acaso nos iba diciendo algo al oído sin que pudiésemos percibir su admirable lenguaje ni adivinar su pensamiento. ¿Quién era ese misterioso compañero? Era simplemente el alambre del telégrafo eléctrico, alambre que, animado como nosotros por un fluido y un pensamiento, por el alma natural y social, atestiguaba la presencia de la civilización en el fondo de la selva solitaria...

Cada pueblo, como he dicho no ha mucho, se revela en su manera de adoptar los grandes progresos de la civilización. La refinada Francia y la positiva Inglaterra hacen girar sus alambres eléctricos por larguísimas series de postes artificiales, barnizados y llenos de piezas de loza o cristal que aíslan el fluido y separan los alambres. En Suiza no se toman la pena de ejecutar esos trabajos; los telégrafos se acomodan a todos los caprichos de la topografía, y las series de sus postes son las columnatas naturales de sus bosques de abetos, los más lujosos salones de la poética Suiza.

Habíamos entrado al territorio del cantón de «Unterwalden» cuando descendíamos la montaña de Brünig, en dirección al precioso vallecito de «Lungern». El Sol se había escondido detraes de la mole gigantesca de ásperas montañas que se extienden desde el grupo de «Giswylerstock» hasta el cerro de «Pilatos». En algunos puntos de la vía, donde la floresta se aclaraba un poco, asomaba un pedazo del horizonte inferior y podíamos distinguir perfectamente la configuración de los valles y lagos que desde el pie del Brünig se dirigen hacia la hoya caprichosa, irregular y magnífica del lago de Lucerna o los Cuatro cantones.

El cantón de Unterwalden se compone de dos medio cantones o cantones gemelos, que giran paralelamente en la dirección del S.-E. al N.-O., teniendo en su conjunto un aspecto simultáneamente severo y gracioso, por la yuxtaposición de las montañas y contrafuertes que los surcan en todas direcciones y de sus numerosos y risueños vallecitos, en algunos de los cuales se encuadran pequeños lagos del más poético aspecto. Los dos gemelos de aquel país tienen muy desiguales proporciones: así, el medio cantón inferior de «Nidwalden (Valles de Abajo)» apenas abarca la cuarta parte del territorio total, y carece de lagos exclusivos, si bien tiene riberas en los de los cuatro cantones y «Alpnach». La cadena de montes de «Kernwald» los divide, pero su fraternidad se mantiene hasta en los nombres de sus principales ríos, llamados ambos «Aa».[21] El territorio de los dos medio cantones se extiende desde los magníficos nevados del «Titlis», al E. hasta el monte «Pilatos», al O., y desde las alturas de «Bothorn», al S., hasta la ribera izquierda del lago de los «Cuatro cantones», al N., cerca del célebre sitio de «Grütli»; partiendo límites así con los cantones de Urí, Berna, Lucerna y Schwyz, y midiendo 48 kilómetros en su mayor longitud, 36 en su mayor anchura y 687 kilómetros cuadrados de área total.

El medio-cantón que teníamos más a la vista y que íbamos a recorrer en lo más notable era el de «Obwalden (Valles de Arriba)», que tiene su capital propia. Desde lo alto de la montaña velamos la hoya estrecha y muy risueña del «Aa» superior, en cuyo fondo aparecían, con esa serenidad melancólica de las aguas que no reflejan ningún rayo de luz, los lagos de «Lungern», «Sarnen» y «Alpnach»,[22] eslabonados entre sí por la cinta graciosa del Aa, como tres placas desiguales de «aluminium» en un magnífico brazalete de esmalte imitando esmeralda. Nada más apacible y gracioso en su género que el vallecito de Lungern, rodeado de muy altas montañas por tres lados, como una calle sin salida, y cuyas praderitas verdes y lustrosas se encuadran maravillosamente en el marco sombrío de los bosques de

---

21   Palabra céltica que significa «agua», y que con la adición de una r (aar) significa corriente de agua o río.

22   El lago de «Alpnach», que en otro tiempo estuvo, sin duda, completamente aislado, ha degenerado en golfo del de los cuatro cantones.

abetos surcados por algunos derrumbes. El pueblo de Lungern, que cuenta poco más de 1.400 habitantes, está como disperso en el fondo del vallecito y al pie de las suaves faldas que remontan hacia la montaña de un lado, mostrando en todos sus objetos la gracia y el candor de sus vecinos. Más abajo se encuentra el lago, de un kilómetro de longitud o poco más, y unos 250 metros de anchura, cuya graciosa cuenca formada por peñascos está rodeada de praderitas y cortijos.

En otro tiempo ese pequeño lago era más considerable, pero los vecinos de Lungern, que carecen de terrenos arables suficientes, quisieron disecarlo para destinar su lecho al cultivo. Desde 1790 hasta 1836 se ejecutaron de tiempo en tiempo trabajos costosos, y se logró practicar en la roca una galería subterránea de 439 metros de longitud que debía darles salida a las aguas. Pero la galería no fue practicada a una profundidad suficiente, y aunque una zona considerable de la cuenca quedó libre, bajando mucho el nivel de las aguas, jamás se pudo aprovechar parte ninguna del lecho. El lago quedó diminuto y deteriorado, se gastó en balde trabajo y dinero, y la agricultura nada ganó.

Recorriendo a pie las praderitas de Lungern, por en medio de graciosas casitas y cortijos, nos sentimos atraídos por un pequeño paisaje encantador, digno de fijar el pincel del mejor artista. Una modesta iglesia, rodeada por su cementerio y algunos huertecitos de árboles frutales; a un lado una linda casa de paisanos, resaltando sobre el rico y florido tapiz de grama; del otro un arroyuelo cristalino que iba por entre cercas de palos a hundirse en una ramblita cubierta de festones para darle movimiento a un aserrío de tablas; y en el centro, en una plazoleta, un grupo de mujeres y niños con sus atavíos originales, tales eran los elementos del gracioso cuadro. Nada más sencillo, más común en apariencia, y sin embargo, nada más completo como cuadro social y de la naturaleza suiza.

La puerta principal de la iglesia estaba abierta de par en par, porque se acercaba la hora de las oraciones de la tarde, y desde afuera se veía la profusión de ornamentos candorosamente pintorescos que distinguen a las iglesias católicas en los distritos rurales.[23] El cementerio no tenía muros, sino cercas de madera en forma de rústicas barandas, que le daban la

---
23   La población de Unterwalden es católica en su totalidad.

apariencia de un jardín. En el interior se veían numerosos y humildísimos sepulcros casi a flor de tierra, en medio de los cuales se destacaban innumerables cruces negras coronadas de guirnaldas, y con hojas negras de latón en que se veían en letras blancas o amarillas los nombres de los que reposaban en la paz de la inmortalidad. Era notable la abundancia de nombres españoles, tan queridos en los países alemanes, tales como «María», «Isabel», «Luisa», «Mariana», «Gertrudis» y «Francisca». En solo un pequeño espacio contamos más de quince «Marías», lo que nos indicó la poética predilección particular por la Virgen. Es que la religión tiene sus sexos como las almas que la alimentan. El cementerio era literalmente un jardín: jardín admirablemente armonioso de flores, cruces y sepulcros. ¿En dónde tienen mejor cabida las flores, si no es en las cunas y los cementerios, en los altares y en el casto retrete de la mujer virtuosa y amante?...

La casa que hacía juego con la iglesia, el cementerio y el arroyo, era completamente típica Vista por su fachada presentaba cuatro pisos superiores al del suelo, los dos inferiores de igual anchura, y los superiores disminuyendo gradualmente al elevarse, a virtud de la forma triangular de la techumbre exterior. En cada piso se veían anchas vidrieras compuestas de pequeñísimos vidrios empatados en marcos de madera, sin abras exteriores y formando una curiosa simetría; y del suelo de la casa, a los lados de la puerta, se alzaban robustas plantas de madreselvas que trepaban hasta los pisos altos, formando en la fachada flotantes cortinajes floridos que se entrelazaban sobre los marcos de las ventanas. La casa reposaba en un cimiento de piedras menudas hasta el suelo del primer piso, y de ahí para arriba todo el edificio se componía de tablas de abeto graciosa y cuidadosamente unidas. En derredor todo era guirnaldas flotantes, enhiestos arbolitos y alfombras de grama salpicada de flores silvestres.

En cuanto al grupo de paisanas que aguardaban el toque de oraciones, sus vestidos originales y pintorescos realzaban la gracia y sencillez de sus fisonomías inocentes. Lo que más nos llamaba la atención era su singular tocado de hermosos moños medio cubiertos por cofias negras con encajes, moños trenzados con cintas blancas y prendidos con enormes placas de oro y plata imitando aletas y escamas, adorno que no carece de analogía con el que después vimos en el tocado de las paisanas de Holanda, sobre todo del lado de Rótterdam. ¿Se me dirá que estos pormenores carecen de interés? Es bien posible; y sin embargo la escena se nos grabó profundamente en la memoria. ¡Había tanto candor, tanta naturalidad y poesía en esa iglesia abierta y repleta de adornos pintorescos; ese cementerio-jardín, defendido más por la piedad común que por su humilde cerca cubierta de guirnaldas; esa «casa-chalet», toda transparente (con más vidrieras que muros) y envuelta en un manto de flores y verdura, y ese grupo de mujeres sencillas, de tipo original, esperando una campanada en la iglesia para entrar a orar! La escena era por sí sola una revelación completa de las creencias, las costumbres, los hábitos, la raza y las virtudes campestres de aquella modesta población.

Eran las cinco de la mañana cuando partíamos de Lungern al día siguiente, en un ligero cochecito, orillando sucesivamente los valles de Lungern, Sachseln y Sarnen. La excursión al través del pueblo de «Sachseln» es realmente encantadora. El lugar (que apenas tiene unos 1.500 vecinos) está literalmente escondido, al pie de una magnífica montaña, en una vasta y primorosa floresta de árboles frutales, repleta de perfumes y alfombrada de heno y flores de mil colores. Los grupos de manzanos, perales y ciruelos alternan con los de cerezos, nogales y otros árboles en la más graciosa confusión. Así, el distrito es literalmente un vergel, y sus habitantes viven entre flores, frutas y bóvedas perfumadas. Dudo mucho que los jueces tengan oficio allí. El crimen debe de ser desconocido en ese pueblo de humildes hortelanos, nacidos entre flores.

El lago de «Sarnen», haciendo abstracción de las ciénagas vecinas, es de un aspecto suave y sereno. Sus orillas se confunden casi con el valle, y el camino pasa rozándole sus murmurantes y adormecidas olas. Al lado opuesto se ven campiñas bien cultivadas y dos o tres pueblos análogos al de Sachseln. La longitud del lago no excede de 6.366 metros, con 1.916 de anchura y unos 70 de profundidad; y la navegación se hace en barquichuelos de sencilla construcción.

«Sarnen», que cuenta poco más de 3.400 habitantes, está trepada en parte sobre la falda de una montaña, reposando muellemente en las dos márgenes del Aa y rodeada de bellas arboledas. El estilo de esa pequeña ciudad es tan original como gracioso, y al notar su simplicidad de formas ninguno podría pensar que se halla en la «capital de un estado soberano». Pero esa simplicidad se comprende con simpatía al saber que el doble cantón de Unterwalden no es otra cosa que una humilde y dichosa confederación de distritos que son otras tantas repúblicas democráticas. Unterwalden, por su pequeñez, no vale la pena de una relación detenida, como cuerpo político; pero por algunas de sus instituciones características merece que se le cite como un modelo, y que se le respete por la filosofía y el buen sentido de sus ciudadanos.

La población de Unterwalden, de raza primitiva o más bien germánica, habla exclusivamente el alemán (muy viciado) y cuenta apenas 24.960 individuos, distribuidos en trece parroquias, de las cuales siete corresponden a Obwalden y seis a Nidwalden. Desde el año de 1150 se estableció la división del Estado en dos entidades de gobierno independiente, teniendo la una su capital en Sarnen y la otra en Stanz. Unterwalden fue uno de los tres confederados que formaron la liga de Guillermo Tell para constituir la nacionalidad suiza, y sus soldados valerosos tomaron parte en todas las batallas de la independencia. El cantón en su totalidad no contiene sino florestas naturales, praderas y vergeles, siendo casi totalmente nulos el cultivo de cereales y la fabricación. Así, sus producciones se reducen al corte de maderas, las cosechas de frutas (peras, manzanas, cerezas, ciruelas, duraznos, albaricoques y nueces de nogal), la extracción de cidra («kirchenwasser»), aceite de nueces y exquisita miel de abejas, y la fabricación de quesos; todo lo cual rinde valores relativamente considerables, así como las crías de ganados.

Cada una de las parroquias forma una república democrática, independiente en su gobierno propio y regida por asambleas de todos los ciudadanos, y por funcionarios electivos para los servicios permanentes. Cada medio-cantón tiene sus ciudadanos propios, y solo poseen el sufragio común unas cien familias de patricios primitivos que gozaban del derecho antes de la división del Estado. Las instituciones de los dos medio cantones o gemelos políticos son tan análogas que basta indicar las de uno de ellos para dar idea del todo. Cada año se reúnen en Asamblea todos los ciudadanos «activos» de la confederación de parroquias[24] con el objeto de discutir y votar las leyes y los presupuestos, aprobar las cuentas de la administración, nombrar, si es oportuno, la parte de representantes que han de figurar en los cuerpos legislativos de la Confederación helvética, y elegir los altos magistrados encargados de la administración común de la pequeña confederación. La Asamblea no tiene iniciativa en las leyes y se reduce a aprobar o rechazar lo que le propone el Poder Ejecutivo. Este se compone de doce o catorce magistrados llamados «Propuestos» («Vorgesetzten»), presididos por el «Landammann» («Hombre que gobierna el país»), especie de Presidente elegido anualmente por la Asamblea o «Landsgemeinde». Los «Propuestos» son inamovibles.

El rasgo más bello de esas dos confederaciones microscópicas, que viven tan felizmente con su democracia pura, es la institución relativa a la pena de muerte. Esta no puede ser pronunciada ni ordenada, cuando por gran casualidad ocurre un crimen capital, sino por un gran jurado compuesto de los jueces permanentes y todos los ciudadanos mayores de treinta años (excepto los eclesiásticos) que no son parientes de las partes y pueden prestar juramento. Después del principio de la inviolabilidad de la vida, que vale más que todo, nada hay tan bello como ese reconocimiento del principio de la familia social, en virtud del cual no es permitido privar de la vida a uno de sus miembros sin que toda la comunidad dé su voto y lo consienta. ¡Es extraño que un estadito microscópico, perdido entre los contrafuertes y lagos de los Alpes, le esté dando lecciones al mundo que se llama civilizado acerca de la solidaridad fraternal de los hombres y los derechos de la vida humana!

No olvidaré hacer notar que el Poder Ejecutivo es asistido en cada medio-cantón por un Gran Consejo de representantes, y que el tribunal superior de cada grupo federal es igualmente un conjunto de jueces o diputados judiciales de las parroquias. Así, la idea federativa se muestra en todas las entidades, desde la confederación de los individuos hasta la de las distritos, como se muestra luego en la asociación de los cantones soberanos.

---

24   Más de la cuarta parte de los habitantes son ciudadanos. Obwalden tiene unos 13.400 habitantes y Nidwalden el resto. La ciudadanía se adquiere a la edad de veinte años.

En el puerto de «Alpnach», al pie del monte Pilatos, nos embarcamos a bordo de un vapor para cruzar el lago de los cuatro cantones, en dirección a Lucerna. A nuestra derecha veíamos a «Stanz», dormida en su gracioso valle, y el lago desarrollaba a nuestra vista encantada sus ondas reverberantes, sus magníficas montañas y todo un panorama de las más poéticas y variadas formas, que evoca en todos sus sitios mil recuerdos de los tiempos heroicos de Suiza.

Capítulo XII. Los cuatro cantones
Idea general topo-hidrográfica. La ciudad de Lucerna. Curiosidades. Un contraste social. Condiciones generales del cantón de Lucerna. El lago de los cuatro cantones. Su navegación y aspecto interior. Recuerdos de la independencia

Casi en el centro del territorio suizo, en la región donde termina en cierto modo la zona montañosa y comienza la de las planicies ondulosas o muy accidentadas, se produce una hoya relativamente considerable que, teniendo por centro hidrográfico al río «Reuss», ofrece a la vista del viajero el más variado y acaso el más bello panorama de ese país de maravillas naturales.

Esa hoya, de formas muy irregulares y cerrada por todos lados menos al Norte, es determinada por los numerosos contrafuertes que los Alpes arrojan sobre las planicies en muy diversas direcciones, y su conjunto produce la yuxtaposición de numerosos valles, bastante estrechos y profundos, que giran todos sobre el valle central del Reuss, río que, naciendo en las alturas de la «Furka», a corta distancia de las fuentes del Ródano, corre en dirección absolutamente opuesta y va, de Sur a Norte, a llevar sus aguas al Rin, confundidas con las del Aar y el Limmat. El «sinus» o ensanche del Reuss en el fondo de una cuenca de inmensas rocas perpendiculares, es lo que constituye el lago de los cuatro cantones («Vier-Waldstatter-See»), el más irregular y, sin disputa, el más curioso de cuantos tiene Suiza.

Al derredor de esa cuenca lacustre y dentro de la hoya indicada se encuentran, en todo o en parte, los cuatro cantones que le dan su nombre al lago: al O. el de «Unterwalden»; al S. el de «Urí»; al E. el de «Schwyz», y al N. el de «Luzern» o Lucerna, rodeados por los de Berna, Glaris, Zug, Argovia, etc.

Así, los cuatro cantones forman el más pintoresco enjambre de montañas empinadas y abruptas (algunas de ellas nevadas), angostos y risueños vallecitos, colinas y riachuelos, bosques, praderas y vergeles, que se amontonan o alternan al derredor del lago múltiple y caprichoso, como las mil variadas formas de un vasto parque semi-salvaje y semi-artificial al derredor de un enorme estanque de granito en que murmuran ondas trasparentes y azules.

Si la topografía y la comunidad de intereses, de esfuerzos patrióticos, lengua, religión, raza y tradiciones, han creado una íntima confraternidad entre los cuatro o más bien «cinco» cantones mencionados, la conformación de su admirable lago indica, con no menos evidencia que la orografía, que aquellos pueblos nacieron destinados a la comunidad social.

En efecto, si se observa la extraña configuración del conjunto del lago, la dirección opuesta de sus golfos y la de los cinco ríos o riachuelos principales que vierten sus aguas en la cuenca granítica común, se reconoce fácilmente que en un tiempo muy lejano del actual no existió sino una serie de cinco o seis lagos, ligados entre sí por los ríos que los determinaban y tendiendo todos a confundirse en la cuenca del de «Lucerna». Así, teniendo su caudal y cauce principales en el Reuss, el lago total (que debió formarse por la ruptura de diques naturales y el ensanche más o menos lento de los cauces afluentes) recibe: al E., las aguas del «Muotta», riachuelo central del cantón de Schwyz; al O., sucesivamente el «Isenthal», el «Aa» inferior o del medio cantón de Nidwalden, y el «Aa» superior, que, como he dicho, recoge las aguas del medio cantón de Obwalden.

El lago en su totalidad tiene la forma irregular de una especie de cruz latina con el asta quebrada hacia abajo, pero tendida en sentido inverso. El pie quebrado es la pequeña cuenca correspondiente al valle de Altorf, llamada particularmente «lago de Urí», y alimentada solo por las aguas del Reuss y el Isenthal. La parte central del cuerpo de la cruz es determinada por otra cuenca de muy distinta dirección, casi cerrada por dos estrechos, que tiene el nombre particular de «lago de Buochs», y recibe en su extremo superior las aguas del Muotta, y hacia el N.-O. las del «Aa» inferior. Más abajo se abre otra cuenca que, siendo uno de los rayos de una magnífica estrella de cuatro golfos, es al mismo tiempo el principio del cuerpo o tronco de la gran cruz. Allí las aguas se dividen en cuatro receptáculos de formas bastante análogas: el de la derecha gira por el pie de la magnífica montaña de «Rigi» o «Righi», teniendo en su vértice a «Küssnach»; el de la izquierda, que es el otro brazo de la cruz, se dirige hacia el pie de la mole colosal del «Pilatos», y se divide en dos golfos pequeños, uno de los cuales es el «lago de Alpnach»; en fin, el que determina la cabeza de la cruz toma su dirección hacia Lucerna, con el nombre particular de «lago de Lucerna», se abre paso por en medio de bellísimas, colinas, dividiendo en dos partes la ciudad; y restablece el cauce del río Reuss.

Esta imperfecta y pálida descripción dará alguna idea del singular capricho o la multiplicidad de formas del lago de los cuatro cantones, el más interesante de todos los de Suiza por su aspecto y la composición geológica de las cuencas encadenadas que lo forman, y el más poético también, a causa de los espectáculos que ofrece y de los recuerdos que hace evocar relativamente a la historia de la Confederación, Considerado en su totalidad, el lago tiene una elevación de 438 a 450 metros sobre el nivel del mar, y mide en su máximum 38.530 metros de longitud, 15.100 de anchura, y 360 de profundidad. La varia dirección de los valles o las abras que se inclinan hacia la cuenca del lago determina las más diversas y aun opuestas corrientes de vientos, lo que unido a la composición abrupta y rocallosa de todo el lecho, produce las más violentas borrascas, que se repiten con frecuencia y a veces súbitamente.

Lucerna es, sin duda, por su situación y las campiñas primorosas que la rodean, una de las más graciosas ciudades de Suiza, o por lo menos de las que demoran sobre márgenes lacustres. Así, su conjunto o aspecto general, sea que se le mire desde el lago, sea que se le contemple desde alguna eminencia, es admirablemente poético y risueño. Sin embargo, en su interior, aparte de algunos curiosos pormenores, Lucerna no corresponde a sus apariencias ni a la idea que su reputación le hace concebir de antemano al viajero. La «fachada» no coincide en nada con e interior de la ciudad. Cuando llegábamos a bordo del vapor que nos condujo desde Alpenach eran las once de la mañana, y bajo un cielo lleno de esplendor brillaban bajo el rayo casi perpendicular del Sol el lago y el río, sus muelles y puentes, los grandes y bellos edificios modernos que dominan un ancho malecón en escuadra, los campanarios de la catedral y otras iglesias, y las numerosas torres feudales y bastiones de las murallas almenadas que rodean la ciudad. Ese conjunto era realmente seductor, y sus bellezas se completaban con la magnificencia del paisaje circunvecino, hacinamiento de lindas colinas ondulosas, cubiertas de huertos y jardines y salpicadas de quintas y casas campestres en pintoresca dispersión.

Pero al penetrar al interior de la ciudad, apenas detrás de la primera fila de edificios que dominan el lago, todo cambió de aspecto. Allí encontramos donde quiera desaseo en las calles, vestidos tristes, descuidados y sin ningún carácter, calles tortuosas, feas y desapacibles, y casas de aspecto muy poco simpático. Por fortuna, si la mugre y la basura aumentan la tristeza de esas calles, el movimiento industrial y comercial les da alguna animación de otro género. El viajero se detiene con curiosidad a observar las fuentes públicas de formas tradicionales y características (acaso las más originales de cuantas se ven en Suiza), y los puentes echados sobre el Reuss para unir las dos partes de la ciudad, casi todos de madera, cubiertos, y adornados con las más curiosos retablos. Cada país se manifiesta en sus monumentos: Suiza, el país de las puras y abundantes aguas, ha prodigado en todas sus ciudades esas fuentes conmemorativas de las tradiciones nacionales, cuyas formas son tan características.

Lucerna no es notable por ninguna especialidad artística, industrial o literaria, ni por sus monumentos o edificios públicos. Sus singulares puentes de madera, tan característicos de Suiza, como las fuentes públicas de piedra coronadas por figuras de guerreros o animales, por curiosos que sean no merecen en rigor el nombre de monumentos. El más hermoso edificio de la ciudad, situado en la parte S.-O., a la izquierda del río, es el antiguo colegio de los Jesuitas (hoy convertido en Liceo cantonal), y esa superioridad es una prueba más de que en todas partes la Compañía de Jesús ha logrado el mejor lote. De los cuatro puentes de Lucerna los más notables son: el de «Hof», que mide 360 metros de longitud y atraviesa el vértice del lago, ofrece un admirable punto de vista sobre las montañas, y está adornado en su interior con 238 malos cuadros pintados al óleo que representan pasajes bíblicos; y el de «Kapell», que domina el punto en que el lago se convierte en río, mide 324 metros y contiene 154 cuadros de muy antigua fecha que representan sucesos de la historia de Suiza y la vida y milagros de los dos santos patronos de la ciudad. Por curiosos que sean esos puentes vetustos es de aplaudirse la resolución de la ciudad de demolerlos para establecer malecones y muelles a lo largo de las márgenes del río, y reemplazarlos con más sólidas y elegantes construcciones.

De todas las curiosidades de Lucerna la que más llama la atención de los viajeros «paseantes» es el «monumento» consagrado, fuera de la ciudad, a la memoria de los soldados suizos que murieron al servicio de Luis XVI en la famosa jornada del 10 de agosto de 1792, peleando contra el pueblo de París. Consiste el monumento de un enorme león alegórico (de 9 metros de longitud y 6 en altura) esculpido en el fondo de una especie de gruta cavada en un gran peñasco. Una cascadita que salta por encima del león, cayendo en un estanque, una capilla cercana, una casita elegante dentro de la cual se hallan de venta mil curiosidades, y los pabellones de verdura que rodean el monumento, completan el gracioso cuadro. Allí encontramos a un guardián vestido con el uniforme de los suizos de Luis XVI, asegurando con mucho aplomo a tres señoras inglesas que él se había batido como un león en la consabida jornada del 10 de agosto, escapando por milagro. Aunque el «ilustre» combatiente no manifestaba tener más de sesenta años, ni se mostraba muy erudito en punto a geografía francesa, eso no impedía que un grave ciudadano de «la pérfida Albión» estuviese recogiendo con avidez las «reminiscencias» del suizo y anotándolas cuidadosamente en una cartera de viaje, como novedades de primer orden.

Si la credulidad candorosa del insular nos hizo sonreír, confieso que no pude comprender el orgullo con que los ciudadanos de Lucerna conservan ese extraño monumento, que a mis ojos no era sino un padrón de infamia, o por lo menos una tristísima reminiscencia. En vez de consagrar monumentos a la memoria de la degradación del noble y libre pueblo suizo, los ciudadanos de la Confederación deberían hacer todo lo posible por condenar al olvido ese mercenarismo extravagante que desde hace tantos siglos ha hecho de la Suiza un semillero de soldados de las más odiosas tiranías y de los más corrompidos y corruptores gobiernos. Si en los últimos diez años se ha visto a los mercenarios suizos saqueando a Peruza, como soldados del Papa, y defendiendo con atrocidades la causa de los borbones de Nápoles, debe recordarse también, en honor del radicalismo helvético, que las asambleas y el gobierno de la Confederación han adoptado en esta época medidas enérgicas para poner término al mercenarismo. Gracias al incomparable Garibaldi y a Gialdini y otros generales italianos, los soldados suizos han desaparecido ya de la Italia meridional; y entre los grandes resultados de la revolución italiana no será uno de los menos apreciables la sustitución del «voluntario» heroico y desinteresado (instrumento de emancipación y símbolo de la fraternidad de los pueblos) en lugar del «mercenario» de otra época, instrumento de opresión y símbolo de la degradación humana.

Lucerna, ciudad esencialmente católica, tiene unos 11.500 habitantes, de los cuales en 1857 solo 317 eran protestantes. Gracias a la navegación por vapor del lago, en relación con la vía que conduce a Italia por el San Gotardo, y al reciente ferrocarril que la ha puesto en rápida comunicación con Berna y los ferrocarriles del occidente y norte de Suiza, Lucerna comienza a tener notable importancia comercial, aunque acaso la perderá en parte cuando Italia y Suiza tengan comunicaciones directas y prontas. La industria de Lucerna se reduce a algunos tejidos de algodón, lino y cáñamo y de objetos de «bonetería», y sus fábricas son muy subalternas. Produce también sombreros de paja y otros artículos de poca importancia. Por lo demás, Lucerna es fiel al pensamiento general (fruto de la emulación que engendra el régimen de autonomía federal) que inspira a los suizos tan cuidadoso interés por los establecimientos de instrucción y beneficencia. El aislamiento en que la naturaleza había tenido a los pueblos suizos, antes de las invenciones modernas de la industria en materia de comunicaciones, les había hecho comprender que debían sacar toda su fuerza de ellos mismos. Por eso ha sido tan profundo y general en Suiza el sentimiento de fraternidad, que se manifiesta en los numerosos hospitales, hospicios y otros establecimientos análogos. En cuanto a los de enseñanza, la emulación, por una parte, sostenida por la autonomía política y social de los cantones, y por otra el progreso de las ideas e instituciones democráticas después de 1798, y de 1848 particularmente, han favorecido la multiplicación de institutos destinados a propagar los conocimientos de todo género en la masa popular.

Haré notar aquí, a reserva de posteriores observaciones, ciertos contrastes curiosos que el viajero atento observa fácilmente en las ciudades de Suiza. En ningún país son tan oportunas las comparaciones como en Suiza, donde en un pequeño pero variadísimo territorio coexisten confederadas varias razas muy distintas, con religiones, prácticas, artes e instituciones muy diversas. Sin querer en manera alguna deducir reglas generales en favor o en contra de ninguna religión, puedo afirmar que sin excepción ninguna notable, he observado en todas las ciudades de Suiza un contraste evidente respecto del mercenarismo, el desaseo, la situación de los establecimientos públicos y las costumbres e instrucción de las masas populares. Los cantones protestantes han suministrado un número insignificante a los déspotas, en calidad de mercenarios; la inmensa mayoría o casi la totalidad de estos ha salido siempre de los cantones católicos. ¿Es que el protestantismo es favorable a la libertad y mantiene y estimula el sentimiento de la dignidad personal? Creo que sí, a juzgar por los hechos que he observado en muchos de los Estados europeos, correspondientes a distintas razas y religiones.

En cuanto al instinto o el gusto por el aseo y la decencia, he visto en Suiza (y más tarde haré notar lo mismo respecto de otros países) el contraste que ofrecen doce de las capitales de cantones que he visitado. En la serie de ciudades que visitamos desde Ginebra hasta Schaffhousen, pasando por Losana, Neuchâtel, Friburgo, Berna, Lucerna, Altorf, Zug y Zúrich, y desde San Gall hasta Basilea, hemos visto, no obstante la alternación en que se hallan esas ciudades, por razón de sus creencias religiosas, esta diferencia: en Ginebra, Losana, Neuchâtel, Berna, Zúrich, San Gall, Basilea y Schaffhousen, ciudades protestantes, decencia, pulcritud y esmero en todas las cosas públicas; en Friburgo, Lucerna, Altorf y Zug, desaseo, incuria en las masas y las calles, ausencia o escasez de gusto. El mismo contraste ofrecen las ciudades suizas en lo relativo a la instrucción popular, a la situación de los establecimientos públicos y a las manifestaciones de actividad y progreso que se resumen en las costumbres, la industria y las instituciones, sean cuales fueren las razas sujetas a la observación. En la región central de Suiza, dominando un territorio perfectamente homogéneo en su aspecto, sus producciones, etc., y favorecidas por una igual autonomía, he visto un cordón de ciudades, desde el lago Lemán hasta el Rin, enlazadas en este orden: Ginebra, Losana, Neuchâtel, Friburgo, Berna, Lucerna, Zug, Zúrich. De esas ciudades las tres primeras y la cuarta y octava son reformadas, y en ellas se encuentra: actividad industrial y comercial, culto por las artes, gran desarrollo de la instrucción, evidente liberalismo en las instituciones, pulcritud, esmero por las cosas públicas, costumbres apreciables y progresistas y solicitud en favor de la beneficencia, Al contrario, en las demás de las ciudades mencionadas, que son católicas y han mantenido numerosos institutos monásticos, todo concurre a manifestar una evidente inferioridad relativa, tendencias al quietismo, la incuria, la rutina y el desaseo. Puede ser que estos fenómenos tengan otra explicación; pero hasta ahora creo que el materialismo de ciertas prácticas, el espíritu de obediencia pasiva y el ejemplo de holgazanería dado por las comunidades monásticas, explican en mucha parte las diferencias que se notan en el seno de razas que ocupan un territorio homogéneo.

La historia del cantón de Lucerna, cuyo nombre, como es bien sabido, proviene del antiguo fanal «(lucerna» en italiano) que brillaba en una torre de la ciudad, construida en medio del Reuss y llamada Torre del agua «(Wasserthurm)», esa historia, digo, es bien sencilla y se resume toda en la de la ciudad, como sucede con todos los cantones suizos. Un convento o abadía fundado a fines del siglo VII, por un señor o propietario feudal del país, fue el núcleo de la actual ciudad. Cedida en el siglo VIII por el rey franco Pepino el Breve a los abades de Murbach, uno de estos la vendió más tarde, con otros distritos adyacentes, al emperador Rodolfo de Habsburg. En 1332 Lucerna, después de sostener como vasalla varias luchas contra los tres cantones confederados que fueron el núcleo de la gran Confederación, entró en alianza con ellos, luchó contra el Austria y aseguró su independencia. La dominación de la ciudad de Lucerna sobre todo el cantón fue absoluta y sus instituciones enteramente aristocráticas. La invasión francesa de 1798 modificó profundamente la situación, pero la reacción de 1815 restableció las antiguas instituciones. La causa democrática volvió a triunfar en 1831, para sufrir nuevos descalabros en 40 y 42, pero gracias a la revolución radical de 48 que destruyó el «Sonderbund», el cantón ha entrado en la vía general trazada por el derecho público de la Confederación.

Con todo, sus instituciones particulares están muy distantes aún de ser democráticas, aunque en apariencia la soberanía reside en el pueblo. El gobierno es ejercido por un Gran Consejo (cuerpo legislativo) de cien diputados de larga duración, de los cuales (por una extraña combinación que no he hallado en ningún otro país) ochenta son elegidos por los ciudadanos electores y veinte por los ochenta diputados; y por un Pequeño consejo («Kleine-Rath») compuesto de quince miembros encargados del Poder Ejecutivo, elegidos cada tres años por el «Groose-Rath» o Gran Consejo. El Tribunal supremo se compone de trece jueces elegidos por el mismo Consejo. El cantón está dividido en cinco circuitos o «Amts», que poseen consejos municipales y se subdividen en distritos comunales («Gemeinde») administrados por funcionarios únicos.

La población del cantón de Lucerna es exclusivamente alemana por la raza dominante y la lengua, y casi totalmente católica. En 1850 había 132.843 habitantes, de los cuales solo 1.563 reformados. En 1860 la población había bajado a 130.965 individuos. La disminución depende enteramente de la emigración. El cantón mantiene el catolicismo romano como «única» religión del Estado. Cuenta en su suelo más de 15.000 casas, tiene una área total de 1.540 kilómetros cuadrados, y mide en su mayor longitud 50 kilómetros y 41 en su mayor latitud. La mayor parte de su territorio se compone de fértiles y pintorescos valles surcados por afluentes del Aar, tales como el Reuss, el «Marienthal», el «Vigger», el «Suren», y el «Winen», etc. Además de las aguas del lago de los cuatro cantones, de que participa notablemente, y de unos tres o cuatro laguitos microscópicos, encierra los de «Sempach» y «Baldeg» y una pequeña parte del de «Halwyl», que son navegables. Los productos principales del cantón son agrícolas: granos, plantas filamentosas y crías de ganados; en su industria solo son notables algunos tejidos de algodón, lino y cáñamo y la fabricación de cidra.

La navegación del lago de los cuatro cantones, a bordo de uno de los numerosos vaporcitos que parten de Lucerna cada hora, en diversas direcciones, es una de las más entretenidas. Desde que se atraviesa el centro de la estrella lacustre llamado «Kreuztrichter», y se pasa por en medio de «Woegis y Kirsiten», teniendo a la izquierda la «costa» del cantón de Schwyz y a la derecha la del de Unterwalden, todo cambia de aspecto y adquiere el sello de la majestad y la hermosura agreste. Ya no se ven colinas ondulosas, alegres quintas ni vergeles, sino inmensas murallas de rocas formidables, perpendiculares, que parecen amenazar con desplomarse de repente y encajonan las ondas verdiazules como en una taza profundísima de los más extraños relieves y variadas tintas. Las pequeñas poblaciones aparecen al pie de las montañas o trepadas sobre los peñascos, como formas de fantasía o de capricho que se ciernen sobre los abismos.

Dos promontorios que se avanzan de los lados opuestos el uno hacia el otro, determinan un estrecho de poco más de un kilómetro de anchura. El vapor penetra entonces en la hoya que llaman «lago de Buochs», dejando atrás la de Kreuztrichter, y la cuenca se desarrolla como un estanque inmenso, cerrando el horizonte por todos lados y llena de magnificencia. Al poniente descuellan en sus marcos rocallosos y de sombría vegetación los distritos de «Buochs y Beggenried»; al este, «Gersau», villa del cantón de Schwyz cuya historia política es una de las curiosidades de Suiza. Donde quiera las montañas ofrecen los más bellos contrastes, sea por sus formaciones geológicas, sea por su vegetación. Verdes praderitas alternan con tupidos bosques de abetos corpulentos; ásperos derrumbes se muestran al lado de rocas perpendiculares y estupendas que parecen de una sola pieza, y magníficas estratificaciones, más o menos desnudas, unas horizontales y de capas delgadas, otras inclinadas en diversos sentidos y compuestas de poderosos bancos. Tal parece como si una legión de titanes hubiese edificado allí, para escalar el cielo, un enjambre de colosales fortificaciones de diversas formas, superponiendo las rocas como las capas de calicanto de una muralla, y que una tremenda conmoción del suelo hubiese luego desquiciado, destrozado y revuelto esas construcciones titánicas en mil moles discordantes y pavorosas. Donde quiera las ondas del lago se sacuden oprimidas por la cintura de montañas, desnudas, ásperas y medrosas abajo, verdes en el centro, majestuosas en todas sus formas, y empinadas hasta dividirse en soberbios picos y cúpulas disformes, por encima de los cuales se ven reverberar los lejanos nevados de Unterwalden y Urí.

«Gersau», como he dicho, es una curiosidad histórica. Allí descolló en otro tiempo la más pequeña república democrática, independiente y soberana que haya existido jamás en el mundo. El paisaje que ofrece la humilde villa, asentada en su llanurita de aluvión y dominada por su linda iglesia, es tan risueño como raro en aquella cuenca de peñascos. Hoy cuenta unos 1.600 habitantes católicos. Sometida a diversas dominaciones hasta el siglo XIV, y luego «hipotecada» como una finca, se rescató en 1390, después de haber hecho alianza con los tres cantones de la primitiva confederación. Desde mediados del siglo XV, en plena posesión de todos sus derechos, Gersau fue una república soberana hasta el fin del siglo XVIII, «fuerte de unos 900 ciudadanos de todo sexo, edad y condición, entre gobernantes y gobernados, «ejército», «marina«» y demás adminículos de una nación. Las guerras de la revolución francesa y los sucesos posteriores trastornaron la pacífica «nacionalidad» de Gersau, y después de sus esfuerzos infructuosos de 1814 y 1846 por recuperar su independencia, la microscópica república quedó anexada definitivamente al cantón de Schwyz. Dejando la burla a un lado, confieso que nada me ha parecido tan sublime como la historia de ese pueblecito de pastores rústicos. jamás en forma tan pequeña se vio representado principio tan grande y sagrado como el de la libertad y la soberanía de los pueblos.

Otro promontorio muy pronunciado, el de «Treib», estrecha la cuenca del lago, en frente a la confluencia del Muotta y la aldea de «Brunnen», y, dando una media vuelta, el vapor entra a la cuenca o lago de Urí, de aspecto mucho más grandioso aún que la de Buochs. Brunnen es el puerto del cantón de Schwyz por ese lado, mientras que «Art» lo es en el extremo meridional del lago de Zug. El vapor nos condujo directamente a «Flüelen», el puerto del cantón de Urí, dejándonos ver de paso la eminencia de «Grütli», más adelante la curiosa «Capilla» de Guillermo Tell, y donde quiera, en las rocas tajadas, un enjambre de obeliscos y pirámides de aspecto basáltico y singulares tintas. Lo que se llama Grütli es una pradera rodeada de bosques, que corona una alta loma situada sobre la raíz del promontorio de «Wylenstein». Allí se encuentra una casa solitaria que los muy curiosos visitan, y cerca de ella tres fuentes que pertenecen a la poética leyenda de la independencia o de Guillermo Tell. Fue en ese sitio que se reunieron el 8 de diciembre da 1307, en ausencia de Guillermo que se hallaba preso, los tres famosos patriotas de los cantones de Urí, Schwyz y Unterwalden, que juraron ligarse para luchar contra la tiranía de Gessler o la casa de Austria y fundar la independencia federativa.

La «Capilla de Tell», objeto de alta y justa veneración en el país, no por lo que ella es, sino por las tradiciones que hace evocar, es un templete abierto en forma de arcada, construido sobre una roca y casi al nivel del lago, y encuadrado en un marco de abetos y peñascos. Las ondas golpean las gradas que dan acceso al «Tellenplatte», y a veces sus espumas van a desvanecerse al pie de los dos altares de piedra que adornan el interior. En los muros y el techo se ven frescos del más macarrónico estilo, que representan varios pasajes de la historia de la emancipación. Todos los años, en día fijo, se dice allí una misa en conmemoración de los hechos evocados; y se asegura que la capilla fue inaugurada por 114 individuos que conocieron en persona a Guillermo Tell. El motivo de la erección de ese «monumento» es una tradición que recuerdo haber visto traducida en una estampa de colores, en cierto albergue de mi país, cuando tenía nueve años. Guillermo, prisionero de Gessler, a bordo de una barca, algunas horas después de la terrible prueba de la manzana, logró, gracias a una súbita borrasca, que se le desliase para dirigir la embarcación. Al pasar por el pie de la roca en que se encuentra la capilla, saltó a tierra, se escapó y fue a esperar a Gessler en el istmo que media entre Küssnach y el lago de Zug, al pie del monte Righi, donde logró darle muerte, libertando a su país y vengándose de las crueldades sufridas.

Algunos viajeros, al pasar por delante de los «monumentos» consagrados a la memoria de Guillermo Tell, se burlan de los suizos y califican de fábula todo lo que se refiere a la leyenda heroica del libertador de los tres cantones; y por mucho que se haya dicho en comprobación, es general la opinión de que aquel personaje no existió. Los suizos se ofenden mucho de eso, y tienen razón. Por mi parte, creo en Guillermo Tell como en la libertad, el patriotismo y la gloria. Ni el héroe tuvo en si nada de fabuloso, nada que no fuese natural y comprensible, ni hay razón para rechazar la autenticidad de una leyenda que es la de todos los pueblos libres, con diferencias de pormenores y estilo. De todos modos, un pueblo que sabe mantener el culto de semejantes epopeyas revela sólidas virtudes y es digno de la libertad.

Capítulo XIII. Los pequeños cantones
Altorf. El cantón de Urí. Los valles de Schwyz. Goldau. La ascensión del Rigi. Escenas del Rigi-Kulm. Panorama de la Suiza central
La grandiosa montaña del Rigi no es solo interesante como punto de vista que domina un inmenso y admirable panorama: lo es también por la circunstancia muy particular de ser el centro de los pequeños cantones o Estados independientes que sirvieron de núcleo a la Confederación, y al mismo tiempo el centro de una encantadora región de lagos y montañas, que se agrupan con maravillosa variedad y armonía de formas y aspectos. En efecto, al N.-O. y O. del monte Rigi se extienden sobre las riberas del lago de los cuatro cantones los territorios de Lucerna y Unterwalden, que acabo de describir rápidamente; al S., el cantón de Urí; al E. el de Schwyz, que encierra el gracioso lago de «Lauerz o Lowerz» y es riberano de los de Zug, Zúrich y Vier-Waldstatter; al N.-E. y N., el cantón de Zug, dueño de la mayor parte del lago del mismo nombre y de todo el de «Egeri».

Es curioso observar que, con excepción del cantón de Lucerna, es al derredor del monte Rigi y sobre las riberas de esa serie de lagos que se hallan los más pequeños y antiguos cantones de Suiza —pequeños sobre todo por su población y sus recursos—, los que han sido la cuna de la libre Confederación Suiza, dándole hasta su nombre, y los que, al través de todas las revoluciones y peripecias políticas, han mantenido con más pureza y energía dos formas sociales que en casi todo el mundo han figurado como contradictorias después del siglo VIII, a saber: el catolicismo romano y la república democrática. Ya se ha visto cual es la organización política y social de Obwalden y Nidwalden: ahora indicaré los rasgos principales de esa organización en los cantones de Urí, Schwyz y Zug, que me han llamado mucho la atención no obstante la extrema rapidez con que recorrí algunas partes de sus territorios.

En «Flüelen» descendimos del vapor que nos había llevado desde Lucerna del un extremo al otro del magnífico lago. Flüelen no tiene valor ninguno como localidad: es un miserable villorrio de 600 habitantes, cuya importancia consiste solo en la ventaja de ser el puerto comercial del cantón de Urí y el extremo septentrional de la gran vía que, remontando el valle del Reuss, va a buscar en Italia los lagos «Maggiore» y de «Lugano», pasando por el célebre cuello de San Gotardo, objeto de tantas atenciones estratégicas en los tiempos de guerras o desconfianzas europeas. La hoya encerrada entre la formidable barrera oriental de montañas que pasando por el San Gotardo se dirige hacia las soberbias neveras del «Mont-Rose», y la que por la «Furka» gira al occidente en dirección al grupo magnífico del «Titlis», constituye la totalidad del cantón de Urí, el primero de la Confederación en el rango de antigüedad o de cancillería. Esa hoya hermosísima, dominada por tan grandiosas montañas y neveras, tiene por centro hidrográfico el pequeño río Reuss, al cual afluyen las aguas de seis o siete riachuelos que bañan otros tantos valles casi paralelos entre sí, a uno y otro lado, transversales o perpendiculares al del Reuss. Es en esa serie de valles elevados que se halla distribuida la escasísima población de Urí, población de rudos montañeses y pastores, libres, independientes, sencillos, candorosos y profundamente adheridos a su suelo ingrato y sus queridas tradiciones religiosas, sociales y políticas.

Un modesto coche de movimientos repulsivos nos condujo por el húmedo y melancólico valle, en cuarenta minutos, a la célebre «ciudad» de Altorf, capital del cantón, donde Guillermo Tell ganó la inmortalidad con la famosa proeza de la manzana y la flecha. La triste y pobrísima capital del Estado soberano de Urí demora en el fondo del valle, al pie de la amenazante mole de «Grumberg», y teniendo de un lado el Reuss, de otro el «Schachoenbach», su afluente, y al norte la cercana ribera del lago. El aspecto de las calles es triste y desolado, y donde quiera se ven ruinas que manifiestan cuánto ha tardado la ciudad en reponerse del terrible incendio que la devoró en 1799. A pesar del orgullo con que los vecinos señalan su bonita «catedral» (que no carece de algunos objetos interiores apreciables) y sus cuatro o más conventos, de los cuales tienen por muy interesante el de «Capuchinos» (que dicen es el más antiguo de toda la Suiza); a pesar de eso, digo, Altorf con sus 2.150 habitantes, su silencio y quietud y su miseria, no interesa al viajero sino por los recuerdos que despierta con sus fuentes conmemorativas del heroísmo de Guillermo Tell, y su torre de curioso aspecto, que se alzan en la calle principal.

Una de esas fuentes está situada en el lugar donde el terrible Gessler hizo colocar al hijo de Guillermo para que este traspasase con su flecha la manzana puesta sobre la cabeza del inocente niño. La fuente está coronada por la estatua del heroico patriota con una bandera en la mano. A poco más de cien pasos se halla la otra fuente con el grupo de Guillermo y su hijo. Guillermo, condenado a la terrible prueba, que podía costarle tan caro pero que le devolvía la libertad necesaria para servir a la patria, estrecha contra su corazón al fruto de su amor, muestra la alabarda debajo de un brazo, y alza la mirada con altivez, confiando en Dios y en la santidad de su causa. Más allá está la torre de sencillas formas, pintada en su exterior con frescos que representan la historia de Guillermo. La calle estaba solitaria, y los tres monumentos nada valían a nuestros ojos como obras de arte, ni nos recordaban una epopeya que pudiera interesarnos personalmente. Y sin embargo nos sentimos profundamente conmovidos. Había tanta elocuencia en esos monumentos de tan vulgar ejecución, tal candor en el culto que les tributan los humildes y pobres habitantes de Altorf, y tantos motivos para comprender el valor de esa sublime virtud que se llama el patriotismo!... Esa inmortalidad de un nombre y una leyenda al través de tantos siglos, y esa elocuencia de dos toscas estatuas en el fondo de un pobre valle de Suiza, inmortalidad comprendida y elocuencia bien sentida por dos almas viajeras nacidas en el corazón de los Andes, ¿no eran las mejores pruebas de que el patriotismo no es un delirio sino una gran virtud, una religión, y que la gloria no es una quimera, sino una eterna aureola de los grandes caracteres y de los pueblos libres?

Las proporciones del cantón de Urí son bien reducidas. Jamás Estado alguno ofreció mejor la prueba de que no era vana la promesa de Cristo: los primeros serán los últimos y los últimos serán los primeros. Urí, primer Estado de la Confederación en el orden de admisión, es el último por su riqueza o producciones y su población: esta apenas excede de 14.700 habitantes, todos católicos y que hablan la lengua alemana muy adulterada, lo mismo que los de Unterwalden, Schwyz y Zug. El humilde cantón es sin embargo superior a otros diez cantones en cuanto a la extensión territorial, pues mide una superficie de 1.092 kilómetros cuadrados, teniendo en su mayor longitud (de S. a N.) 25 kilómetros, y en su mayor anchura 43. El cantón es visiblemente pobre, a pesar de sus numerosos valles, algunos bastante abrigados, y de contar con la vía internacional de San Gotardo. Sus producciones de alguna importancia se reducen a la cría y exportación de ganados, fabricación y exportación de quesos, corte de maderas en las magníficas florestas de las montañas y cultivo de árboles frutales y «papas» o patatas.

Por lo que hace a las instituciones y costumbres, bastará dar una idea general de los tres cantones que son objeto de este capítulo, y que tienen completa analogía en su historia, condición social y económica y organización política, judicial y religiosa. Más adelante, al hablar del cantón de Schwyz, diré lo que me parece más interesante. Desde ahora solo haré notar una circunstancia que es común a los tres cantones. Nacidos, como Estados soberanos, de una liga heroica, espontánea y fraternal para conquistar la independencia respecto de la antigua casa de Austria, su suerte ha sido común en todo tiempo, tanto en las contiendas interiores de la Confederación como en el largo período de guerras a que dio lugar la revolución francesa. A esa comunidad histórica y política y a la de raza, lengua, religión, costumbres, instituciones y producciones agrícolas, se agrega la de la topografía, cuya influencia ha sido muy notable. La doble circunstancia de estar esos cantones compuestos de series de valles que se bifurcan o reúnen en admirable armonía, no obstante su variedad y de ofrecer paso hacia la vía del San Gotardo (comercial y estratégica al mismo tiempo), ha provocado naturalmente la colisión de ejércitos enemigos, en los tiempos de guerras europeas, sobre el teatro de los pequeños cantones del centro de Suiza. Así, el viajero no recorre ninguno de esos valles sin encontrar uno o más campos de batalla donde los franceses lucharon con prodigiosa energía y audacia contra las fuerzas muy superiores de los generales rusos y austriacos. Al atravesar esos campos de batalla no puede uno menos que admirar el contraste entre la humildad y el silencio de aquellos lindos valles solitarios y recónditos, y la grandeza de las cuestiones europeas que el genio de la revolución y el de la guerra debatieron allí sobre un campo neutral. ¡Con cuánta majestad y aterradora solemnidad debieron resonar los ecos del cañón en el seno de aquellas concavidades de granito coronadas de hielo! ¡Cuán triste es pensar que la guerra, aparte de todas sus violencias, sus horrores y los ultrajes que infiere a la humanidad y la civilización, comete con frecuencia el gran crimen de escoger como teatro de sus barbaridades el suelo de algún pueblo pacífico, neutral, indefenso y humilde! Bastaría recordar que el hijo de Burdeos o del Havre se ha batido terriblemente con el salvaje Cosaco de los desiertos más lejanos, en el fondo de los valles de Suiza, para comprender todo lo que la guerra de ambiciones y conquistas tiene de inicuo y detestable.

Volvimos a Flüelen, y en vez de embarcarnos de nuevo en un vapor para dirigirnos a Schwyz por Brunnen, tomamos una pequeña barca manejada por solo un remero. Este era el único medio de poder apreciar de cerca las magnificencias geológicas de la parte del Waldstatter llamada lago de Urí. En efecto, no recuerdo haber visto en ningún otro país de Europa, excepto sobre las orillas del Elba, en la admirable comarca llamada «Suiza sajona», estratificaciones rocallosas tan extrañas y grandiosas, tan sorprendentes por sus variadas formas y su aspecto romántico, tan «originales», por decirlo así, como las que ofrecen las formidables paredes que circuyen el lago, sobre todo en la orilla oriental, en el trayecto que media entre Flüelen y Brunnen. La ligera barquilla, de muy tosca construcción, saltaba como un pez, cediendo a las fuertes ondulaciones del agua agitada por el viento del sur. En los primeros minutos no dejamos de tener miedo, porque los movimientos eran muy desordenados, el viento nos azotaba con fuerza y a veces saltaban sobre el fondo de la barca chispazos espumosos que nos mojaban. Además, sabíamos que en el lago las borrascas eran casi siempre repentinas y peligrosas para frágiles barcas. Pero nuestro batelero, hombre de fisonomía ruda pero honrada, y conversador como pocos (tanto más cuanto que tenía que conversar por tres, porque no entendía jota de francés, inglés ni menos español, y nosotros éramos incapaces de decirle más de seis u ocho palabras en alemán) nuestro batelero, digo, nos tranquilizó a fuerza de señas, haciéndonos comprender que no habría borrasca sino tres horas después, y que la extrema agitación de las ondas no dependía sino de la proximidad de las rocas y los ocultos arrecifes.

Por lo demás, era tal nuestro encanto a la vista de las maravillas naturales que nos rodeaban, que en breve nos faltó tiempo y espíritu para tener miedo. El lago estaba en aquellos momentos absolutamente desierto, y nosotros, a pesar de los aires nacionales que silbaba de tiempo en tiempo el humilde batelero, íbamos completamente entregados a la suprema delicia de la contemplación de la naturaleza, a cuyo poema se mezclaban los silenciosos himnos del amor y los recuerdos de la patria, esa dulce querida que no tiene sexo para sus adoradores. Tocamos en la roca donde Guillermo Tell puso el pie para escaparse de la barca de Gessler, y visitamos la capilla que apenas habíamos mirado de paso cuando íbamos a bordo del vapor. Cuarenta minutos después llegábamos al puerto de Brunnen, y tomábamos un coche que debía llevarnos por la vía de Schwyz a Goldau, al pie del monte Rigi.

Brunnen que, como he dicho, es el puerto del cantón de Schwyz para sus relaciones comerciales del lado del lago de Waldstatter, es un pueblecito insignificante, situado en el límite del valle del Muotta («Muottathal»), pero que no carece de interés bajo el punto de vista histórico. Fue en Brunnen donde, el 9 de diciembre de 1315, los delegados de los tres cantones primitivos contrajeron la alianza definitiva que fundó la base de la Confederación; allí se reunían las dietas o asambleas de diputados y jefes de Schwyz, Urí y Unterwalden para resolver sobre los negocios comunes de la Confederación madre; y allí combatieron con furor, al fin del siglo pasado y principio del actual, los ejércitos de Francia y Austria que se disputaban la vía del San Gotardo.

El valle de Brunnen, regado por las aguas reunidas de los valles opuestos de Muotta y Lowerz, y limitado al norte por la serranía que tiene su núcleo en el Rigi, es muy gracioso, fértil y pintoresco. Donde quiera el viajero mira con delicia enjambres de huertos rodeados de húmedas praderas que tienen su límite en las montuosas faldas de las montañas; y echa de ver que en ese valle demora una población de costumbres apacibles, contenta con su modesta condición y fuertemente adherida a sus tradiciones y a los hábitos de libertad democrática y culto católico-romano.

A una hora y cuarto de Brunnen, al pie de una cadena de montañas y dominando la confluencia de los valles de Muotta y Lowerz, demora «Schwyz», capital del cantón del mismo nombre, bonita ciudad de unos 5.500 habitantes, graciosamente asentada sobre las faldas ondulosas que descienden de la serranía de los «Mythen». Su linda iglesia parroquial, sus edificios públicos de instrucción, beneficencia, etc., sus vecinas aldeas anexas, sus bellas campiñas que se desarrollan en planos inclinados, trepando hacia las montañas o descendiendo hacia los valles, y los puntos de vista encantadores que ofrece su término, le dan un interés pintoresco y de color local que aumenta el valor histórico de la ciudad. Schwyz, en efecto, tiene el primer rango entre las ciudades de los cantones primitivos, por haber no solo tomado la iniciativa en la lucha de la independencia y en otras posteriores, bajo el principio federal, ostentando el valor, la tenacidad y el buen sentido de sus hijos, sino también por haberle dado su nombre a toda la Confederación («Schweiz» o «Schweizerland»), nombre que se ha mantenido con preferencia al de «Helvecia» de origen latino. Se puede decir que no ha ocurrido en ese país un grande acontecimiento político en que los ciudadanos-soldados de Schwyz no hayan hecho un papel muy importante, desde el tiempo de la primera liga hasta la que, bajo el nombre de Sonderbund, fue vencida por el radicalismo en 1848; luchando sucesivamente en Morgarten, Sempach y otras batallas, contra los austriacos, en Grandson y Morat contra Carlos el Temerario, en los combates de 1799 a 1801, contra las tropas de la Francia revolucionaria, y en los conflictos posteriores de la Confederación que terminaron felizmente en 48.

El cantón de Schwyz es el más importante de los primitivos por su riqueza y población. Cuenta unos 45.600 habitantes que ocupan una área total de 908 kilómetros cuadrados, y mide en su mayor longitud, del E. al O., 45 kilómetros, por 38 en su mayor anchura; partiendo límites con los cantones de Urí y Glaris, al S. y S.-E.; de San Gall y Zúrich, al E.; de Zug y Lucerna, al N., y de Unterwalden al O., con riberas en las lagos importantes de Lucerna, Zug y Zúrich. Aunque el suelo del cantón no es generalmente fértil y está cortado en todas direcciones por un caos de montañas, su agricultura es muy esmerada, sus productos variados y de importancia, y posee alguna industria, que consiste en tejidos de seda y otros artículos, así como explota algunas turberas y canteras de cal. Sin embargo, su riqueza principal está en las crías de excelentes ganados, la valiosa fabricación de quesos, la explotación de sus florestas de abetos y el cultivo de frutas, legumbres, etc.

Un hecho muy notable llama la atención en Schwyz y los tres cantones pequeños que lo rodean por varios lados y le son enteramente homogéneos: hablo de la prerrogativa que se han reservado los distritos de elegir sus curas o pastores, ventaja excepcional que la corte de Roma ha negado siempre a los pueblos católicos. En aquellos cantones el sacerdote encargado de administrar los intereses religiosos de la libre grey recibe su autoridad de los creyentes que depositan en él su confianza, y el obispo no hace otra cosa que confirmar la elección o consagrarla. Es el derecho de patronato ejercido por su legítimo propietario, el pueblo creyente; o es en cierto modo la reminiscencia de la primitiva iglesia. Creo que a esta singular ventaja debe atribuirse principalmente el fenómeno (que lo es hoy y no lo fue en un tiempo) de la coexistencia del catolicismo romano con la libertad y la república democrática «pura» en los cantones de que voy hablando El catolicismo, practicado como existió en los primeros siglos de la iglesia, es en efecto una religión esencialmente democrática, porque así es no solo la religión de las muchedumbres fraternizando, sino también la prueba de la libre voluntad de la grey en la aceptación de sus pastores. El hábito de elegirlos libremente ha debido mantener vivo y persistente en Urí, Schwyz y Unterwalden el sentimiento democrático del derecho de todos y cada uno de los asociados, porque nada influye tan poderosamente sobre las ideas, costumbres e instituciones políticas de un pueblo como las prácticas y tradiciones religiosas. Son estas las que inician al hombre en la posesión de su «conciencia», y el que tiene una conciencia libre, sana y digna en religión, no puede menos que tenerla en asuntos de moral y política.

Otro fenómeno curioso que se nota en esos cantones correspondientes a las hoyas de los lagos de Zúrich y los cuatro cantones, es el del contraste de tradiciones políticas entre pueblos que en nada difieren en cuanto a raza, lengua y religión, y cuyas fronteras son en realidad imperceptibles, puesto que la topografía es homogénea. En efecto, se ven en contacto en esas dos hoyas lacustres siete u ocho cantones cuyas instituciones han diferido y aun difieren mucho, como el espíritu de sus habitantes. En Lucerna han predominado la tendencia aristocrática muy exagerada y la centralización absoluta. En los medio cantones de Unterwalden y en Urí, Schwyz y Zug, la república democrática pura, descentralizada en todos los distritos. En Glaris ha regido algo peor que el gobierno aristocrático: el de la teocracia más retrógrada o estancadora. Por último, en San Gall (en otro tiempo dominado por abades y obispos) y en Zúrich, ha predominado un espíritu liberal temperado: el de la república representativa, que hace emanar toda autoridad de la Asamblea legislativa elegida por el pueblo.

¿Cómo explicar tan notables diferencias entre poblaciones análogas que tienen casi la misma historia y ocupan un suelo casi común? ¿Se buscará la explicación en el aislamiento secular de las unas y el contacto comercial de las otras con pueblos avanzados? Esa explicación es la menos admisible, porque no cuadra con los hechos, que son absolutamente contradictorios. Por más que medito, no encuentro nada que se acerque tanto a la racional y más general explicación del fenómeno como la que se deduce de las tradiciones religiosas. En Lucerna ha dominado, como en Glaris, el catolicismo de mala ley, el aristocrático, que, faltando a las primeras tradiciones de la iglesia y a su espíritu de igualdad y fraternidad, ha hecho de las jerarquías un dogma y de la explotación de las conciencias un sistema, prescindiendo de contar con la voluntad de los fieles, que es el símbolo de la libertad de la conciencia. En los cantones democráticos el catolicismo ha sido democrático, inofensivo, armonizando sus intereses con los de la sociedad. En Zúrich, el protestantismo ha mantenido la noción de la libertad personal, abriendo el camino a la república; pero no ha ido directamente hasta la democracia pura, porque los hábitos de individualismo que adquiere el protestante como creyente, no se amalgaman sino al cabo de mucho tiempo (o en circunstancias excepcionales, como en los Estados Unidos) con los hábitos de acción colectiva que engendra el catolicismo. Por último, en el cantón de San Gall, aunque los católicos están en mayoría, la minoría reformada es muy fuerte y respetable, en términos que ambas comuniones están representadas en el gobierno casi con iguales fuerzas. Esa coexistencia política y social del catolicismo, que tiende hacia la democracia pero se ha complicado con jerarquías e instituciones viciosas, y del calvinismo, que no admite jerarquías y hace del pastor un ciudadano padre de familia y de libre elección y responsabilidad; esa coexistencia, digo, ha debido equilibrar las fuerzas de las dos comuniones, depurarlas por la emulación, armonizarlas por el contacto íntimo y necesario, y conducirlas a un régimen de conciliación o transacción, cual es el de la república representativa.

Volviendo a los cantones primitivos diré, para terminar mis breves observaciones sobre organización social, que todo lo que llevo indicado acerca de Unterwalden es aplicable a Urí, Schwyz y Zug, con pocas diferencias secundarias. Por punto general son electores y ciudadanos gobernantes todos los varones mayores de veinte años. Allí no hay Asambleas legislativas, en la acepción general del término. El pueblo se gobierna a sí mismo, ya en todo el cantón, reuniéndose anualmente al aire libre para elegir sus mandatarios de toda clase, aprobar cuentas, votar presupuestos, sancionar leyes y nombrar los representantes para la Dieta federal; ya en los distritos, ejecutando las mismas operaciones en escala reducida. Los pueblos viven contentos con ese noble régimen de confraternidad política y social, de libertad, igualdad y autonomía; y cada uno de esos ciudadanos manifiesta en su porte y en los actos de su vida que tiene la conciencia de su derecho, el hábito de ejercerlo constantemente, y la altivez modesta y la fidelidad a las tradiciones de independencia y libertad que son necesarias a todo pueblo digno de vivir en la tierra bajo la protección de Dios.

El valle que se extiende entre el Muotta y el lago de Zug, encerrado por los montes Mythen y los que corresponden al grupo del Rigi, es gracioso y apacible, levantado hacia la mitad por los derrumbes de Goldau y algunas lomas pedregosas. En su primera parte, la más cercana a Schwyz, yace en el fondo de la hoya el pequeño y muy gracioso lago de «Lowerz», rodeado de planos inclinados y ondulosas colinas. El solitario laguito, por cuyas orillas giran dos caminos carreteros, y en cuyas claras ondas reposan algunos barquichuelos perdidos entre juncos a la vera de puertecitos que no carecen de gracia, mide apenas 5 kilómetros de longitud, como 2 y 1/2 de anchura y unos 18 metros de profundidad. Es uno de tantos juguetes de la hidrografía de Suiza, propios más bien para encantar al viajero que para servir al comercio y la navegación.

En el punto en que la gran mole del Rigi presenta su flanco oriental, haciendo frente al «Rossberg», que se alza del lado opuesto como un monstruo descarnado, el valle tiene un aspecto de desolación que acongoja, sobre todo por los recuerdos que despiertan los enormes y desnudos pedriscos dispersos en el sitio que en 1806 ocupaba el pueblo o aldea de «Goldau». Hoy no existen allí sino una capilla, un hotel para los viajeros y algunas casas formando una calle, construidas en época reciente. Mientras nos preparaban los caballos que debíamos montar para subir el Rigi, quisimos recorrer a pie, por entre rudas malezas, peñascos destrozados y hacinamientos desordenados de los restos del espantoso derrumbe, el teatro de desolación que atestigua la catástrofe. Todavía encontramos algunas charcas de lecho calcinado, restos de las aguas del lago de Lowerz, que llegaba hasta allí y que fue violentamente colmado en parte por la caída súbita de un cuarterón del Rossberg.

Arriba se ostenta la horrible faz de la montaña, cuyo flanco se desprendió en mil enormes moles de peñascos y polvo, cayendo sobre el valle y aplastando y triturando el antiguo pueblo de Goldau. El inmenso parche rojizo que quedó en la montaña le da un aspecto de muerte y horror que hace temblar, porque el viajero recuerda que muchas poblaciones de Suiza viven bajo la constante amenaza de semejantes derrumbes. La desolación de Goldau y del flanco de la montaña hace el más rudo contraste con el bello panorama de la hoya y el resto del valle, desde el lago de Zug hasta las márgenes del Muotta.

Eran las tres de la tarde cuando empezamos a subir el Rigi, en caravana con otros diez o doce excursionistas. La montaña se ostentaba a nuestros ojos llena de hermosura y majestad en su conjunto y de gracias y sorpresas en sus relieves, sus hondas ramblas, sus magníficos bosques, sus solitarias praderas, sus dispersos «chalets» y sus mil rasgos interesantes. De repente, cuando el Sol era más punzante y el calor más fuerte, a pesar de la ascensión hacia cimas elevadas, el aire nos trajo ráfagas amenazantes, el cielo se anubló, y todo cambió de aspecto con la prontitud con que en un teatro se cambia una decoración. La borrasca se desató con violencia, por fortuna cuando llegábamos a una casa de parada, pero al cabo de veinte minutos se disipó con la misma prontitud. Así son las borrascas en casi todos los lagos y las regiones montañosas de Suiza.

Confieso que el accidente, lejos de contrariarnos, nos causó vivo placer, ya porque nos ofreció la ocasión de ver una de esas violentas e interesantes transiciones meteorológicas de Suiza, ya porque nos presentó un espectáculo de imponderable hermosura, que jamás habíamos contemplado en condiciones análogas y que solo se puede hallar en valles estrechos formados por altas montañas y con lagos en el fondo. En el momento en que la lluvia caía con más violencia y abundancia sobre la altura en que nos hallábamos, el valle era teatro de una admirable escena de luz, sombras y colores en soberbio contraste. El valle, verde, húmedo y reluciente, perfectamente iluminado por los rayos oblicuos del Sol, parecía un inmenso tapiz de esmeralda salpicado de manchas de azabache y ópalo, y en el fondo se agitaban las ondas del lago de Lowerz con los últimos estremecimientos causados por el soplo de la borrasca. Las dos serranías abruptas de Rossberg y Rigi estaban aún perfectamente negras, encapotadas por falanges de nubes sombrías que parecían adheridas al oscuro crespón de los bosques de abetos, duplicando la majestad de los desnudos picos y los medrosos derrumbaderos. En fin, en la mitad del flanco de las dos montañas opuestas, descansaban los extremos de un inmenso arco iris, el más perfecto y luminoso que yo haya visto, echado sobre el valle y el lago, de un lado al otro, como un puente aéreo levantado para darle paso por encima del luminoso abismo a una legión de hadas o genios invisibles. No he visto jamás en tan pequeño espacio un espectáculo de las hechicerías de la naturaleza tan súbito, grandioso y variado como el que allí contemplamos durante diez minutos.

La pedregosa cuesta, poco antes sedienta y asfixiada por el Sol de agosto, se embriagó con el baño de la borrasca, y cuando seguimos la marcha apenas se veían las señales en la humedad del suelo, las perlas de las verdes praderitas, las trenzas luminosas de cabellos líquidos que caían de los follajes cónicos de los abetos, y el caudal duplicado de algunos arroyuelos que se perdían saltando en cascaditas escondidas en las profundidades de los bosques y de los abismos. El aire estaba impregnado de los más ricos perfumes; los matorrales de helechos sacudían sus húmedas melenas sobre las alas de la brisa, y al concierto de rumores salvajes que se alzaba del seno de las profundas ramblas o torrentes se juntaba el ruido de las campanillas que agitaban las vacas y las cabras, al vagar por las entrecortadas praderitas de la montaña, devorando con avidez y delicia la grama humedecida.

Desde el albergue donde nos habíamos defendido de la borrasca comienza una serie de capillitas o nichos (doce o trece) colocadas a ciertas distancias en sitios más o menos pintorescos, a la vera del camino. Si en todos los cantones católicos abundan en los caminos esas señales de culto religioso, en las subidas del Rigi, y sobre todo en la de Goldau, hacen un papel importante. Por una parte marcan las estaciones de los peregrinos que van a visitar a «Nuestra Señora de las Nieves»; por otra sirven de apostaderos a infelices inválidos que piden limosna a los viajeros y hacen durante los meses de verano su provisión para todo el año.

A poca distancia de la cumbre del Rigi demora en medio de bosques y praderitas muy accidentadas el famoso hospicio de «Nuestra Señora», muy venerado por los milagros que a la «Virgen de las Nieves» se le atribuyen y habitado por tres o cuatro frailes. Al derredor de la capilla y el hospicio se destacan numerosas hospederías, algunas considerables y de bonito aspecto, habitadas por toda una población de señoras nerviosas y gentes enfermizas que van a curarse con sueros, ejercicios y aire puro. No había menos de doscientas personas alojadas allí cuando pasamos, y a juzgar por su cordial familiaridad la residencia debía de serles grata. Cuarenta minutos después llegábamos a la eminencia de «Staffel», especie de introducción a la superior llamada «Kulm». Allí se reúnen las tres principales vías que de puntos opuestos conducen a la cumbre, y el viajero se siente repentinamente en presencia de un panorama soberbio, saliendo de la cuenca cerrada del camino a una pequeña planicie que permite registrar con la vista todo el cantón de Lucerna y parte del de Unterwalden. Media hora más tarde, caminando sobre el lomo desnudo de la montaña, fuimos a apearnos a la puerta del estupendo hotel de «Rigi-Kulm», que es el punto más elevado de la montaña y el término de la excursión.

Nada más curioso que aquella Babel europea edificada sobre tan alta cumbre, en medio de un enjambre de lagos, valles y montañas, en el centro de la libre y pintoresca Suiza. Allí se reúnen en una noche todas las razas europeas y aun algunas del Nuevo Mundo, se hablan todas las lenguas, y se ponen en contacto no solo las más diversas fisonomías sino todas las vanidades, las extravagancias, las puerilidades, las candideces, las notabilidades en excursión y todos los géneros de fastidio y «esplin» que es fácil encontrar en una gran reunión de viajeros. Más de trescientas personas nos hallábamos allí reunidas, la mayor parte en el hotel de Kulm, y era de ver el contraste de fisonomías y maneras que ofrecían las parejas de esposos en Luna de miel (todavía novicios, candorosos en sus tiernas y sentimentales demostraciones); los literatos andariegos y desocupados, a caza de asuntos para fabricar cuentos y novelas; las mujeres fatigadas del mundo, de la raza de las «mal comprendidas», arrastrando sus colas de tafetán o linón sobre la alfombra de grama; los hombres «serios», habilitados de personajes por sí y ante sí, con la seguridad de no ser desmentidos por sus interlocutores desconocidos; los ingleses extravagantes, o taciturnos, o aburridos, siempre en mayoría o en número muy considerable; en fin, los negociantes «retirados», empeñados en darse aires de condes viajando «de incógnito», y revelando con sus modales que debajo de sus guantes resistían al tiempo las callosidades contraías en los años de plebeya labor. Acaso en ninguna parte son más ridículas y palpables las vanidades y tonterías de la flaca humanidad, que en esos sitios donde la naturaleza ostenta como soberana la casta desnudez de sus gracias o la majestad de sus grandiosas formas.

El panorama que la vista abarca desde el Kulm es imponderablemente sublime, variado y sorprendente. La Suiza aparece en derredor con todos sus contrastes, sus formas colosales y horribles en unas partes, apacibles y pintorescas en otras, donde quiera bellas y seductoras, o imponentes. Eran las seis de la tarde cuando contemplábamos a la tibia luz del Sol poniente aquel mundo de montañas y lagos, valles y planicies, florestas y praderas, vergeles y ciudades y pueblos. La naturaleza tiene en cada hora sus encantos distintos, porque en cada una tiene sus misterios de vida y amor, según el modo como la acaricia esa maga divina que se llama la Luz. Así, nosotros teníamos avidez de «admirar», tanto en las últimas horas de la tarde como en las primeras de la mañana. Si al día siguiente debíamos ver, por una singular fortuna, los tres grandes fenómenos de óptica y meteorología a que se suele prestar el Rigi, en la tarde, que estaba despejada pero llena de poética melancolía, pudimos contemplar el inmenso panorama bajo su aspecto apacible.

Desde el alto mirador del Kulm registrábamos, a la simple vista o por medio de un enorme anteojo, casi todo el territorio de la Suiza centro-oriental y una vasta región del sur, en dirección a las cadenas más colosales de los Alpes. Teníamos a la vista, en todo o en parte, las planicies, los valles y los altos relieves de trece o catorce cantones de la Confederación que corresponden a la grande hoya del Rin y sus afluentes; y veíamos abajo, ya a nuestros pies como abismos de ópalo y azul pálido, ya a distancias más o menos considerables y con las más diversas formas, doce lagos importantes: el de los cuatro cantones, en partes, los de Sempach, Baldeg y Hallwyl, al O.; los de Zug, Zúrich, Greiffertz, Egeri y Pfoeffikon, al N., y los de Lowerz y Wallenstatter (entre Glaris y San Gall) al N.-E. Con el anteojo veíamos distintamente todas las casas, y aun objetos pequeños de Lucerna, Art, Zug, Zúrich y muchas otras localidades; y en la circunferencia de cien leguas que se abarca, nos hallábamos perplejos para escoger lo más bello entre tantas hermosuras. Al norte la mirada se pierde en dirección al Rin, deteniéndose en la lejana cadena de la «Floresta negra», que forma el sistema orográfico del gran ducado de Baden y de una parte del reino de Wurtemberg. Al sur, del lado de Unterwalden, se ve también el lago de Sarnen, y la mirada tropieza con la mole severa del «Pilatos» y las magníficas cimas de los Alpes. Al poniente se extienden las risueñas planicies del cantón de Lucerna y las hoyas del Reuss y el Aar, cuyas ondulaciones les dan el aspecto de un mar de pálida o amarillenta verdura. Por último, al oriente se desarrolla el caos tumultuoso de los Alpes de Glaris, Appenzel y los Grisones, descollando hacia el S.-E. las más gigantescas neveras. ¡Aquello es inmenso en proporciones y prodigiosamente bello!

Eran las cuatro de la mañana cuando el agudo son de la cornamusa alpestre nos despertó y puso en movimiento a todos. Íbamos a contemplar la salida del Sol, que es uno de los más sublimes espectáculos que se pueden observar desde una cumbre elevada de los Alpes. Nuestra fortuna fue tal que no solo tuvimos ese placer durante algunos minutos, sino que logramos ver el espectro solar en toda su aterradora magnificencia, y la formación súbita de una borrasca del lago de Lucerna. El alba comenzaba apenas cuando más de trescientas personas nos hallábamos en el punto culminante, acechando el momento en que el Sol debía asomar por encima de los Alpes.

Todo el inmenso panorama que en la tarde anterior habíamos contemplado estaba en las tinieblas, pero no ya en una oscuridad profunda, sino cubierto de un crespón vago de tinta gris oscura, algo más clara en los espacios de las lagos, de cuyos senos se levantaban nieblas y vapores fijos al parecer, al principio, y luego errantes y dispersos. Las estrellas brillaban aún con un fulgor pálido y moribundo, y un silencio sepulcral reinaba en el fondo de todos los abismos. Un lampo de claridad apareció en el oriente como una mota de indecisa blancura; después se extendió al pie del horizonte en una inmensa cinta luminosa y rosada, y los astros apagaron su tembloroso brillo. Pocos minutos pararon y la luz apareció clara y purísima en las alturas del cielo; vimos que comenzaban a brillar las cúpulas de los más altos y lejanos nevados, mientras que la gran masa del panorama estaba cubierta de profundas sombras. Enseguida el inmenso anfiteatro de los Alpes fue ofreciéndonos una sucesión de apariciones: la luz, cayendo sobre las altiplanicies y los valles en infinitas cataratas, se desplomaba de repente, de instante en instante, de una cima estupenda al escalón de otra más baja, de esta a otra inferior, y así sucesivamente hasta inundar de claridad toda la gradería titánica de sierras y montañas.

Entonces una luz más cercana, semejante al resplandor de una hoguera invisible, apareció sobre la primera cima del oriente, superior al Rigi; un minuto después asomó el borde del disco solar, luego un cuarto, la mitad, en fin todo el astro soberano de la creación física, inmenso, rojo como la enorme boca de un horno repleto de fuego, y tan cercano a virtud de la ilusión óptica, que parecía como adherido al lomo de la montaña y amenazando venir sobre nosotros. ¡Todo entonces se inundó con aquel mar de luz que brotaba del océano celeste; todos los abismos se aclararon, los lagos reverberaron como espejos, y un grito acorde y unísono de trescientas gargantas saludó la aparición del amante universal! Me sentí tentado a caer de rodillas ante aquella majestad cuya suprema hermosura me ofrecía la mejor imagen, la única bastante expresiva de la suprema previsión, sabiduría y bondad y el inagotable amor de Dios... Me parecía sentir que en la delicia de mi sangre y en la muda adoración de mi alma se resumían todos los estremecimientos de la vida orgánica de la Creación al saludar la aparición del astro portentoso...

¡Pero cuán poco debía durar aquel incomparable espectáculo! Al mismo tiempo que se acercaba la divina aparición, se iba levantando del fondo del lago de Lucerna, desde el pie del Pilatos hasta el vértice de Küssnach, una borrasca espantosa, y los fenómenos se sucedieron en la cuarta parte del tiempo necesario para describirlos rápidamente. Toda la parte del lago al N.-O. del Kulm había estado en la oscuridad cuando la luz reinaba en las alturas del Oriente; y mientras que del lado de Alpnach venía alzándose un inmenso torbellino que hacía del horizonte inferior un horrible caos, del fondo del golfo de Küssnach se levantaba un enorme muro de vapores negros y espesos, produciendo entre su línea y la mole del Rigi un valle imaginario del más extraño aspecto. El muro había llegado hasta la mitad de la altura del Rigi cuando el Sol mostró todo su disco. Fue entonces que, durante un minuto, pudimos ver el fenómeno del espectro solar. La imagen de la cumbre del Rigi se reflejaba con todos los objetos que la coronaban en el muro vertical de nubes negras, y las figuras humanas aparecían en aquella fantasmagoría con las más extravagantes formas y las tintas más románticas.

Pero Sol, espectro solar, cielo, lagos, paisajes y montañas, un momento visibles, desaparecieron luego como por encanto en pocos segundos. La borrasca de Alpnach, engendrada por el soplo traidor del Pilatos, subía, subía y subía, con una rapidez prodigiosa, escalando la montaña como una furia y revolcando en el abismo sus remolinos de ráfagas y lluvia con la violencia del mar irritado que sacude su melena sobre inmensos arrecifes. La tromba subió hasta la cumbre, envolvió completamente la montaña, oscureció cuanto habíamos visto, reproduciendo la noche con sus grandes horrores, y vomitó sus cataratas de granizo menudo y dardos de agua sobre la cima que el Sol acababa de dorar con sus lenguas de fuego. Todos volvimos al hotel y solicitamos el sueño. Cuando a las diez de la mañana volvimos a salir, el tiempo se había serenado, y cada lago y cada nevera lejana reverberaba con esplendor, reproduciendo la magnífica iluminación del cielo...

Capítulo XIV. Zug y Zúrich
Küssnach, Immensée y el lago de Zug. La capital y el cantón de Zug. Horgen y el lago de Zúrich. Instituciones y condiciones sociales del cantón. La ciudad de Zúrich, situación y aspecto. Historia, monumentos y curiosidades

Mi esposa, que además de tener un gusto decidido por los bellos espectáculos de la naturaleza, es animosa en los viajes, había tenido el capricho de proponerme que bajásemos el Rigi a pie, en dirección a Küssnach. Aunque el descenso es algo fatigante y requiere cerca de tres horas, no renunciamos al proyecto. Un guía tomó nuestro modesto bagaje, nos proveímos de grandes bordones herrados y comenzamos a bajar la cuesta. Si el bello panorama del N.-O. que teníamos al frente, en dirección a Lucerna y el valle de Reuss, nos ofrecía constantemente motivos de embeleso, los mil graciosos objetos del camino en sus vueltas y revueltas, y las praderas, los bosques, vergeles y cortijos que lo orillan a uno y otro lado, nos produjeron mil dulces emociones, que eran con usura la recompensa de las fatigas de la marcha.

Casi al caer al fondo del valle vimos las ruinas del Castillo de Gessler (destruido en 1308) que mantienen de un modo negativo las tradiciones de la independencia. Küssnach, villa de unos 2.800 habitantes perteneciente al cantón de Schwyz, carece de interés aunque no de gracia, arrancando del fondo de su golfo o lago para prolongarse por el valle o trepar hacia la montaña, a la sombra de sus nogales, sus perales y otros árboles frutales en gran profusión. La Suiza es realmente el país de los vergeles, y tanto que, relativamente al escaso territorio aplicable a ese cultivo en los valles y las faldas o planicies no muy elevadas, no he visitado en Europa ninguno que le aventaje en huertos de frutales. Hay poblaciones enteras que no viven de otra cosa; y acaso en mucha parte debe atribuirse la índole dulce y laboriosa de los suizos al hábito de cuidar con esmero los árboles, admirarlos repletos de flores y aromas y recoger sus frutos al lado de muy numerosas colmenas.

A unos 2 kilómetros de Küssnach, en dirección al lago de Zug, nos bajamos del coche para hacer una corta visita a una curiosa capilla, reedificada muchas veces, que conmemora un hecho decisivo de Guillermo

Tell. Pequeñita y muy lejos de ser monumental, la capilla tiene cierta gracia rústica que invita al viajero a visitar el interior. Un cuadro al óleo y algunos frescos relativos a la muerte de Gessler y a los hechos de Guillermo, son todo lo que hay interesante. Fue allí donde Guillermo, después de su escapada en el lago de Urí, esperó a Gessler, oculto en el bosque, y le disparó la flecha certera que libró a la patria de su tirano. Mal librado saldría el viajero que se atreviese a poner en duda el hecho, o a censurarlo bajo el punto de vista moral.

Media hora después, pasando por en medio de arboledas graciosas, llegamos al pueblecito de «Immenssée», sobre la ribera izquierda del lago de Zug, en cuyo puerto hubimos de esperar algunas horas el vapor que debía conducirnos a Zug. El lago de este nombre, abierto en su mayor extensión y rodeado de planos ondulosos y bajas colinas en cultivo, carece de esa majestad de aspecto que distingue a los lagos de las regiones enteramente montañosas; pero sus puras ondas y sus graciosos promontorios, de los cuales dos situados hacia el centro lo dividen en dos cuencas de nombres diferentes, hacen un bonito juego con las campiñas riberanas cubiertas de árboles frutales, viñas y legumbres. El lago se extiende de sur a norte, midiendo entre los dos extremos (de Arth a Chaam) unos 15 kilómetros, por 5 en su mayor anchura.

La pequeña ciudad de Zug inspira muy pocas simpatías al viajero que se acerca a su puerto al través del lago. Es un poblachón de poco más de 3.300 habitantes, sin gracia ninguna y con un aire de vejez vulgar, de indolencia y tristeza, que no coincide en nada con lo que se espera de la capital de una república democrática. Sin embargo, la parte «nueva» de Zug manifiesta algunas veleidades o tendencias progresistas. En cuanto a la antigua (cuyo origen es desconocido) las curiosidades que encierra y la forma singular de sus edificios pierden mucho de su atractivo, porque el viajero encuentra en casi todas las calles horrible desaseo, fetidez y señales de incuria.

Entre los edificios y establecimientos públicos de Zug hay dos que nos llamaron la atención, el uno por su originalidad como monumento patriótico, y el otro por su significación característica de Suiza. Me refiero al «Osario», depósito de calaveras más o menos históricas que, según me dijeron, pasan de 1.500, todas rotuladas con los nombres de los que fueron sus propietarios –lo que no deja de prestarse a curiosos comentarios– y la «Casa del tiro», institución esencialmente suiza, porque caracteriza a ese pueblo de ciudadanos libres, todos soldados y prontos a defender la patria en cualquier momento de alarma o de peligro. Casi todos los cantones suizos tienen un establecimiento permanente donde los ciudadanos se ejercitan en el tiro de fusil o carabina, como en otro tiempo en el de alabarda. Así como en los países españoles y españolizados tenemos las corridas de toros como características, y en los italianos el carnaval, los suizos tienen sus fiestas nacionales o locales en los nobles ejercicios del patriota, celoso siempre de defender como soldado el derecho que tiene como ciudadano. Los cantones se reparten por turno el honor de ofrecer la hospitalidad a sus confederados en la fiesta del tiro, haciendo los gastos y preparativos necesarios. Los buenos tiradores concurren de todos los puntos de la Confederación a disputarse los premios y el honor del triunfo, fraternizando siempre; y no pocas veces toman parte en la pacífica lucha algunos aficionados de Inglaterra, Francia, Italia y Alemania.

El cantón de Zug, dominado en sus primeros tiempos por señores feudales y luego por la casa de Austria, no entró a la Confederación suiza hasta el año de 1622. Desde entonces ha sido fiel a sus compromisos de alianza primitiva, pero su papel es demasiado subalterno para llamar la atención. Su población en 1860 ascendía apenas a, 19.667 habitantes, y su territorio es tan reducido que ocupa el último lugar en la Confederación. Sus 300 kilómetros cuadrados de superficie no alcanzarían en rigor sino para un importante distrito. Aunque no carece de montañas, sobre todo hacia el S.-E., la mayor parte del suelo es llana, compuesta de pequeñas planicies bien cultivadas que alternan con algunas colinas montuosas. Su excelente clima y la fertilidad del suelo permiten al cantón, además de la cría de ganados y abejas, mantener un notable cultivo de granos, viñas y árboles frutales. Produce licores de frutas y «cidra» en cantidad considerable; posee algunas fábricas de papel y telares de filoseda, y explota algunos depósitos de turba. Ya he dicho, en cuanto a sus instituciones puramente democráticas, que son enteramente análogas a las de los tres cantones primitivos.

La carretera que gira de Zug a Horgen (en la ribera izquierda del lago de Zúrich) corta el río «Sihl», que es la frontera de los dos cantones, y pasa por una comarca sumamente bella y pintoresca. Allí no se encuentran los relieves ni los aspectos severos de los Alpes; todo es risueño, suave y onduloso; el camino es literalmente una calle de verdura, que gira entre vergeles, prados floridos, murmurantes arroyos y tupidos bosques ricos en aroma y frescura. Donde quiera se ven colonias de abejas, cuyas colmenas se destacan en graciosos grupos en medio de campos floridos, o se repara en los montones simétricos de cuarterones o pequeños adobes de turba, de cuyo seno se escapan turbias espirales de humo que se pierden en el follaje de los árboles.

Era casi la noche cuando llegábamos a «Horgen», pintoresca y simpática villa de unos 5.000 habitantes, perteneciente al cantón de Zúrich, cuyo aspecto de bienestar, exquisita pulcritud y buen gusto contrasta mucho con el de las tristes localidades que acabábamos de visitar (Altorf, Zug, etc.). Resolvimos detenernos allí, dejando partir el vapor que a las ocho de la tarde seguía en dirección a Zúrich, y esperamos la siguiente mañana para visitar las curiosidades de Horgen.

Una montaña cubierta de bosques, en forma de cordón, paralela a la ribera del lago y que casi arranca desde la limpia y verde margen, domina enteramente a Horgen, de manera que la graciosa villa, encerrada entre el lago y la montaña, se prolonga a lo largo de la orilla, o muestra algunas de sus fábricas y muchas de sus casas de estilo pintoresco trepadas en escalones como escalando la montaña, en medio de jardines y huertos. Aunque la agricultura es la ocupación de la mayoría de los habitantes, la villa es muy fabricante, como todo el cantón a que pertenece. Donde quiera se ven grupos de obreros, almacenes de materias primas y fábricas bien montadas y en actividad, las más importantes de tejidos de seda baratos, sencillos y que no carecen de elegancia, y de pañuelos de algodón y otras telas, de colores vivos y populares. El propietario de una de las mejores fábricas tuvo la bondad de permitirnos la entrada y mostrarnos con mucha obsequiosidad todas las operaciones y los aparatos. Hablaba bien francés y parecía contento de que dos hijos de Colombia hubiesen ido a visitarle su fábrica. Nos explicó muchas cosas útiles, confirmándonos respecto de los tejidos lo que ya sabíamos acerca de otros productos de la industria suiza. Es curioso observar, en efecto, que los fabricantes suizos, careciendo de puertos marítimos y hallándose a tanta distancia del Mediterráneo, el Atlántico y el mar del Norte, para procurarse las materias primas a buen precio, hacen una operación singular: compran en Inglaterra, en Francia y otros países los tejidos en blanco o bien los hilos necesarios, y se reducen en muchos casos a darles los colores convenientes o someterlos a operaciones complementarias, para luego reexportar los mismos artículos, sosteniendo la competencia con ventaja no solo en países lejanos sino aun en los mismos de donde han tomado las telas o los hilos. Esto mismo sucede con los excelentes relojes suizos, cuyos mecanismos proceden generalmente de Inglaterra. ¿Cómo explicar ese fenómeno industrial? Fácil es comprender que la completa división del trabajo, la sobriedad y moralidad que les inspira el calvinismo, la tenaz laboriosidad a que los condenan las condiciones del suelo, la emulación inteligente que la libertad engendra, y los hábitos de fraternidad que imperan en las costumbres, han debido poner a los suizos en capacidad de producir bien y barato, a pesar de las distancias que los separan de los mares y las numerosas aduanas o fronteras que su comercio tiene que salvar.

Al embarcarnos a bordo de un vapor, con dirección a Zúrich, pudimos admirar en su conjunto la gracia y los contornos de Horgen, cuyos pormenores nos habían seducido. La villa es literalmente un conjunto de fábricas y bonitas casas de elegantes formas, terrazas y jardines. La vida debe de ser dulce, apacible y dichosamente laboriosa en ese lindo pueblo.

El lago de Zúrich es, sin disputa, el más «civilizado» de cuantos encierra Suiza. Mirando desde el centro hacia la ribera oriental, se ve en una extensión de muchos kilómetros una interminable sucesión de quintas y pequeñas poblaciones, que son como los arrabales de Zúrich, tan enlazadas o en contacto que parecen formar una ciudad. Las riberas son bajas, sin peñascos ni asperezas, descendiendo hasta las ondas en pintorescos planos inclinados. Donde quiera viñas, jardines y vergeles, elegantes casas de campo y pruebas evidentes de actividad, bienestar, esmero y pulcritud; donde quiera bonitos puertos y muelles, establecimientos de baños, vapores, barcas y faluchos, graciosas torres y a lo lejos numerosas y buenas carreteras.

El lago de Zúrich tiene formas muy regulares, pero su anchura no guarda proporción ninguna con su longitud. Tiene la forma general de un arco, y mide desde su extremo sur, donde desemboca el río «Limmat» que es su principal determinante, hasta Zúrich, donde vuelve a seguir su curso el río, una longitud de 45 kilómetros, teniendo apenas 8 y 3/4 en su mayor anchura, con la elevación de 418 metros sobre el mar. Sus ondas son de un verde pálido bellísimo; su navegación es activa y muy importante; sus borrascas no muy frecuentes pero violentas; su temperatura suave y deliciosa durante las noches de verano, pero fuerte y enérgica durante el día.

El cantón de Zúrich es uno de los más ricos, fuertes, importantes e ilustrados de la Confederación. Además de contener la mayor parte del lago de Zúrich y en su totalidad los de Pfoeffikon y Greiffertz, aprovecha las aguas que de ellos y del lago Wallenstatter se dirigen al Rin por los ríos Limmat, Glatt y Thur. Sus centros de población considerable (relativamente) son numerosos, sin faltarle por eso la gran ventaja de tener poblado y cultivado «todo» su territorio, que se compone de planicies y colinas. La población total en 1850 ascendió a 250.698 habitantes, de los cuales 244.200 reformados, 90 judíos y los demás católico-romanos. En 1860 el total subió a 267.641 individuos. Así, el cantón de Zúrich es el segundo de la Confederación en cuanto a la masa de población. Aunque las gentes ilustradas hablan francés en caso necesario, la lengua del país es la alemana corrompida, muy áspera, descuidada y llena de provincialismos: es más bien un dialecto. La raza es también totalmente germánica.

El cantón de Zúrich, riberano del Rin en una proporción regular, extiende una punta de su territorio sobre la margen derecha de ese gran río, partiendo límites con el gran ducado de Baden. Está rodeado por los cantones de Schaffhousen, Turgovia, San Gall, Schwyz, Zug y Argovia, y su área total apenas abraza una superficie de 1.760 kilómetros cuadrados, lo que da la proporción de 152 individuos por kilómetro cuadrado, proporción que no se conoce en ningún otro país de Europa. Su mayor longitud, de sur a norte, es de 66 kilómetros, por 48 en su mayor anchura. La población está concentrada en ocho ciudades y 188 distritos parroquiales, con un total de más de 47.000 casas de habitación.

Si el cantón se distingue mucho por su activo comercio y el movimiento de sus ferrocarriles, navegación y carreteras, es difícil decir si su producción es principalmente agrícola o fabril. En efecto, la actividad es casi igual en todos los ramos, y Zúrich sostiene con sus numerosísimas fábricas la competencia de cualquier otro país en su género de industria.

Se cuentan por centenares sus molinos de toda aplicación y sus aserríos de maderas. Su explotación minera, aunque reducida en sus proporciones, no carece de importancia. Sus tenerías son muy numerosas y producen excelentes cueros curtidos. La fabricación de telas, que emplea a muchos miles de obreros y consume fuertes cantidades de materias primas, está contraída principalmente a los tejidos de seda, en que le hace competencia a Lyon, los de algunos géneros de algodón de consumo popular, y de hiladillos o cintas de algodón. Además, se hace una considerable impresión de colores sobre telas blancas importadas de Inglaterra.

La agricultura de Zúrich es floreciente. Como el suelo es poco fértil y las lluvias escasas, el arte ha balanceado el mal; así, ninguno de los otros cantones tiene tanto esmero en el cultivo ni ha hecho iguales progresos en los métodos. Su producción de cereales casi abastece el consumo interior; pero su principal riqueza agrícola consiste en las viñas (que producen algunos vinos excelentes), las abundantes crías de ganados diversos (notablemente del vacuno, que es superior), sus vergeles innumerables de manzanos, perales, cerezos, etc. (que además del fruto ofrecen la base de una valiosa producción de licores finos y cidra), y sus florestas esmeradamente conservadas y explotadas, que permiten una extensa expedición de maderas, particularmente de bayas y encinas.

Todavía, volviendo a la industria, haré notar que el cantón posee numerosas fábricas de productos químicos, máquinas, instrumentos y aparatos agrícolas e industriales, tipografías, papelerías, fundiciones, etc. En aquel país libre, sinceramente religioso, honrado y eminentemente hospitalario, nadie está ocioso. El trabajo es la sola fuente de consideración; la prensa es activa y bastante ilustrada; la instrucción, universal. Allí se reúnen con más seguridad que en ningún otro Estado todos los proscritos de Europa que buscan asilo, desde el príncipe destronado o pretendiente hasta el más humilde ciudadano. La instrucción pública tiene la más completa y eficaz protección, en todos sus grados y ramos. La escuela es obligatoria para todo adulto de seis a quince años, en diversas proporciones de asistencia. Así, no hay un ciudadano o una madre de familia que no sepa a lo menos leer, escribir y calcular; y además de unas 400 escuelas primarias para ambos sexos, existen en actividad varios colegios, la Universidad y una «multitud» de escuelas técnicas, normales y de objetos especiales. ¡He ahí lo que se llama un pueblo civilizado, libre, activo y digno de su independencia! Si a todo ese tren de enseñanza se agrega la actividad de la prensa libre, las abundantes bibliotecas y las numerosas sociedades literarias y científicas del cantón, se comprenderá fácilmente la alta respetabilidad de que goza el Estado de Zúrich. No olvidemos sus institutos de crédito, sus numerosos establecimientos de beneficencia, su excelente caja de ahorros, la de socorros mutuos, etc.

La organización política, administrativa, judicial y eclesiástica del cantón de Zúrich es muy análoga a la que rige en el de Vaud: es en todo una combinación del sistema representativo y la república democrática. Todo ciudadano mayor de veinte años es elector, y elegible a los treinta, en cuanto a los negocios generales; en los locales tiene su parte directa en el gobierno. Todo varón de diecinueve a cuarenta años está obligado al servicio militar, en la milicia común, dividida en cuatro clases, activas o en reserva, un Gran consejo compuesto de 212 miembros, de los cuales 179 elegidos por los ciudadanos directamente y treinta y tres de elección indirecta, ejerce el poder legislativo general, y elige los altos magistrados, así como los diecinueve miembros del Consejo de Gobierno que, presididos por el Burgomaestre, ejercen el poder ejecutivo. El Estado se divide en once circuitos y estos en distritos, teniendo cada entidad su administración propia. Los circuitos («bezirks») son la reproducción del Estado; los distritos no tienen asambleas representativas, sino que los ciudadanos vecinos legislan en asamblea y hacen ejecutar sus decretos por medio de pequeños consejos. En los negocios religiosos presiden las reglas del calvinismo, y la autoridad disciplinaria emana de sínodos de todos los pastores reunidos.

Como se ve, Zúrich es un Estado próspero y libre, laborioso y muy ilustrado, ¿a qué atribuirlo, si la tierra es poco fértil, si subsisten algunos monopolios como recursos fiscales, y si el territorio es tan escaso para la población? Evidentemente las causas de prosperidad están en los hábitos de personalidad religiosa, de libertad de discusión y acción individual y colectiva; en la esmerada protección dada a la instrucción pública, las costumbres hospitalarias respecto del extranjero y los confederados, la práctica, de la beneficencia pública, y la completa descentralización que permite el desarrollo simultáneo de todos los intereses.

La situación de Zúrich es muy pintoresca. Demora la ciudad hacia el vértice inferior del lago, dividida en dos partes por el «Limmat», que se escapa del lago entre muelles, malecones y casas de baños, pasando bajo cinco puentes. La parte antigua y más considerable (donde se hallan los, principales monumentos y edificios públicos y lo más notable del comercio y la fabricación) yace sobre la margen derecha, al pie de un cordón de colinas, sobre el cual se extiende en un anfiteatro irregular de quintas, terrazas, arboledas y calles nuevas; tendiendo a salir del recinto de las fortificaciones, que el Gobierno ha tenido el buen gusto de hacer demoler como inconducentes y perniciosas. La parte nueva, cortada en parte por canales del riachuelo «Sihl», afluente del Limmat, es en lo general muy elegante. Allí se encuentran calles anchas y limpias orilladas por hermosas casas y espléndidos hoteles; y en tanto que de un lado la ciudad nueva llega hasta la orilla del lago, por entre arboledas y jardines, del otro se extiende hacia la estación de los ferrocarriles, en una vasta sucesión de quintas elegantes, pequeños parques y magníficas alamedas. Zúrich cuenta unos 19.800 habitantes (de los cuales 16.600 son reformados); su movimiento es bien considerable, y sus progresos han sido muy rápidos en los últimos doce años. Su renovación es palpable y corre parejas con la de Ginebra en todos sentidos.

La ciudad de Zúrich con sus pueblos anexos tiene una historia complicada y bien interesante, llena de episodios bélicos y transformaciones políticas. Es sobre todo desde la época de la Reforma que Zúrich viene haciendo un papel de primer orden en la Confederación. Constituida en feudo de varios duques y condes sucesivamente, y luego tributaria del Austria, quedó elevada al rango de ciudad-libre imperial desde 1218, y así pudo poco después emprender una lucha eficaz contra los señores feudales que la rodeaban, En 1335 se rebeló contra la autoridad de la aristocracia militar y de patricios que la dominaba, y amenazada por el poder de la casa de Austria entró después (1351) en alianza con la Confederación de los cuatro cantones. Es desde entonces que la Confederación suiza ha ejercido más decisiva influencia sobre los destinos de los demás pueblos del país, que se fueron agrupando sucesivamente al derredor del núcleo fundamental.

Sin embargo de la expulsión de la aristocracia dominante hasta 1335, la igualdad no reinó en Zúrich hasta 1798, época en que cesó la distinción sustancial de ciudadanos y paisanos, estos sin derechos y en condición servil, y los primeros dominando solamente. Con todo, quedaron trazas de la organización aristocrática en la constitución que se dio el Estado en 1831, y solo desde 1839 data la reforma que fundó el régimen actual completamente republicano. Zúrich es célebre por haber sido el teatro de la famosa batalla ganada allí en 1799, en los días 3 y 4 de septiembre, por el ilustre Massena contra el general Korsakof, batalla que es reputada como uno de los hechos de armas más extraordinarios y decisivos de las guerras de la Revolución francesa. También es muy notable Zúrich por haber sido la cuna de hombres ilustres, tales como el reformador Zuinglio, el sabio Lavater, Zímmermann y Pestalozzi.

La ciudad abunda en interesantes monumentos e institutos públicos, y posee curiosidades y particularidades diversas que le dan interés. Es notable, aunque sin ligereza ninguna, su sencilla catedral de estilo bizantino, que data del siglo XI. Aparte de la Universidad, el Arsenal y una multitud de edificios públicos de diversa aplicación, más o menos apreciables, la Biblioteca de la ciudad llama particularmente la atención, por su buena configuración y distribución de los objetos, y su riqueza de libros, manuscritos, curiosidades, autógrafos interesantes, etc. No cuenta menos de 51.000 volúmenes, 3.000 manuscritos y 4.000 medallas. Además contiene la ciudad una Biblioteca cantonal con 25.000 volúmenes, otra de la Sociedad de ciencias naturales con 10.000, el jardín botánico, una galería pública de pinturas, y excelentes colecciones o museos especiales de mineralogía, zoología, entomología, etc.

Los tres días que pasamos en Zúrich no fueron perdidos, pues durante ellos aprendimos mucho más que con un año de lecturas. Nada es más propio para fortalecer el espíritu en su confianza en la libertad y el progreso, que el espectáculo sencillo, prosaico en apariencia, de un pueblo que, centuplicando sus pequeños recursos por medio del trabajo y de la emulación, se eleva hasta un grado muy alto de civilización, probando que la libertad y la práctica del derecho son los medios más seguros y eficaces de fomentar el bienestar común.

Capítulo XV. La hoya del Rin
Las comunicaciones en Suiza. De Zúrich a Schaffhousen. La catarata del Rin. La ciudad y el cantón de Schaffhousen. Navegación del alto Rin. La ciudad de Constanza. Los lagos internacionales
El cantón de Zúrich contiene en su capital y en la pequeña ciudad de Winterthur dos centros importantes de ferrocarriles, los cuales procuran un gran movimiento de comunicaciones a toda la región de Suiza correspondiente a la vasta hoya del Rin. De Zúrich parten dos líneas que se subdividen o enganchan sucesivamente: la primera se dirige hacia el occidente, siguiendo el curso del río Limmat, y se bifurca en el cantón de Argovia, cerca de la confluencia de aquel río y del Reus con el Aar; de allí una rama se aparta hacia el norte, orillando el Aar hasta el Rin, atraviesa este gran río y sigue su margen derecha por todo el territorio del gran ducado de Baden, hasta ligarse a las numerosas y complicadas líneas de ferrocarriles alemanes y franceses; mientras que la línea suiza, cortando el territorio de Argovia, por la vía de «Aarau», se liga en «Olten» con los ferrocarriles que en opuestas direcciones giran hacia Basilea, Solera, Berna y Lucerna.

La otra línea de Zúrich salva el Limmat a corta distancia de la capital, y luego se bifurca en «Walliselten». Allí, una rama va hacia el S. E., por en medio de los lagos de Greiffen y Pfaffikon, costea luego los de Zúrich (en su extremo superior) y Wallenstatter, soltando un ramal sobre Glaris, y va a terminar en Coira, capital del cantón de los Grisones, el más montañoso y el segundo en extensión de la Confederación. La otra rama avanza hasta «Winterthur» y allí se divide en tres ramificaciones: la primera penetra a los cantones de Turgovia y San Gall, pasa por la capital de este, toca en el lago de Constanza y remontando el valle del alto Rin llega hasta Coira; la segunda pasa por la capital de Turgovia (la ciudad de «Frauenfeld») y termina en el puerto de «Romishorn», en el mismo lago de Constanza; en fin, la tercera se dirige a «Schaffhousen», pasando por encima de la famosa catarata. Esta última ramificación era nuestra vía al partir de Zúrich.

No es sin objeto que hago esta ligera indicación de las líneas de ferrocarriles que posee la Suiza en la hoya del Rin, aparte de las numerosas líneas que corresponden a la hoya del Ródano. He querido hacer notar con esa simple indicación cuánta es la importancia que esos pueblos libres y progresistas de Suiza dan al desarrollo de las vías de comunicación que, en el presente siglo, son la manifestación más característica y enérgica de la civilización. Comunicarse es vivir, progresar, multiplicar la luz, la fuerza y el tiempo; y los suizos, acaso mejor que nadie, relativamente, han comprendido muy bien que el aislamiento es el estancamiento, la muerte, porque en esta época el que se queda atrás caduca y perece. No hay un río ni un lago susceptible de navegación que no esté surcado en Suiza por numerosos vapores, para cuyo servicio se aprovecha en caso necesario el inagotable combustible que ofrecen las florestas de los Alpes y el Jura. La red de caminos carreteros es extensa y complicadísima, y donde el terreno se presta poco a las carreteras se encuentran al menos excelentes caminos de herradura muy bien conservados. En todas las vías importantes, aun por encima de los abismos de los lagos y al través de las espesas selvas, hay líneas telegráficas, con un alambre por lo menos. Los ferrocarriles se cruzan en todas direcciones, y no muy tarde la Europa occidental, así como los pueblos del Rin, tendrán sus comunicaciones directas con Italia y la hoya del Adriático por medio de los ferrocarriles suizos del Rin y el Ródano.

Todo eso es prodigioso, aun relativamente a los demás países europeos, y hace mucho honor al espíritu práctico y progresista de la Confederación suiza; además, es un ejemplo muy digno de ser imitado, porque contiene una gran demostración en favor de esa política moderna que tiende a suprimir las fronteras, y busca la fuerza de los pueblos no en el número de sus bayonetas y el poder de sus fortificaciones y precauciones egoístas y suspicaces, sino en la multiplicación de los «cambios», sean de ideas o de valores económicos. Con un territorio asombrosamente sembrado de obstáculos y una población reducida a menos de dos y medio millones de individuos (pobres en gran parte, en las montañas y los valles alpinos) la Suiza ha podido sin embargo, a fuerza de voluntad y liberalismo, realizar prodigios en pocos años. Los Alpes han dejado de ser barreras divisorias de Europa; y en doce años, gracias al movimiento producido por el triunfo del radicalismo en 1848, la Confederación ha hecho inmensos progresos que se manifiestan en todas partes con evidencia, particularmente en Ginebra, Zúrich, San Gall y Basilea.

La vía que tomamos en Zúrich gira por una comarca de alegres y pintorescas planicies hábilmente cultivadas, salpicadas de lindos bosques, pueblos y cortijos, y entrecortada por graciosas colinas que algunas veces ofrecen las proporciones de pequeñas montañas. Todo ese país, hasta las cercanías del Rin, seduce al viajero con sus mil rasgos que indican en la población de las campañas y las localidades inteligencia, pulcritud, actividad y bienestar. Donde quiera los graciosos campanarios de bonitas iglesias, la estructura de las casas, las numerosas arboledas y la disposición de los objetos ofrecen a la vista del viajero paisajes pintorescos, que contrastan con los severos de las montañas y los valles alpestres.

«Winterthur», situada casi en la mitad del trayecto, es la única villa o pequeña ciudad importante en que se toca. Y en realidad pocas localidades hay en Suiza, de proporciones análogas (5.600 habitantes reformados) que inspiren tanta simpatía como la bella y limpia Winterthur. Demora esta ciudad a orillas del riachuelo llamado «Eulach», en el fondo de una bonita llanura rodeada de colinas, unas cubiertas de viñedos y otras de bosques de hayas y encinas, y todas salpicadas de alegres casas de campo o labor. La regularidad de sus formas, compuesta como está de dos grandes calles rectas cortadas por siete u ocho transversales, le da un aspecto enteramente moderno, no obstante que data del siglo XII; y si sus numerosos edificios públicos, muy estimables y dignos de atención, y sus elegantes casas modernas le dan un aire de bienestar y progreso muy simpático, su multitud de fábricas, su movimiento comercial y el de su gran estación de ferrocarriles hacen comprender que allí reina la actividad de los negocios, aliándose muy bien con la pulcritud y la hermosura.

Al llegar al valle mismo del Rin, orillando su margen izquierda, el paisaje toma un aspecto magnífico y apacible. El río desciende lento y silencioso por en medio de florestas y viñedos extensos, y donde quiera se comienzan a ver a lo lejos, sobre las colinas rocallosas, unos cuantos de esos castillos feudales tan prodigiosamente numerosos en el Rin, algunos de gracioso aspecto y muchos de ellos románticos por sus hermosas ruinas. Al cabo el ferrocarril se aproxima tanto a la catarata que se percibe el ruido de sus remolinos espumantes; el tren penetra en un pequeño túnel, pasando bajo las rocas que sostienen un antiguo castillo, y al salir de la caverna artificial el viajero se siente sorprendido, hallándose sobre el puente de hierro que atraviesa el Rin en el punto donde se pronuncia el raudal que determina la catarata. Esa impresión momentánea es una de las más profundas y sorprendentes que se experimentan en Suiza, pues en menos de un minuto se pasa de las tinieblas del túnel al magnífico espectáculo de la catarata, y de esta, perdiéndola de vista, al valle algo profundo del río hasta la ciudad de «Schaffhousen».

Teníamos prisa de dirigirnos al hermoso hotel establecido sobre la margen derecha del río, en frente de la caída o catarata, para donde partimos al momento mismo en un coche, reservando para el día siguiente la inspección de la ciudad.

El hotel «Weber», cuyo nombre es una poética reminiscencia de las obras de uno de los más simpáticos artistas alemanes, tiene una situación muy feliz para el viajero que desea admirar ese magnífico rasgo de la poesía suprema de la naturaleza. Trepado sobre un collado a mayor altura que la catarata, en medio de jardines y bosquecillos, domina completamente el abismo azul y transparente, redondeado en forma de lago, en cuyo fondo se precipita el río en deslumbradores torbellinos, como una borrasca de perlas y chispas de diamante. Habiendo llegado a las cuatro de la tarde, tuvimos la triple delicia de contemplar ese tesoro a la luz de la tarde, desde la ribera, y a la de la Luna y del alba desde los balcones del hotel.

Desde el pie del collado en que nos hallábamos, sobre la orilla misma del río, teníamos al frente un soberbio cuadro formado por la catarata y las riberas que le sirven de marco. A nuestra izquierda, es decir sobre la margen derecha del río, se destacaba sobre un collado de base rocallosa la masa caprichosa y desordenada de la pequeña villa de «Neuhausen», que vive ensordecida por el estruendo de las ondas irritadas, y cuyos edificios se avanzan en parte sobre las rocas del raudal, o trepan hacia la colina, o se pierden de vista en el fondo del valle superior, a la sombra de algunos grupos e hileras de álamos blancos. A nuestra derecha, del lado opuesto del río, se levantaba un enorme peñasco abrupto, como una fortaleza, dominado por el castillo de «Lauffen», que le da su nombre alemán a la caída: y al pie de ese romántico edificio, siguiendo el curso del río, giraba un alto y verde collado que iba a perder su graciosa curva en un horizonte estrecho de bosques espesos que dominan el cauce.

Al frente, en medio de las dos vigorosas líneas del marco, se ve el puente del ferrocarril casi saliendo de la negra boca del túnel, y debajo un enjambre de rocas desiguales y revueltas que comienzan el raudal, dislocan el movimiento de las ondas, se estrechan en un espacio de 100 metros y terminan en tres grandes peñascos de formas destrozadas y salpicados de matorrales, que forman una barrera de 15 a 20 metros de altura. Por sus espacios o boquerones se precipita la enorme mole líquida, espumante, frenética, en chorros desiguales que se multiplican en numerosas cascadas, llenando el aire de nubes de chispas luminosas, retorciéndose en el vacío como legiones de boas diamantinos, azotando las rocas con desesperación y hundiéndose en el vasto recipiente en remolinos sorprendentes cuyo estridor aturde, impone y hace enmudecer de admiración... Tal parece como si el noble y viejo Rin, tan glorioso y fecundo en la historia de Alemania, animado por la conciencia de un genio misterioso, sintiese al mismo tiempo la desesperación de perder su unidad y su calma generosa en ese abismo de rocas que lo despedazan, y el remordimiento de interrumpir la comunicación, sobre sus azules ondas, de pueblos hermanos por la lengua, la raza, las tradiciones y los intereses. ¡Se diría que los Alpes, orgullosos de los magníficos horrores que guardan en su seno, han querido perseguir al Rin, el fruto de sus admirables neveras, atravesando en su curso un cordón de peñascos que les hagan recordar a los pueblos de las llanuras alemanas que el imperio de los gigantes graníticos de la Suiza alcanza hasta muy lejos de sus altísimas cascadas, sus picos formidables, sus torrentes coléricos y sus lagos románticos!

Sin embargo de la profunda impresión que nos causó tan bello espectáculo, confieso que no sentimos ese horror que experimentan en su presencia los excursionistas europeos que no han viajado en América. Por grandioso que sea el espectáculo de Lauffen, a causa del volumen de agua principalmente, no tiene la horrible majestad de las grandes cataratas del Nuevo Mundo, mucho más imponentes que las de Europa. Esos sublimes desórdenes de la naturaleza parecen exigir siempre en derredor un marco salvaje en armonía con la cólera del torbellino y la grandiosidad del abismo. Así, la caída de Lauffen nos pareció más hermosa y poética que sublime y aterradora, a la luz del Sol de la tarde y bajo los resplandores del crepúsculo matinal.

Pero durante la noche, cuando la contemplamos desde los altos balcones de nuestro aposento, a la luz melancólica de la Luna, nos pareció de una hermosura imponderable. ¡Era un espectáculo tan romántico, tan soberanamente triste y elocuente, que sentimos nuestras almas conmovidas hasta lo más hondo y soñamos despiertos durante horas enteras! ¡Qué de misterios penetra y analiza el alma, excitada por el sentimiento de admiración, en aquellos momentos en que Dios se revela en sus sublimes obras y ningún rumor humano se interpone en medio del Creador y el hombre, del corazón y la naturaleza! Entonces, soñando sin sentirlo y perdiéndose en un mundo de cavilaciones luminosas, el alma descubre mil verdades que el bullicio del mundo le había ocultado, verdades que brillan, que palpitan por decirlo así, lo mismo en la onda suspendida en el abismo y preñada de la luz de la Luna, que en los senos oscuros de la roca y el bosque, y tanto en los maravillas del cielo como en los rumores de la brisa, las ecos del torrente y el sueño tranquilo de la naturaleza orgánica.

El cantón de Schaffhousen se compone de tres porciones aisladas y desiguales de territorio, sobre la margen derecha del Rin, enclavadas en medio del gran ducado de Baden y los cantones de Zúrich y Turgovia, y con un área total de 300 kilómetros cuadrados. La más considerable de esas tres porciones es la que tiene por centro a la ciudad capital. Aunque el cantón no carece de industria y de alguna explotación mineral (particularmente de hierro) la agricultura es su más importante elemento de riqueza, consistente en la producción de buenos vinos, crías de ganados y corte de maderas. Casi todo el territorio proviene de adquisiciones hechas por compras verificadas por la ciudad de Schaffhousen en otros tiempos. La población, casi totalmente calvinista, no excede de unos 35.700 habitantes, de raza alemana.

Ciudad libre imperial desde fines del siglo XI y dominando el país anexo, después de haber vivido bajo la soberanía de un abad, Schaffhousen mantuvo hasta 1798 la constitución semi-aristocrática que se había dado en 1411. Su primera liga con los cantones suizos, que le aseguró la independencia, tuvo lugar a mediados del siglo XV, pero su entrada definitiva a la Confederación no se efectuó sino al principio del XVI. Los sucesos de 1798 produjeron la reforma de las instituciones que les negaban derechos a los paisanos; y, a pesar de la reacción de 1814, el cantón está regido desde 1834 por una constitución liberal y democrática, análoga en lo sustancial a las de otros cantones de gobierno popular representativo.

La ciudad de Schaffhousen, si no es bella según el gusto moderno, es sumamente curiosa por sus formas singulares, enteramente fieles a las tradiciones de la edad media. Bajo este aspecto es la ciudad más interesante de Suiza. Cuenta unos 7.800 habitantes y está situada en un suelo onduloso a la margen derecha del Rin, a corta distancia de la caída, lo que unido a sus murallas que la cercan en parte y van desapareciendo, le da un aspecto que no carece de gracia. Sus calles angostas y tortuosas, sus edificios de formas extrañas, cubiertos de frescos históricos o religiosos y dominados por torreones salientes que proyectan sobre las calles sus balcones cerrados de la edad media, y otros pormenores análogos, le dan un aire de vetustez que contrasta mucho con el de casi todas las ciudades suizas. Por lo demás, Schaffhousen manifiesta con sus establecimientos públicos (entre ellos una biblioteca con más de 20.000 volúmenes, y colecciones estimables) que donde quiera el genio suizo y el espíritu de emulación son favorables al servicio público.

Después de una ligera inspección de la ciudad nos embarcamos a bordo de un vapor que debía remontar el Rin y conducirnos a Constanza para luego surcar el lago y dirigirnos a San Gall. Salvo algunos graciosos paisajes que ofrecen los pueblos de las dos riberas, los castillos que las dominan, el movimiento de los vapores que se cruzan, etc., casi todo el trayecto carece de interés. El Rin no tiene allí contornos bien determinados; las orillas, cubiertas de viñedos literalmente y rara vez encerradas entre pequeñas montañas, son llanas y de triste aspecto; y el río, dilatado a veces entre juncos espesos y desbordándose, ofrece considerables dificultades a la navegación, que exigen muchas precauciones.

«Constanza», cuyo nombre y tradiciones político-religiosas predisponen al viajero a la curiosidad, la justifica apenas con algunos objetos. A pesar del valor de algunos templos regulares, su mérito principal consiste en los recuerdos que hace evocar. La ciudad, situada sobre la margen izquierda del Rin y enclavada en el territorio del cantón de Turgovia, pertenece al gran ducado de Baden, y aunque comienza a renacer de su profunda decadencia, tiene muy poco movimiento industrial y apenas cuenta unos 5.700 habitantes. Su posición es algo pintoresca, en el fondo de una vasta planicie y dominando la estrecha garganta del Rin que enlaza los dos lagos de Constanza llamados de «arriba» («Ubersee», el más considerable) y de «abajo» («Untersee»). El horizonte es vasto y generalmente desapacible, como el de todos los lagos que, siendo considerables, carecen del magnífico marco de altas montañas en todas direcciones.

Constanza es una plaza fortificada, si bien sus fortificaciones nada tienen hoy de formidables. Por una singular contradicción es al mismo tiempo un puerto franco, y es a esta circunstancia que debe la mediana actividad comercial que en su seno se va desarrollando. Fundada por Constantino Cloro al fin del siglo III, adquirió, después de hacer muchos progresos en la edad media, el rango de ciudad libre imperial, del cual la privó el emperador Carlos V, en castigo de su «rebeldía» religiosa o la adopción del protestantismo. Los monumentos y las calles antiguas de la ciudad no carecen de interés por algunos pormenores curiosos. Sin embargo, lo que más nos llamó la atención durante las cuatro o cinco horas que gastamos en visitar a Constanza, fueron las ruinas del convento de los «Dominicanos» (que yacen en una graciosa islita determinada por un canal y el Rin) y el extraño y tristísimo edificio, especie de museo del horror, donde tuvo sus sesiones el célebre concilio de odiosa memoria que funcionó de 1414 a 1418.

Los nombres de Juan Huss y su discípulo Jerónimo de Praga, esos heroicos precursores de la Reforma que preparó el triunfo de la libertad de la conciencia, parecen vagar aún por todo el ámbito de la ciudad y darle no sé qué de solemne y melancólico. En la islita que he mencionado se encuentra una admirable enseñanza que no impresiona al vulgo de los excursionistas. La iglesia del antiguo convento es una bella ruina cubierta de verdura; los claustros y salones de habitación, que sirvieron de prisión a Juan Huss, están hoy ocupados por una fábrica de tejidos de algodón; y a su lado subsisten aún, olvidados, los restos de una fortaleza romana. Como se ve, el cuadro es en apariencia muy sencillo; y sin embargo él resume la historia de la civilización durante la era cristiana. La fortaleza romana, casi borrada del suelo, es el símbolo de la conquista y la fuerza vencidas, instrumentos de civilización en lejana época. Las ruinas del convento son las de un nuevo género de fortaleza y de conquista, la fortaleza monástica y la conquista religiosa de la edad media, recordando el martirio de un hombre de conciencia libre y sentimiento indomable. En fin, la manufactura de algodón, fortaleza pacífica del trabajo, es el símbolo del sistema moderno de conquista y civilización: el de las colonizaciones fecundas, el comercio libre, la emancipación del hombre por el trabajo, y la potencia maravillosa de las máquinas que espiritualizan la materia y mejoran la condición de la humanidad. La fortaleza romana ha desaparecido casi; la iglesia «conventual» es una ruina; la fábrica prospera, y el nombre de Juan Huss se ha salvado del olvido, porque simboliza la gloria de la conciencia libre, santifica el martirio y condena los crímenes y horrores del fanatismo religioso.

El edificio gótico, de interior casi escueto, donde tuvo sus deliberaciones el Concilio, nos inspiró disgusto. Así como es penosa la visita de una cárcel o un lugar de suplicio, no se puede penetrar sin repugnancia a un recinto donde se ha perpetrado un gran crimen. El concilio de Constanza, no solo cruel sino pérfido, consumó allí dos, haciendo perecer en la hoguera a los dos heroicos sectarios; y si con eso acabó de justificar la futura Reforma, no comprometió menos el porvenir del catolicismo con la elección de Martin V en reemplazo de dos papas depuestos. Hay actos de autoridad que son por sí solos la condenación de la misma autoridad en que se fundan.

Al embarcarnos en el muelle de la ciudad, a bordo de un bonito vapor, comenzamos a navegar el lago de Constanza propiamente dicho, que los alemanes llaman «Boden-See». En breve tuvimos a la vista el angosto golfo que se prolonga hacia el N.-E., haciendo un abra en el territorio de Baden, con el nombre particular de «Uberlinger-See». A la derecha teníamos, primero, el territorio del cantón de Turgovia (o Thurgovia) y luego el de San Gall, que íbamos casi orillando; a la izquierda, en lejano horizonte, las costas o riberas del gran ducado de Baden, de los reinos de Wurtemberg y Baviera en el centro, y del Austria, en el extremo superior del lago. En todas direcciones veíamos riberas bajas y de tintas melancólicas, rara vez dominadas por colinas de alguna consideración, literalmente cubiertas de viñedos, y salpicadas de una multitud de pequeñas o regulares poblaciones. Muy frecuentemente íbamos encontrando o divisando a lo lejos buques de vapor y barcas veleras considerables, cuyo activo movimiento alimenta un tráfico de grandes proporciones entre los pueblos de las cinco naciones riberanas.

El Boden-See, expuesto a frecuentes y terribles borrascas y muchas veces completamente oscurecido por nieblas espesas, es el lago más importante de las regiones alpinas, por su carácter internacional, y sus proporciones son muy considerables. Su perímetro es de 194 kilómetros, conteniendo un área de 466 kilómetros cuadrados. Mide en su mayor longitud 64 kilómetros, de S.-E. a N.-O., es decir desde «Bregens», en la ribera austriaca del Vorarlberg, hasta el fondo del golfo de Uberlinger; y en su mayor anchura 14 kilómetros, de «Borschbach» (en la ribera de San Gall) a «Wasserburg», en la de Baviera. Su profundidad alcanza hasta cerca de 300 metros, y además de las aguas del Rin, que forman su caudal principal, recibe las de algunos ríos o riachuelos procedentes de los cinco países riberanos.

Desembarcamos, sintiendo una grata impresión, en el hermoso puerto de Borschbach, pequeña villa de cerca de 2.800 habitantes, graciosa y muy notable por su movimiento comercial e industrial, como por sus grandes mercados de granos. Allí tomamos un tren del ferrocarril que conduce a San Gall, y una hora después llegábamos a la bellísima capital del cantón, al través de risueños paisajes, huertos y jardines, por en medio de los cuales gira el ferrocarril en plano inclinado y ascendente, hasta cortar la ciudad misma bajo la sombra de graciosos collados y hermosas y alegres arboledas.

Capítulo XVI. Travesía de Suiza

El cantón de San Gall; su historia, sus instituciones, sus elementos económicos. La ciudad de San Gall, su situación, sus monumentos y curiosidades. El cantón de Turgovia. El cantón de Argovia. Solera y Basilea-Campaña

Ya se ha visto que de los veintidós cantones de la Confederación (todos sometidos desde 1848 a ciertas instituciones liberales y comunes bajo el nombre de «garantías») unos son esencialmente reformados o evangélicos y otros esencialmente católicos, teniendo cada uno su carácter particular, pero correspondiente a uno de los dos grandes grupos. Solo los cantones de San Gall y Turgovia tienen la particularidad de ser mixtos en su organización social y oficial. Acaso ninguno de los cantones o Estados suizos ofrece con tanta evidencia como el de San Gall la prueba de que la libertad, la tolerancia y la justicia son las mejores soluciones de todos los problemas sociales, porque armonizan los intereses más contradictorios en apariencia, en beneficio del derecho de todos y el progreso común. En ningún estado europeo se ve mejor practicado el principio de la igualdad y tolerancia religiosa, y gracias a eso los católicos y reformados han dejado de ser dos partidos enemigos para convertirse en dos confraternidades en acción, aunando sus esfuerzos con una noble emulación que a todos aprovecha.

La ciudad de San Gall, base del Estado que lleva su nombre, debió su prosperidad y su importancia a una célebre Abadía que en la edad media hizo muy notables servicios a la civilización. Con el tiempo los Abades adquirieron el rango de príncipes soberanos, y desde entonces, haciéndose ambiciosos, batalladores y altivos, vivieron en lucha constante con los pueblos deseosos de asegurar su libertad y sus derechos. Después de su alianza e ingreso en la Confederación y las transformaciones acarreadas por la revolución francesa, la Abadía, perdiendo su autoridad temporal, quedó reducida a la impotencia, y más tarde fue suprimida. El cantón se dio en 1831 la Constitución democrática templada que lo rige actualmente, y el liberalismo de las instituciones ha sido fecundo en muy notables progresos.

Conforme a la Constitución, las dos comuniones religiosas están representadas en proporción a su fuerza numérica. La población (de raza y lengua alemanas) era, en 1850, de 169.625 habitantes, de los cuales 106.000 católico-romanos y los demás evangelistas. En 1860 el guarismo total subió a 181.091. Cada comunión tiene su consejo o comisión constitucional que dirige los negocios relativos al culto y las escuelas, independientemente del Gobierno propiamente dicho. El poder legislativo es ejercido por un Gran consejo, de elección de los ciudadanos de edad de veintiún años, renovable cada dos años y compuesto de 150 miembros. De estos, ochenta y ocho representan a los católicos y sesenta y dos a los protestantes. Esa coexistencia en la separación, y esa autonomía de las dos comuniones en la dirección del culto y la enseñanza, impiden toda colisión en las elecciones, toda lucha que pueda despertar el fanatismo y afectar los más caros intereses de la familia, que son los religiosos y de la instrucción pública. El poder ejecutivo está a cargo de un Pequeño cnsejo de siete miembros, elegidos por el Grande, renovables cada cuatro años y presididos sucesivamente por dos «Landamman» de duración semestral que tienen la dirección personal del Estado. El Gran consejo elige también los representantes a la Dieta federal y los altos magistrados y oficiales del Estado. Los poderes están perfectamente separados; todas las garantías más importantes son fielmente mantenidas; los ciudadanos son libres, y el régimen municipal favorece el progreso de todas las localidades.

    El cantón, sumamente favorecido por la fertilidad de su suelo y las ventajas que le ofrece la navegación del Rin, de los lagos de Constanza, Zúrich y Wallenstatter y de algunos riachuelos, se compone de dos regiones distintas: una montañosa y elevada, del lado del alto Rin o el sur, y la otra muy ondulosa, surcada por pequeñas colinas y dividida en una multitud de vallecitos pintorescos y muy cultivados. El cantón encierra dentro de su territorio, en su totalidad, al pequeño cantón de Appenzel, montañoso y alto, y curioso por su afamada fabricación de encajes y bordados y sus poblaciones de pastores y escultores en madera.[25] El área del cantón de

---

25 El cantón de Appenzel, dividido en dos grupos, según las religiones, cuenta 60.624 habitantes, de ellos 48.604 reformados, llamados «rodas exteriores».

San Gall contiene 1.952 1/4 kilómetros cuadrados, y su mayor longitud es de unos 78 kilómetros.

Por razón de su agricultura, su industria y su comercio, San Gall es uno de los más valiosos e importantes Estados de la Confederación. Sus productos agrícolas son muy considerables, relativamente a la extensión territorial, consistiendo principalmente en vinos, granos, maderas y ganados; y su industria floreciente abarca una multitud de ramos de fabricación, distinguiéndose por la especialidad de sus preciosos bordados y encajes, sus bellas muselinas y otros artículos de gusto.

La ciudad de San Gall, poco feliz por su situación para ofrecer de lejos un panorama ostensible, es sin embargo, por sus graciosos pormenores o rasgos, una de las más pintorescas y bellas ciudades de Suiza. Demora en el fondo de un primoroso vallecito formado por dos cordones de altos collados o colinas que lo encierran, dándole al conjunto el aspecto de una inmensa bandeja de verdura salpicada en su fondo de vivos colores. Así, después de llenar completamente el lindo vallecito, la ciudad se extiende en dispersos arrabales sumamente graciosos, que trepan por los flancos de los collados y se esparcen en las praderitas bajo las bóvedas que forman innumerables árboles frutales o de adorno. Sus calles anchas y pulcras, sus graciosos edificios (muchos de ellos de lujoso aspecto y artísticas formas), sus numerosas fuentes públicas (como 120), sus terrazas, a veces escalonadas en anfiteatros irregulares, sus bellos edificios públicos de todo género, sus plazas orilladas de árboles, y los centenares de jardines y aun pequeños parques de estilo inglés que entrecortan las calles y embellecen las casas en el interior, o afuera en derredor, forman un paisaje lleno de frescura y gracia, animado por el movimiento industrial y comercial y el ruido de los trenes del ferrocarril que atraviesa de un extremo a otro la ciudad.[26]

Son notables en San Gall: la iglesia catedral católica (de la antigua Abadía) restaurada según el estilo italiano, sin mérito exterior particular, pero muy elegante en su interior y riquísima en mármoles soberbios y frescos del pintor italiano Moreto; la iglesia protestante de «San Esteban» (también renovada), edificio muy curioso por su estilo y decoraciones del gusto arábigo y su estructura interior de suma sencillez, que tiene el aspec-

---
26   La capital numera 14.522 habitantes, de los cuales unos 10.000 reformados.

to de un teatro; en fin el gran edificio de la Abadía, donde reside el Consejo gubernativo y se reúne el Gran Consejo, monumento triste y sin ningún valor artístico, pero importante por la biblioteca (más de 26.000 volúmenes) y las colecciones que contiene. Entre estas las más notables son las de manuscritos y antigüedades, donde pudimos admirar obras de caligrafía, escultura en marfil y miniatura verdaderamente maravillosas.

Además, llaman la atención en San Gall: la Casa de detención, muy bien organizada; una excelente Penitenciaria; los colegios o gimnasios de las dos comuniones religiosas; numerosas escuelas públicas bien mantenidas, y muchos institutos de crédito, beneficencia, economía y previsión, debidos al espíritu de asociación. Todo contribuye en San Gall a producir en el ánimo del viajero una impresión grata, que es la mejor justificación del espíritu de libertad y tolerancia que allí reina.

No olvidaré un rasgo curioso, aun a riesgo de incurrir en una repetición. Al recorrer la ciudad en todas direcciones y visitar algunos almacenes de bordados y objetos artísticos, nos parecía que íbamos a encontrar muchedumbres de obreras trabajando en esos bordados y preciosos encajes, que ostentan con vanidad las damas elegantes de París, Londres o Viena. Nada de eso. Esos primores artísticos son obra de las manos más rudas y callosas, de los pastores de Appenzell y las montañas de San Gall, que al terminar los veranos bajan de las altas praderas con sus rebaños, y se consagran durante los inviernos a labrar sus admirables encajes o bordados de gran valor, cuando no a esculpir juguetes y graciosas figuras en madera de abeto o pino, de haya o encina. Así, uno de los objetos de más lujo en los grandes salones de París, procede de las manos más humildes y toscas. ¡Cuántas veces el mundo, en su loca admiración por las apariencias deslumbradoras, olvida las humildes existencias cuyo concurso ha producido las maravillas que se admiran!

El tren que partió de San Gall nos condujo a Zúrich, de paso, por la vía de Winterthur, al través de una parte, o casi el vértice, del curioso triángulo que forma el territorio del cantón de Turgovia. Como allí no tocamos sino en localidades insignificantes, no me es dado hacer respecto de ese cantón ninguna observación particular. Solo diré que el triángulo de su territorio tiene su base sobre el Rin y el lago de Constanza, con sus lados limítrofes hacia San Gall y Zúrich. Su población (que es también alemana) no excede de 90.500 habitantes, protestantes en más de los dos tercios. Las instituciones de ese cantón son liberales y muy análogas a las de San Gall; y, aunque no carece de regular industria, su riqueza principal es agrícola.

Un segundo tren nos condujo de Zúrich a Basilea, al través del cantón de Argovia, de una parte del de Solera y de todo el de Basilea Campaña. De ese modo, en poco más de ocho horas (incluyendo detenciones) hicimos la travesía de toda la región de planicies comprendida entre los Alpes de San Gall y el Jura, en la grande hoya del Rin, casi desde la frontera de Austria hasta la de Francia. Toda esa comarca es bellísima, pintoresca en extremo, y es la más poblada y mejor cultivada de toda la Confederación. Al atravesar los cantones de Argovia, Solera y Basilea Campaña, desaparece el encanto de los lagos y toda esa majestad de las montañas soberbias de los Alpes; pero la civilización manifiesta sus progresos en todos los objetos visibles, y el viajero se deleita admirando los lindos valles de los afluentes del Rin, y luego los mil caprichos de las montañas del Jura que surcan el país entre «Aarau», capital de Argovia, y «Liesthal», que lo es del medio-cantón de Basilea Campaña.

Diré apenas lo esencial respecto de esos tres cantones, por los cuales no hicimos más que pasar. El de Argovia (cuya población es de raza alemana, como los de Solera, Basilea Ciudad y Basilea Campaña) es muy industrial y agrícola, y feliz por la fertilidad de su suelo y su excelente sistema hidrográfico del Rin, el Aar y sus afluentes. Su área territorial contiene 1.389 kilómetros cuadrados, con cerca de 194.600 habitantes (en 1860), reformados en su gran mayoría. Es de notarse que en 1850 la población era de 199.852; la emigración es la sola causa de la disminución. Las instituciones del cantón son muy liberales y le dan las formas de una república representativa.

El cantón de Solera (o «Solothurn»), completamente surcado por las cadenas del Jura y correspondiente a la hoya del Aar inferior, tiene un área excesivamente irregular o dislocada, de 811 kilómetros cuadrados. El suelo es muy fértil y rico en productos agrícolas y minerales; la agricultura floreciente; la industria manufacturera activa, así como la explotación de diversas minas y canteras, y el comercio de tránsito considerable. La población alcanzó en 1860 a 69.675 habitantes, católicos en su gran mayoría, y conforme a la constitución de 1840-41 el Estado forma una república democrática representativa.

En cuanto a Basilea Campaña, su condición es particular. En otro tiempo todo el país dependía de la ciudad de Basilea, y esta y los pueblos de la «Campaña» vivían en lucha permanente. En 1832 se decretó la separación, que se consumó al año siguiente, y desde entonces el Estado está dividido en dos medio cantones que tienen sus constituciones separadas y gobierno independiente, representados por mitad en la Dieta federal. Basilea Campaña, que comprende casi todo el territorio del antiguo cantón (el de la izquierda del Rin), cuenta 51.773 habitantes, reformados en más de sus cuatro quintas partes; es esencialmente manufacturero, sin perjuicio de su agricultura y comercio de tránsito, y es muy estimable por sus libres instituciones democráticas. Allí no hay culto oficial, no existe privilegio ninguno, y la libertad individual es tan completa como la igualdad política y social.

Capítulo XVII. Basilea y la Suiza
La ciudad de Basilea; situación y panorama. El medio-cantón: su historia, sus instituciones, su industria y condiciones sociales. Monumentos de la ciudad, institutos y costumbres. Observaciones comparativas respecto de la Confederación
«Basilea» (llamada en francés «Bâle» y en alemán «Basel») hace un juego muy particular con Ginebra, con la cual tiene muchos puntos de analogía. Ambas demoran a orillas de uno de los dos grandes ríos que constituyen las bases del sistema hidrográfico de Suiza; ambas son como las puertas de la Confederación abiertas sobre las fronteras de Francia, en las dos extremidades de la región surcada por las cadenas del Jura o sus contrafuertes; ambas obedecieron en un tiempo a la dominación de obispos y del imperio franco-burguiñón; ambas vivieron la vida más agitada, se distinguieron por su ilustración y su riqueza, manifiestan en sus monumentos e institutos un alto espíritu de progreso, han sido fieles a la reforma religiosa (a cuyo influjo deben sus mayores ventajas), y se hacen notar por su genio altamente industrial y comercial y las grandes riquezas de sus numerosos capitalistas.

Hablar de Basilea es lo mismo, en rigor, que hablar del medio-cantón da Basilea Ciudad, toda vez que su territorio está reducido al que ocupa la ciudad sobre las dos márgenes del Rin, y su término circunvecino de jurisdicción, que en su mayor parte está enclavado en el territorio del gran ducado de Baden. Precisamente ocupa el vértice del enorme ángulo que describe el Rin, cuya dirección general de oriente a poniente desde Constanza hasta Basilea (que es la región central del gran río) cambia allí repentinamente, torciendo en línea casi recta hacia el norte. El bajo Rin comienza, pues, en Basilea, y es allí que se halla el extremo superior de su gran navegación, que mantiene tan valiosos cambios entre Suiza, Francia, los Países Bajos, los Estados occidentales de Alemania y otras naciones. La situación de Basilea es, pues, sumamente feliz bajo el punto de vista comercial, y su panorama, aunque muy diferente de los de otras ciudades suizas, interesa al viajero y abunda en bellos pormenores artificiales. Sus fortificaciones, que en un tiempo la estrechaban, han desaparecido casi completamente para abrir campo a nuevos edificios, fábricas, almacenes y jardines, y a los rieles y trenes de los ferrocarriles.

Basilea, como casi todas las ciudades del principio de nuestra era y particularmente de la edad feudal, nació al derredor de un castillo fuerte (el de «Basilia») en el curso del siglo V... Su notable prosperidad data del siglo X, bajo la autoridad mixta de una serie de obispos. Pasando de la jurisdicción suprema del reino de Borgoña a la del imperio germánico, vivió durante siglos en lucha constante contra los obispos y sus aliados los nobles, forcejando por asegurar su libertad y sacudir la dominación eclesiástica. Su entrada a la Confederación suiza (en 1501) y la adopción de la reforma religiosa, la pusieron en posesión de su autonomía, agrandada con adquisiciones hechas en el territorio de Liesthal o la Campaña, y el de la margen derecha del Rin. Pero a su turno la «burgosía» o clase media de ciudadanos dominó como privilegiada, oprimiendo a los paisanos, hasta que la revolución francesa, en 1798, y luego el «Acto de mediación», fundaron la igualdad democrática, La lucha sangrienta de 1833 redujo a Basilea a sus proporciones actuales, quedando el primitivo cantón dividido en dos entidades políticas independientes.

Basilea Ciudad no se ha quedado atrás de ningún cantón progresista en materia de instituciones. Estas son liberales y hospitalarias; aseguran todas las garantías que puede necesitar un pueblo para ser libre y civilizado, y hacen de la democracia sincera la base fundamental de ese pequeño Estado que, siendo tan insignificante por su territorio y reducido a solo 41.300 habitantes, ejerce sin embargo una influencia muy considerable sobre toda la Confederación y ocupa una posición de primer orden entre las plazas industriales y comerciales del Rin.

Si las líneas de ferrocarriles que la ligan con el interior de Suiza y de Francia y con las comarcas alemanas y francesas del Rin, le dan a Basilea tan considerable movimiento, su industria propia y de concentración y sus institutos de crédito y especulación variada multiplican la animación de la ciudad. Además de la actividad fabril que los capitales de Basilea alimentan en Basilea Campaña y las comarcas vecinas, la ciudad misma es una vasta manufactura cuyos productos son de valor considerable, particularmente en cintas, hilados y tejidos de seda y algodón. Acaso algunos de los lectores pensarán que muchas de mis indicaciones acerca de la industria suiza son inoportunas en un libro de impresiones de viaje que puede parecer de carácter principalmente literario. Debo decir, sin embargo, que, así como ninguno de mis viajes o excursiones ha sido asunto de diversión para mí, pues mi objeto principal ha sido el de adquirir conocimientos útiles, del mismo modo mis incorrectos apuntamientos no tienen por objeto entretener a mis lectores hispano-colombianos, sino hacerles, en la medida de mis fuerzas, un servicio provechoso. Estoy bien convencido de que en Hispano-Colombia se sufre un error al creer generalmente que solo Inglaterra y Francia, y en parte la Alemania del Norte, merecen grande atención, como elementos de la gran masa de cambios o especulaciones que subsisten y se van desarrollando entra el mundo europeo y nuestras jóvenes repúblicas. Hay en Europa dos pequeños Estados muy estimables en todos sentidos a cuyo comercio prestamos poca atención (involuntariamente, sin duda) los hispano-colombianos, Estados que pueden ofrecernos mil ventajas, mediante un sistema de especulaciones directas, y cuyo trato nos conviene aun bajo el punto de vista político-internacional: tales son Bélgica y Suiza, cuyos productos tienen la triple ventaja de la solidez, la baratura y el buen gusto. Oportunamente haré resaltar esta verdad en cuanto a Bélgica; por ahora debo decir, con absoluta convicción, en lo que respecta a Suiza, que si sus excelentes vinos del Rin y sus afluentes, sus relojes e instrumentos de Ginebra y Neuchâtel, sus tejidos delicados y elegantes de San Gall, o muy populares de Zúrich, Basilea y otras ciudades, así como otra multitud de productos, fuesen suficientemente conocidos en Hispano-Colombia, se ganaría mucho con establecer relaciones directas, pues los mercados suizos no solo ofrecen productos buenos y baratos, y sus negociantes se distinguen por su probidad y puntualidad, sino que también los hispano-colombianos tendrían un buen campo donde colocar ventajosamente mucha parte de sus metales preciosos, su algodón, su tabaco (que en Suiza no está sujeto a ningún monopolio) y otros muchos productos del continente colombiano.

Si la situación de Basilea, ciudad tan célebre por su famoso Concilio, que duró allí dieciséis años haciendo oposición al pontificado y estableciendo graves precedentes en la Iglesia romana, es notable por su industria, su comercio y sus instituciones liberales, no lo es menos por los rasgos particulares de sus costumbres y la multitud de establecimientos públicos que le dan el rango de una ciudad muy civilizada. Allí todo parece indicar una constante preocupación con los intereses públicos, el celo esmerado con que se ha cuidado de erigir monumentos sólidos a la instrucción, la beneficencia, la economía popular, etc. La Universidad de Basilea alcanzó gran celebridad en Europa en otros tiempos, y hoy es todavía un instituto muy digno de estimación. Las escuelas son numerosas y excelentes; y se consagra mucha atención a las bibliotecas, los museos y las colecciones públicas. El edificio llamado «Museo» es un espléndido palacio digno de una extensa capital, y en él se hallan reunidos: una hermosa biblioteca con 52.000 volúmenes y más de 4.000 manuscritos (algunos de gran valor); una abundante galería de pinturas, rica sobre todo en excelentes cuadros de Holbein; colecciones estimables de medallas y antigüedades; un museo de historia natural completo, y de mineralogía y otros ramos; y todo eso sin perjuicio de importantes colecciones particulares, de un bonito jardín botánico y otros institutos importantes.

En cuanto a los monumentos antiguos de la ciudad el único bien digno de atención es la catedral, edificio de origen bizantino y reconstruido según el estilo gótico del siglo XI. Esta circunstancia, que produce el contraste de dos estilos entre algunas partes del monumento, el color rojo de su mampostería, su bella situación sobre una colina dominando el Rin, y algunas curiosidades interiores, así como las tradiciones que estas evocan, dan a la catedral interés considerable, no obstante la ausencia total de esas obras artísticas de adorno que la sencillez y el espiritualismo del culto protestante excluyen de los templos cristianos.

El viajero no puede menos que notar en Basilea ciertos rasgos característicos de las costumbres, que solo se encuentran en las localidades pertenecientes a razas germánicas. Donde quiera, en nuestras excursiones por Alemania, Holanda y la Bélgica flamenca, hemos encontrado un cierto espejito, símbolo original de curiosidad recatada, que en Basilea se muestra en todas las ventanas. Las mujeres asoman rarísima vez la cara al balcón o la ventana, sea por recato de raza o tradición, sea por motivos de secta religiosa, o acaso por gazmoñería huraña; pero como no por vivir encerradas y evitar las miradas indiscretas del que pasa por la calle dejan de ser mujeres, y por lo mismo curiosas, han inventado desde tiempos antiguos el consabido espejo, adherido a la ventana en el exterior, sobre un gancho que permite darle la situación e inclinación que se quiera. De ese modo la imagen de todos los que pasan por la calle y entran a las tiendas se reproduce delante de la curiosa, escondida detrás de su ventana y ocupada en su labor o su lectura, sin que nadie pueda escrutar el interior con indiscretas miradas, ni aun se aperciba de que su fisonomía o sus actos están llamando la atención arriba. La misma operación se reproduce en todos los pisos de cada casa, que presentan interminables hileras de espejos giratorios; y no pocas llevan su curiosidad hasta duplicar el aparato en sus alcobas para tener la imagen completa de lo que pasa en la calle, lo que equivale para su curiosidad a aquello de «mascar a dos carrillos».

La pulcritud de las casas y calles de Basilea, como de todo mobiliario, es admirable. Se diría que allí vive una colonia de holandeses, eternamente ocupada en las faenas del cepillo, la esponja y la brocha. Causa admiración el extraordinario aseo de las casas en su interior y exterior, de las calles, los muelles y todos los edificios y lugares públicos; y es tal el prestigio de esa pulcritud que aun las casas más viejas, pintadas con esmero y lustrosas, parecen acabadas de edificar. No pocos viajeros se ríen de esos y otros rasgos curiosos; por mi parte diré que todo eso me encanta, porque la pulcritud es, en mi concepto, la prueba material del sentimiento de la dignidad y de la pureza moral, o del candor de las costumbres o las inclinaciones de una persona o de una sociedad. En todos mis viajes he tenido ocasión de observar, sin excepción, que los hechos jamás dejan de corresponder rigurosamente a la buena impresión de simpatía que causa a primera vista una ciudad aseada, o al disgusto invencible que inspira una localidad sucia, pestilente y empolvada, como hay tantas en los países católicos de Europa.

No hay quien visite a Basilea que no sienta su curiosidad muy picada por la chistosa tradición de una costumbre muy original que hubo en la ciudad hasta fines del último siglo: la de tener todos los relojes públicos adelantados una hora, en prueba de gratitud, dicen, por un hecho análogo y casual que en otro tiempo salvó a la ciudad de un gran peligro. Confieso que la especie, aunque singular, no me pareció tan extravagante, considerada filosóficamente. Entre relojes desarreglados, preferiré siempre los adelantados a los atrasados, porque, después de todo, con los primeros se vive más aprisa y se trabaja más en la vía del progreso. Ya querría yo que adelantaran su reloj, siquiera un minuto por año, muchos hombres, partidos políticos, religiosos y económicos, y aun gobiernos y Estados, que no solo lo usan «atrasado» sino hasta «parado», porque no tienen valor para darle cuerda ni aceite «(ideas)» para hacerlo andar.

En Basilea terminaba nuestra rápida excursión en Suiza, que debíamos continuar por la región del bajo Rin. Habíamos omitido visitar unos pocos cantones, ya porque carecen de interés particular, ya porque debían más tarde, según nuestro plan, servir a nuestro itinerario respecto de Italia, del lado de la alta Lombardía. Pero los que habíamos recorrido, sobre ser los más importantes, nos parecían suficientes para juzgar por comparación del estado general de Suiza en la gran mayoría de los Estados confederados. Así, para terminar esta parte de mi segunda serie de observaciones de viajes, el lector me permitirá hacer el resumen de los hechos generales más importantes, del cual se podrán deducir consecuencias útiles y aplicables en mucho a nuestros pueblos hispano-colombianos. Veamos primero en qué orden se hallan los veintidós cantones (de los cuales están subdivididos los marcados con asteriscos) por razón de su rango federal o de admisión, su extensión territorial, su masa de población y sus razas y religiones.

Cantones	Orden de su adm.	Orden de población	Cifra de población en 1860	Razas principales	Religión dominante
Urí	1º	11 22	14.761	alemana	Católica-romana
Schwyz	2º	16 17	45.593	«id»	«id»
Unterwalden	3º	13 20	24.960	«id»	«id»
Lucerna	4º	9º 7º	130.965	«id»	«id»
Zúrich	5º	7º 2º	267.611	«id»	Evangélica
Zug	6º	22 21	19.667	«id»	Católica-romana
Glaris	7º	17 19	33.459	«id»	Evangélica
Berna	8º	1º 1º	468.515	«id»	«id»
Solera	9º	15 15	69.527	«id»	Católica-romana
Friburgo	10	8º 8º	105.970	francesa	«id»
Basilea•	11	18 9º	93.024	alemana	Evangélica
Schaffhousen	12	20 18	35.616	«id»	«id»
Appenzel•	13	19 16	60.624	«id»	«id»
San Gall	14	6º 5º	181.091	«id»	Católica-romana
Grisones	15	2º 10	91.877	italianas	Evangélica
Argovia	16	10 4º	191.600	alemana	«id»
Turgovia	17	12 12	90.347	«id»	«id»
Tesino	18	5º 6º	131.396	italiana	Católica-romana
Vaud	19	4º 3º	213.606	francesa	Evangélica
Valles	20	3º 11	90.880	«id»	Católica-romana
Neuchâtel	21	14 13	87.847	«id»	Evangélica

| Ginebra | 22 | 21 | 14 | 83.345 | «id» | «id» |

27 28 29 30

Ahora, si se atiende a la proporción en que se encuentran las razas y las religiones, tendremos los siguientes resultados generales:

RAZAS, POR CANTONES.

Germánicas puras	catorce cantones	
Latinas (francesa e italiana)	4	»
Mixtas (es decir, con población germánica y francesa, o romano-germánica)	4	»

La proporción numérica de las razas en toda la Confederación es la siguiente:

Germánicas	1.743.519
almas Latinas	791.792
	2.535.341

Industrias

La población total de Suiza está distribuida, en cuanto a su condición económica, del modo siguiente:

En la agricultura, la ganadería y el corte de maderas

---

27 No incluyo aquí la raza judaica, porque está diseminada en casi todos los cantones, en proporciones muy reducidas o insignificantes.
28 «Obwalden», 13.399; «Nidwalden», 11.561.
29 «Basilea Ciudad», 41.251, «Basilea Campaña», 51.773.
30 «Exterior», 48.604; «Interior», 12.020.

		1.900.000 individuos
En el comercio	140.000	
En la industria 1	50.000	
Artes, oficios, empleos, fuerza permanente, transportes, etc.	315.311	
Total	2.535.341	

Tomando el término medio de las diversas estimaciones que se han hecho de la extensión superficiaria de Suiza (unos 40.000 kilómetros cuadrados) resulta la proporción media de 63 habitantes por kilómetro cuadrado; pero si se tiene en cuenta que los ríos, lagos, nevados y montañas inhabitables ocupan por lo menos 2/5 partes de la superficie, se encuentra la proporción de 105-65 hab. por km. cuadrado, densidad de primer orden, que explica en gran parte los progresos de Suiza, al mismo tiempo que la persistencia de su corriente de emigración.

Religiones

Esa misma población se halla distribuida, por razón de las comuniones religiosas, del modo siguiente, en números redondos:

Evangelistas, o protestantes calvinistas, o reformados	1.492.737
Católico-romanos	1.039.304
Israelitas	3.500

Como se ve, las dos razas principales de Europa, según las modernas denominaciones generales, que han vivido en profundo antagonismo durante muchos siglos, por no decir durante toda la era cristiana, coexisten en Suiza sin lucha ni colisión alguna en el momento actual. Del mismo modo subsisten en el territorio común de la Confederación las dos grandes religiones enemigas (consideradas en lo esencial) en que está dividido el mundo cristiano. Pero ¿de qué manera se han distribuido esas razas en el territorio y se han implantado en ellas la iglesia evangelista y la católica romana? Ningún principio perceptible, ninguna regla ha presidido a ese fenómeno de clasificación social.

La industria, la agricultura y el comercio han tenido que ajustarse en Suiza, como es inevitable, a las leyes de la topografía, superponiéndose o concentrándose por zonas, según las facilidades que les ofrecen los climas, la composición del suelo, lo elementos de navegación y comunicaciones terrestres, etc. Así, nada es más natural que la existencia de ciudades comerciales e industriales a orillas del Ródano y el Rin o de los grandes lagos, la floreciente agricultura de las planicies y los valles, la explotación de los bosques y praderas de las altas regiones montañosas, y la aclimatación de ciertas industrias artísticas (como la fabricación de relojes e instrumentos) allí donde el suelo, por su estrechez o su pobreza, no es favorable a los trabajos agrícolas en escala considerable.

Pero en punto a religión los fenómenos que se observan en Suiza parecen desmentir todas las reglas que algunos escritores han pretendido establecer acerca de la relación natural entre la índole y las tradiciones de las razas y la índole de las religiones que les convienen. En efecto, juzgando por los hechos generales en Europa, se ha dicho que las razas latinas tienen instintos esencialmente católicos o romanos y son las más accesibles a esa religión, mientras que las razas germánicas son más congénitas del protestantismo. Y en realidad se nota la doble coincidencia de que las primeras obran colectivamente en lo político y social bajo el principio de autoridad, en tanto que las germánicas tienen tendencias de fuerte individualismo, según el principio de libertad, que se acomoda muy bien a los sistemas protestantes.

En Suiza es precisamente la raza germánica la que constituye la fuerza principal del catolicismo romano (en los cantones del lago de Lucerna, San Gall, Friburgo, Solera, etc.), mientras que las razas latinas son protestantes en su gran mayoría, formada por la población de Vaud, Neuchâtel, Ginebra y los Grisones. Las religiones se han distribuido sin seguir ningún principio geográfico, y solo en virtud de causas artificiales, y se las ve entremezcladas en todo el territorio, o separadas en algunas partes por fronteras invisibles o completamente imaginarias. Así, la fidelidad de cada fracción a su creencia respectiva no es más que el resultado de la influencia poderosa, irresistible, que ejercen las tradiciones sobre los pueblos relativamente sedentarios o confinados por la naturaleza a vivir dentro de los límites de un territorio particular.

Sea de esto lo que fuere, lo que importa averiguar es la causa determinante de esa coexistencia o armonía que subsiste en Suiza entre las muy distintas razas y religiones que predominan en el país. Allí viven en paz y fraternalmente el montañés y el habitante de los valles y las planicies, el franco-italiano y el alemán, el católico y el protestante; como viven en paz el cantón y la Confederación, el individuo y la municipalidad. ¿A qué atribuir esa feliz situación, que contrasta con el antagonismo en que viven las razas, las religiones, las clases sociales y los intereses en la mayor parte de los Estados europeos? No encuentro una explicación satisfactoria sino en la organización política y social de Suiza, que en el fondo no es otra cosa que un conjunto armonioso de confederaciones libres eslabonadas en tres escalas. La Confederación nacional es una república democrática cuyos miembros o individuos se llaman «cantones», todos iguales en derechos y deberes, todos libres y gozando de personalidad o autonomía completa en sus negocios particulares. Cada cantón es una confederación o república democrática de distritos, también libres, autónomos e iguales entre sí, verdaderas repúblicas de 500-2.000-5.000 o más almas, en la mayor parte de los cantones, o cuando menos favorecidas por un régimen municipal muy liberal. Por último, cada distrito (que en muchos de los cantones parece más bien una gran «familia» que una entidad política) es una confederación de vecinos libres, iguales, cuyo concurso simultáneo es indispensable para toda disposición colectiva, y que gozan de autonomía real y efectiva en sus negocios personales.

Esa triple escala de confederaciones ha sido prodigiosamente fecunda en bienes de todo género. Todas las razas y religiones han podido subsistir con seguridad y concurrir, según su genio particular, a la obra común del progreso. Todas las formas del gobierno propio han podido tener aplicación y ponerse a prueba para que los resultados, permitiendo la comparación, hiciesen conservar lo bueno y desechar lo malo. Todas las industrias, todas las fuerzas y los intereses sociales han podido desarrollarse simultáneamente y, gracias al espíritu de emulación consiguiente a la libertad autonómica, erizar a Suiza de bellas ciudades, fábricas activas, excelentes caminos, institutos de todo género, ferrocarriles, vapores, esmerados cultivos y mil manifestaciones de vitalidad y progreso.

Las instituciones de Suiza han reposado por punto general en un principio fecundo: la armonía entre el derecho individual y la iniciativa o autoridad colectiva. De este modo los gobiernos cantonales, municipales y federal han atendido eficazmente a todos los objetos de interés común que exigen grandes esfuerzos colectivos, al propio tiempo que los individuos han tenido siempre un vasto y libre campo donde ejercer su iniciativa y actividad personal. Esa libertad de que los suizos han gozado y gozan ha producido dos grandes resultados: en primer lugar, cada suizo, sintiéndose libre y con dignidad, ha nutrido en su corazón el más profundo y altivo sentimiento de patriotismo y fidelidad a la nación, al cantón y al distrito, en virtud del cual está pronto siempre a defender la patria y consagrarle su vida. Por eso la Suiza, en un día de peligro, puede presentar en batalla 100.000 soldados que no están gravando su tesoro, y una reserva de 200.000 que forman la milicia de los cantones. Es inexacto decir que la Suiza se compone de varias razas y comuniones religiosas «separadas»; en realidad allí no hay más que una raza: la de los hombres libres, ni más que un culto: el del patriotismo.

En segundo lugar, como ningún producto natural del país está monopolizado,[31] y el ciudadano es libre en su conciencia y su pensamiento, libre para trabajar, viajar, asociarse, etc., la acción del interés individual ha hecho prodigios donde quiera en servicio de la riqueza y todos los elementos de la civilización. Y digo «prodigios» intencionalmente, porque en ningún país de Europa el hombre ha tenido que luchar con tantos obstáculos como en Suiza, donde el suelo es un caos y la fertilidad poco notable, y donde la nacionalidad se ha visto amenazada siempre por vecinos poderosos en antagonismo constante.

---

31   Los únicos artículos monopolizados en Suiza son: la pólvora y, en algunos cantones, la sal extranjera. Varios gobiernos se reservan los aseguros contra incendios y la amonedación, y los correos y diligencias casi totalmente.

Terminaré haciendo una observación general que manifiesta cuánto las condiciones particulares de la Suiza se prestan al estudio comparativo de las razas y su civilización. Donde quiera noté en ese país, en las mesas de los hoteles como en los cafés, en los paseos y lugares públicos lo mismo que en las diligencias, los vapores y los ferrocarriles, la influencia benéfica que ejercen los cruzamientos de las razas, cuando ellos son el resultado de relaciones libres y de un contacto natural y espontáneo. Las razas que así se cruzan, lejos de degenerar mejoran notablemente, perdiendo mucho de sus defectos y fortaleciendo y puliendo sus cualidades, sin privarse por eso de toda su originalidad. El «alemán» de Suiza es mucho menos nebuloso que el de la verdadera Alemania, mucho más práctico, demócrata, generoso y accesible al progreso; mientras que el suizo de raza francesa es mucho más formal, más celoso de su personalidad, más positivamente liberal y emprendedor que el «francés» puro (habituado siempre a recibir toda impulsión de la autoridad, a buscar la tutela del gobierno para todo). El libre contacto de las dos razas, favorecido por la emulación y las instituciones democráticas, ha producido una feliz combinación de las cualidades generosas y el espíritu lógico y claro del francés, con la tenacidad, el sentimiento de personalidad, y la fidelidad a las tradiciones que distinguen a las razas germánicas.

Sin embargo, salta a la vista la diferencia profunda de las dos razas en materia de gusto, si se observan con atención las ciudades de los dos tipos, tales como Ginebra y Zúrich. El espiritualismo alemán es más bien de fantasía o imaginación y exagerado que práctico y natural. Sueña con éxtasis, perdido en las «nebulosas», adora la música y la poesía; y sin embargo se distingue por su mal gusto. Cuando sueña es teniendo delante un enorme jarro de cerveza y dos kilogramos de pan; fuma brutalmente; come con voracidad y glotonería, y en todas sus manifestaciones es inculto, pero con candor y sin caer en cuenta de su mal gusto. El suizo alemán no le va en zaga, contrastando en todo lo que es asunto de finura, gusto y elegancia con el suizo ginebrino, neuchatelés o vaudense. Sin embargo, la sencillez, la sinceridad «cruda» pero noble, y las cualidades morales y de actividad económica que adornan al honrado suizo alemán, hacen que el viajero le disimule con benevolencia las asperezas de una corteza que encubre serias y estimables virtudes.

Por lo que hace a los negocios colectivos, los resultados no han sido menos felices. Aglomerados en confederación los veintidós cantones, algunos de territorio microscópico, han comprendido que para mantenerse en el rango de «Estados», bajo el pie de igualdad, necesitaban rivalizar en progresos, consagrándose con noble emulación a la obra de su engrandecimiento; haciendo mucho, sin embarazar la acción individual. De ahí esa prodigiosa abundancia de museos, bibliotecas, colecciones científicas, hospicios y hospitales, colegios, escuelas especiales y escuelas primarias[32] que se encuentra en Suiza; de ahí también la excelencia de las carreteras que surcan el país en todas direcciones, la multiplicidad de ferrocarriles, el buen servicio de correos y telégrafos, y el esmero que se tiene porque las oficinas y los establecimientos públicos tengan una residencia material digna y agradable.

A este propósito haré notar que el pueblo suizo, esencialmente práctico en todo, pero muy accesible a las reformas generosas que pasan por utopías en otros países, no obstante su palpable conveniencia, es el primero que en Europa ha ensayado el mejor de los sistemas penitenciarios de los Estados Unidos. Las modestas pero muy suficientes y bien mantenidas penitenciarias de Ginebra, Losana y San Gall, y las casas de detención de esas ciudades y de Berna, Basilea, Zúrich, etc., son verdaderos modelos en su clase. En la gran mayoría de los cantones subsiste la pena capital, pero su aplicación es muy rara.

Además de las grandes formalidades que para decretarla se requieren en casi todos los cantones, y particularmente en el de Unterwalden, la conciencia popular rechaza su aplicación. Así, cuando se suele cometer un crimen capital, casi siempre se adopta la conmutación, en términos que en Suiza es fenomenal el odioso espectáculo de una ejecución. Casi está por demás decir que allí ningún delito «político» tiene asignada la pena capital, barbarie que subsiste en gran parte de la Europa civilizada.

Si esos rasgos hacen honor al carácter y la moralidad de los suizos, hay otros dos, uno positivo y otro negativo, no menos generales y estimables: me refiero a los hábitos hospitalarios y la ausencia de mendigos. Todo el

---

32 Recordaré que en casi todos los cantones es obligatoria la instrucción primaria, y que el solo cantón de Berna tiene 1.700 escuelas populares.

mundo sabe que la Suiza, como país libre, neutral y central en Europa, es clásico en materia de hospitalidad. Allí encuentra el proscrito político simpatías, protección y asilo, particularmente en Ginebra, Zúrich, Berna, Basilea, San Gall y Losana, y no pocas veces sus gobiernos han probado su energía resistiendo a las exigencias de poderosos gobiernos implacables en la persecución. En cuanto a la mendicidad, la organización comunal la evita con su previsión, la libertad del trabajo la conjura, la ley la prohíbe severamente y la emulación de los cantones la desacredita. No he visto algunos mendigos sino en Friburgo, que fue el cuartel general de frailes y jesuitas.

Por lo que hace a manifestaciones materiales, no omitiré indicar algunas que me parecen características del pueblo suizo, y que son signos siempre seguros de bondad, moralidad, buen gusto y dignidad. Ya he dicho que la pulcritud es general, sobre todo en las localidades protestantes. Agréguese a ese rasgo: la extraordinaria abundancia de jardines, de fuentes públicas en los poblados y los caminos, de arboledas para sombrear y adornar las plazas y calles, los paseos y las vías de comunicación dilatadas, objetos por los cuales, así como por los museos, bibliotecas, etc., manifiestan mucho interés los suizos. Nótese también que donde quiera las heredades están apenas separadas por insignificantes setos o demarcaciones, cuando no enteramente continuas, o apenas demarcadas por hileras de árboles, lo que indica un gran respeto por la propiedad; y que los cementerios se muestran en todas partes abiertos y respetados por todo el mundo con exquisita consideración, lo que indica moralidad, índole candorosa y la conciencia general de que el interés común es la mejor garantía de las cosas públicas, sin necesidad de que los gendarmes o gentes de policía se muestren en legiones numerosas e impertinentes.

La propiedad territorial, semoviente y urbana está muy dividida en Suiza, lo cual explica la existencia de tantas pequeñas fortunas que aseguran al individuo un bienestar modesto pero sólido, y con él la independencia, la dignidad y la moralidad. Sin duda que a esa circunstancia, combinada con el hábito de la división del trabajo, la habilidad en el cultivo y la libertad económica de los ciudadanos, debe atribuirse la baratura de la vida en Suiza, de la cual no se debe juzgar por el alto precio de los servicios que se le prestan al viajero. Necesariamente han de ser caros ciertos hoteles en las regiones montañosas, así como el servicio de guías, caballos y mulas, y las curiosidades artísticas, porque las gentes que especulan con las visitas de extranjeros tienen que indemnizarse en cuatro o cinco meses de los sacrificios de todo el año. La baratura de la vida, en un país activo, civilizado y donde hay abundancia de todo, es una prueba evidente de los beneficios de la libertad y la autonomía, y de las buenas cualidades de los habitantes.

Me alejé de Suiza con pesar, porque ese país admira y seduce en todos sentidos; y si llevaba en el corazón una simpatía, había fortificado profundamente mis convicciones, mediante la observación imparcial o desprevenida de los hechos. Ese bello país, tan curioso y original en todos sus rasgos prominentes, que ha hecho tan grandes progresos con sus instituciones republicanas, en medio de tantas monarquías, particularmente después de la revolución radical de 1846 a 48, me ofreció pruebas irrefutables de esta gran verdad: que la más práctica, sólida y fecunda solución de los problemas sociales, porque es la más justa, natural y sencilla, es la de la LIBERTAD, en todas las esferas y respecto de todas las manifestaciones de la actividad humana!

Parte segunda. La región del Rin

Capítulo I. El gran ducado de Baden
De Basilea a Friburgo. El Rin central y sus panoramas. Nociones importantes respecto del gran ducado. Costumbres alemanas. La ciudad de Friburgo
Al salir de Suiza, en agosto de 1859, nos proponíamos visitar las ciudades y comarcas más importantes de la región del Rin, a reserva de recorrer, en el año siguiente, toda la Alemania. Si bien es verdad que la Suiza alemana nos había iniciado ya un poco, aunque muy de paso, en el conocimiento general de la índole de la fuerte y estimable raza germánica, donde quiera, al recorrer la región del Rin, debíamos encontrar diferencias muy notables en los rasgos característicos de las poblaciones. En efecto, las instituciones republicanas y «realmente» federativas, la influencia de la topografía y de los climas, y otras circunstancias, han modificado tan notablemente los caracteres germánicos en Suiza, que en realidad el Rin ofrece en su vasta hoya, desde la región superior hasta Basilea, el contraste de poblaciones que difieren bastante, a pesar de su comunidad de origen y de tener como lazo de unión el mismo río. Y no es menos sensible la diferencia si se compara la región del Rin central con la del bajo Rin, comprendida esta, respecto de Alemania, entre el vértice del ángulo que describe el gran río en Basilea, y las fronteras de Holanda.

Más tarde pudimos ver también cuánto difiere la Alemania del Rin de la del resto de la pseudo-confederación germánica, correspondiente a las hoyas del Danubio, el Elba y otros ríos. Por una parte, las llanuras del Rin, más abiertas al contacto del mundo, son más accesibles al contagio de ciertas ideas, aspiraciones y costumbres, que las regiones montañosas del alto Danubio, del Elba central, etc. Por otra, la especialidad de tantas ciudades alemanas del Rin, como objetos de curiosidad y residencias de verano y otoño para los extranjeros; el contacto inmediato con Francia y Bélgica, que facilita y multiplica las relaciones con razas diferentes, y la circunstancia de haber sido la hoya del Rin un campo de lucha nacional, desde hace muchos siglos, entre nacionalidades tan distintas, han determinado una modificación tan notable en el carácter de la población rineana, que la Alemania parece perder allí mucho de sus rasgos característicos.

Si en toda esa región se ven a cada paso las huellas de los combatientes, en todas las ciudades se halla también un no sé qué de mixto en las costumbres, las instituciones y las ideas, que manifiesta al mismo tiempo la influencia del contagio francés y la del movimiento frecuente y complejo de los extranjeros de todos los países que visitan las comarcas magníficas del Rin.

Al partir de Basilea, en el extenso barrio que tiene la ciudad sobre la margen derecha del Rin, lo primero que se ofrecía a nuestra vista era, de un lado las montañas del gran ducado de Baden, del otro el lecho mismo del Rin, y a lo lejos las montañas francesas de las Vosgas («Vosges») corriendo paralelamente al río, en dirección hacia Bélgica, como una especie de continuación de la cadena del Jura. Si ese cordón de montañas francesas cerraba graciosamente el horizonte del lado occidental, el cauce del Rin, cuyo panorama abarcábamos perfectamente con la vista, a causa de la elevación de la línea del ferrocarril, nos presentaba un vasto paisaje lleno de melancolía y vaguedad en sus accidentes y contornos.

El río, como si quisiese cerrarle el paso a la invasión del mundo comercial hacia el corazón de la Europa, se divide, abajo de Basilea, en innumerables brazos, casi todos de muy difícil navegación, que se juntan, se bifurcan y entrecruzan, formando un inmenso laberinto de islotes, unos desiertos y apenas medio asomando como playas, otros más determinados y cubiertos de gramíneas, otros pantanosos y dislocados, y otros en fin revestidos de caprichosos bosquecillos de sauces que inclinan su pálido y triste follaje sobre las ondas lentas y vagarosas del río, salpicadas de estacadas que indican los altos y bajos del lecho para mostrarle al navegante la vía que debe seguir.

Hacia el oriente, el vasto panorama de la «Floresta negra» («Schwarzwald») se desarrolla en numerosos grupos y anfiteatros enlazados, lleno de majestad en unas partes, de capricho y gracia en otras. Así como el ferrocarril francés gira sobre la izquierda del Rin, por el pie de los Vosgas, desde Basilea hasta Estrasburgo, el ferrocarril alemán, que ha descendido hasta Basilea desde la región del lago de Constanza, sigue surcando el valle del Rin, entre su margen derecha y las montañas de la Floresta negra, en dirección a Carlsruhe, Francfort, etc. Donde quiera, en el trayecto que media entre Basilea y el valle de «Baden-Baden», la llanura es unida y tersa, variando mucho en anchura, y ofrece a las miradas del viajero un conjunto de magníficos paisajes. En el fondo de la llanura, ricas y graciosas plantaciones por todas partes (principalmente de trigos, lino, cáñamo, tabaco y papas) manifestando un cultivo muy adelantado y cuidadoso, debido en gran parte a la gran división de la propiedad territorial y a la influencia de las instituciones liberales del país. De trecho en trecho, particularmente del lado de las montañas, aparecen graciosas villas y aldeas, o del lado del Rin se muestran algunos bosques, mantenidos con esmero.

Después de desplegar en la llanura sus variados matices, el terreno trepa en ondulosos planos inclinados, cubiertos de viñedos escalonados con regularidad, hasta la altura de algunos cordones o grupos de colinas que son como los escabeles de la Floresta negra. Sobre esas primeras alturas veíamos descollar, románticas y solitarias, las ruinas de numerosos castillos feudales (la mayor parte destruidos en las guerras de Luis XIV y Napoleón) tales como los de «Báden-weiler», «Hochburg» y «Hohengeroldseck», algunas de aspecto muy imponente y singular. Por último, el horizonte quedaba limitado por la cadena misma de la Floresta negra, vasta y complicada formación de montañas cuya elevación no excede de 1.550 metros sobre el nivel del mar, que deben su nombre a la tinta oscura y unida de sus interminables bosques de pinos, abetos, hayas y encinas; montañas entrecortadas por una multitud de vallecitos encantadores, en cuyo fondo demora una población de más de 300.000 habitantes (en la parte badense), original por sus costumbres y su tipo, notablemente rústica y poética, y consagrada principalmente a la pequeña agricultura, la industria pecuaria y el corte de maderas.

El gran ducado de Baden, cuya constitución data de 1805, es el más occidental, el más variado por su territorio, el más nuevo y el más liberal por sus instituciones entre todos los Estados secundarios de la Confederación germánica, en la cual tiene el 7.º rango de cancillería y de contingentes. El territorio de Baden, teniendo su extremo superior en la ribera septentrional del lago de Constanza y el inferior abajo de la confluencia del Nékar con el Rin, ocupa el espacio comprendido entre el ángulo del gran río, trazado de Constanza a Mannheim y que tiene su vértice en Basilea, tocando en el interior a las fronteras de Wurtemberg, Baviera y el gran ducado de Hesse-Darmstad. Con excepción de la angosta faja de llanuras que gira por la margen derecha del Rin, el territorio badense se compone, pues, de montañas bajas (la Floresta negra y las que hacia el norte la continúan) entrecortadas por un interesante sistema de pequeños valles y altiplanicies. De un lado, las aguas badenses vierten hacia el Rin, principalmente por el «Nékar» y el «Kinzig»; del otro, tienden hacia la hoya del Danubio, que tiene su origen en el corazón del gran ducado.

La variedad que tiene ese doble sistema hidrográfico y el de las montañas, determina también, naturalmente, una gran variedad en las producciones del suelo y las condiciones de la vida social. Así, en la región montañosa, que es la más extensa, se hallan los interminables bosques de abetos, pinos, encinas, etc., que dan lugar a una activa y valiosa explotación de maderas, destinadas a construcciones de todo género en Bélgica, Holanda, etc. En el seno de esas mismas montañas la minería tiene su parte de importancia, y los aserríos de maderas pululan a orillas de los torrentes. En las numerosas altiplanicies, las praderas están cubiertas de ganados diversos; mientras que más abajo, en el fondo de los vallecitos, florecen los árboles frutales en grande abundancia y medra el cultivo de las legumbres y los cereales. Más abajo aún, sobre los planos inclinados que descienden hacia las llanuras, y en la margen del Rin y las del Nékar y demás afluentes, las viñas abarcan grandes extensiones y producen excelentes vinos de valor muy considerable. Luego prospera en esas llanuras el cultivo de las plantas ya indicadas, cultivo que hace mucho honor al país. Por último, en las ciudades principales están concentradas la fabricación y las más nobles manifestaciones del arte y de la inteligencia, como se ve en Heidelberg, ciudad tan célebre por su Universidad como interesante por sus monumentos u objetos materiales.

Si la navegación de los ríos y las numerosos y excelentes carreteras interiores facilitan las comunicaciones, el Gobierno, sinceramente preocupado con el interés público, ha costeado ferrocarriles que ligan el país con las vías férreas de todos los Estados vecinos. La tarifa oficial de esos ferrocarriles es moderada, sobre todo en los meses de invierno, en que el número de extranjeros es relativamente muy reducido. Así, esas empresas tienen el carácter de obras destinadas al servicio de los ciudadanos principalmente, y no figuran como especulaciones del Gobierno.

La población badense, ocupando un territorio de cerca de 15.000 kilómetros cuadrados y distribuida en 1.595 municipios o parroquias, ascendía en 1849 al total de 1.362.774 habitantes, y en 1858, a causa de las emigraciones, ha bajado a 1.357.200. La raza, casi en su totalidad, es alemana pura. Aparte de unos 25.000 israelitas y poco más de 2.000 «disidentes» de varias sectas, la masa de la población se compone de católicos, luteranos y calvinistas, en número muy desigual, puesto que los primeros eran en 1858 unos 900.000, los protestantes 435.000, y los israelitas y disidentes componían el resto. Pero esa diversidad de religiones tiene su contrapeso en la tolerancia y la libertad; pues aunque la religión «cristiana» figura como la del Estado, teniendo cada una de las dos grandes iglesias (católicos y protestantes unidos) su organización propia, los judíos son tolerados y considerados, si bien, por una deplorable anomalía, se les excluía (hasta 1861) de los puestos públicos y del sufragio. Es digno de notar, como prueba del espíritu de independencia que predomina en el país en materia de religión, que recientemente la Cámara electiva del Estado rechazó, por una gran mayoría de votos, un concordato que el Gobierno había celebrado con la corte romana, que admitía en los negocios eclesiásticos del país una intervención excesiva de parte de la autoridad romana y sus obispos. Esa conducta de la Cámara badense dio lugar a un feliz cambio de política y sirvió de ejemplo saludable. Hoy el gran ducado figura en primera línea entre los Estados liberales de Alemania, y en Wurtemberg y otros Estados se han comenzado a manifestar enérgicas tendencias en favor de la igualdad y libertad religiosa y la consiguiente emancipación de los israelitas.

El gran ducado de Baden, como he dicho, es uno de los más liberales de la Confederación alemana, y por consecuencia natural, uno de los más ilustrados, industriosos y estimables. A virtud de la «Carta» constitucional de 1818 (sin igual en Alemania por su liberalismo) los ciudadanos son todos iguales ante la ley, es decir ante la escuela, el cuartel, el impuesto, los tribunales, etc., y gozan de las más importantes libertades que un pueblo puede apetecer. La prensa, sobre todo, y la tribuna pública, tienen garantías sólidas. La pena de muerte no existe en el país; el régimen civil y penal es bastante sencillo y filosófico; y en las costumbres oficiales se nota una simplicidad, una modestia que cuadra muy bien con las costumbres privadas de los alemanes.

El gran duque, cuya autoridad es hereditaria, tiene el rango de príncipe real, y su poder, meramente «reinante» o de representación, está temperado por las libertades constitucionales, la responsabilidad del gobierno y el régimen representativo. Es inútil entrar en pormenores respecto de la organización de las Cámaras y los demás poderes públicos, puesto que todo está dicho con indicar la índole del gobierno, que sigue las reglas de toda monarquía constitucional. Solamente me detendré a indicar algunos rasgos particulares que dan idea del carácter general del gran ducado.

El sistema de imposición está muy lejos de ser sencillo, puesto que en él figuran las contribuciones directas e indirectas de todo género y aun uno o dos monopolios; pero como reposa en el principio de la igualdad, y como el gobierno es modesto en sus gastos, es casi constante la feliz circunstancia de un exceso de rentas sobre el monto anual de los gastos públicos.

Sea porque el carácter alemán exija la sencillez en todo, sea por la influencia que ejerce la grande afluencia de extranjeros, o por virtud de las instituciones, en el gran ducado de Baden la autoridad «no brilla en los lugares públicos sino por su ausencia». En las grandes concurrencias de todo género el orden se mantiene sin necesidad de que los gendarmes ostenten su intervención; jamás se ve un uniforme entre los funcionarios de la policía; y aunque el Estado tiene su pequeño ejército permanente y su milicia popular, no se sabe, al recorrer las calles de las ciudades, dónde se encuentran los soldados.

La instrucción pública tiene un desarrollo extraordinario en Baden, porque la autoridad y los ciudadanos le consagran los cuidados más asiduos. Allí la ley declara obligatoria la asistencia a las escuelas primarias durante cierto tiempo, y cada comunión religiosa tiene un número muy considerable de establecimientos de ese género. No hay aldea, por reducida que sea, que no mantenga sus escuelas primarias bien servidas, y en todas partes se atiende también a las dominicales. Baste decir que constantemente concurre a las escuelas un número de alumnos equivalente a poco menos de la sexta parte de la población total. Si se tiene en cuenta que, dividida la edad del hombre (calculada en cuarenta y ocho años) en seis períodos de a ocho años, solo una sexta parte de la población corresponde a la edad escolar (de los ocho a los dieciséis años), se comprenderá que en el gran ducado de Baden reciben instrucción popular casi todos los que la necesitan. Esto es bello y muy honroso para ese pueblo. ¿El régimen de la instrucción obligatoria es bueno o malo? Los publicistas no han podido ponerse de acuerdo todavía respecto de esa gran cuestión, aunque los «hechos» parecen favorecer la opinión que prevalece en Baden, en Suiza y otros países. Sin embargo, es fuerza reconocer que hasta ahora no se ha ensayado el sistema mixto que puede convenir más: el de la libertad unida al estímulo; régimen reducido a estos principios: que el Estado o el municipio busque al ignorante, donde quiera que se halle, y le ofrezca los medios de instruirse; que el ignorante sea libre de aceptar o no la enseñanza que se le ofrece, y todo el mundo libre de enseñar o aprender privada o públicamente, sin reglamentos de la autoridad; pero que la ley le niegue al ignorante el derecho de intervenir en la dirección de los negocios públicos, puesto que la sociedad tiene el derecho de ser bien gobernada.

Añadiré, en prueba del interés que en Baden se tiene por la instrucción pública, sobre la base de la igualdad de religiones, que el gran ducado mantiene dos importantes universidades: la de Friburgo, centro de la enseñanza superior católica, y la de Heidelberg, que corresponde a los protestantes. Son notables también las excelentes bibliotecas del gran ducado, establecidas en Friburgo, Heidelberg, Carlsruhe, Mannheim y Donaueschingen, que contienen un total de cerca de 600.000 volúmenes, con numerosos manuscritos de gran valor.

Casi hacia la mitad de la desigual llanura que media entre Basilea y Kehl, demora la antigua ciudad de Friburgo, al pie de algunos contrafuertes de la Floresta negra, y en la confluencia de dos lindos vallecitos que desembocan sobre la llanura y cuyas aguas forman el riachuelo llamado «Dreisam». El paisaje es vasto, variado y realmente bello, por el juego que hacen en el panorama las montañas, los planos inclinados, los risueños vallecitos, la limpia y verde llanura y la masa de la ciudad, sobre la cual descuella la admirable torre de su preciosa catedral.

El hotel donde nos hospedamos, situado a poca distancia de la estación del ferrocarril, se hallaba a un kilómetro de la ciudad, al extremo de una hermosa alameda que sirve en los domingos de paseo favorito. Allí fuimos testigos de una escena de costumbres alemanas, que después vimos repetirse en toda la Alemania. Nos pareció característica, y por eso quiero describirla brevemente.

Delante del hotel se desarrollaba un inmenso patio, abierto por tres lados apenas, cercado por bajos setos de arbustos y perfectamente sombreado por unos treinta o más árboles corpulentos. Debajo de aquel vasto pabellón de verdura se destacaban numerosas mesas de diversos tamaños, unas rústicas y extensas, rodeadas de bancos análogos, y otras algo más decentes y pequeñitas, honradas con una cohorte de silletas. En una de las pequeñitas hicimos servir nuestra comida, aprovechándonos del «sans façon» que reinaba entre los numerosos grupos del patio.

Hacía ya más de dos horas que habíamos visto a muchas familias instaladas al derredor de las mesas, formando grupos de una simplicidad patriarcal, por sus vestidos modestos, su conversación animada y enteramente familiar y su aire de dulzura y bienaventuranza. Pero ninguno de esos grupos mostraba la menor intención de abandonar el campo. Al contrario, a cada momento llegaban otros, siempre en familia, los maridos de bracero con sus esposas, los jóvenes solteros con sus hermanas, amigas o prometidas, todas joviales, afables, repartiendo saludos a derecha e izquierda y besándose con tal entusiasmo que la cosa parecía un fuego graneado, por pelotones y en guerrilla. Si los bancos o silletas estaban ocupados, nunca faltaba lugar para los que iban llegando; los cumplimientos y saludos lloviznaba, todo el mundo se acomodaba como podía, y las familias fraternizaban en derredor de una mesa común.

Al aplicarse la granizada de besos, saludos y apretones de manos, todos los recién llegados llamaban a los sirvientes por medio de signos convencionales. Los mozos del hotel corrían a servir y casi no necesitaban que se les pidiese lo que habían de llevar. El refrigerio habitual era sencillo: pan a discreción, cerveza y pipas para fumar; y digo «pipas», porque el tabaco hace parte integrante en Alemania del régimen de alimentación. En el centro de cada mesa depositaba el sirviente un monumento de pan ordinario, y delante de cada persona, vieja o joven, masculina o femenina, un enorme jarro de peltre con su tapa adherida, lleno de cerveza, el licor nacional, no obstante la abundancia de vinos en el sur, el centro y el occidente de Alemania.

Entonces todo el mundo arremetía con franqueza, y en breve desaparecía el monumento de pan. Cada cual saboreaba con deleite su licor fermentado; las señoritas y matronas candorosamente, y los hombres acompañando cada libación con una aspiración del cigarro o la pipa y una bocanada de humo espeso y desagradable, tal como lo produce el detestable tabaco que se cultiva en Alemania. A veces dos amigas o amigos, o dos cónyuges, bebían en el mismo jarro, alternando con una regularidad matemática. Pero qué algarabía! Todos hablaban a un tiempo, sin tregua ni descanso, en voz alta, con franqueza ruda, cordial y candorosa, y con una rapidez particular, propia de una lengua de palabras compuestas en que cada sílaba equivale casi a una palabra de los idiomas latinos, como la palabra misma puede contener toda una frase. Siempre me han llamado mucho la atención el estrépito de las conversaciones alemanas y la extraordinaria facilidad con que, al juntarse dos o más desconocidos, entablan diálogo inmediatamente, como si fuesen viejos amigos. Esa observación que he hecho en toda la Alemania prueba que en la raza de ese noble país son característicos el candor, la sencillez, la cordialidad, y un espíritu de «familia» que es el secreto de la «unidad moral» de ese pueblo despedazado por treinta y tres gobiernos sin armonía ni espíritu de fraternidad.

Volviendo a nuestro gran patio, cuyas escenas observábamos muy atentamente, la atmósfera quedó muy en breve oscurecida por el humo, bajo la sombra de los árboles. La sociedad, según los temperamentos, se clasificó en dos categorías: los comunicativos, y los somnámbulos o soñadores. Donde quiera que había mujeres, familias, se charlaba y hacía ruido sin descanso. Donde los grupos eran reducidos y puramente masculinos, los miembros soñaban despiertos: guardaban silencio, que no interrumpan sino de tiempo en tiempo con alguna exclamación breve: «¡Oh! ¡Ya!», como arrancada más bien por algún interlocutor imaginario que por los verdaderos; y, embelesados con las espirales de humo de sus pipas, no bajaban a ratos del mundo de los ensueños sino para probar de nuevo la cerveza. ¿En qué pensaban o con qué soñaban esos graves alemanes? Acaso alguno de ellos, patriota generoso o gran filántropo, veía al través de las espirales de humo el «Parlamento» y la «Flota» de Alemania, como símbolos de unidad, o contemplaba a la humanidad redimida y feliz. Tal vez otro, inclinado a las investigaciones arqueológicas y eruditas, o a las especulaciones de la filosofía, se recreaba con la vista imaginaria de algún ladrillo descubierto en las ruinas de Pompeya, o descifraba un jeroglífico, o anotaba uno de esos libros preciosos llamados «incunables», o meditaba en los grandes problemas sobre el «ser objetivo» y los misterios de la Creación. Quizás combinaba algún «sistema» todavía nebuloso, o viajaba moralmente en busca de las fuentes del Nilo, o calculaba las ventajas que, como futuro inmigrante, podía ofrecerle California, Australia o la región del Plata.

Terminaré esta incorrecta descripción recordando un rasgo curioso. El mozo que nos sirvió la comida se mostraba muy admirado, aturdido de nuestra «frugalidad», y esto que comimos con gana. Él no comprendía que dos racionales pudiesen comerse apenas la tercera parte de cada «porción» servida, quedando satisfechos, ni beberse tan solo una miserable botellita de vino. Los alemanes, como que son generalmente curiosos, nos miraban con amable extrañeza, a causa de nuestro tipo diferente del suyo, y hacían comentarios sobre nuestra sobriedad, según nos dijo el sirviente. Después, en toda la Alemania, tuvimos cien ocasiones de percibir la singular pero inocente glotonería de los alemanes. Acaso ese defecto no merece reproche, por ser una necesidad del clima o de las razas septentrionales de Europa, a que no estamos sujetos los hijos de la zona intertropical, en gran parte nutridos por el Sol.

La ciudad de «Friburgo», que cuenta poco más de 16.000 habitantes, es curiosa por muchos motivos y muy interesante como centro de la población católica de Baden. No me detendré a hablar de todas sus curiosidades, porque mi objeto no es escribir un «guía» de viaje, sino recordar impresiones generales. La estructura de Friburgo es original, y donde quiera el aspecto de las calles y de las construcciones hace recordar las tradiciones de la edad media; así como la fisonomía de los campesinos que descienden de la

Floresta negra a la ciudad, en las plazas de mercado, indica la originalidad simpática de la población que vive en las montañas.

Lo que más llama la atención en Friburgo es, la admirable catedral, que es su joya, y la colina llamada «Schlossberg» (o «Monte del castillo»), que ofrece un punto de vista primoroso. La catedral (o «Munster») no tiene rival en Alemania, entre todas las de estilo gótico que han sido terminadas. Aislada como está en el centro de una plaza, al contemplar su masa imponente no se sabe qué admirar más, si la ligereza y elegancia de sus formas, el atrevimiento de su magnífica torre, o la imponderable finura y el exquisito gusto de sus adornos o esculturas, particularmente en el portal principal que sostiene la base delantera de la torre. El edificio entero es de piedra o gres rojo, lo que le da una tinta singular, en contraste con las manchas negruzcas que el tiempo ha dejado sobre todos los muros y la torre. Ese soberbio monumento, cuyo arquitecto es desconocido, o muy controvertido por los anticuarios, fue construido de 1122 a 1513. Si el interior es muy interesante por sus grandiosas naves, sus capillas, ornamentos y mil curiosidades artísticas, el exterior asombra y encanta por las superiores estatuas y los complicados adornos del portal, de carácter muy complejo, la originalidad de las figuras alegóricas que se destacan en la base de la techumbre, y las formas singularmente atrevidas de la torre calada. El edificio mide en su totalidad 320 pies de longitud y 94 de anchura, y la torre alcanza la elevación de 385.

Es profunda la emoción que se siente, en la parte superior de la torre, bajo aquella mole de piedra, que pudiera llamarse transparente, puesto que desde el fondo del piso se alcanza a registrar con la mirada la vasta campaña de Friburgo, al través de los espacios que el arquitecto dejó entre las cintas de gres que, formando como un encaje colosal de filigrana, se reúnen en la cúspide, presentando al soplo de los huracanes la construcción más frágil y delicada en apariencia.

La colina o eminencia de «Schlossberg», cubierta de viñedos en su base y de graciosos bosquecillos en la parte superior, se encuentra en uno de los extremos de la ciudad, sirviendo de límite al pintoresco y fértil vallecito del «Dreisam», y es uno de los paseos más frecuentados por los friburgueses. El camino trepa la montaña, caracoleando por entre los viñedos y pabellones de verdura, y desde el punto culminante, sobre las ruinas del antiguo Castillo, se puede contemplar uno de los más bellos panoramas de Alemania.

Capítulo II. Algo de la Francia alemana

Kehl. Un portero francés. Estrasburgo. La campaña alsaciana. Una familia francesa en el campo

Desde Friburgo hasta Kehl la llanura badense despliega todas sus galas de ricos y variados matices; el viento, al agitar las sementeras, hace aparecer en las rubias ondas de los trigos, cáñamos y linos la ilusión de numerosos lagos de colores diferentes, y las graciosas plantaciones de tabaco le traen al hijo de Colombia que las atraviesa el dulce recuerdo de la patria.

El tren se detuvo en «Kehl», pequeño lugar compuesto solo de una calle, destinado principalmente a figurar como aduana fronteriza y puesto militar, guardando la cabeza alemana del gran puente de barcas que une la ribera badense del Rin con la francesa. Estaban entonces construyendo un magnífico puente fijo, de mampostería y hierro, con tarimas levadizas y defendido por fortalezas en ambos lados, destinado a ligar los ferrocarriles franceses con los alemanes. La obra ha sido terminada en 1861, y pasa por ser el primer monumento de ese género en la parte continental de Europa. Pero ya que la Francia y la Alemania se resolvieron a enlazar sus ferrocarriles sobre las tranquilas ondas del Rin, han tenido buen cuidado sus gobiernos de tomar todas las precauciones necesarias para poder cerrar el paso o volar el puente el día en que la maldición de la guerra venga a protestar contra ese símbolo de fraternidad, o por lo menos de armonía, que se ve en el ferrocarril.

Al llegar a Kehl la policía aduanera y militar nos cayó encima, como era natural, puesto que íbamos a entrar a Francia. «Nadie pase sin hablar al portero», decía Larra, y esto en Francia tenía su aplicación rigurosa.[33] Todos los viajeros hubimos de entregar nuestros pasaportes y equipajes, y dejarnos encerrar en un ómnibus para pasar el puente bajo la vigilancia de un agente de policía. Estábamos ya en territorio francés, sobre la margen izquierda del

---

33 Después de 1861 se ha suavizado notablemente el régimen de pasaportes, respecto de los extranjeros.

Rin, cuando el «portero» que guardaba la entrada nos interpeló declinando nuestros nombres:

—Señor y señora, ustedes no pueden pasar adelante.

—¿Por qué si usted gusta?

—Porque ustedes vienen de Suiza, por vía de Baden, y su pasaporte no está visado.

—¿Es decir que, habiendo salido de París para viajar y volver a París, con pasaporte en regla, no podemos visitar a Estrasburgo?

—No; a menos que ustedes traigan el «visa» necesario.

—¿Y quién lo habría de dar?

—El ministro del país de ustedes, residente en Estuttgard o en Carlsruhe.

—¡Diantre! es decir que, ¿para entrar a Francia teníamos que hacer un viajecito lejos de Francia, en busca de un visa?

—Probablemente.

—Pero si en Estuttgard ni Carlsruhe no hay ministros ni cónsules de mi país...

—Eso no es culpa mía.

—Y bien, señor comisario, usted se equivoca. Nosotros tenemos derecho de entrar a Francia, sin «visa» especial, como cualquier francés.

—¿Por qué?

—Porque conforme al tratado vigente entre nuestro país y Francia, debemos gozar de las mismas ventajas que los franceses.

—Yo no conozco ese tratado.

—Pero usted, señor comisario, tiene obligación de conocerlo y tenerlo a la vista, puesto que representa a su gobierno en una función que afecta a los extranjeros.

—¡Bah! yo no recibo lecciones ni entiendo de tratados.

—Enhorabuena, señor comisario. Volveremos a pasar el puente, saliendo de la puerta de Francia; pero usted me dará un certificado de lo ocurrido para quejarme contra usted por medio del ministro de mi país.

La observación produjo su efecto, porque el comisario tomó un aire de protección generosa y me interrogó.

—¿Con qué objeto entran ustedes a Francia?

—Con el de conocer a Estrasburgo y visitar a una familia en el departamento.
—¿Por cuánto tiempo?
—Cuatro días.
—Bien: pasen ustedes, y al volver a salir recogerán su pasaporte.
—Enhorabuena.

El pasaporte quedó, pues, «empeñado» en representación de nosotros; nos volvimos al ómnibus, el «portero» de la Francia rineana quedó muy satisfecho, y seguimos en dirección a Estrasburgo (distante del Rin unos 4 kilómetros) bajo la sombra de una magnífica alameda de olmos centenarios rodeada por ricas y graciosas campiñas.

Estrasburgo es la ciudad más importante del nordeste de Francia, ya por su comercio y el movimiento agrícola que centraliza, ya por el carácter de plaza fuerte de primer orden, y por sus tradiciones, sus monumentos e institutos como antigua capital de Alsacia. Esta provincia de origen alemán, conquistada por Luis XIV en 1681, fue dividida en la época de la primera república francesa en dos departamentos: el del «Alto Rin» (que tiene por capital a Colmar), y el del «Bajo Rin», cuyo centro político es Estrasburgo. Esta ciudad, que es una de las plazas más fuertes de Europa, y que es célebre por su historia como ciudad libre del imperio germánico, y por haber sido la cuna de Guttemberg, posee una población fija de poco más de 76.000 habitantes, y tiene en Francia un rango bien notable.

El departamento del Bajo Rin, compuesto de tres porciones correspondientes a las antiguas provincias de Alsacia y Lorena y de la «Tierra alemana», es, por su población (564.000 habitantes), su riqueza, su agricultura y su industria, uno de los más fuertes departamentos del imperio francés. Es también uno de los que contienen mayor número de protestantes e israelitas, y su población corresponde principalmente a la raza germánica. Así, el francés está muy lejos de ser el idioma social, puesto que la gran mayoría popular no habla sino un patué alemán sumamente áspero; si bien es cierto que la lengua francesa se propaga por medio de las escuelas y de los demás establecimientos de educación.

Y sin embargo de que esa población corresponde principalmente por su sangre al tipo germánico, es muy fácil reconocer allí, al primer golpe de vista, que la sociedad es mucho más francesa que alemana en sus costumbres, sus aspiraciones y su temple. ¿De qué proviene esta prodigiosa facilidad que tiene el pueblo verdaderamente francés para asimilarse los que están bajo su acción directa y pueden fusionarse con él? Aunque el genio galo entra por mucho en ese fenómeno, basta recordar que antes de 1789 la Alsacia parecía completamente extranjera en Francia, a pesar de más de un siglo de anexión, para reconocer que la fusión o asimilación que hoy se palpa es el resultado de las instituciones fundadas por la revolución francesa. Nada establece tanto entre los pueblos estrechos vínculos de familia, como esa comunidad, derivada del principio de igualdad, que los hace fraternizar en la escuela primaria y el colegio, en el ejército, en el pago del impuesto, en el goce de la libertad religiosa, delante de los tribunales y de la urna eleccionaria, y en todos los actos de la vida civil. De ahí viene también que en ningún país de Europa es tan evidente como en Francia la conciliación establecida entre cristianos e israelitas, puesto que a estos se les ve en los altos puestos del gobierno y la administración, en el ejército, en las Cámaras, en la prensa, las academias, los bancos y todos los negocios, como en la vida civil, alternando sobre la base de la igualdad y la justicia con los que en otros tiempos fueron sus perseguidores.

Cuando se nombra a Estrasburgo, desde el primer instante el gastrónomo y el bebedor recuerdan los famosos pasteles de hígados de gansos y la renombrada cerveza, cuyo nombre es casi tan explotado como el del «agua de Colonia»; y el artista piensa en los primores de la admirable catedral, y en las bellezas de algunos otros monumentos, como el del mariscal de Saxe, en la iglesia de Santo Tomas. Ya se comprenderá que siendo yo lego en punto a pasteles y cerveza, habré de abandonar este asunto a plumas que pertenezcan a la «especialidad» (como se dice en Francia), y que no teniendo en cuanto a bellas artes más elementos que el sentido común y el amor por todo lo que es bello y noble, no me creo autorizado para ofrecer al lector una «descripción» de las curiosidades de Estrasburgo.

Si esa ciudad tiene monumentos interesantes para el artista, y fortificaciones de gran importancia para el militar, también llama la atención al que resiste a la seducción de los primeros y la fascinación de las segundas, a causa del movimiento activo de la población. Esta se agita en los mercados, las calles, los almacenes, los canales que cortan la ciudad, y los ferrocarriles y carreteras, mostrando en todas partes un alto espíritu de industria y comercio; así como en su extensa y variada fabricación, y en sus cien institutos de enseñanza, beneficencia, crédito, previsión, economía, etc., manifiesta que todos los esfuerzos de la civilización tienen cabida con honor en la patria de Guttemberg. En medio de aquellas calles tortuosas, generalmente estrechas y caprichosas, y que en gran parte conservan muchos rasgos de la estructura que fue característica de las viejas ciudades germánicas, se mueve una población laboriosa, áspera en apariencia, de carácter dulce en el fondo, y que vive en un trabajo insensible pero constante de fusión y transformación. Debo hacer notar que casi la mitad de los habitantes de Estrasburgo son protestantes.

La catedral que contribuye a su renombre es, como se sabe demasiado, uno de los más imponentes y curiosos monumentos góticos del mundo. Ni «Nuestra Señora» de París, ni las catedrales de España, ni ninguna de las de Bélgica o de Alemania (con excepción de la de Colonia) tiene tanta majestad ni tan soberana seducción, por sus formas exteriores, como la de Estrasburgo. No obstante la falta de una de sus torres, que jamás ha sido comenzada, esa catedral tiene el poder de clavar al espectador delante de ella y obligarle a que la contemple con asombro, admiración y recogimiento, como una de las obras más atrevidas del genio humano, en arquitectura. Comenzada en el año 1015 y completada, en lo que hoy la compone, hacia 1439, sus formas y sus adornos muestran la sucesión de los tres estilos góticos, produciendo un juego singular de construcciones y esculturas. Baste decir, para que se tenga alguna idea de la grandiosidad del edificio, que es el más elevado del mundo después de la mayor de las pirámides de Egipto. Mide 355 pies de longitud total, por 132 de latitud, y la torre alcanza la prodigiosa elevación de 142 metros o 490 pies sobre el nivel de la plaza. Esa altura se reparte entre la enorme masa de la fachada principal, cuya plataforma se halla a 288 pies, y la torre propiamente dicha, que se eleva 262 pies sobre la plataforma.

Es imposible detenerse al pie del monumento a contemplar las magnificencias de su fachada principal, sin sentirse arrebatado por tan sublime concepción y por las maravillas de sus esculturas; sobre todo si se recuerda que una mujer, Sabina Steinbach, contribuyó con su admirable cincel a embellecer la obra de su hermano y su padre. Los tres portales de la base, las ligerísimas columnas del segundo y tercer cuerpo, la enorme roseta que se abre en el centro, como una inmensa filigrana de piedra, las esculturas, estatuas y torrecillas que se destacan sobre los relieves del edificio, los arcos tendidos y las preciosidades de los portales laterales y de las capillas, en fin, la gigantesca torre calada, que termina en una forma semejante a la de una mitra aguda, forman el conjunto más interesante, aun para el viajero que carece de conocimientos artísticos.

Desde arriba, sobre la plataforma, y teniendo encima la torre como un fantasma colosal, se siente uno sobrecogido de terror, al mirar el abismo en cuyo fondo hormiguean como liliputienses los corpulentos hijos de la Alsacia. Pero si se tiende la mirada en derredor, el espectáculo es magnífico, vasto y variado. De un lado la vista recorre las fértiles llanuras alsacianas, ricas y enteramente cultivadas, y va a detenerse en el enjambre de colinas montuosas del Palatinado y la Prusia rineana; al poniente, de otro lado, sigue la línea de los Vosgas, montañas que limitan el departamento hacia el interior de Francia, y la mirada se pierde luego en la dirección del Jura y Suiza. Si se torna la vista hacia el Rin, se ve a lo lejos la bellísima cadena de la Floresta negra, como un inmenso crespón de complicadas formas, y se descubren en raros puntos algunos trozos medio escondidos de la blanca cinta del Rin; o bien, mirando hacia el norte, el ojo se goza en abarcar las vastas y verdes llanuras alemanas que se desarrollan del lado de Darmstad y Francfort.

La catedral de Estrasburgo contiene mil preciosidades en su interior, cuyo mérito se realza con el claro oscuro de la luz vaga que reina bajo las soberbias naves. Las columnas de la nave central, el hermoso y delicado púlpito, las preciosas pinturas en vidrio de las enormes ventanas, y otras obras de arte, y más que todo el complicado y admirable mecanismo del reloj astronómico de Schwilgué, construido hace veinte años, y tan afamado en el mundo, le ofrecen al curioso amante de la belleza bajo todas las formas asunto para largas horas y aun días de contemplación deliciosa.

Habíamos prometido en París hacer una visita en su casa de campo al señor B----, ilustre químico y naturalista francés, tan sabio como franco y obsequioso, que comenzó su carrera científica con estudios prácticos hechos en la antigua Colombia y otras repúblicas «españolas». Así, tan luego como terminamos nuestra rápida inspección de Estrasburgo, tomamos el ferrocarril que corta el departamento en dirección a París, y seguimos la vía lateral que conduce al Palatinado por «Haguenau» y «Weissenbourg». La campaña nos llamaba la atención por sus extensas y variadas plantaciones, entre las cuales descollaban con mucha gracia las de lúpulo, «esa viña de los países septentrionales», como lo llama un escritor francés muy hábil en descripciones. Donde quiera flotaban al viento los racimos de flores verde claro de las plantas que suministran su generoso amargo a la cerveza, crespas, empinadas sobre sus estacas como pabellones trepadores, formando inmensos muros de verdura; en otras partes agitaban sus espigas magníficos cereales, al lado de enanas plantaciones de tabaco, o se destacaban en algunos puntos del horizonte las negras pirámides de adobes provenientes de vastos depósitos de turba.

En Haguenau debíamos tomar un coche, o en su defecto algún «har-à-cbancs» que nos condujese a «Liebfraunberg» (en el cantón de Woerth), objeto de nuestra excursión. Fueme preciso dar vuelta a todo el lugar hasta encontrar, después de mil diligencias, un cochecito de dos asientos algo confortable. Eso me dio ocasión de echar una ojeada sobre las calles de Haguenau, villa de poco más de 11.000 habitantes (mitad católicos y mitad judíos y protestantes) que tuvo en otros tiempos importancia como una de las ciudades libres de la liga de Alsacia, y ha hecho notable papel en las guerras como plaza fortificada. Fea, no poco desaseada y de triste aspecto, Haguenau indica con sus rasgos la presencia de más de 3.000 judíos, y tiene algún interés por su movimiento industrial.

Eran las siete de la tarde cuando salíamos de Haguenau para entrar inmediatamente en la magnífica floresta del mismo nombre, de 15.000 hectáreas de superficie. Solitaria, cortada por varias carreteras y un ferrocarril, llena de ricos aromas, la floresta nos encantaba con su silencio profundo, interrumpido solo a veces por algún lejano silbido de locomotiva, y sus hermosos y oscuros pabellones, reposando sobre altas columnatas de abetos y pinos, parecían anticipar la noche con sus poéticas sombras.

Daban los nueve y la noche estaba profundamente oscura cuando llegábamos a la pequeña villa de «Woerth», todavía distante una hora de la hacienda del señor B----, y nos fue forzoso detenernos. Confieso que no lo sentí mucho, porque tuvimos ocasión de observar algunas escenas curiosas que nos dieron una ligera idea de algunas de las costumbres de las poblaciones semi-judaicas que habitan el cantón.

La plaza del lugar estaba iluminada con ocasión de la fiesta del emperador, y los israelitas parecían ser los más satisfechos, sea por la fama que tiene Napoleón III de proteger notablemente a los judíos (banqueros, artistas, escritores, hombres de Estado, etc.), sea porque estuviese reciente la guerra de Italia, que los israelitas de Europa, sobreexcitados por el ruidoso episodio de la familia Mortara, habían aplaudido como un medio seguro de emancipación para los hermanos de Italia y principalmente de Roma. La turba de vecinos se había dispersado en pequeños y numerosos grupos; los muchachos daban sus últimos gritos de alegría, y en una de las casas cercanas al albergue donde nos habíamos hospedado (dignificado con el nombre de «Hotel del Caballo blanco») se reunían los más alegres vividores, en posesión de un chirivitil que iba a ser teatro de un baile característico del lugar. Nuestro hostelero, que era un buen hombre, mucho mejor que su «hotel» y sus alcobas de dormir, nos refirió algunos pormenores que nos dieron idea de la originalidad de aquellos bailes, más parecidos a una escena de sombras chinescas que a otra cosa. Los convidados se agitaban casi en la oscuridad, en medio de una confusión de los muebles más heterogéneos, ataviados con los vestidos más extraños, y bebían y bailaban al compás de la «orquesta» más extravagante que se puede imaginar: y todo eso en un estrecho aposento del piso más alto de la casa.

La mañana estaba fresca y deliciosa cuando atravesábamos, al día siguiente, las alegres y ondulosas campiñas del cantón de Woerth, donde veíamos alternar los pequeños bosques y viñedos de las colinas con los cereales de las planicies, sucediéndose en suaves planos inclinados. En breve trepamos la hermosa colina de «Liebfraunberg» («Monte de la Virgen amante») sobre la cual se destacaba la casa del señor B----, que conserva en una de sus parles principales las construcciones de uno de esos antiguos conventos o abadías que la revolución francesa suprimió e hizo entrar, desamortizando los bienes eclesiásticos, en el movimiento general de los negocios o de la propiedad territorial.

Los dos días que pasamos como huéspedes del señor B---- y su interesante familia nos fueron sumamente gratos, y aun nos sirvieron para obtener algunas nociones importantes. Con cuánta delicia oíamos al señor B----, al recorrer el bosque vecino o los jardines de la vasta habitación, hablar entusiasmado de las bellezas del suelo colombiano y de la dulce índole de sus poblaciones. Mientras que mi esposa conversaba alegremente en los jardines con la ilustrada esposa del señor B---- y sus interesantes señoritas, acompañadas de otra amable familia de su parentela, yo procuraba obtener del sabio naturalista, (que de 1849 a 1851 había tenido puestos notables en los negocios públicos de Francia) algunas nociones sobre la vida de familia en la clase media de la sociedad francesa, sobre las ideas y tendencias políticas de la parte seria y pensadora de esa misma sociedad, sobre las condiciones de la agricultura en Francia, y sobre la aplicación que los progresos de la agronomía y de la ingeniatura de Europa pueden tener en nuestras comarcas atrasadas del Nuevo Mundo. Como la observación y el trato con las gentes de buena sociedad me han probado que las opiniones del señor B---- predominan en las distinguida clase a que él pertenece, no vacilo en dar a mis lectores un breve resumen de las reflexiones que me hacía el sabio agrónomo y eminente químico.

«El gran defecto de la sociedad hispano-colombiana, me decía, es el de ser sumamente teórica en todo, olvidando sus propias condiciones y aspirando siempre a las imitaciones sin criterio. ¿Cree usted, añadía, que yo habría podido prestar algunos servicios a la química y la agronomía, si no viviese en mi casa de campo, durante seis o siete meses de cada año, ensayando todas las aplicaciones, sometiendo a prueba los sistemas, observando a la naturaleza en sus actos más minuciosos? Sin esto, yo no podría ir a dictar mis cursos del invierno en París, con la conciencia de decir la verdad, o lo que más se aproxime a ella. ¿Por qué no hacen ustedes lo mismo en Colombia con sus constituciones, sus leyes y todos sus proyectos de progreso? Mientras no aprendan a "experimentar", observando la naturaleza de las cosas, nada bueno harán. La política es la química de los pueblos: ella tiene sus leyes, sus fuerzas, sus reactivos, sus combinaciones y transformaciones como las ciencias experimentales. Ustedes, los Colombianos, tienen muy bellas cualidades y un mundo admirable, pero se gobiernan como aturdidos!»

Por vía de ejemplo, el señor B---- me decía: «¿De dónde les ha venido la idea de imitar a Europa con la construcción de ferrocarriles a la vapor? Los pueblos colombianos carecen del movimiento, la población y los intereses necesarios para alimentar empresas tan costosas, que no dejarán utilidad, como especulaciones, sino de aquí a cincuenta o más años. El combustible adecuado para las locomotivas será siempre muy caro en esas regiones, donde los depósitos de carbón mineral son relativamente reducidos, y en todo caso de costosa explotación. Pero ustedes tienen donde quiera excelentes mulas y caballos, y prados naturales, es decir, los mejores y más baratos elementos de "tracción". Lo que les conviene, pues, es construir ferrocarriles de estilo americano, baratos y sencillos, mientras estos y el tiempo hacen nacer la necesidad de otros mejores».

Por ese estilo hacía otras reflexiones el señor B----, siempre teniendo en cuenta los condiciones del suelo y de la sociedad de Hispano-Colombia, cuando la conversación recayó sobre Bolívar. Si en lo anterior se había mostrado el naturalista, en lo político se manifestó bien el francés, hijo de la sociedad creada por la revolución de 1789.

«Ah! exclamaba el señor B----: es mucha lástima que ustedes no hayan sabido comprender a Bolívar ni adoptar su política! El Libertador tenía sus defectos, propios de una organización vigorosa y privilegiada, pero comprendía muy bien que un pueblo mestizo o compuesto de diversas razas, educado por la ignorante España, necesitaba un gobierno fuerte, en que la igualdad tuviese toda su garantía en la autoridad y la ley; un gobierno que guiase enérgicamente a la sociedad en vez de ser guiado por ella. Ustedes han querido devorar la fruta peligrosa de la libertad antes de que ella madurase y de que ustedes fuesen capaces de digerirla. Bolívar ha sido el único genio, el único grande hombre que ustedes han tenido.»

Tal es la opinión casi universal que los hombres serios tienen en Europa respecto de la política y los hombres de Hispano-Colombia; opinión errónea y evidentemente sofística, pero profundamente arraigada. No esperéis que un francés de la nueva escuela piense de otro modo. El señor B---- es republicano moderado y sinceramente liberal; y sin embargo, él como todos los de su generación, pensaba que la igualdad no se podía obtener sino por merced de la autoridad, y se mostraba decididamente apegado al régimen de la centralización rigurosa y de la reglamentación excesiva. Es que todavía no ha calado bien en las sociedades esta gran verdad: que la libertad no se adquiere, regular y completa, sino practicando la libertad imperfecta.

Yo le observaba al señor B---- que su doctrina, casi universal en Francia, conducía derecho a los mayores abusos y aún al socialismo, cuando en eso tropezamos con unas doce plantas de tabaco que el sabio agrónomo cultivaba para sus experimentos. Notando que el número de plantas era tan reducido, y que todas ellas, rigurosamente reducidas a «trece hojas», carecían de señales que indicasen una cosecha anterior, le pedí la explicación de esas circunstancias.

«El gobierno, me dijo, tiene muy minuciosamente reglamentado el cultivo del tabaco en este y otros departamentos. Solo unos pocos de estos tienen permiso para cultivarlo, aunque muchos otros pudieran hacerlo con gran provecho. La autoridad no concede permiso sino a personas de confianza. El cultivador está obligado a sembrar la planta y coger las hojas en "cierto" tiempo; no tiene disponibles para el cultivo sino "cien" días; le es prohibido dejar a la planta más de "trece" hojas, y dejarla en tierra para obtener segunda o tercera cosecha; el lugar destinado a secar las hojas (el "hangar") debe tener cierta "forma legal"; y la autoridad tiene el derecho de visitar todo, y en caso de contravención imponer penas y aun destruir lo que es violatorio, y retirar el permiso. Yo mismo, a pesar de las garantías que ofrezco, no he podido obtener licencia para hacer con la planta y sus medios de cultivo ciertos experimentos muy importantes, que implicarían una insignificante relajación de los reglamentos. El departamento podría ganar mucho con el ensanche del cultivo, pero no se puede.»

«Y bien —le dije al señor B---- cogiéndole "in fraganti"—, ¿cree usted que esa reglamentación es un bien para la Francia?»

«Sin duda que no, bajo el punto de vista de la agricultura, me replicó. Pero ¿qué quiere usted que se haga, si nuestro gobierno tiene una excelente renta con el monopolio del tabaco?»[34] Un francés, por regla general, se detiene en presencia de un «hecho» como ante una muralla.

Nuestras conversaciones en familia con nuestros amigos de Liebfraunberg no eran menos adecuadas para darnos idea de las cualidades de una parte de la sociedad francesa, la más sólida, la más influyente en realidad y la más estimable. Hablo de esa porción de la clase media en que no figuran ni el banquero (el hombre de Bolsa y de vida agitada y fascinadora), ni el especiero, el confitero y demás entidades vulgares de la «bourgeoísie»; porción que se compone de sabios, literatos de conciencia, propietarios y negociantes de vida modesta y regular, en cuyo seno la familia tiene una importancia primordial, el «deber» preside a todo, la instrucción es una necesidad, la moralidad una condición esencial de la vida, la moda una extravagancia ridícula, y los goces de la inteligencia los más dignos de solicitud, así como los del alma.

En esa región de la clase media francesa reinan en las relaciones sociales la cordialidad, la franqueza y la benevolencia, dirigidas por el buen gusto y ese fondo de «buen sentido», de razonamiento sólido y claro, que son los distintivos del mundo que no se ha viciado con las intrigas de la especulación, la vanidad y los delirios de la ostentación o la moda, y las indignidades de la vida cortesana. En la clase de que voy hablando, la sencillez es la condición característica de todos los actos, exentos de los vicios de ciertas aristocracias, y de la vulgaridad, la envidia y la ligereza superficial de ciertas muchedumbres. El «calembour» maligno, o indecoroso, o insustancial cuando menos, no tiene cabida en la conversación realmente espiritual y amable de la sociedad a que me refiero. Creo que se sufre un gravísimo error en calificar a los franceses en general como un pueblo ligero, petulante, novelero y aún vicioso; calificación que, fundándose solo en la observación de las clases aristocráticas de mala ley y de las que pertenecen a lo que en Francia se llama el «medio mundo», manifiesta una profunda ignorancia

---

34 Más de 200000.000 de francos, de los cuales solo unos 60 o 70 representan los gastos.

respecto de la vida social fuera de París, y aún en París, en las esferas sanas de la sociedad francesa.

Capítulo III. Baden-Baden

El paso de la frontera. Aspecto general de Baden-Baden. El mundo a la moda y las ciudades de aguas medicinales. Monumentos y curiosidades de Baden-Baden. Sus cercanías

Los campos de Alsacia respiraban alegría, brillantemente dorados por el Sol de la mañana, cuando dejamos la casa que nos habla dado tan grata hospitalidad. Un «char-à-bancs» campestre, a falta de coche por el momento, nos llevaba; con una amable familia de excursionistas, al través de los graciosos planos inclinados y las pequeñas planicies de los cantones que recorríamos, pasando por en medio de viñedos, plantaciones de lúpulo, extensos y tupidos trigales, bosquecillos y huertos de legumbres, al derredor de las aldeas o los pequeños lugares de esa comarca enteramente agrícola. Poco después tomamos el tren que se dirigía de Weissenbourg a Estrasburgo, y en breve volvimos a la gran ciudad alsaciana para salir de Francia y continuar nuestra excursión por la Alemania del Rin.

Un ómnibus debía conducirnos a Kehl, como al entrar a Francia. En la ribera izquierda del Rin se repitió la operación anterior, de manera que pasamos el puente bajo la guardia de un gendarme badense, después de consignar en el territorio francés pasaportes y equipajes. Como al entrar a Baden por la vía de Suiza se nos había tratado a todos los viajeros con liberalidad y confianza, no pude menos que extrañar la diferencia respecto de Francia. Un compañero de ómnibus me explicó que el gobierno de Baden procedía de ese modo, haciendo tan notable distinción, no porque el espíritu inquisitorial respecto de los viajeros fuese propio de las instituciones y costumbres badenses, sino por vía de compensación o represalia, en razón de lo que se hacía en Francia con los viajeros procedentes de Baden. Además, en agosto de 1859 estaba muy reciente la guerra de Italia, y esta había suscitado profundas desconfianzas en Alemania, despertando recuerdos que irritaban el sentimiento nacional. Así, la observación práctica me hacía ver el triste círculo vicioso de la política internacional, en que todos los hechos se enlazan de tal manera que cada Estado se cree condenado a ser suspicaz y desconfiado por la sola razón de que el vecino le da tal vez el ejemplo. Una desconfianza engendra otra, y el resultado es que la política tiende a contrariar los felices resultados de esas creaciones de la civilización que, como la prensa, los ferrocarriles, los telégrafos, los bancos y la navegación a vapor activa, conducen a suprimir las fronteras, en cuanto estas significan separación y antagonismo de los pueblos.

En estas cosas meditaba yo, al volver a Kehl, cuando un penoso y al mismo tiempo risible incidente nos llamó la atención hacia algunos de los viajeros que se hallaban en la estación del ferrocarril. Tres de ellos estaban consagrados exclusivamente a reprimir los arranques inofensivos de un pobre loco, a quien acompañaban con destino a un establecimiento especial de Alemania. Según lo que nos refirió uno de los compañeros, el pobre joven había sufrido una desgracia de familia: su padre había muerto en el lugar natal, en un departamento del nordeste de Francia, dejando muchas deudas que pagar, y sin comprobación algunas acreencias importantes. Ello es que un acreedor había caído sobre la herencia negativa, y el joven huérfano, que tenía como veinticinco años, sufrió una doble amargura. Como pudo se fue luego a París «a pedir justicia al emperador», según decía, como si el emperador tuviese algo que ver con el asunto, y en París acabó de perder el juicio. En breve dio en la manía de que le habían arrebatado su herencia, que era nada menos que el trono imperial de Francia, en su calidad de hijo primogénito de Napoleón II.

Cuando observamos al pobre loco, cuya fisonomía dulce y triste revelaba un carácter benigno, estaba empeñado en comprometer a varios viajeros a que le defendieran su causa, convocando a todos los reyes de Europa (inclusive el cura de la parroquia del demente) para que en Consejo supremo resolvieran que se le devolviese el trono que le pertenecía. Los viajeros oyentes, por no contrariarle, le decían que harían todas las diligencias posibles. Lo curioso es que los tres conductores del loco inofensivo llevaban también a su cargo otro furioso, a quien habían encerrado en una pieza de la estación mientras llegaba el momento de entrar al tren. Este segundo hablaba nada menos que de serios proyectos de asesinar al Anticristo, y mostraba los puños como un endemoniado, lanzando miradas llenas de cólera sombría. Las señoras le observaban de lejos con terror, y pedían con instancia que los locos tuviesen un vagón aparte. Una de ellas temía que los movimientos del «loco malo» hiciesen descarrilar el tren. En cuanto al «loco bueno», como llamaban al pretendido «emperador» para distinguirle del otro, dio la última prueba de benignidad, al entrar al vagón, alargando la mano derecha a los viajeros para que se la besasen respetuosamente. El tren partió, y la fresca lozanía de las llanuras badenses nos hizo olvidar en breve las tristes emociones que nos causaron los dos locos de tan distinto estilo. ¿Por qué no ser indulgentes con los locos «enfermos», si a cada momento lo somos tanto con nosotros mismos, que por estar o creernos «sanos» nos calificamos de cuerdos?

La graciosa ciudad de Baden-Baden, que cuenta unos 6.000 habitantes y es la residencia de verano de la familia gran ducal, demora en el fondo de un risueño y pintoresco vallecito, determinado por algunos bajos estribos de la Floresta negra. Situada a orillas del arroyo llamado «Oosbacht» y en plano inclinado sobre las faldas de algunos contrafuertes de las montañas, la ciudad interesa desde el primer momento, por el contraste que hace la sombría vegetación de las alturas vecinas (compuesta de encinas y corpulentos abetos principalmente) con los viñedos, los árboles frutales, las hortalizas y las bellas alamedas del fondo del valle.

La parte principal de Baden-Baden se extiende sobre la margen derecha del Oosbacht, y remonta hasta terminar al pie del «Castillo nuevo», graciosa residencia de verano del gran duque, rodeada de magníficos bosques artificiales y jardines. Si la ciudad carece de carácter verdaderamente alemán, es porque su tipo es el de todas las ciudades que sirven de punto de reunión a la sociedad elegante o vagamunda de Europa en los meses de excursiones divertidas. Así, la calle principal es una especie de «Prado», orillado por multitud de espléndidos hoteles, a donde afluyen sin cesar las gentes a la moda de todos los puntos de Europa.

Al lado izquierdo del arroyo se destacan vastas y hermosas arboledas, magníficas quintas y residencias suntuosas, y los edificios modernos que son los atractivos principales de Baden: la «Casa de Conversación» y la «Trinkhalle» o galería de las aguas medicinales que dan tanta celebridad a la pequeña ciudad promiscua. Después se levantan en todas direcciones bellos cordones de montañas de romántico aspecto, sobre cuyas cimas, dominando los estrechos vallecitos intermediarios, se ostentan como soberbios miradores algunos castillos de opulentos personajes, y principalmente las imponentes ruinas del «Castillo viejo».

Es recorriendo las alamedas que rodean la Casa de conversación y la Trinkhalle que el excursionista curioso tiene alguna idea de lo que es en Europa esa parte de la sociedad que se llama «el mundo a la moda», y del carácter particular de las ciudades de aguas medicinales. Allí todo está destinado a fascinar y aturdir al hombre inexperto y ansioso de impresiones nuevas; a hacer de la vida un torbellino de placeres efímeros y artificiales, una pesadilla de suntuosas miserias, en que la vanidad y la codicia, disfrazadas con las apariencias del vicio elegante, hacen los principales papeles. ¡Ay del que caiga en la tentación y no sepa resistir a los impulsos de la vanidad o del espíritu de imitación!

En Alemania, donde hay tantos Estados literalmente microscópicos, tantos reyezuelos que para no vivir indigentes necesitan aguzar mucho el ingenio en punto a recursos fiscales; en Alemania, donde el orgullo tradicional de tantas dinastías de segundo, tercero y cuarto orden somete a los pueblos a la necesidad de dejarse explotar más o menos para mantener el rango de los príncipes; en Alemania, digo, se ven instituciones y costumbres muy curiosas, que ningún otro país toleraría tal vez. De los príncipes alemanes, algunos viven a expensas de los viajeros, gracias a los pasaportes, las propinas que es preciso pagar por visitar innumerables palacios, museos y otros edificios curiosas; y otros no tienen escrúpulo en especular con los vicios y la vanidad, poniendo en arrendamiento grandes garitos europeos que, por ser suntuosos y hasta cierto punto aristocráticos, no dejan de ser garitos públicos. Cuando no es un príncipe el «empresario» indirecto, el explotador de la mina es alguna ciudad. De ahí esas casas de juego permanente abiertas ante la Europa, que contribuyen tanto a hacer «saludables las aguas medicinales» de Baden-Baden, Wiesbáden, Homburgo y otras ciudades alemanas de la hoya del Rin. Confieso francamente que, cuando veo que hay en Europa gobiernos que especulan con loterías, casas de juego, bolsas y otras instituciones análogas, no comprendo la razón que tengan para perseguir a los bribones por medio de la policía y los tribunales.[35]

Pero ¿qué cosa es la sociedad que se reúne en las ciudades de aguas? En esas ciudades, como en las de baños de mar, la evidente minoría se compone de los «enfermos» que necesitan un tratamiento hidroterápico. La inmensa mayoría, como he podido verlo en todas partes (en Alemania, en Bélgica, en Inglaterra y Holanda) se divide en dos partes: los simplemente ociosos, vanidosos y fatuos, inofensivos en general, y por lo común insignificantes; y los «caballeros» y las «damas de industria», familias excesivamente peligrosas e impertinentes. Una inspección detenida, durante tres días, de las escenas sociales de Baden-Baden, me dio la medida del mundo de la moda en «descubierto», es decir sin los ambages con que se disfraza en las grandes capitales.

En Baden-Baden, como en las demás ciudades de la misma «naturaleza», todas las seducciones del artificio y de la elegancia se unen a las de la topografía, la vegetación, etc., para atesorar encantos que halaguen al viajero. Al penetrar bajo las bóvedas umbrías de las alamedas se cree uno en un inmenso bazar parisiense. Donde quiera se destacan entre filas regulares de corpulentos olmos, tilos y castaños, numerosas calles compuestas de casitas y tiendas repletas de todo lo que la industria puede producir más elegante y rico en materia de joyas, sederías, cristalería, curiosidades artísticas, guantería y mil otros objetos de gusto y de uso indispensable en la sociedad lujosa, que el capricho de la moda se esfuerza por exagerar y variar hasta lo infinito. Por en medio de esas calles y arboledas hormiguea un enjambre de excursionistas que se renuevan sin cesar, entregados al culto de la novedad y en gran parte a la adoración de sí mismos. Un vértigo de emulación en el lujo parece dominar al mayor número; cada cual mira a los demás con la esperanza de que alguien le mire y admire. La aristocracia financiera de toda la Europa se pavonea con la pretensión de rivalizar o eclipsar al orgulloso lord inglés; el modesto y sencillo alemán casi olvida

---

35 Es curioso observar que en Baden el juego les está prohibido a los ciudadanos del Estado, y solo está al alcance de los extranjeros. La policía es muy vigilante y severa respecto de aquellos, quienes se ven obligados, cuando tienen la tentación de jugar, a pasar la frontera y aprovecharse de la «hospitalidad» de los garitos espléndidos de Wiesbáden u Homburgo.

sus costumbres por no mostrarse inferior al extranjero; el parisiense, siempre de buen humor y no poco infatuado, se considera como un modelo; el caballero de industria, ambulante a caza de imbéciles de todas las naciones (porque los pillos no tienen nacionalidad) se da grandes airea de marqués o de banquero; la cortesana de las primeras capitales, creyéndose a cubierto de revelaciones indiscretas, se habilita de princesa rusa, o condesa italiana, o viuda de lord o de banquero, y sabe combinar las sonrisas de la seducción con los desdenes altaneros de la gente aristocrática; o bien, si el «arte» le repugna o no le ofrece ventajas, ostenta con impudencia su tipo peculiar, llenando la calle con la cola de su traje y el ruido de sus atavíos suntuosos. El joven novicio con pretensiones a elegante, o aspirante a relaciones encumbradas (particularmente español o hispano-colombiano), se muestra poseído del vértigo de la imitación, haciendo a veces de sí mismo una caricatura; el estudiante en vacaciones observa las cosas al primer golpe de vista, hace sus comentarios epigramáticos y se burla de todo el mundo; y el «bourgeois» de buen sentido, que llega solo por curiosidad o por descansar de sus fatigas del año, ve el espectáculo, tiembla al comprenderlo, y se aleja diciendo: «¡Singular misterio el de la vida de este mundo de la moda!».

En Baden-Baden las horas del día se distribuyen necesariamente en tres órdenes de entretenimientos: por la mañana, desde muy temprano, la Trinkhalle (hermosa galería de columnas y frescos apreciables) es el punto de reunión; unos van a beber las aguas medicinales de las fuentes y pasearse para hacer ejercicio, y otros asisten como meros curiosos. Más tarde, todo el mundo emprende agradables excursiones por los al derredores, sea en coche, por el vallecito del Oosbach y el del riachuelo importante llamado «Mürg», visitando castillos y aldeas de la Floresta negra, sea a pie, en solicitud de los castillos «Nuevo» y «Viejo» o de otros sitios interesantes. En fin, desde las cinco o las seis de la tarde las gentes comienzan a afluir hacia la Casa de conversación, inmenso y magnífico edificio que sirve al mismo tiempo de café, casa de juego, local de gabinetes de lectura y templo de Terpsícore, Talía y «otras musas». En el centro del edificio se hallan en sesión permanente la «ruleta», la «treinta y una», y el «treinta y cuarenta», que le ha inspirado una de sus más chistosas novelas al ingenioso escritor francés Edmundo About. Allí se juega con furor, se suelen hacer enormes ganancias en pocas horas, aunque por regla general los «amateurs» salen con los bolsillos limpios, y con deudas de ribete, y la vanidad y la codicia se ofrecen en su desnudez; siendo muy notable sobre todo el entusiasmo con que las mujeres solicitan los favores de la suerte. ¡Desgraciado el que se pique de galante al lado de aquellas jugadoras cubiertas de encajes, cuando la suerte les es adversa!

En otras partes del edificio encuentra el que no quiere jugar, ni ver jugar y rodar montones de oro, salones espaciosos para conversar, gabinetes de lectura muy bien surtidos y servidos, colecciones escogidas de grabados, álbums, libros de viajes, novelas y pinturas, un hermoso salón de conciertos y un bonito teatro para representaciones francesas y alemanas. La noche se pasa allí en una sucesión de muy diversas impresiones. Después, cada cual se aleja dominado por ideas bien diferentes: unos, con una ilusión menos respecto de la civilización europea y del espíritu del hombre; otros, satisfechos con poder decir luego en París u otra ciudad: «He pasado el último verano en Baden, Wiesbáden, Aquisgrán y Espá ("Spa"), y he cultivado íntimas relaciones con la condesa "tal", la marquesita "cual", el banquero "fulano", el ministro "mengano", la mariscala "perenzeja", o la actriz o cantatriz "menganeja"...».

Las cercanías de Baden-Baden son interesantes bajo todos aspectos. Sus hermosas carreteras, que giran por encima de ondulosas y altas colinas o por el fondo de preciosos vallecitos; sus magníficos bosques de suntuosa vegetación; sus numerosos castillos campestres admirablemente situados; sus deliciosas residencias de príncipes, como la de la «Favorita», y sus pintorescas aldeas agrícolas y laboriosas de las riberas del Mürg, tienen mil atractivos para el excursionista. Prescindiré sin embargo del mayor número de esos objetos, y solo daré una breve idea del «Castillo viejo» y del valle del Mürg.

El paseo del Castillo viejo («Alle-Schloss»), a pie o en coche, es uno de los más encantadores que puede ofrecer la Alemania rineana. La montaña se levanta casi repentinamente hasta una altura algo considerable, cubierta en todas sus partes por una magnífica floresta de encinas, abetos y otros árboles corpulentos, cuyo espeso follaje, protegiendo vastas alfombras de musgo, no permite la entrada de los rayos del Sol. Una hermosa carretera faldea el cerro y por toda la floresta se cruzan numerosos senderos, por los cuales se puede subir más pronto hasta la primera cima (a 345 metros sobre Baden, o 545 sobre el nivel del mar), donde se encuentran las majestuosas ruinas, cuidadosamente conservadas, del «Castillo» que en siglos anteriores sirvió de residencia a los margraves o señores de Baden. Por demás está decir que esa soberbia construcción fue destruida por los franceses, en el siglo XVII, durante la guerra del Palatinado, lo mismo que el admirable Castillo de Heidelberg y otros muy notables.

Al llegar al sitio donde se hallan las ruinas nos apresuramos a subir hasta las roas elevadas murallas, ennegrecidas por el tiempo, que permanecen en pie. Era curioso el contraste que hacían esas ruinas imponentes y llenas de recuerdos históricos, con el movimiento de los carruajes que llegaban hasta el pie de los muros, de los criados del restaurador establecido en la desmantelada capilla, afanados por servir a todo el mundo, y de las gentes que llegaban, ostentando su lujo y elegancia, por en medio de las magníficas bóvedas umbrías de la floresta. El espectáculo que se ofreció a nuestra vista desde los vertiginosos miradores de las ruinas, era admirablemente bello. De un lado teníamos al pie el gracioso valle donde tiene su asiento Baden-Baden: de otro veíamos una parte de las lindas montañas de la Floresta negra, formando grupos de inmensas cúpulas de verdura severa y profunda; hacia el norte admirábamos el precioso valle del «Mürg», salpicado de cortijos y aldeas; en fin, mirando hacia el poniente, contemplábamos con delicia las llanuras del Rin, los lejanos campos de Alsacia y la cinta azulosa de los Vosgas, distinguiendo más o menos el Rin, la ciudad de Carlsruhe, Kehl, Rastadt y muchos lugares de la margen derecha del río. Pocos puntos de vista pueden ofrecer en Alemania un espectáculo tan hermoso y variado como el que se admira desde las ruinas del «Castillo Viejo».

La más interesante excursión que se puede hacer en las cercanías de Baden-Baden, para conocer sus más bellos sitios, sus poblaciones rurales y algunos de sus preciosos castillos, exige un paseo circular de siete u ocho horas, siguiendo las líneas de excelentes carreteras. Penetramos hacia las montañas, por la vía de «Lichtenthal», remontando el vallecito encantador del Oosbach; pasamos por encima del «Pequeño Staufenberg», al través de magníficas florestas; visitamos el curioso palacio campestre (semi-castillo) de «Eberstein» (residencia en ciertos meses de la familia gran ducal), muy bien situado y lleno de preciosidades artísticas; descendimos al valle del Mürg, y después de recorrerlo hasta salir al valle del Rin, pasando por la hermosa residencia de la «Favorita», volvimos a Baden-Baden por el pie de los contrafuertes más avanzados hacia la llanura, tocando sucesivamente en las pequeñas aldeas y villas de Gernsbach, Ottenau, Gaggenau, Rothenfels, Kuppenheim, Haueneberstein y Oos.

Nada más grato para el excursionista admirador al mismo tiempo de la naturaleza y de las obras humanas, y deseoso de adquirir alguna idea de las poblaciones rurales, que ese paseo en que las horas vuelan para el espíritu encantado, al través de aquella sucesión de paisajes tan variados e interesantes. Las excelentes carreteras que faldean las montañas, por en medio de tupidos bosques, algunas de las cuales son obras de arte dignas de atención, hacen honor al pueblo y gobierno badenses, que muestran tan particular interés por las vías de comunicación. Las florestas tienen allí una magnificencia que arrebata y deleita, y las residencias de los príncipes, liberalmente abiertas por ellos a la curiosidad de los viajeros, son notables por la gracia de sus pormenores o por la frescura y belleza de sus parques y jardines.

Pero lo que allí interesa más es el lindo valle del Mürg, riachuelo regular cuyas aguas no solo ponen en movimiento un enjambre de molinos, aserríos de tablas y fábricas importantes, y difunden la fertilidad en los campos, gracias a una inteligente irrigación, sino que también dan salida a las innumerables balsas de trozas y tablas de pino, abeto, encina y haya, que descienden del fondo de las montañas hacia el Rin. En todo ese valle angosto y pintoresco reinan la actividad y el movimiento. Las fábricas, los molinos y aserríos no cesan de trabajar durante la mayor parte del año; las ondas del riachuelo están donde quiera cubiertas de balsas larguísimas, laboriosamente conducidas por dos o tres hombres cada una; en todas partes se ocupan en diversas labores todas las gentes, manifestando con sus fisonomías, sus vestidos, su modo de hablar y su obligante obsequiosidad un carácter dulce y hospitalario, y una sencillez y pureza de costumbres que agradan y seducen fácilmente. Las localidades son graciosas, irregulares, como lo exigen los accidentes del terreno, y pintorescas; los cortijos indican mucho esmero en los cultivos; y la prodigiosa multitud de huertos llenos de árboles frutales, hortalizas y pequeños jardines, le da al valle el aspecto más risueño, que contrasta enérgicamente con el de las montañas que lo encierran, pobladas de espesos bosques, ricos en maderas de construcción.

Allí, en medio de esos deliciosos paisajes, tan poco lejanos de Baden-Baden, olvida uno con encanto las miserias de vanidad y ostentación; de imposturas fascinadoras y codicia que se disputan la admiración y los montones de oro en el Salón de conversación; la sociedad sofística de la ciudad parece más absurda, y se comprende cuánto más vale la vida honrada y tranquila de los habitantes del valle del Mürg, que la estéril agitación de los que pueblan los hoteles de Baden-Baden.

Capítulo IV. Las ciudades badenses
Carlsruhe. Las ciudades nuevas de Alemania. Heidelberg; su Universidad y sus curiosidades. Los estudiantes de Alemania. Las ruinas del Castillo
De Baden-Baden a Carlsruhe, el ferrocarril vuelve hacia la llanura del Rin y va orillando generalmente la línea de la Floresta negra, tocando en Rastadt, pequeña ciudad de poco más de 6.000 habitantes, notable solo como plaza fuerte, por el papel que ha hecho en las guerras franco-alemanas y el que hizo durante la revolución republicana y unitaria de 1848. Fortaleza federal de primer orden, Rastadt es en la hermosa llanura del Rin un puesto avanzado en previsión de los ataques de Francia; pero el buen sentido hace comprender a los alemanes que en realidad sus fortalezas sirven más contra ellos que contra el enemigo. En 1848 el pueblo se insurreccionó en Rastadt y atacó a la guarnición en la fortaleza. Cuando estaba triunfante en su revolución democrática y tenía esperanza de asegurar la unidad social y suprema de la Alemania, el ejército prusiano intervino, en virtud del derecho «federal», y destruyó la obra del pueblo. Eso era natural, puesto que la Confederación germánica, en vez de ser una liga de los pueblos, no es más que la alianza de los príncipes «soberanos» contra la gran nación. Rastadt ha sido posteriormente teatro del antagonismo que suele estallar entre las guarniciones de varios Estados alemanes, sobre todo entre las del norte

y del mediodía, antagonismo que revela en parte las contradicciones y la debilidad de la Confederación.

La llanura se desarrolla con majestad, pero no sin monotonía, salpicada de numerosas villas y aldeas, rodeadas de vastas plantaciones de cereales, tabaco, legumbres, lúpulo y plantas filamentosas y oleaginosas. Del lado del Rin el horizonte es abierto y muy extenso, aunque la mirada se detiene a veces en hermosos bosques que salpican la llanura. Hacia el Oriente se desarrollan las montañas, y el paisaje tiene donde quiera completa o muy notable analogía con el que media entre Friburgo y Kehl.

En el centro casi de la llanura, a 7 u 8 kilómetros del Rin, demora «Carlsruhe», capital del gran ducado de Baden, ciudad enteramente moderna —la más nueva de las capitales alemanas—, limpia, elegante por sus formas, sólidamente construida, singular en su estilo, interesante por algunos monumentos, pero también singularmente monótona y solitaria. Al recorrer sus anchas y hermosas calles, de aspecto casi monumental, el extranjero no se creería en la capital de un Estado relativamente considerable, en medio de 25 a 30.000 habitantes y en presencia de una corte. Tal es el silencio que reina en todas partes, la tranquilidad en que se ven todas las cosas, la seriedad de las gentes. Así, los habitantes de «Carlsruhe» se muestran fieles a la etimología o el nombre de su capital, nombre que significa: «el reposo de Carlos», según la voluntad del príncipe que la fundó en el primer cuarto del siglo XVIII, dándole por base o eje su residencia de retiro. Por lo demás, como el número de católicos de Carlsruhe apenas excede la cuarta parte de la población, hay poco ruido de campanas, todo el mundo es serio, y no siendo la ciudad en nada mercantil ni industrial, sino puramente cortesana y en cierto modo artificial, todo movimiento social parece estar proscrito de allí, al menos durante el verano.

Carlsruhe parece haber sido una especie de plagio o caricatura de Versalles. Lo mismo que en la ciudad cortesana de Luis XIV todo indica el ensimismamiento del Rey Sol, el Rey Apolo, siempre aspirando a imponer sobre toda cosa su persona, tenerlo todo bajo su mirada soberana, y hacer partir del patio de su palacio todas las calles, carreteras y alamedas, así como de su «persona» emanaba toda voluntad, toda acción y todo brillo; del mismo modo Carlsruhe tiene su eje, su punto de partida, su ojo vigilante y su germen, por decirlo así, en el palacio gran ducal que sirve de residencia a la corte durante el invierno.

En efecto, Carlsruhe tiene, como es bastante sabido, la forma literal de un abanico. Su eje es una inmensa plaza semicircular en cuyo fondo se destaca el extenso palacio gran ducal, de estilo sencillo y sin majestad ni particularidad artística ninguna, y dominando, la explanada que sombrean magníficas arboledas. De allí parten en todas direcciones, rectas u oblicuas, las grandes calles de la ciudad, que se apartan a medida que avanzan hasta determinar el abanico. Después, otras calles semicirculares, inmensas y paralelas al semicírculo del eje, cortan y ligan entre sí, de un lado a otro de la ciudad, las calles que parten del centro cortesano, desde el cual, mirando en cualquiera dirección, se ve desarrollarse todo el cuerpo con matemática uniformidad.

A un lado del palacio está el jardín botánico, que por cierto es uno de los mejores de Alemania. Detrás se extienden los jardines, los suntuosos bosques, los tesoros de rica vegetación del magnífico parque. Quisimos visitar el palacio, que estaba solitario, y tuvimos ocasión de notar un rasgo característico de muchos de los Estados alemanes. Un soldado estaba de facción en la puerta excusada que nos debía dar entrada, y al parecer le habían dejado allí «por cumplimiento» más que por guardar o defender cosa ninguna. Ello es que entramos con franqueza sin que nadie nos dijese palabra; subimos escaleras, llamamos por todas partes, y nadie nos respondió ni se dio a luz. A riesgo de que nos ocurriese un percance, nos echamos a andar y abrir puertas, y entramos a cuantos salones y aposentos hallamos abiertos, sin encontrar alma viviente. El palacio parecía más bien un inmenso sepulcro que una residencia de corte. Donde quiera reinaban en los muebles y adornos la sencillez, la modestia y la economía. Ningún lujo, ninguna preocupación de ostentación artística o palaciega! Tal parecía como si el palacio fuese una residencia de simples «bourgeois» alemanes. Confieso que, si bajo el punto de vista artístico quedamos muy descontentos, el espectáculo nos gustó mucho como rasgo indicativo de las costumbres alemanas.

El mejor monumento de Carlsruhe es la «Academia», edificio de estilo bizantino, de muy reciente construcción, bien considerable y proporcionado, que contiene los museos o galerías de pinturas, historia natural y antigüedades y una biblioteca. El Palacio o Castillo gran ducal contiene una que cuenta cerca de 100.000 volúmenes. El cementerio de Carlsruhe es uno de los más hermosos de Alemania, a pesar de su aspecto demasiado sombrío.

A propósito de Carlsruhe, es curioso notar el profundo contraste que hay entre las ciudades alemanas antiguas y modernas. En las primeras, como Nuremberg, Hannover, Colonia, Mayenza (o Mainz), Praga, Ratisbona y otras cuantas, se ve donde quiera el estilo enteramente feudal, el sello de los pueblos en acción, de las clases sociales en lucha, del capricho y de las tradiciones de la época feudal. En las totalmente modernas —obra de los príncipes o gobernantes y no de los pueblos— como Carlsruhe, Mannheim, Darmstad, etc., se encuentra un aspecto general totalmente distinto, sin estilo, ni carácter ni sello alguno. El contraste es todavía más sensible en las ciudades compuestas de grandes barrios antiguos y modernos, como Berlín, Viena, Hamburgo, Dresde, Munich, Estuttgard y Francfort. En lo totalmente nuevo todo es regular, vasto, uniforme, monótono y sin estilo ninguno; todo es pretensioso, pedantesco, imponiendo la ley de la línea recta en todas direcciones. Esa profunda diferencia se comprende. Las antiguas ciudades eran espontáneas, obra de los pueblos, de la necesidad, y no obedecían a cálculo ni regla. Las modernas, fruto del servilismo imitador del Renacimiento, de la pedantería o soberbia de los gobiernos o soberanos de la escuela fascinadora de Luis XIV, manifiestan en todo la voluntad del monarca, la tendencia a imponer su persona y su memoria, a deslumbrar a los pueblos con grandes construcciones monumentales, estratégicas en gran parte, en cuyas líneas rectas no se ve más sello que el de la vanidad niveladora, y el símbolo de la obediencia popular pasiva.

El ferrocarril badense, antes de salvar el Nékar o dirigirse a Mannheim, se inclina hacia las montañas, como si fuese a penetrar en ellas por el pintoresco valle de aquel afluente del Rin. En la ribera izquierda, a la salida del valle sobre la llanura y entre dos cordones de montañas cubiertas de rica vegetación, demora la ciudad de «Heidelberg», moderna por sus construcciones, relativamente, pero cuyo origen remonta hasta la época de los romanos. Célebre por su Universidad como por las ruinas de su admirable

«Castillo», Heidelberg seduce al viajero por su aspecto singularmente pintoresco, por las costumbres de su población universitaria y por la hermosura de los sitios casi salvajes de sus cercanías. Para contemplar de cerca el conjunto, ningún sitio más adecuado que el del gran puente sobre el Nékar —puente de piedra de cerca de 240 metros de longitud— desde cuyo centro se registra un magnífico paisaje.

Sobre la margen izquierda, la ciudad se extiende al pie de la montaña de «Koenigsstuhl», orillando en su longitud el río, subiendo en plano inclinado hacia la cinta magnífica de verdura que cubre la montaña donde yace el Castillo, y compuesta casi únicamente de dos larguísimas calles paralelas al río, cortadas por muchas transversales de aspecto generalmente triste. Arriba se ven las ruinas del incomparable Castillo, dominando con su asombrosa majestad todo el paisaje. Sobre la margen derecha se destacan numerosas quintas de gracioso aspecto, dominadas por el cordón de cerros que determina la hoya del río, cubiertos de abetos y encinas en su parte superior y de viñas y hortalizas hacia el pie de las faldas. Por último, el río desciende por un cauce rocalloso y tortuoso, limpio y cristalino, y soportando en sus ondas algunas barcas y numerosas balsas de maderas.

Heidelberg, como ciudad, no tiene ninguna otra particularidad artística que una casa antiquísima de los más raros pormenores y formas, resto de la época feudal, que los excursionistas admiran siempre. Lo más interesante es la Universidad, famosa por sus escuelas de Derecho y Medicina, en la cual siguen sus cursos unos 700 a 800 estudiantes. Es notable el conjunto de institutos de que está dotada la Universidad: su biblioteca, bastante preciosa y considerable, su museos, su jardín botánico, etc. Como la ciudad no cuenta sino unos 15.000 habitantes y es poco industrial y mercantil, su vida principal está en la Universidad, cuyos estudiantes le dan animación, importancia y alimento económico. Así, en las épocas de vacaciones la ciudad parece silenciosa, o al menos pierde muchísimo de su animación.

Nada más curioso que ese conjunto de hábitos y costumbres a que da lugar en Alemania la existencia de algunas Universidades. En Londres y Edimburgo, como en París, Berlín, San Petesburgo y Viena, las Universidades crean, sin duda, un movimiento que tiene su carácter particular, como el del barrio «latino» en París. Pero en realidad en esas grandes ciudades el estudiante tiene mucho de cosmopolita, se mezcla demasiado al movimiento del mundo, se deja dominar por las exigencias de la moda y pierde mucho de su tipo, casi ahogado u oscurecido por la grandeza del escenario. En las pequeñas ciudades alemanas que tienen Universidades muy notables, sucede lo contrario. Allí el estudiante se impone, domina como un tipo soberano, absorbente, libre, original, superior a toda influencia, que imprime en cierto modo a la ciudad el sello de sus costumbres. Donde quiera le reconoceréis por su fisonomía altiva, pensadora y original, su vestido propio, libre de trabas y de modas, en que la cachucha hace el principal papel; le veréis cantando por las calles, sin cuidarse de nada ni de nadie, con la querida del brazo y la pipa o el cigarro en la boca; con el cabello y la barba en desorden y creciendo a discreción; vestido a la diabla; contento, libre, soñador, generoso, extravagante, revolucionario demócrata y dado a las elucubraciones filosóficas; poco dogmático y muy apasionado por las discusiones intrincadas y eruditas, y ya inventando sistemas desde el colegio; buscando desde temprano las agitaciones de la prensa y de los clubes; burlón, pero sin chiste picante; filósofo prematuro, amigo de querellas y asiduo en el culto de la botella o del jarro de cerveza. Quizás en ninguna parte se puede estudiar a los pueblos mejor que en sus universidades, porque es en esas colonias de la ciencia en embrión donde la sociedad se revela con más energía en sus aspiraciones más ardientes, sus instintos más tenaces y sus aptitudes más características.

Me sería imposible hacer una descripción siquiera sucinta de todos los primores del «Castillo» de Heidelberg, a menos de escribir muchas páginas que fastidiarían al lector. Aquella ruina extraordinaria no es digna de estudio, en sus pormenores, sino para el artista consumado y el arqueólogo. Es en su conjunto y por su significación general, histórica y social, que el viajero la contempla con pasmosa admiración y tristeza. Un camino carretero, que serpentea faldeando la montaña, por en medio de magníficos bosques en la parte superior, nos condujo casi hasta la cima, donde se halla el Castillo, a más de 100 metros de altura sobre Heidelberg y dominando con majestad el abismo de la cuenca del Nékar. Al pasar bajo las inmensas bóvedas completamente umbrías del bosque que rodea al Castillo, se siente una especie de recogimiento que prepara el alma a la muda contemplación de las maravillosas ruinas. Ya se orillan espléndidas terrazas cubiertas de jardines, desde las cuales se tiene un golpe de vista encantador; ya se vaga bajo las espesas alamedas, en un terreno desigual y exuberante de vegetación, pasando al lado de formidables murallones invadidos por el bosque, de fuentes arruinadas y escombros destrozados, que yacen en la espesura de los tilos, las encinas, etc., como restos de un inmenso cadáver de mármol y piedra.

Al cabo el viajero llega delante de la colosal ruina del Castillo, enjambre de muros admirables, casi todos sin techumbre, de torres de diversas formas y estilos, de arcos, columnas, restos de estatuas y esculturas primorosas, curiosidades artísticas e históricas, patios diferentes, puentes destrozados, sótanos profundos, balcones y terrazas y laberintos de construcciones de todo género, abrumados por la exuberante vegetación de árboles gigantescos, coronados de flotantes pabellones de hiedra que parecen como la verde mortaja echada por la naturaleza sobre las maravillas del arte para impedir que el tiempo las devore y pulverice... Donde quiera se ven asomar por entre el follaje de los árboles cien cabezas de mármol, esculturas o construcciones atrevidas, y admirables relieves y frescos bajo las manchas de la hiedra invasora, como si quisiesen protestar contra el olvido, en nombre de los artistas que grabaron el sello de su inspiración en cada baldosa, cada estatua, cada piedra y cada monumento de ese enjambre de monumentos que se llama el «Castillo».

La historia de esa colosal creación del arte, que han llamado no sin razón la «Alhambra de Alemania», explica perfectamente las circunstancias de su composición. Era una sucesión de palacios, comenzada por uno de los príncipes o margraves del país desde principios del siglo XV; cada sucesor fue haciendo agregar una construcción nueva, conforme al estilo de cada época, aunque predominando siempre el italiano, y de ese modo el Castillo era una extraña maravilla, hacia 1680, compuesto de obras que indicaban los progresos del arte en la arquitectura, la escultura, la ornamentación, etc. El Castillo era al mismo tiempo un conjunto de palacios y una fortaleza, donde se abrigaba la corte de los margraves del Rin y su guarnición, pudiendo alojar a miles de personas. Durante la guerra atroz de sucesión que hizo

Luis XIV al margraviato, por medio del brutal Louvois, de 1688 a 1693, fue destruido o arruinado casi completamente el Castillo de Heidelberg, como tantos otros de las cercanías del Rin. El cañón implacable del ambicioso rey aniquiló lo que el cincel del artista había trabajado laboriosamente durante dos siglos y medio. Después de la guerra, uno de los margraves se propuso reconstruir todo lo arruinado, y lo consiguió, haciendo prodigios de voluntad él y los artistas. Pero la fatalidad parecía pesar sobre aquella maravilla humana: un rayo incendió una de las torres, en 1764; todo el edificio fue al punto devorado por las llamas, en sus partes superiores, y desde entonces no han quedado sino ruinas majestuosas, con los sótanos intactos, las torres y terrazas y casi todos los muros en pie. Solo una parte de la masa del edificio conserva su techumbre, abrigando muchos objetos curiosos.

El espectáculo es tan grandioso y el conjunto de construcciones y primores tan complicado, que no es posible describirlo sin entrar en pormenores detenidos. Lo que el viajero saca en claro de la contemplación de aquellos prodigios de arte casi aniquilados, es una doble convicción: primera, que la gloria del artista bien inspirado y hábil es muy superior a la del guerrero que destruye, so pretexto de defender una causa que llama justa, puesto que la conciencia severa del viajero imparcial rinde homenaje de admiración al artista, dominado por el noble sentimiento de lo bello, mientras que execra la memoria del rey corrompido y el bárbaro general cuyos cañones convirtieron en ruinas tantas hermosuras; segunda, que en balde las naciones se jactarán de sus progresos hechos en la civilización, bajo los puntos de vista del arte, de la ciencia, de la industria, del comercio, etc., si sus progresos en punto a moralidad no han de estar en armonía con aquellos, es decir, si los gobiernos no han de respetar las obras de la civilización, renunciando a la salvaje «justicia» de la guerra que todo lo aniquila.

Es curioso notar que la Francia, el pueblo que desde el siglo XVII ha hecho avanzar más poderosamente la civilización, en el campo de lo espiritual —de la ciencia y del arte—, es la que con sus guerras inicuas ha destruido más maravillas u obras maestras artísticas, en Alemania, en Italia y España, como lo atestiguan tantas ruinas en las comarcas del Rin, algunas en la península italiana, y las del Alcázar de Toledo, la Alhambra y el

Generalife en Granada, etc., etc. Es que la guerra, careciendo de moralidad y de espíritu creador es el peor enemigo de la civilización.

Capítulo V. De Heidelberg a Francfort

Mannheim y el Rin. El gran ducado de Darmstad; su gobierno y sus condiciones generales. La ciudad capital. Una familia típica

Después de visitar a Heidelberg continuamos nuestra excursión directamente hacia Darmstad. Sin embargo, diré dos palabras acerca de Mannheim puesto que esta ciudad es una de las más importantes del gran ducado de Baden, y que tuvimos ocasión de visitarla, diez meses después, al hacer nuestro segundo viaje de París a Alemania, por la vía de Metz y Espira.

«Mannheim», situada casi sobre la ribera derecha del Rin y la izquierda del Nékar, en el vértice de la confluencia y haciendo frente a «Ludwigshafen», no llama la atención sino por su fría y monótona regularidad, que justifica enteramente lo que he dicho acerca del contraste que ofrecen en Alemania las ciudades modernas comparadas con las antiguas. Fundada en 1606 por uno de los antiguos «Electores» del país, Mannheim tuvo la desgracia de ser fortificada desde su origen, es decir, de ser una tentación para los enemigos en las guerras internacionales. Así, las de Luis XIV le fueron funestas, y un general francés muy expeditivo la destruyó completamente. Reedificada ya del todo en 1794, fue luego presa de franceses y austriacos sucesivamente. Gracias a esas tristes aventuras la experiencia sirvió de algo; las fortificaciones fueron demolidas y reemplazadas por hermosos huertos, jardines y paseos; y hoy la ciudad, libre de cuidados artificiales, crece en población, se ensancha sin embarazo, y sus habitantes no piensan sino en el comercio de su puerto, en el movimiento de sus ferrocarriles y de la navegación de los dos ríos, y en el desarrollo de las artes pacíficas.

Mannheim posee de 25 a 28.000 habitantes que, si no tuviesen negocios en qué ocuparse con actividad, lindos y numerosos jardines en las cercanías, y agradables paseos en las riberas de los ríos y en el magnífico parque del palacio gran ducal, deberían morirse todos de tedio, al vagar por aquellas calles anchísimas, rectísimas y tristísimas, orilladas por hileras de casas absolutamente iguales y cortadas invariablemente en ángulos rectos. La ciudad contiene todos los establecimientos y objetos públicos que distinguen a una localidad populosa y civilizada; pero todo carece allí de distinción a causa de la fría uniformidad de todas las construcciones. El palacio gran ducal, que contiene una considerable biblioteca y colecciones artísticas generalmente mediocres, no es notable como monumento sino por la inmensidad de su fachada, que mide una longitud de más de 560 metros.

Por lo demás, Mannheim es un centro notable de producción agrícola (en la cual figuran principalmente los granos, el cáñamo, el lino, el tabaco y el lúpulo, que pueblan las llanuras vecinas), y contiene algunas manufacturas importantes de tejidos de lino, cáñamo y lana.

Como el ferrocarril que gira entre Heidelberg y Darmstad va orillando la base occidental de la cadena de montañas llamada de «Odenwald», que cubre una parte notable de la banda superior del territorio de Hesse-Darmstad, el paisaje tiene en todo el trayecto un aspecto completamente análogo al de las comarcas badenses de que he hablado. Las llanuras se extienden hacia el Rin con gran lujo de vegetación y esmerado cultivo, y las montañas presentan siempre un conjunto gracioso por las formas y melancólico por las tintas oscuras de sus espesos bosques.

El gran ducado de Hesse-Darmstad, que ocupa el 9° rango en la Confederación Germánica, es uno de los menos considerables de los Estados secundarios. Su territorio, que en la parte superior comienza en la línea del Nékar, se divide en dos porciones desiguales, una limítrofe de Baden, Franconia, Francfort, Hesse-Electoral y Nassau, y la otra sobre la margen izquierda del Rin. Montañoso en parte, y en parte enteramente llano, sobre las márgenes del Rin, ese territorio contiene una extensión superficiaria de 8.405 kilómetros cuadrados y en 1858 contaba 854.300 habitantes (de ellos 450.000 protestantes), lo que da la proporción, muy poco común, aun en Europa, de más de 101 habitantes por kilómetro cuadrado.

El gran ducado de Hesse-Darmstad que, como el de Baden y los demás del Rin central, hace parte del «Zolverein» alemán, ha pasado por todas las vicisitudes que las guerras entre Alemania y Francia, y sobre todo las de Napoleón, hicieron pesar sobre los Estados alemanes más expuestos al choque. Puede decirse que la verdadera constitución del gran ducado no data sino de 1806, época en que el príncipe del electorado anterior, bajo los auspicios de Napoleón, agrandó sus dominios a expensas de otros pueblos y figuró como miembro de la efímera «Confederación del Rin». Pero el gran duque supo hacer su negocio, volviendo a tiempo sus armas contra el emperador francés, y gracias a eso obtuvo sus ventajas en la gran partija que, bajo el nombre de «restauración», hizo el Congreso de Viena en 1815.

En 1820 quedó organizado el gran ducado con el carácter de monarquía constitucional, dotado de instituciones relativamente liberales que la revolución desarrolló en 1849. Pero la reacción general de 1851 puso coto a las más importantes libertades, y desde entonces el gobierno de Darmstad ha figurado en el grupo de los numerosos Estados coligados en la Confederación contra el progreso de las ideas democráticas, mostrándose perseverante en esa guerra que casi todos los príncipes alemanes hacen a los pueblos que con tanta paciencia los toleran.

Sin embargo de la mezquindad con que gobiernos como los de Hesse-Cassel, Hesse-Darmstad, Nassau y otros se oponen al movimiento liberal que agita al pueblo alemán, no por eso creo que merezca absoluta censura la resistencia que esos pequeños Estados manifiestan respecto de las tendencias unitarias. En mi concepto, el partido democrático alemán ha comprometido mucho la causa de la democracia al empeñarse, contra la lógica y la conveniencia, por hacerla solidaria del «unitarismo». Nada más sano, progresista y ventajoso que hacer de la Alemania una verdadera «Confederación», es decir, un cuerpo de Estados completamente autónomos en su gobierno interior, pero ligados por principios comunes de ciudadanía y derecho público, aduanas, diplomacia, ejército y marina comunes y un presupuesto nacional. Eso implica una combinación parlamentaria y gubernamental en que estén representadas la unidad «social e internacional» del gran pueblo alemán y la autonomía de los diversos gobiernos.

Pero de esa organización, que sería lógica, realmente democrática y fecunda, en lugar de la extravagante complicación actual de tantos Estados antagonistas y gobiernos enemigos de los pueblos, de esa combinación a la unificación completa, aunque disimulada, la distancia es muy grande. La democracia nada puede ganar en Alemania, ni en ningún país del mundo, con la centralización unitaria, puesto que los pueblos son siempre más libres a medida que fiscalizan y tocan más de cerca los intereses de su administración y los actos de sus gobernantes.

Por otra parte, la Alemania perdería inmensamente con la centralización política, bajo el punto de vista moral, intelectual y económico. El habitante de Estuttgard o de Munich en nada se parece al de Hamburgo o Lubeck, ni el de Viena al de Colonia. Cada grupo alemán tiene su índole propia, su método particular de creación o de acción, en filosofía y literatura, en punto a ciencias y bellas artes, y en asuntos de administración y economía. El día que toda la Alemania se viese sometida al nivel de la unidad, todos o casi todos sus grupos, absorbidos por Viena o Berlín, perderían su tipo particular, su originalidad y espontaneidad de acción; el pueblo alemán dejaría de ser lo que es: uno de los más grandes pueblos del mundo, el más estudioso y erudito, el más fecundo en ideas nuevas e investigaciones originales; el iniciador por excelencia de cuantas verdades se encarga Francia de someter a criterio riguroso para simplificarlas y vulgarizarlas, después de lo cual Inglaterra las somete a la prueba definitiva de la experiencia; y también, permítaseme decirlo, uno de los pueblos más sanos, de instintos más dulces y candorosos, y el más modesto de cuantos ocupan la primera línea en el movimiento de la civilización.

Que el lector me perdone esta digresión, apoyada en las observaciones que he hecho en toda la Alemania, y volvamos a ocuparnos únicamente de Darmstad. La población del gran ducado es notablemente vigorosa, laboriosa y honrada. Las sectas religiosas gozan allí de libertad, se toleran y son numerosas. La gran mayoría pertenece a la iglesia luterana; los católicos apenas componen la cuarta parte de la población total, enseguida figuran por su número los calvinistas, y luego los judíos, que pasan de 28.000.

Aunque hay algún movimiento fabril en el país, la agricultura es la base general de su riqueza, produciendo maderas en las montañas, excelentes vinos en las márgenes del Rin, y en las llanuras toda clase de cereales (mucho maíz), tabaco, plantas filamentosas, lúpulo, papas, frutas, etc. El país es fértil y rico, y la población parece estar bien distribuida.

Darmstad, la ciudad capital, que cuenta unos 33.000 habitantes (de los cuales poco más de 2.500 son católicos) es curiosa por la diferencia muy marcada que presentan las dos partes de que se compone: la «vieja», que data de algunos siglos, sin rango de ciudad, y la «nueva», cuya erección fue terminada apenas en 1830. Tanto la parte nueva como la vieja están fortificadas, mediando entre la ciudad y sus murallas un vasto espacio que apenas está hoy cubierto de jardines, pequeños parques y paseos, generalmente graciosos y agradables.

Es al través de la parte moderna que circulan los viajeros al dejar la estación del ferrocarril, concibiendo desde luego la mejor idea al penetrar por la hermosa calle del «Rin» en dirección a la plaza «Luisa» y el «Palacio viejo». Pero en breve la ilusión se disipa, porque el viajero se apercibe de que se halla en medio de un inmenso tablero de «damas» de la más fastidiosa y monumental monotonía. Donde quiera calles enteramente pulcras, anchas como plazas, tiradas rigurosamente a cordel y cortadas como a compás en porciones absolutamente iguales, con los mismos pavimentos, el mismo aspecto, el mismo silencio y la soledad más soñolienta que se puede imaginar. Donde quiera casas de igual altura, con puertas, ventanas, techos, piedras y colores matemáticamente iguales en todo y por todo; de manera que cada cuadra parece una sola casa, y que al volver cada esquina cree uno haber comenzado a recorrer de nuevo la misma calle que acaba de transitar. Tal parece como si cada ventana abierta remedase un bostezo de la ciudad, y cada puerta cerrada el sueño profundo de los 33.000 habitantes de aquella capital-cuartel. Realmente, Darmstad es tan fastidiosa en su parte nueva, que el recorrer sus calles dan ganas de acotarse con toda franqueza, sobre los baldosas de una acera, a dormir el sueño eterno de los justos, con la esperanza de despertar, por vía de compensación, en medio de un carnaval italiano.

La ciudad no carece de monumentos interesantes, como el Castillo o Palacio viejo, la iglesia de los católicos y la columna y los edificios de la plaza Luisa. Una de las cosas que hacen más estimable a la Alemania, como pueblo literato y artista, y muy interesante para el viajero, es la profusión y riqueza de sus museos, sus bibliotecas, sus universidades y aún los magníficos parques y jardines de las ciudades, casi todos de estilo inglés.

Así, cuando falta todo movimiento industrial y comercial, como sucede en Darmstad, siempre se encuentra en los palacios y otros edificios públicos algo que, además de agradar e instruir al viajero, le da una idea bastante clara de la índole literaria o artística y la ilustración del pueblo alemán, la más vasta en Europa, la más cosmopolita, y la más sólida bajo ciertos aspectos.

El Palacio viejo es un vasto edificio rodeado de jardines, que además de ser habitado por el príncipe heredero contiene: la biblioteca nacional, compuesta de más de 115.000 volúmenes, cerca de 100.000 folletos y unos 500 manuscritos, de los cuales algunos son preciosos y de gran mérito por sus trabajos artísticos y la riqueza de sus adornos en piedras preciosas; el museo de pinturas (unos 750 cuadros generalmente mediocres, aunque no faltan unos 40 de bastante mérito); el museo de historia natural, rico y bien acondicionado; en fin los museos de antigüedades, medallas y monedas.

La iglesia de los católicos, situada en una eminencia, dominando varias calles espléndidas, es un monumento curioso por su forma circular, que le da el aspecto de un teatro, y su falla de torres y fachada ostentosa, cosas singulares en una iglesia católica. La inmensa rotunda que le sirve de techo, apoyada sobre un círculo de columnas muy considerables, tiene un aspecto grandioso. Baste decir que esa rotunda mide 75 metros de diámetro, lo que es enorme, y 41 de elevación.

Por último, la plaza Luisa, aunque triste y solitaria, llama la atención por los edificios que la encierran (entre ellos el «Palacio nuevo» del gran duque y el «Colegio», ambos notables por su sencillez) y sobre todo por su extraña columna acanalada, de gres rojo, que tiene más de 44 metros de altura y está coronada por la estatua colosal del gran duque Luis I, que fue el fundador de la nueva Darmstad.

De Darmstad a Francfort la vía es generalmente desapacible, girando al través de llanuras bien cultivadas pero monótonas. Poco antes de llegar a Francfort el tren se detuvo delante de una pequeña localidad rodeada de jardines y huertos, donde tienen sus casas de campo muchos de los opulentos banqueros y negociantes de la activa capital de la Confederación. Al continuar el tren su ruta entró a nuestro carruaje un sujeto vestido con mucha sencillez, a estilo «americano», alto, robusto y de fisonomía franca. Llevaba sobre las rodillas un gran canasto con magníficas uvas de varias clases que acababa de hacer coger en sus jardines para ofrecer a su familia. En breve, al oírnos hablar en español, nos dirigió la palabra, con cierta mezcla de familiaridad y respeto, diciéndonos con acento perfectamente «yankee»: «¿Cabaliero, ers Ursted y su seniora espanioles?».

Respondímosle que éramos hispano-colombianos, y como su provisión de lengua castellana no era muy abundante, nos preguntó si hablábamos inglés. Al ver que podía entenderse con nosotros en su lengua y que éramos hijos del Nuevo Mundo, se manifestó muy amable, nos regaló hermosos racimos de uvas, y, como si fuésemos amigos viejos, nos trató con la mayor cordialidad. Luego nos dio cuantos preciosos informes podían importarnos acerca de Francfort, con explicaciones muy interesantes, y nos ofreció mil pequeños servicios. Al salir del tren, se apresuró a conducirnos al mejor hotel y recomendarnos muy particularmente a la consideración del hostelero y sus sirvientes, y luego nos pidió permiso para volver después de algunas horas a visitarnos.

Como no conocíamos por experiencia el tipo «yankee» de buena calidad, nuestro «amigo» improvisado nos parecía por lo menos muy singular, y aunque no nos ocurrió ningún pensamiento de desconfianza ofensiva, no obstante que sabíamos que en los ferrocarriles, los hoteles y los teatros de Europa es muy fácil dar con insignes caballeros de industria, no podíamos explicarnos la excesiva obsequiosidad de nuestro desconocido «amigote», inmerecida de nuestra parte, sino suponiendo en él un carácter excéntrico en notable grado.

Tres horas después Mr. D•• llegó en su hermoso coche delante del hotel, y entró a suplicarnos que le permitiésemos presentarnos a su familia y que tomásemos el té en su casa. Era imposible no aceptar invitación tan galante, y además nuestra curiosidad estaba vivamente excitada. Mr. D•• nos llevó en su coche a su casa, amueblada con elegante lujo, y nos presentó a su familia, compuesta por el momento de una bella señorita, una señora amable y llena de sencillez en su porte, su trato y sus atavíos, y dos señoras más de su parentela, poco más o menos análogas en sus fisonomías y maneras. Después de los cumplimientos de ordenanza la conversación se hizo en breve familiar; cada cual, excepto la modesta señorita, nos hacía cien preguntas llenas de inocente curiosidad respecto de la naturaleza de nuestro país, las costumbres de nuestra sociedad, etc., etc. Luego tuvimos la sencilla explicación de las bondades de Mr. D••: por una parte, su carácter personal era naturalmente obsequioso, además de lo que en ello influían los hábitos y la índole de la buena sociedad septentrional de los Estados Unidos; por otra, le movía un sentimiento de gratitud muy singular. Durante un viaje hecho a México, algunos años antes, había recibido servicios de hospitalidad muy generosos en ese país, concibiendo un afecto profundo por la sociedad hispano-colombiana. Así, al vernos, había creído poder corresponder indirectamente las finezas de que había sido objeto, mostrándose amable con dos colombianos desconocidos. Había para mí no sé qué de profundamente típico en ese espíritu de personificación de las razas que parece dominar al «Yankee» de raza pura. Diré también que la circunstancia de haber conversado en inglés con Mr. D••, particularmente mi esposa, influyó mucho en nuestro favor. Mr. D•• era nada menos que uno de los más fuertes propietarios de los valiosos ferrocarriles de Francfort, y sin embargo no hacía la menor ostentación de su riqueza.

En cuanto a su familia, su carácter era tal que más tarde, mediante la observación, pudimos convencernos de que era típico de la buena sociedad femenina de Alemania. Las señoras hablaban tres lenguas de primer orden, mostraban en todo muy buen sentido, un sentimiento natural de sencillez y candor, una conciencia pura, pero muy poco persuadida de la importancia de su sexo, un espíritu de hospitalidad sincera, afectuosa y sin ostentación, mucha curiosidad de los cosas sociales, y sobre todo una exquisita benevolencia de inclinaciones y de afectos de familia. Más tarde diré lo que pienso, en general, de la mujeres de Alemania y de las costumbres del país.

Capítulo VI. Dos estados alemanes
La república de Francfort; su importancia comercial y política. La ciudad de Francfort; su situación; su movimiento social; sus banqueros y sus judíos. El ducado de Nassau. Wiesbáden y sus cercanías

La ciudad de Francfort o «Frankfurt-am-Main», sea que se la considere simplemente como un centro de actividad social, sea como Estado o entidad política de la Confederación Germánica, es, sin disputa, una de las más curiosas e interesantes manifestaciones del genio y la civilización de Alemania. En ninguna parte se ve tan patente el contraste de todas las cosas, la contradicción, la discordancia profunda que reina entre las ideas y los hechos, entre las aspiraciones y las tradiciones del pueblo alemán, pueblo simultáneamente soñador y laborioso, fantástico y negociante, erudito y artista, judaico y cristiano, creyente y filósofo, liberal y feudatario, republicano y aristócrata, singular, contradictorio en todo...

Francfort fue muy atendida y fortificada por Luis el Bondadoso (emperador franco de origen) en 838; fue la capital del reino germánico de Austrasia, en 843; fue erigida en ciudad-libre aristocrática, en 1154; fue capital de un gran ducado artificial (de la fábrica de Napoleón) en 1805; fue capital del imperio-república que inició la revolución en 1849; y hoy conserva su carácter de república o ciudad libre y miembro de la Confederación. Así, Francfort ha hecho todos los papeles, bajo el punto de vista histórico-político, gracias a su antigüedad, su posición central y otras circunstancias; y en la actualidad tiene el honor de ser la capital aparente de esa aparente reunión de antagonistas de todos estilos que se llama la «Confederación» de Alemania.

Bajo otro aspecto, Francfort, en otro tiempo plaza fuerte, ha sido el objeto de cien combates y ocupaciones y de numerosos actos de violencia militar, ora en las luchas puramente germánicas, ora en las franco-alemanas o las europeas. Pero al mismo tiempo que ha sido un objeto tan importante en la guerra, lo ha sido muy poderoso en la paz —es decir, para el comercio, el crédito y la industria— porque sus enormes capitales, sus opulentos banqueros, son acaso, después de los de Londres, los que ejercen mayor peso y más influencia en los negocios de crédito de Europa.

En Francfort nacieron, crecieron y ganaron gloria o fortuna dos hombres que han ejercido una formidable influencia en Europa: Goethe y Rothschild; Goethe, el genio que ha hecho avanzar más poderosamente la literatura alemana, el gran poeta-práctico de esa gran raza; y Rothschild, el hombre que, levantándose de la nada, gracias a la actividad, la confianza ajena y la probidad (las tres condiciones del «crédito»), ha hecho del banquero un rey en la sociedad moderna, del crédito uno de los más fecundos y formidables agentes de la civilización.

En Francfort viven el intolerante papista, el rígido calvinista y el severo luterano, representantes de las horribles luchas religiosas que han desolado al mundo; pero viven también millares de judíos, y reina el israelita opulento, a quien el espíritu moderno ha permitido emanciparse por medio del dinero, lo que no deja de ser un sarcasmo para la civilización contemporánea.

Y todavía las contradicciones se manifiestan en Francfort bajo otros aspectos. Allí descuellan las más vigorosas manifestaciones de la industria: bancos, fábricas, almacenes y ferrocarriles, al mismo tiempo que una multitud de brillantes establecimientos de enseñanza, ricos y hermosos museos, bibliotecas y colecciones artísticas, y un notable jardín botánico-zoológico. Allí contrastan los más antiguos monumentos de la edad feudal y muchas callejuelas tortuosas, estrechas, extravagantes y del aspecto más original, con los edificios sencillos y grandiosos del tiempo actual, los lindos jardines, las anchas calles tiradas a cordel y las elegantes casas que representan la aspiración a lo confortable, limpio y de buen gusto.

Allí vive también una sociedad heterogénea bajo todas sus formas. Vegeta, embrollando los negocios, una Dieta federal que representa la ambición, los intereses y el egoísmo suspicaz de los gobiernos o «soberanos»; y se agita una prensa libre y activa, representante de la soberanía de la opinión. Existe un gobierno democrático, en su intención y en los hechos, y lo ejerce un Senado semi-aristocrático por su composición. Hay una república en el conjunto, cuyo cuerpo legislativo es de composición heterogénea, y esos «republicanos» están divididos en tres clases muy distintas: «nobles» (unas once antiguas familias), «ciudadanos» o vecinos (los mercaderes, etc.), y «paisanos» o plebeyos de la campaña.

Así, lo repito, Francfort es original, contradictoria en todo. La edad media subsiste al lado de la edad moderna; el cristianismo vive, calle de por medio, con el judaísmo; la libertad con el privilegio, el arte con la ciencia, la soberanía de los príncipes con la soberanía de la opinión, las iniquidades tradicionales con la justicia de las aspiraciones modernas. La Alemania tiene, pues, su más conspicuo representante en Francfort.

La república de Francfort, incrustada entre los territorios de Hesse-Darmstad y Nassau, contiene una área total de 48 kilómetros cuadrados, y se compone de la ciudad capital, con su arrabal de «Sachsenhausen», dos pequeñas villas y cinco aldeas, con una población general de cerca de 74.000 individuos (sin contar la guarnición federal) de los cuales cerca de 68.000 corresponden a Francfort y su arrabal. De esa población, 8.000 pertenecen al catolicismo, más de 6.000 al judaísmo, más de 3.000 al calvinismo, y los demás a la comunión luterana. Las rentas y los gastos anuales del Estado alcanzan por término medio a 445.000 «talers», y la deuda a 5.000.000. El Estado, en asocio de Hamburgo, Bremen y Lubeck, ocupa el 17° rango en la Confederación alemana, y el 2° entre las cuatro repúblicas o ciudades libres.

Situada en medio de una llanura, a corta distancia de la cadena de bajas montañas llamada «Taunus», Francfort tiene su base en las dos márgenes del río «Main», extendiéndose sobre la derecha la ciudad propiamente dicha, y sobre la izquierda el arrabal de Sachsenhausen. El país vecino no es hermoso por su topografía; pero el cultivo esmerado de las campiñas, los innumerables y bellos jardines de los al derredores, que han reemplazado las antiguas fortificaciones, y el panorama del río y las localidades vecinas, le dan al conjunto un aspecto gracioso y pintoresco durante la época de vegetación.

Si la agricultura de esas campiñas apenas alcanza para las necesidades de la población, la industria fabril de la ciudad tiene mucho mayor importancia, particularmente en artículos de joyería. Pero lo que constituye la verdadera importancia de Francfort es su enorme acumulación de capitales al servicio de todas las especulaciones de crédito, su gran movimiento comercial de cambios para toda la Alemania, y la concentración de cuatro líneas de ferrocarriles que sirven de lazo de unión a todos los alemanes y a muchos del continente establecidos en otros países. No es fácil apreciar hasta qué punto la riqueza, la actividad y las comunicaciones de Francfort influyen sobre la economía de toda la Alemania y aun de casi toda la Europa, ya facilitando los viajes y las transacciones, ya concurriendo a todos los empréstitos de los gobiernos y las grandes compañías, o fomentando empresas muy diversas en todos los países. Bajo este aspecto, Francfort concurre con Londres, París, Ámsterdam y Hamburgo a constituir esa irresistible soberanía que el dinero y el crédito ejercen en Europa y que se hace sentir en todas las regiones del mundo.

En Francfort el tiempo ha clasificado muy distintamente las manifestaciones de la vida social. Así, en los al derredores, en las cercanías del vasto semicírculo que antes describían los fortificaciones, tocando en sus extremidades a la margen derecha del Main, no se ven sino hermosos barrios enteramente nuevos, vastos y graciosos jardines, alegres quintas, calles anchas y rectas de completa regularidad, alamedas en las vías carreteras, casas elegantes, todas de construcción uniforme y casi todas pintadas; en fin, las estaciones de los ferrocarriles, siempre repletas de viajeros y en incesante actividad.

Pero si penetráis al interior de la ciudad, sea por la puerta «San Gallus», para pasar por delante de la iglesia de «Weissfrauen» y la casa de «Goethe»; sea por la puerta del «Taunus», desembocando en la plaza del «Rorsmark»; sea en fin por la puerta «Roekenkeimer» y la plaza del «Teatro», encontrareis en todas las casas un aspecto completamente distinto, no obstante que las nuevas construcciones van invadiendo la ciudad de la edad media y borrándole algunos de sus rasgos característicos. Allí hallareis un gran movimiento de negociantes, obreros y mercancías, de viajeros curiosos, de gentes de los más diversos tipos. De cada diez casas seis por lo menos os llamarán la atención por sus extrañas formas, sus techos puntiagudos, sus fachadas triangulares, sus balcones esculpidos, sus curiosas ventanas superpuestas o pareadas de un modo singular, sus muros compuestos de trozos de madera combinados en forma de red, sus tejados que parecen madrigueras de ratas o palomares amontonados en desorden.

Hallareis un laberinto de callejuelas muy angostas, tortuosas, extravagantes en todo, pasablemente sucias (en los barrios de los israelitas y los católicos particularmente), monumentos sumamente curiosos, palacios que resumen las más interesantes tradiciones, mercados públicos en que el campesino alemán muestra toda la originalidad de su tipo, en fin un espectáculo que impresiona vivamente al viajero de distinta raza y civilización.

Una de las curiosidades más renombradas de Francfort ha sido la «calle de los judíos», que Víctor Hugo y otros observadores han descrito con mucha energía. Hoy esa calle ha perdido mucho de su carácter particular, a virtud de demoliciones y reconstrucciones importantes, y los habitantes de ese triste barrio tienen una posición bien distinta de la que en otro tiempo los hizo interesantes. Verdad es que la ley no los ha emancipado todavía, implacable en su miserable egoísmo que niega el carácter de ciudadano al que no es cristiano. Pero al menos el israelita tiene seguridad en su culto, su industria, su persona y su propiedad, el dinero le ha servido para emanciparse civilmente en Alemania como en Inglaterra y otros países, y la noción de la justicia ha hecho grandes progresos respecto de esa raza perseguida, tan laboriosa como perseverante. Hoy ella trata de regenerarse, sea entrando en las comuniones cristianas, sea modificando el judaísmo en el sentido del libre examen y el progreso. Si antes los judíos de Francfort fueron tan cruelmente tratados, hoy su condición es muy distinta, y si han de conservar sus costumbres de usura, ocultación, especulaciones sobre harapos y cosas viejas, desaseo repugnante y espíritu estrecho de raza o comunión, el juicio que en lo futuro se forme les atribuirá la mayor parte de la responsabilidad.

Por curioso que sea todavía el barrio de los judíos en Francfort, el lector me permitirá que reserve mis descripciones respecto de esa raza para el capítulo en que más tarde hablaré de Praga, porque es en esta ciudad donde he creído hallar mejor caracterizadas las costumbres de los judíos alemanes.

Los más interesantes monumentos públicos de Francfort son: el palacio llamado «Rómer», «la Bolsa», la catedral o «Dom», la «Biblioteca», los museos «Stoedel» y «Bethman», y las estatuas consagradas a «Goethe» y «Guttemberg». El edificio llamado Rómer, de aspecto singular y muy antiguo, guarda las tradiciones históricas de Francfort y del antiguo imperio de Alemania. Allí existen los archivos de la ciudad y tiene sus sesiones muy modestamente el Senado de la república. El salón principal, donde se reunían los «Electores» o potentados del imperio a elegir el Emperador (en los tiempos en que los soberanos debían su poder a una ficción o forma eleccionaria, sin consideración al derecho «divino» de sucesión), el salón principal, digo, embelesa todavía a muchos alemanes y es el orgullo de la ciudad, porque contiene los retratos de cuerpo entero de todos los emperadores de Alemania, y algunos trastajos que les pertenecieron.

La Bolsa no es notable sino por el extravagante contraste de su parte interior, de estilo casi morisco, y la exterior, adornada con estatuas y una fachada de aspecto muy diferente. Acaso ese edificio es el más «cosmopolita» que existe en Europa, en cuanto a sus formas exteriores, pues sus estatuas representan no solo la «Esperanza», la «Prudencia» y el «Comercio» marítimo y terrestre, sino también las cinco grandes regiones del mundo.

El Dom, aunque es el mejor monumento religioso de Francfort y no carece de mérito y curiosidades, es muy subalterno en comparación de otras catedrales góticas de Alemania. La Biblioteca es un edificio moderno, bien apropiado a su objeto y bastante rico en libros impresos y manuscritos, que componen más de 100.000 volúmenes. La colección de cuadros de pinturas que se halla en la parte baja no contiene obras bien dignas de atención.

No sucede lo mismo respecto del bello y rico «Museo Stoedel», fundado por un opulento negociante de ese nombre. Ese generoso patriota y amigo de las artes del dibujo legó a la ciudad sus casas y colecciones y un capital de 1.200.000 florines para fundar el Instituto que existe, que es al mismo tiempo un museo y una escuela especial. Las colecciones son ricas y variadas, y desde el vestíbulo se encuentra con agrado el culto del arte en dos bellas estatuas de mármol que representan a Rafael Sanzio y Alberto Düren. Los numerosos salones de las galerías contienen muchos centenares de cuadros antiguos y modernos, representantes de todas los escuelas. No son pocas las obras maestras que hay en la colección, particularmente de las escuelas italianas, holandesa, flamenca y alemana.

No nos fue posible visitar el museo «Bethman», de escultura, que pasa por ser generalmente mediocre, si bien contiene un objeto excepcional de gran fama: la estatua de «Ariana», obra de mármol primorosa por la composición y ejecución.

El monumento consagrado a «Goethe», en el centro de una plaza o muy ancha calle sombreada por grandes árboles, es digno de ese gran genio y de la ciudad que fue su cuna. Es una hermosa estatua de bronce de gran tamaño (de más de 14 pies de altura) que reposa sobre un pedestal del mismo metal, de 12 pies de elevación, y representa al ilustre poeta, filósofo y pensador universal, de pie, apoyado contra un tronco de encina y con una corona de laurel en la mano izquierda. Lo mejor del monumento es el pedestal, cuyos magníficos relieves representan las tres «Musas» de la poesía y las principales creaciones de Goethe: «Fausto» y «Mefistófeles», «Miñon» y «Guillermo Meister», «Tasso», «Ifigenia», «Herman» y «Dorotea», «Prometeo», etc.

No lejos del monumento de Goethe está otro, compuesto de tres grandes estatuas de bronce, formando grupo y representando a los tres hombres que, de diferentes modos y en diverso grado, concurrieron a la invención y aplicación primera de la imprenta: Guttemberg, Fust y Schoeffer. Esa unión fraternal de los tres primeros obreros de la publicidad es un noble símbolo bien digno de alabanza.

A propósito de imprenta haré notar que en Francfort se publica el más antiguo periódico del mundo: el «Diario de Francfort», cuyo primer número apareció en 1615.

La transición que hace el viajero de Francfort a «Wiesbáden» (la ciudad principal del ducado de Nassau) es violenta, no obstante que la distancia es corta o de pocas horas de ferrocarril, siguiendo la vía que conduce directamente a «Cástel» (lugar situado sobre la margen derecha del Rin, enfrente a Mayenza) y volviendo hacia el nordeste en dirección a los montes del Taunus.

En efecto, en Wiesbáden la topografía es variada y pintoresca en extremo; el país es montañoso y muy distinto de las llanuras que rodean a Francfort; el movimiento industrial y comercial es casi nulo; y en vez de los bancos y las manifestaciones de la vida fecunda, no sobresalen sino los objetos y las costumbres que indican la aspiración al goce, la inquietud de la ociosidad y una tendencia viciosa. En Francfort se crean capitales; en Wiesbáden se juegan y disipan.

El contraste no es menos notable, respecto de Francfort, en cuanto a la situación política. El ducado de Nassau (o Nassau) es en apariencia uno de los más liberales de Alemania, si se atiende a su Constitución de 1814. Pero la política del gobierno es notablemente retrógrada; la prensa no goza, de hecho, de libertad suficiente, ni la asociación tampoco; el príncipe reinante piensa más en sus provechos dinásticos que en los intereses del pueblo; y como las Cámaras legislativas no representan sino a las clases privilegiadas, la administración puede impunemente persistir en su política de resistencia. Haré notar, sin embargo, en honor del ducado de Nassau, que la instrucción pública tiene allí muy notable desarrollo. Así, además de varias escuelas o colegios importantes, existen unas veintiocho de distrito y cerca de 700 elementales, lo que es muy considerable para una población de 432.000 habitantes que ocupan un territorio de 4.546 kilómetros cuadrados de superficie. Esa población está distribuida, según las religiones, así: 226.000 luteranos; 199.000 católicos y 7.000 israelitas. Las dos grandes comuniones cristianas tienen representación especial en las Cámaras legislativas.

El territorio de Nassau, comprendido entre el Rin (ribera derecha) y sus afluentes el Main y el Lahn, casi paralelos entre sí, es enteramente montañoso. La agricultura es la base principal de su producción, y en segundo lugar la minería. Los productos agrícolas son los mismos que en Baden, siendo de notar particularmente las maderas de vastas y magníficas florestas, los vinos superiores (entre estos el famoso «Johannisberg»), producto de las viñas establecidas en las riberas de los tres ríos, y las frutas de innumerables huertos de las faldas meridionales del Taunus.

Wiesbáden, que contiene poco más de 15.000 habitantes y es la capital del ducado, es una ciudad de muy pintoresca situación y rejuvenecida en su mayor parte, gracias al atractivo de sus aguas minerales, que sirven de pretexto al juego desenfrenado, la ostentación y la ociosidad «de gran tono», durante los meses de verano y el principio del otoño. En realidad Wiesbáden no es más que la reproducción de Baden, en su carácter principal, lo que me dispensa de hacer descripciones detalladas. La casa de la «Conversación» es, sin embargo, más vasta y curiosa, y ofrece en los jardines y parques que la rodean, como en las calles y alamedas vecinas, y en sus inmensas galerías, repletas de curiosidades artísticas y mil objetos de lujo y capricho en venta, un conjunto más atractivo, más agradable y variado que el de la Casa de Conversación de Baden.

En las cercanías del inmenso edificio —templo elevado por el duque reinante (mediante utilidad) al juego y la vanidad, así como a la curiosidad inocente de muchos excursionistas— se desarrollan de un lado magníficos jardines y parques al pie de graciosas colinas coronadas por soberbias quintas, algunas de exquisito gusto en su estilo de construcción. Por allí vaga alegremente la turba de elegantes ociosos y de lujosas cortesanas, que ostentan su hermosura «cosmopolita» y su fortuna de cotización más o menos anónima. Del otro lado de la Casa de Conversación, hacia la parte nueva de la ciudad, se ven calles espléndidas sombreadas por alamedas y orilladas por vastos y lujosos hoteles que parecen palacios, habitados principalmente por familias inglesas y excursionistas franceses.

Después, algunas vías carreteras conducen, por los planos inclinados de una sucesión de risueñas colinas y por en medio de numerosas quintas y bonitos bosques y vergeles, a sitios de los al derredores muy solicitados por los viajeros, ya por su belleza pintoresca o algunos monumentos curiosos, ya por los puntos de vista que ofrecen sobre el rico país circunvecino y las llanuras y riberas del Rin.

Entre aquellos monumentos el más interesante es la preciosa capilla griega o de estilo bizantino ruso, llamada «Mausoleo», que el duque reinante hizo construir en 1852 en honor de su esposa difunta, princesa de Rusia. Ese monumento, situado sobre una colina solitaria, en medio de bosques, a 5 kilómetros de Wiesbáden, es realmente una primorosa muestra del estilo griego moderno, tanto por la forma singular de sus muros de mármol y sus cinco cúpulas doradas, como por la magnificencia con que en el interior está prodigado ese lujo de dorados, mármoles y frescos que da tan mundanal aspecto a los templos y capillas del arte bizantino moderno.

Capítulo VII. El Rin
Cástel. Mayenza. Las riberas del río. Una hija de la pérfida Albión, a bordo de un vapor y en tierra
Al volver de Wiesbáden a la margen derecha del Rin, descendimos del tren en «Cástel» o «Kastel», pequeña localidad que sirve de cabeza al puente de barcas echado sobre el río, llenando una función análoga, respecto de Mayenza, a la que corresponde a Kehl respecto de Estrasburgo. Así, Cástel no es en realidad sino un arrabal fortificado o dependencia de Mayenza, cuyo destino es proteger el puente, facilitar el cobro de peajes y ofrecer al mismo tiempo un embarcadero para los vapores y barcas que navegan el

Rin y para el ferrocarril que conduce a Francfort. Nos apresuramos, pues, a pasar a Mayenza, ciudad de 38.000 habitantes, que es la capital del territorio que el gran ducado de Hesse-Darmstad tiene sobre la margen izquierda del Rin.

Toda la importancia de Mayenza, bajo el punto de vista de la historia y la filosofía social, se resume en dos palabras: «fortificaciones» e «imprenta», que representan el genio destructor de la guerra o los conquistadores, y el genio creador de Guttemberg, ese divino conquistador de la soberanía perdurable del pensamiento. En efecto, en Mayenza todo hace recordar los horrores de la guerra, todo tiene el sello amenazante de las preocupaciones belicosas; al mismo tiempo que en el seno de tantas fortificaciones reinan el nombre y la memoria de Guttemberg y sus compañeros de fecunda labor. Si a las formidables fortificaciones de triple circunvalación, y la casa y estatua de Guttemberg, agregamos la muy notable catedral de Mayenza, tendremos que sus tres objetos verdaderamente importantes caracterizan vigorosamente el conjunto de las evoluciones de la sociedad europea desde los tiempos de la edad feudal hasta hoy. La catedral, de estilo gótico-romano, o la «Religión»; las fortificaciones, o la «Guerra» de conquistas, emancipación y regeneración; la humilde casa y la estatua de Guttemberg, o la «Curiosidad» o insaciabilidad del alma, aspirando a conocerlo todo, vulgarizar la verdad y establecer el cosmopolitismo de las ideas: tales son, en definitiva, los grandes rasgos de las evoluciones humanas después del advenimiento del cristianismo.

El origen de Mayenza data de antes de la era cristiana, aunque, a decir verdad, esa ciudad fuerte ha sido tantas veces medio destruida y reconstruida, por causa de las luchas sucesivas de los bárbaros, del feudalismo primitivo, del imperio germánico y de las guerras europeas o franco-alemanas, que casi no se puede fijar una fecha exacta para indicar la edad de la patria adoptiva de Guttemberg. La historia conserva grandes tradiciones de la vida política y militar de Mayenza, cuyo papel ha sido tan notable, particularmente en las guerras de la gran Revolución francesa. Es digno de notarse que, así como en esa ciudad vivió el hombre que debía revolucionar con la imprenta la vida del espíritu humano, fue de allí que surgió también, en 1247, esa célebre «Liga del Rin» que echó las bases de la destrucción del vandalaje permanente de los señores feudales.

Echado un golpe de vista sobre las fortificaciones, que describen un inmenso y triple semicírculo; sobre las calles de la ciudad, generalmente sucias y de aspecto análogo al de las que ofrecen las ciudades flamencas; sobre el largo malecón de la orilla del Rin, encerrado estúpidamente entre el río y una fila de murallas inútiles, y sumamente desaseado; y sobre el palacio gran ducal, donde se hallan reunidos algunos museos mediocres y una considerable biblioteca, rica en manuscritos alemanes de los llamados «incunables», no queda más que ver que la catedral y la bella estatua de Guttemberg. Esta es una obra de bronce muy notable, ejecutada conforme a un modelo del célebre Thorwaldsen.

La catedral es un monumento extraño por sus formas exteriores y sumamente curioso por las interiores y las esculturas y antigüedades que contiene. No he visitado tal vez una catedral de interior tan sombrío como el de la de Mayenza, cuya historia relata muchas vicisitudes. Esta catedral carece de fachada, y al observar su conjunto no parece sino una masa informe de piedra pintada. En su interior presenta en cada una de sus extremidades un coro o especie de bóveda romana, que parece cada uno corresponder a una iglesia distinta. Los estilos son bien diversos, aunque del género gótico en gran parte, entre los dos cuerpos, ligados por una inmensa nave; y todavía es mayor la diversidad entre los seis campanarios que coronan la construcción, pintados de diverso modo, según los estilos, que indican las vicisitudes seculares por las cuales ha pasado el monumento.

Eran las dos de la tarde cuando partíamos de Mayenza, a bordo de un hermoso vapor que, descendiendo el Rin, debía conducirnos hasta Coblenza. Llegaba el momento de satisfacer nuestra ardiente curiosidad de contemplar, siquiera de paso, las admirables riberas de ese río, entre Mayenza y Colonia, donde la naturaleza, el tiempo y la industria humana han amontonado sobre las rocas volcánicas de un revuelto cordón doble de montañas, cien viejos castillos feudales, monumentos de una civilización «romántica», de una época de recomposición social; numerosas ciudades, villas y aldeas, llenas de tradiciones, donde hoy florecen la Industria y el comercio de la

Prusia rineana; paisajes encantadores que el arte y la poesía han imitado y cantado mil veces, y vastos y caprichosos viñedos cuyos productos generosos son el orgullo de la Alemania.

Desde lo alto de una colina que domina a Mayenza y sus fortificaciones habíamos contemplado con delicia el vasto panorama que se desarrolla sobre las dos márgenes del Rin, particularmente desde la confluencia del «Main» hacia abajo. En el puerto del embarcadero la escena, aunque muy reducida, tenía interés por lo pintoresco del conjunto y de los pormenores. Los vapores y las numerosas barcas del río; el movimiento giratorio de una parte del inmenso puente de barcas (555 metros de longitud) al darles paso a los buques; la actividad mercantil que reinaba en los malecones de ambas riberas, y el extenso y curioso agrupamiento de diecisiete casitas-molinos flotando sobre las ondas y en constante movimiento, ofrecían, junto con la mole desigual de la ciudad, un cuadro curioso y lleno de animación.

A bordo del vapor que nos conducía se hallaban más de cien personas de todas condiciones, en su mayor parte alemanes, o excursionistas extranjeros. Como el buque era cómodo y la excursión entretenida, todo el mundo manifestaba buen humor, salvo uno o dos pares de ingleses taciturnos y seriotes, aburridos hasta de las riberas del Rin al comenzar a verlas. Entre ellos se hallaba una buena señora, hija legítima de Albión, que venía de Roma y se dirigía a Inglaterra, Anglicana ortodoxa, pero llena de ese candor que distingue a casi todos los ingleses excursionistas, contaba con entusiasmo que le había besado el pie a Pío IX y que este patriarca la había tratado con la mayor dulzura. Roma, con sus venerables ruinas de quince o más siglos, le parecía la mejor cosa del mundo, después de la reina Victoria, eso sí.

La raza inglesa tiene la singularidad de ofrecer en su tipo dos caracteres enteramente contradictorios: la suprema astucia en la especulación y la política, y la suprema candidez en la inocencia. Tal parece como si el pueblo inglés hubiera nacido del matrimonio de la «pérfida» Albión con algún genio predilecto del Limbo. Ello es que nuestra compañera de viaje pertenecía completamente al tipo candoroso, y que a pesar de sus sesenta y cinco noviembres hablaba como una criatura inocente. No sabiendo hacerse entender suficientemente en francés, ni menos en alemán, se nos acercó a hablarnos en inglés, rogándonos que le pidiésemos a un sirviente del vapor un vaso de limonada. Ella, mezclando el inglés con el francés, había pedido «une glass de limonade», y como el criado había tomado la palabra inglesa «glass» (vaso) por la francesa «glace» (helado), la había perseguido con un helado de limón que la buena señora no quería de ningún modo.

Para que se tenga idea de la inocencia de la excelente inglesa, que en realidad era un tipo, recordaré solo, entre muchas ocurrencias que tuvo hasta separarse de nosotros en Bruselas, estas dos singularidades: A bordo del vapor nos dijo que, como viajaba sola y en los viajes se solían encontrar hombres atrevidos con las señoras, se ponía bajo mi protección hasta que llegásemos a Bruselas. Así, la pudibunda hija de Albión no se daba por notificada de sus sesenta y cinco años y sus venerables arrugas, puesto que les tenía miedo a los «Lovelaces». Por la noche, al instalarnos en un hotel de Coblenza, la señora preguntó cuál era el número de su cuarto. Un criado le respondió en francés: «Numéro cinq»; pero nuestra insular, confundiendo el sonido de la palabra «cinq» con el de «cent», se fue derecho al número 100, que en todos los hoteles es el distintivo característico de cierta localidad que no se puede nombrar. En el momento en que la señora quiso entrar a esa localidad, suponiendo encontrar allí su equipaje, salía un individuo alojado también en el hotel. Nuestra inocente señora dio un grito y se quedó pasmada; pero luego bajó las escaleras gritando que un «monsieur» se había metido al cuarto de ella, cosa que naturalmente le parecía muy irregular. Averiguado el caso, la honestísima señora descubrió que en lo sucesivo no debía penetrar al número 100, y que tal localidad no podía servir para dormir ni hacer la «toilette».

Desde Mayenza hasta «Bingen» el aspecto del Rin no es muy interesante. Las riberas son planas, donde quiera pobladas de grupos de álamos y otros árboles, y matorrales de gramíneas, en la proximidad de las aguas. El río lleva un curso perezoso y muy amplio, dividiéndose en numerosos brazos que abarcan islotes desiertos, llanos y enteramente verdes, que parecen pequeños bosques flotando a flor de agua. El vasto paisaje se compone de cinco términos o decoraciones sucesivas. En el primero están el río y sus orillas mismas; en el segundo, la línea de localidades y puertos, donde se ve un considerable movimiento de mercancías y transportes, y la doble cinta que describen el ferrocarril y el camino carretero que giran de cada lado; en el tercero, interminables viñedos, monótonos y tristes por su regularidad, cubriendo extensos planos inclinados o faldas de pequeñas colinas; en el cuarto, las lejanas montañas del Taunus, de tinta oscura, cubiertas de bosques de pinos, abetos y encinas; por último, el inmenso pabellón de un cielo de color azul pálido y vago, que parece reflejar las brumas de la vieja Alemania.

Antes de llegar a Bingen no es notable entre los objetos artificiales de las riberas, sino el castillo de «Johannisberg», trepado sobre una alta colina y rodeado de su preciosa corte de viñedos, cuyo origen se debe, según dicen, a la industria de dos frailes. Bien sabido es que el famoso vino que allí se produce no es regalado o vendido por su opulento propietario, el duque de Metternich, sino para el consumo de soberanos y príncipes, o de esos reyes de los cofres que se llaman banqueros, capaces de pagar a 27 o 30 francos la botella del delicioso licor.

En «Bingen», pequeña ciudad comerciante de 6.000 habitantes, situada sobre la margen izquierda en la confluencia de un riachuelo, el Rin se estrecha violentamente por en medio de una garganta profunda de colinas rocallosas, en parte desoladas, y casi totalmente cubiertas de viñedos que trepan hacia las cimas en vastos anfiteatros de muros rústicos, cuyos escalones, sirviendo para contener la tierra vegetal y los sarmientos, que tienden a derrumbarse, forman el más curioso conjunto de construcciones rurales que se puede ver en tamaña escala. Esas viñas, junto con el producto de los bosques opulentos de las montañas, constituyen la verdadera y más preciada riqueza agrícola del Rin, río tan generoso por sus ondas como por los vinos que ofrece al soñador alemán para deleitarse con sus caprichosas fantasías.

Es en Bingen que comienza la extraordinaria región de las montañas volcánicas, y donde el Rin adquiere ese carácter prodigiosamente romántico que lo hace provocar la curiosidad de todos los viajeros. Donde quiera se destacan, sobre colinas revueltas de lava petrificada, castillos estupendos de titánico aspecto, «Bastillas» seculares de la feudalidad casi muerta en el mundo, pero todavía muy resistentes en Alemania; o ruinas monstruosas y sombrías, pero imponentes aún, osamentas destrozadas de diez generaciones de tiranos y bandidos «nobles», petrificadas sobre el lecho volcánico que los propietarios escogieron en armonía con su terrible misión. No se puede contemplar esos escombros y esas moles todavía intactas, que han abrigado a tantos tiranuelos, sin estremecerse de horror al pensar en las tradiciones de iniquidad que allí se anidan, y en las duras pruebas por las cuales ha tenido que pasar, en su interminable peregrinación de la «civilización», ese Cristo de todos los siglos que se llama el PUEBLO... Cuánto no ha debido pesar sobre las muchedumbres el yugo de hierro de esas generaciones de tiranos, cuando todavía hoy las ruinas de sus guaridas casi inexpugnables tienen el poder de impresionar al viajero y llenarle, si no de admiración, de un sentimiento de temor semejante al que se experimenta en presencia de la caverna de un tigre o ante la mirada fascinadora del boa!...

El conjunto de los mil paisajes del Rin, desde Bingen hasta Coblenza, es generalmente triste y grandioso al mismo tiempo. Unas veces se ve aparecer de repente, a la vuelta de un recodo del río, alguna ruina colosal y de formas extrañas, o algún castillo feudal cuyo aspecto de ciudadela inexpugnable contrasta con el pálido color de los viñedos que cubren las faldas de las lomas; otras, se destaca la mole de algún peñasco formidable, severo, imponente, dominando un abismo y como amenazando precipitarse sobre el río y cubrir gran parle de su estrecho cauce; o se pronuncia un raudal que, violentando el movimiento de las ondas, parece querer cerrar el paso al navegante.

Pero también de trecho en trecho el paisaje pierde mucho de su romántica desolación, animado por escenas locales o fugitivas. Ya se pasa delante de una graciosa villa o aldea, situada sobre la orilla misma del río, al pie de una alta colina rocallosa coronada por un castillo, o medio enclavada en el fondo de alguna garganta profunda y bajo la sombra de algún pequeño bosque de oscura tinta; ya se ve un pequeño «pueblo» medio empinado sobre una falda y literalmente rodeado de sarmientos, como un alegre Baco; ya en fin, se encuentra un enjambre de vapores y botes remolcados y de grandes balsas de maderas, que le dan al río el aspecto más pintoresco y variado.

En el trayecto del Rin de que voy hablando todo es interesante de algún modo: la estructura de las localidades es generalmente caprichosa y manifiesta mucha originalidad; cada uno de los 20 o 25 castillos, intactos o en escombros, que decoran las orillas, guarda las más interesantes tradiciones de la Alemania rineana en su mayor parte, y las anécdotas y leyendas abundan en las descripciones de los anticuarios. Así, cuando se llega a Coblenza, ciudad que ha hecho tan gran papel en la política y la guerra, el viajero se siente bajo la influencia de mil diversas impresiones que le preparan el ánimo para saciar más y más su curiosidad.

Capítulo VIII. La Prusia rineana
Idea general del país. Coblenza. El castillo de Stolzenfels. El Rin abajo de Coblenza. Colonia; su catedral; las fábricas de Juan María Farina
La Prusia rineana es una de las más bellas e interesantes provincias de la monarquía prusiana, sea que se la considere bajo el punto de vista topográfico, sea bajo el de las tradiciones, la importancia política, la industria y el comercio. Abarcando las dos riberas del Rin y varias cadenas de montañas, y estando en continuidad con la Westfalia (otra provincia importante de los Estados prusianos), la Prusia rineana, que tiene por capital política a Coblenza, parte límites con Francia, el gran ducado de Luxemburgo, Bélgica, Holanda, Hesse-Electoral, Nassau, Hesse-Darmstad y la Baviera rineana o Palatinado. Así, una de las tres grandes potencias del Norte es en las orillas del Rin el centinela y defensor de la Alemania respecto del poderoso imperio francés, gracias al célebre congreso de Viena, en cuyo seno se repartieron a su sabor la Europa los soberanos vencedores coligados contra Napoleón.

La Prusia rineana es en realidad la perla de la monarquía fundada por Federico II, ya por su posición de gran valor estratégico y político y los ríos navegables que la surcan, tales como el Rin y el Mosela, ya por la población singularmente condensada que posee, la importancia de sus centros industriales y comerciales (como Colonia, Aquisgrán, Dusseldorf, Elberfeld, Treves, etc.), la actividad y variedad de sus cultivos y la explotación de sus muy numerosas y diversas minas. Mide el territorio de la «provincia rineana» de la Prusia 26.782 kilómetros cuadrados, con una población total (en 1858) de 3.046.621 habitantes (113-80 par kilómetro cuadrado) de raza alemana principalmente. Por razón de las religiones, la población se compone de

715.412 protestantes y disidentes, unos 33.000 israelitas, y los demás católicos romanos.

Si en algunos puntos el territorio es árido y triste, donde quiera que las montañas volcánicas hacen sentir su influencia, por regla general el país es muy fértil, y ofrece en todas partes el más variado aspecto, particularmente del lado occidental del Rin. Pintoresco y muy accidentado en las comarcas surcadas por los montes Vosgas y las cadenas que encierran el curso del Rin, y desarrollándose en hermosas llanuras en la faja intermediaria y del lado de Westfalia, ofrece en las tres zonas perfectamente marcadas (montañas, llanuras, valles y faldas) tres órdenes de vegetación característica. En las alturas de las montañas se ostentan magníficos bosques de abetos, hayas, encinas, etc., cubriendo un suelo repleto de bancos carboníferos, filones de plomo, hierro, plata y otros metales, y canteras de mármoles y muchas otras piedras de importante explotación. En las llanuras florecen en vastas plantaciones los trigos, las plantas filamentosas, el tabaco, las papas, el maíz, etc. Por último, en las márgenes del Rin, el Mosela, el Erft y muchos otros ríos y riachuelos, medran las excelentes viñas que dan tanto renombre a la provincia. Así, la producción agrícola y minera es muy considerable y variada, haciendo juego con una fabricación muy activa y valiosa y un movimiento comercial bien considerable.

En cuanto a la fabricación, la de la Prusia rineana es una de las más activas y valiosas de Alemania, y no le cede a ninguna en mérito y baratura. Es notable sobre todo por los tejidos de seda, lana, algodón, lino y cáñamo, la fabricación de armas blancas y muchos objetos de quincallería, la de máquinas de vapor y muchos aparatos mecánicos e instrumentos de todo género, y la de productos químicos de muy extenso consumo. Esa activa fabricación está concentrada principalmente en las grandes ciudades, que son numerosas en la Prusia rineana. En efecto, sin contar muchas pequeñas pero industriosas ciudades de 6 a 9.000 habitantes, me bastará citar las más notables, cuya considerable población indica bien la importancia de todo el país. Tales son:

Colonia, con 110.000 hab.
Elberfeld-Barmen (unidas) 98.000

Aquisgrán (Aachen)	56.000
Dusseldorf	48.000
Coblenza	23.000
Bonn	19.000
Treves	17.000

«Coblenza», la «Confluentia» de los Romanos, que los alemanes llaman «Koblenz», es una de las más curiosas ciudades de toda la región del Rin, más no a causa de su mérito interior, sino de su posición y forma general. Situada entre el Rin y el Mosela, en el vértice determinado por la confluencia, la ciudad tiene la forma general de un gran triángulo, cuyos lados son: la margen izquierda del Rin, la derecha del Mosela, y la línea de formidables fortificaciones que enlazan los dos ríos, con un enorme foso de circunvalación que, en realidad, hace de Coblenza una isla.

Esa situación feliz procura a la capital política y militar de la Prusia rineana un doble panorama de magníficos paisajes del lado del Rin y del Mosela, al mismo tiempo que un doble movimiento de vapores, botes mercantes y balsas sobre las bellas ondas de los dos ríos. Por todas partes, en los dos valles, se admiran comarcas cubiertas de viñedos y plantaciones diversas, dominadas por graciosas colinas o montañas vestidas de lujosa y alta vegetación, y se alcanzan a ver interesantes castillos, pequeñas localidades, numerosas casas campestres, fábricas y líneas de ferrocarriles.

Es bien sabido que Coblenza fue en 1792 el refugio de los príncipes y emigrados franceses que conspiraban contra su patria en el suelo extranjero, obcecados por el egoísmo de clase o casta y el furor de las pasiones políticas. Por desgracia, Coblenza ha tenido muchas imitadoras, en términos que su nombre se ha hecho por antonomasia la designación precisa de todo centro de conspiraciones análogas a las de 1792. Esta circunstancia me ha hecho meditar con tristeza en las miserias deplorables de los partidos políticos, puesto que en estos tiempos he tenido ocasión de ver que no solo en Europa Londres ha sido la Coblenza de conspiradores franceses, y Roma de los conspiradores católicos-legitimistas contra la libertad de Italia, sino que hasta hijos del Nuevo Mundo han venido a mendigar en las capitales europeas asilo para sus maquinaciones traidoras contra la libertad de Hispano-Colombia. Así, Madrid ha sido recientemente la Coblenza de los traidores de México, lo mismo que en París forman sus «Coblenzas» en caricatura los malos ciudadanos de otras de nuestras jóvenes repúblicas, quienes, olvidando que en el suelo extranjero la PATRIA no es un «partido», sino una madre común, posponen la santidad del deber nacional al interés oprobioso de las venganzas políticas.

Coblenza es un conjunto de dos masas de construcciones muy diferentes en su aspecto. La parte antigua, tendida hacia la margen del Mosela y el vértice de la confluencia, contiene los pocos monumentos dignos de alguna atención, como la catedral y varias iglesias; allí no hay sino calles estrechas, caprichosas, muy irregulares y sucias, y es en esa parte donde se concentra casi toda la actividad industrial y comercial. La parte nueva, compuesta de calles anchas y regulares, con edificios de buena planta y algunos jardines y plazas limpias y risueñas, se extiende al derredor del Palacio real, hacia la margen del Rin. Los pocos monumentos de Coblenza —plaza esencialmente militar— no merecen descripción ninguna.

Lo que más llama la atención, fuera de las fortificaciones, es el curioso castillo de «Stolzenfels», situado a unos cinco kilómetros arriba de la ciudad, sobre un peñasco de 100 metros de altura que domina el Rin, cortado a pico y cubierto de hermosos bosques, al pie de otras colinas montañosas. El panorama que desde allí se contempla es muy bello, pues de un lado se registra el valle del Rin en la parte superior, y del otro, hacia abajo, se abarca el interesante conjunto de Coblenza, los dos ríos, el gran puente de barcas echado sobre el Rin, que comunica la ciudad con el arrabal o pequeña villa de «Thal-Elhrembreitstein», y el ferrocarril que penetra a Coblenza por la margen izquierda del gran río; y todo eso rodeado por una vasta comarca muy accidentada y pintoresca.

El castillo, cuya fundación data por lo menos del siglo XIII, y que fue destruido en 1688 por los franceses, ha sido completamente restaurado en 1845 por la familia real de Prusia, y hoy es una de sus residencias de verano. Súbese al castillo, de la carretera que gira por la orilla del Rin, por una cuesta en zigzag sombreada por un bosque espeso y delicioso, a cuya salida se llega repentinamente delante de la masa imponente del edificio, cuyas tres torres, altos y gruesos muros y puente levadizo le dan el aspecto de una fortaleza. Sin embargo, el castillo no es sino un museo de historia y curiosidades artísticas de diversos géneros. Muchas de ellas son de mérito notable, y llaman la atención los frescos de uno de los salones; pero hay poco gusto en la elección y distribución de los objetos, y el viajero que visita el castillo no puede menos que reírse al ver que las tontas precauciones que le hacen tomar para recorrer los salones y aposentos no corresponden a la sencillez y modestia del mobiliario y de los pavimentos, no obstante que los «ciceroni» de Stolzenfels se dan aires de mostrar maravillas.

De Coblenza para abajo el Rin es al principio medianamente pintoresco. La margen derecha aparece estrechada por el cordón de montañas, mientras que del lado izquierdo se desarrolla una vasta llanura que va a terminar al pie de montes lejanos. Después el río vuelve a tener el interesante aspecto de la parte superior a Coblenza. El valle se estrecha tanto, desde un poco abajo de la pequeña ciudad de «Andernach», que su cauce lo llena todo, oprimido por los dos cordones paralelos de montañas, generalmente desnudas de grandes árboles, y de una composición basáltica que las hace muy interesantes y curiosas, a veces imponentes.

En todo el trayecto se reproduce el mismo panorama que he descrito rápidamente en el capítulo anterior, es decir una sucesión primorosa de viñedos escalonados, románticas colinas volcánicas, soberbios castillos y escombros solitarios, pequeñas ciudades de industria activa y valiosa (algunas de ellas fortificadas), numerosas aldeas, unas plantadas a orillas del río, otras graciosamente trepadas en los pliegues de las montañas, y muchos relieves topográficos que llaman más o menos la atención.

Entre las pequeñas ciudades industriosas de una y otra margen, cuya población se eleva de 2.500 a 6.000 almas, merecen particular mención: «Vallendar», situada a la extremidad de un pequeño valle; «Bendorf», notable por sus fraguas que trabajan el hierro; «Newried», capital del principado del mismo nombre; «Andernach», rodeada de fortificaciones considerables y bastante curiosa; «Linz», también defendida por murallas de basalto. La más importante localidad es «Bonn», situada sobre la margen izquierda, bien interesante como centro industrial y comercial, y por la posesión de una buena Universidad concurrida por más de 1.000 estudiantes, que contiene museos y colecciones de mérito y una biblioteca con más de 150.000 volúmenes. Esa ciudad ha sufrido como pocas de las del Rin las tristes vicisitudes de cien guerras; pero gracias a su actividad industrial y comercial todo manifiesta en su seno riqueza, bienestar y progreso, a juzgar por el buen aspecto y el aseo de las calles, la elegancia de muchos edificios y el movimiento de las gentes. Después de Bonn no hay en el Rin (parte alemana) más ciudades importantes que Colonia, Elberfeld y Dusseldorf.

Una circunstancia casual nos impidió detenernos en Colonia durante el tiempo que hubiéramos deseado. Apenas pudimos darle un golpe de vista durante cinco o seis horas, visitando los objetos más interesantes. Me limitaré, pues, a muy breves reminiscencias respecto de esa ciudad.

Colonia, la vieja «Colonia de Agrippina», patria de la madre de Nerón, como del admirable Rubens, un tiempo gobernada por Trajano, antigua capital de la «Germania inferior», sucesivamente opulenta y gloriosa, miserable y conquistada, miembro poderoso de la «Liga anseática», ciudad feudal, ciudad-libre imperial, dominada por arzobispos y generales, presa del imperio germánico, de la república y del imperio de Francia, y aun de los Rusos en 1814; Colonia, la metrópoli comercial del Rin alemán, es acaso la más histórica de todas las ciudades alemanas, la que ha pasado en su larga existencia por una serie más complicada de acontecimientos diversos, la que ha ejercido más poderosa influencia en las comarcas del Rin, y la que por los numerosos contrastes de su modo de ser ha ofrecido ejemplos más elocuentes de lo que influyen las instituciones políticas y religiosas sobre las costumbres de los pueblos.

En un tiempo, apestada por las miserias del régimen clerical y estancada en su desarrollo por el régimen del privilegio industrial y comercial, vivió en la degradación de la mendicidad, ofreciendo el ejemplo inaudito de una ciudad de 40.000 habitantes de los cuales 12.000 eran «mendigos»; se despedazó con agitaciones y violencias intestinas, por cuestiones de clases sociales y privilegios de corporaciones, y se despobló a causa de su fanatismo católico, en perjuicio directo de los israelitas y protestantes proscritos a millares. Hoy, gracias a la actividad de la industria y del comercio, a la vasta navegación del Rin, a los ferrocarriles, y a la influencia de instituciones que han enfrenado el fanatismo de otros tiempos, asegurando la libertad a los numerosos protestantes e israelitas de la ciudad, gracias a eso, Colonia es la metrópoli de la Prusia rineana, y manifiesta haber entrado en la vía de la verdadera regeneración. Ninguna ciudad alemana tuvo más conventos y mendigos que Colonia; ninguna de las de la región del Rin interior tiene hoy en su puerto tantos vapores y vehículos de actividad económica.

Pero es verdad también que ninguna ofrece un contraste tan vigoroso y chocante entre su conjunto o aspecto exterior y su interior. Vista un poco de lejos, al descender el Rin hacia ella, o más bien desde alguna altura vecina, del lado derecho del río, el panorama es muy interesante. Su configuración, determinada por el inmenso arco de sus murallas, cuya cuerda es la línea del Rin; la mole estupenda de su catedral; las puntas sobresalientes de las torres de sus veintiocho iglesias; el singular aspecto de su largo malecón y sus muelles, dominados por edificios modernos de grandes proporciones y separados de las calles por una muralla irregular; su hermoso puente del ferrocarril, y el de barcas, que mide 469 metros de longitud y comunica la ciudad con su arrabal de «Deutz», fortificado; el gran movimiento de vapores y botes de vela y remo, y de carros y mercancías, que reina en el río y los malecones; en fin, la belleza de la fértil llanura que rodea la ciudad: todo eso le da a Colonia un aire que interesa y predispone favorablemente el ánimo del viajero.

Pero al penetrar al interior de la ciudad, detrás de la primera calle, todo el encanto desaparece. No se ve donde quiera sino calles asombrosamente inmundas, tortuosas, quebrantadas, estrechas, enredadas en laberinto; casas extravagantes, sin gusto ni armonía ninguna; un populacho activo, industrioso, pero que manifiesta en sus costumbres la incuria de los pueblos que han recibido educación frailesca. Todo desagrada y fastidia allí, y el viajero acaba por persuadirse de que Colonia no es interesante sino por su catedral maravillosa y sus fábricas de agua de olor o «de Colonia», bautizada siempre con el nombre inmarcesible de «Juan María Farina», el nombre más «cosmopolita» del mundo en toda la acepción de la palabra.

Y aun esos dos objetos, que son las glorias de Colonia, no lo son sino a medias, puesto que, por una parte, la catedral nunca ha sido terminada, y por otra el nombre sacrosanto de Juan María Farina es casi por entero una mistificación. Es curioso observar cómo los antídotos están siempre al lado de los venenos o males que deben combatir. Así como el árbol de quina medra en las regiones donde abundan las fiebres, y el «guaco» y el «cedrón» donde hormiguean las serpientes venenosas, así mismo Colonia, la ciudad clásica de la mugre y la hediondez, es la ciudad clásica de las fábricas de agua fortificante y perfumada.

Sospecho que el ilustre Juan María Farina, inventor del «agua» tan famosa, viendo que no había esperanza de que Colonia se limpiase y purificase, resolvió fundar allí de preferencia su establecimiento como un sistema de compensación muy oportuno.

Por lo demás, es imposible llegar a Colonia sin comprar un frasco siquiera de su agua preciosa, sin perjuicio de la que uno se bebe en los hoteles. La dificultad está en dar con el verdadero establecimiento de «Juan María Farina», pues hay en la ciudad unas veinticinco fábricas, casi todas iguales pero enteramente distintas, cuyos productos llevan invariablemente el mismo rótulo, falso testimonio contra el nombre del difunto inventor de 1670. Tengo para mí que en todas partes se fabrican reputaciones como en Colonia, y que más de cuatro hombres de Estado, publicistas, literatos, banqueros, artistas y otros personajes son los «Juan María Farina» apócrifos del gobierno, de la política, la literatura, el crédito, las bellas artes y... sobre todo la teología.

Entre los numerosos edificios religiosos de Colonia ninguno llama la atención en presencia de esa catedral admirable que los eclipsa a todos. En efecto, es tan imponente y grandiosa aquella construcción, que no obstante la falta de sus torres en la parte superior y la fealdad de las armazones y los materiales que la rodean, con motivo de los trabajos emprendidos para terminarla, produce en el ánimo del espectador una emoción de asombro, respeto y admiración que no se disipa en muchas horas.

Esa catedral ha pasado por las más graves vicisitudes. La primera piedra de sus cimientos fue puesta a mediados del siglo XIII, y los trabajos de construcción, después de una lentitud secular, quedaron suspendidos enteramente en 1509. En el siglo XVIII el capítulo metropolitano degradó torpemente las admirables obras interiores del monumento, verificando modificaciones del gusto más bárbaro. Durante las guerras de la revolución francesa la catedral estuvo convertida en almacén de forrajes. Por último, los reyes de Prusia, desde 1820 hasta la actualidad, han tomado interés por hacer terminar la construcción, y actualmente se trabaja en ella con un empeño que hace esperar que al cabo el mundo podrá admirar en su plenitud ese monumento grandioso, que es una de las más sublimes creaciones del arte gótico. Cuando visitamos a Colonia la catedral estaba colmada de materiales de construcción, y el martillo del obrero ensordecía con sus ecos las inmensas naves del templo.

La leyenda popular cuenta que el diablo, en la época de la fundación, juró que jamás dejaría terminar la basílica, ni conocer el nombre del arquitecto que concibió y trazó su plan, y eso en venganza de cierta pilatuna jesuítica que diz que le jugaron el obispo y los canónigos «a Su Majestad Calientísima» el rey de los infiernos. Sea de ello lo que fuere, la catedral es un prodigio, no obstante la falta de sus torres y el deterioro de algunas de sus partes. Mide en su totalidad la enorme longitud de 511 pies de Colonia, y la anchura de 231 pies hacia la entrada. Así como en la parte inferior del edificio la latitud, que es de 161 pies, es igual a la altura del coro, la altura de las torres debía ser igual, según el plan, a la longitud de todo el templo, y la del muro delantero a la anchura de la entrada. Es curioso notar que todos esos guarismos de longitud, anchura y elevación son divisibles por 7. Renuncio modestamente a describir ese admirable monumento en que todo llama la atención y asombra. Básteme decir que la fama universal de la catedral de Colonia, que predispone en su favor al viajero, no impide que este se sienta profundamente impresionado al contemplar esa obra sublime del arte religioso y popular por excelencia.

Capítulo IX. Del Rin a Lieja
Trayecto entre Colonia y Aquisgrán. La ciudad de Carlomagno; sus monumentos y curiosidades. El Sudeste de Bélgica
El ferrocarril que pone en comunicación a Colonia con la ciudad belga de Lieja es uno de los más interesantes de Europa, tanto por la gracia y variedad pintoresca de los paisajes que atraviesa, como por el gran mérito de las obras de arte —túneles, viaductos, zanjas y nivelaciones— que ha sido

preciso ejecutar al través de un país tan accidentado y que corresponde a dos hoyas hidrográficas distintas.

Después de atravesar en las cercanías de Colonia una fértil llanura, sembrada de fábricas y casas campestres, la vía penetra en el túnel de «Konigsdorf», bajo un cordón de colinas montuosas que separan la hoya particular del Rin de la de su afluente el «Erft»; corta la hermosa llanura de «Horrem», cuya rica vegetación riegan las aguas de ese riachuelo, y en cuyo horizonte se destacan numerosos castillos de los nobles del país, y toca luego en «Düren», ciudad industrial de más de 8.000 habitantes, notable por sus fábricas de paños y papeles, pero sin gracia en sus contornos ni conjunto.

En breve el tren salva el pequeño río «Roer», afluente del «Meusa», y el viajero puede admirar, aunque con la rapidez de una sucesión de vistas de cosmoramas, los graciosos paisajes que más adelante se desarrollan en esa pintoresca comarca de la hoya del Meusa. Los túneles se repiten, el terreno se presenta más onduloso en todas direcciones, se ven frecuentemente minas de hulla y coke en actividad, que aumentan el interés y la variedad de los paisajes, y al cabo de dos horas de trayecto el tren se detiene en la curiosa y cien veces histórica Aquisgrán (o Aix la Chapelle), la ciudad predilecta de Carlomagno, un tiempo la segunda capital del inmenso imperio de Occidente fundado por ese extraordinario monarca de la feudalidad.

El nombre de Aquisgrán (en alemán «Aachen») ha sido tan célebre en la historia de la época feudal como en la de la diplomacia, y aunque la memoria de los hechos más importantes es casi vulgar en Europa, no estará de más recordar aquí algunos episodios, puesto que ellos y dos o tres monumentos constituyen, con las aguas minerales, muy frecuentadas, todo el interés de Aquisgrán. Fue en la «Civitas aquensis» de los Romanos que, según algunos anticuarios o cronistas, nació el inolvidable Carlomagno; esa fue su residencia más querida, por motivos que la leyenda explica, y allí murió, en 814, ese gran fundador de un imperio continental, heredero de los Césares por derecho de conquista, héroe y legislador al mismo tiempo, organizador de la gran feudalidad, y autor de ese famoso pacto con el pontificado que, ligando la Iglesia y el Estado por el vinculo del interés, hizo a los papas reyes, de la Iglesia una monarquía, de la religión un despotismo, de la autoridad real un derecho «divino», y condenó a la humanidad a una lucha de cerca de once siglos que hoy se acerca a su término, gracias a la solución preparada por la revolución italiana.

Si en los tiempos de la feudalidad y del Imperio germánico Aquisgrán fue la ciudad de la consagración de los emperadores, y tuvo tan alto rango como ciudad-libre imperial, lugar de reunión de sínodos y dietas, en los tiempos modernos lo ha sido también de congresos diplomáticos que han ejercido considerable influencia sobre las modificaciones del derecho público europeo. Baste recordar que allí se firmó la célebre paz de 1668, relativa a la contienda de Luis XIV con España, respecto de los Países Bajos; así como la paz todavía más famosa, que puso término, en 1748, a la guerra de la sucesión de Austria. Fue también en Aquisgrán que se firmó el tratado de 1818, importante por diversos motivos para la política europea.

Aquisgrán, gracias a los progresos de su activa fabricación, principalmente de paños, máquinas y alfileres, ha sufrido muy saludables modificaciones en su estructura general, que le han hecho perder casi totalmente su antiguo aspecto. Hoy solo la preciosa catedral, el Palacio municipal y uno o dos monumentos más, así como algunas callejuelas y casas de construcción antigua, recuerdan lo que fue Aquisgrán. La ciudad se trasforma de tal manera que parece apenas, en parte, hallarse en construcción. Sus dos partes, antigua y moderna, están unidas, habiendo desaparecido las murallas que las separaban; la segunda va absorbiendo a la primera con sus hermosas y anchas calles, orilladas por edificios de planta elegante, y en todas partes se nota la actividad de la industria y del comercio. Por lo demás, la ciudad, situada en un terreno onduloso y rodeada de graciosas colinas, es en su conjunto pintoresca; y la influencia de viajeros que solicitan las aguas medicinales en que abunda Aquisgrán aumenta el interés de la localidad durante los meses de verano.

El monumento más interesante allí, bajo el punto de vista histórico, es el «Palacio de la ciudad», sumamente curioso por su vieja fachada de estilo gótico y su torre semicircular, que hizo parte del antiguo palacio imperial, y notable en el interior por los magníficos frescos de su gran salón, las antigüedades que contiene y los recuerdos que hace evocar respecto de los sucesos memorables a que he aludido.

Pero bajo el punto de vista artístico la catedral llama de preferencia la atención, por ser, en algunas de sus partes, una de las más bellas de Alemania, aunque desgraciadamente rodeada de edificios que la esconden en la parte inferior y le hacen perder su perspectiva por un lado. Si yo poseyera los conocimientos y el criterio artístico necesarios para juzgar con acierto del valor de los antiguos monumentos, me abstendría sin embargo de hacer la descripción de la «Capilla» o catedral de Aquisgrán, ya porque no quiero fastidiar al lector con descripciones de esta especie, ya porque en realidad el monumento a que me refiero es tan complicado en su contextura y tan contradictorio en sus pormenores que no se presta a ninguna apreciación general. No he visto jamás una catedral de formas tan múltiples, divergentes e irregulares como la de Aquisgrán, en cuyo conjunto contrastan y se chocan los más diferentes estilos, desde el romano y bizantino hasta el «rococó» del tiempo de Luis XV, ostentándose también, como se ve en la nave principal y las dos capillas más antiguas, todos los primores del arte gótico, tal como fue en el siglo XV, sobrecargado de admirables relieves y esculturas. La catedral de Aquisgrán es, pues, una masa de construcciones en absurdo antagonismo y dislocación evidente, cuyo mérito no aparece sino considerando separadamente sus partes más antiguas, tales como la rotunda bizantina y la nave y las capillas góticas.

El interior de ese curioso monumento está lleno de reliquias muy preciosas, unas por su valor y mérito como joyas u obras de arte, otras por su significación histórica, y las más notables por su relación (verdadera o supuesta) con la vida de Jesucristo. Así, puede decirse que los nombres de Jesús y Carlomagno resumen allí las más venerables tradiciones. Al penetrar bajo aquellas bóvedas y rotundas el viajero va viendo a cada paso alguna evocación del gran emperador europeo, ora en su modesta tumba, dos veces profanada por sus sucesores, ora en los numerosos muebles que sirvieron al Justiniano de la feudalidad.

Todo aquello es curioso, interesante para la crónica en mayor o menor grado, pero impresiona poco el ánimo del hijo del Nuevo Mundo que, educado en la escuela todavía turbulenta de la democracia, no puede mirar con interés aquellas reliquias de los antiguos dominadores de Europa, grandes figuras de una civilización sepultada para siempre. Lo que sí hace detener las miradas de todo viajero que ha nutrido su alma con las consoladoras máximas del cristianismo, es el conjunto de reliquias, ricamente conservadas en admirables urnas, pertenecientes, según dicen, al fundador mismo de esa noble religión. No sé hasta qué punto merezca fe la autenticidad histórica de esas reliquias, que la crónica cuenta llegaron al poder de Carlomagno, unas de manos de Iván, patriarca de Jerusalén, y otras (en 799 y 806) del patriarca Juan y de Aaroun-al-Raschid. Sea de ello lo que fuere, lo cierto es que esas reliquias son conservadas con gran veneración, y que entre ellas figuran: los pañales de Jesús, cabellos de la Virgen María, la sábana sobre la cual fue decapitado San Juan Bautista, muchos fragmentos de cuantos objetos sirvieron para el suplicio del Gólgota, y hasta la sangre de un santo y el prodigioso aceite que (afirman los eruditos sagrados) salió de entre la tumba de Santa Catarina, enterrada por los ángeles en el Monte Sinaí.

De todas esas reliquias, algunas (telas que sirvieron a Jesús, la Virgen y San Juan) componen una especie de aristocracia, que solo pueden mirar los ojos de testas coronadas, o que no son exhibidas sino cada siete años. Las telas de seda en que están envueltos esos objetos, son distribuidas en pequeñísimos fragmentos a los que tienen la fortuna de concurrir oportunamente; y pasan por ser talismanes de «gran provecho» (?). Sospecho que tal distribución debe de ser bastante productiva, a juzgar por la considerable renta que la sola vista de esas reliquias procura a la catedral. En Europa, donde se especula con todo, los reyes y príncipes cobran «peaje» sobre sus palacios y museos, como los obispos y canónigos en las puertas de las catedrales. Y no les falta a los últimos su razón de lógica, puesto que, si para entrar al cielo hay que pagar el pasaporte en la tierra, con igual motivo habrá de pagarse la entrada a las iglesias.

Tolerante como soy respecto de todas las creencias religiosas, con tal que sean inofensivas, respeto la veneración que el vulgo muestra por las reliquias sagradas. Pero confieso que al visitar la catedral de Aquisgrán no pude menos que hacer ciertas reflexiones amargas. Decíame con tristeza, al ver las reliquias sagradas: «El clero católico-romano ha puesto siempre el mayor esmero en conservar intactos cuantos objetos pueden figurar como "símbolos" del cristianismo, al mismo tiempo que ha olvidado casi completamente, desde el siglo V, la "sustancia", el "espíritu", la "mansedumbre" y el "desinterés" de esa admirable religión. El símbolo se ha convertido en objeto de especulación, y al lado de esas reliquias (verdaderas o falsas) del Crucificado, reinan los testimonios de la idolatría y la iconolatría condenadas por el divino "Maestro" cuyos restos se veneran; se "vende" la exhibición de lo que perteneció o atormentó a quien todo lo "dio" a sus hermanos, hasta la vida; se ha "proscrito" en su nombre, con brutal violencia, a los que no creían lo mismo que los guardianes del templo; se ostenta el lujo deslumbrador del oro y de las pedrerías, ocultándose lo que recuerda la vida del "proletario por excelencia"; y aun se ha hecho de sus reliquias mismas una impía clasificación aristocrática, en honor de los "creyentes" y no creyentes "coronados". ¡Qué lejos está la humanidad todavía, al cabo de dieciocho y medio siglos, de la práctica sincera y pura de los dogmas predicados por ese divino Redentor a quien se aparenta venerar en sus reliquias!».

Aquisgrán era la última ciudad de la Alemania del Rin que debíamos visitar en nuestra primera excursión. Más tarde narraré mis impresiones respecto de Espira y otras ciudades que no he conocido sino en 1860 al recorrer la Alemania meridional, central y septentrional. La liberal, industriosa y progresista Bélgica, hija de la Revolución, llamaba nuestra atención como un país digno bajo todos aspectos de atento y cuidadoso estudio. Por desgracia, cuando se viene a Europa por algunos años, dejando la patria en el Nuevo Mundo, es imposible hacer verdaderos «viajes» de residencia. Si se quiere conocer el mayor número posible de pueblos, para poderlos comparar y deducir de su comparación alguna enseñanza provechosa, es preciso contentarse con rápidas «excursiones», hechas, por lo general, en ferrocarril o «a la vapor». Por eso mis narraciones se reducen modestamente a meras «impresiones», que en todo caso reclaman la indulgencia del lector.

No me ha sido posible recorrer el sur y sudoeste de Bélgica, que son con el sudeste las comarcas más pintorescas del país, correspondientes a las hoyas del Meusa y su afluente el Sambra. De toda esa interesante región, donde se encuentran las grandes minas de carbón y hierro, muy graciosas y complicadas montañas, y las activas ciudades de Charleroi, Namur, Huy y Lieja, solo pudimos visitar la última, que es la metrópoli del Meusa central, y uno de los más opulentos centros de actividad industrial en Bélgica. Reservo lo demás para más tarde.

De Aquisgrán a Lieja se recorre una de las más interesantes vías férreas que se conocen en Europa, tan interesante por el encanto y la variedad de los paisajes como por el mérito de las obras de arte que muestran la insuperable habilidad de los belgas para la construcción de ferrocarriles. Dos túneles cercanos a Aquisgrán y el hermoso viaducto de «Astenet», obra de muy considerable mérito, hacen notable el trayecto hasta «Terlbesthal», ciudad pruso-rineana (la última en la vía) cuyos 12 o 13.000 habitantes viven en la actividad de la industria. Inmediatamente después la vía penetra al territorio belga y se hunde en el tortuoso y lindísimo valle del «Vesdra», riachuelo afluente del Meusa, cuyo estrecho cauce caracolea por en medio de un laberinto de colinas, montuosas unas, otras esmeradamente cultivadas, o explotadas en sus ricos depósitos de carbón mineral y sus filones de hierro.

El tren se detiene un minuto al pie de la pobre «Limburgo», pequeñísima ciudad que, demorando sobre la falda de una montaña casi desposeída de su nombre por «Dolhain» (villa inferior situada en el fondo del valle) parece estar lamentando sus perdidas y olvidadas «glorias» de antigua capital de un «gran ducado». Muy cerca esta la ciudad de «Verviers», la más importante localidad de la comarca, donde el viajero se detiene a presentar su pasaporte y hacer registrar su equipaje en la aduana. Verviers es una mediana ciudad de más de 28.000 habitantes (o de 40.000, si se incluye la población de las localidades contiguas) de planta enteramente nueva, muy favorecida por el tráfico internacional y la proximidad de Spa (ciudad de aguas muy a la moda), así como de Lieja y Aquisgrán, y compuesta en su totalidad de fábricas, almacenes de depósito y habitaciones de fabricantes y obreros. La fabricación de paños, hilos y tejidos de lana de muchas clases que se hace en Verviers tiene grandes proporciones, produciendo cerca de 100000.000 de francos anualmente. Sus paños y demás géneros de lana son principalmente consumidos en América y por el ejército belga, y puede decirse sin exageración que Verviers es «la Leeds de los Belgas». La ciudad adelanta muy visiblemente, y en ella misma se fabrican las máquinas necesarias para los hilados y tejidos. Considero útil recomendar especialmente a los hispano-colombianos esta parte de la interesantísima fabricación belga, porque los productos de Verviers son muy adecuados para al consumo de las gentes de medianas comodidades, a causa de su solidez y bajo precio. Mucho celebraría yo que se comprendiese que el mercado belga es uno de los que más convienen a los hispano-colombianos, respecto de un gran número de articules.

Después de Verviers el interés de la vía está todo en la topografía y en las obras del ferrocarril, hasta llegar, en el valle del Meusa, a la populosa Lieja.

Tercera parte. Bélgica

Capítulo I. La nación belga
Resumen histórico. Topografía general del país. Instituciones políticas. Población. Estadística. Agricultura. Industria y minería. Comercio y vías da comunicación

La nación belga, aunque relativamente pequeña, es, sin disputa, una de las más interesantes de Europa, sea que se la considere bajo el punto de vista artístico, sea bajo el político o el económico. No obstante la modestia de sus proporciones territoriales, creo que Bélgica es en Europa, después de Inglaterra, el país donde un colombiano, nacido en el tumulto de una democracia rudimentaria, puede estudiar y comprender con más provecho el fenómeno de la íntima alianza que la naturaleza de las cosas ya establecido entre la libertad y la civilización, haciendo que corran parejas, que se sirvan y sostengan mutuamente, y que no puedan vivir la una sin la otra de un modo fecundo para el bienestar de la humanidad.

Sería inoportuno querer ostentar una falsa erudición histórica en esta narración destinada solo a ofrecer a mis compatriotas del mundo colombiano el simple recuerdo de algunas impresiones. Por tanto, debo limitarme a refrescar en la memoria del lector los sucesos culminantes de la historia de Bélgica, algunos de los cuales, coincidiendo con las revoluciones de Francia, demuestran la solidaridad que las ideas, maduradas y difundidas por el tiempo, establecen entre los pueblos, por más que los separen diferencias de raza y tradiciones.

Es bien sabido que las provincias belgas, de población primitivamente céltica, y luego «germanizadas» por inmigraciones de bárbaros de ultra Rin, fueron sojuzgadas por Cesar, permaneciendo bajo la dominación romana hasta la época de la invasión de los francos que se extendió a la Galia francesa. Bélgica corrió la misma suerte que Francia y tantos otros países, haciendo parte del inmenso imperio carlovingiano, después dividido en tantas porciones entre los herederos de Carlomagno. De ahí la creación de diferentes Estados de la edad feudal que dividieron a Bélgica, bajo los nombres de principado de «Lieja», ducados de «Brabante» y «Limburgo», condados de «Flandes», «Hainau» y «Namur», marquesado de «Amberes» y señorío de «Malinas».

Los enlaces de familia fueron ligando todos esos miembros, que al cabo formaron un solo cuerpo de unión «personal», bajo la autoridad común de los duques de Borgoña, célebres por su poder y por las sangrientas guerras que provocaron. Más tarde otro célebre enlace de familia apuró la concentración, haciendo pasar la Bélgica al dominio de la casa austriaca de Habsburgo, por ser este país la dote de la hija de Carlos el Temerario (María), casada con Maximiliano, primer emperador de este nombre en Alemania. En el siglo XVI (1506) Felipe el Hermoso, rey de Castilla y sucesor de María de Borgoña respecto de las provincias belgas, las trasmitió en herencia a Carlos I de España y V de Alemania, y desde entonces hasta 1598 la dominación española se sustituyó a la austriaca.

Sin embargo, como en aquellos tiempos las naciones se eclipsaban enteramente ante la «soberanía» de los príncipes, dependiendo su suerte de sucesos personales, la muerte de Clara Isabel, hija de Felipe II (quien le dio en dote los Países Bajos austriacos, al casarla con el Archiduque Alberto de Austria, en 1598) hizo volver el país a la dominación brutal y estancadora de los virreyes españoles; dominación que, durante setenta y un años (desde 1633 hasta 1715) terminó definitivamente por la nueva cesión hecha al Austria en virtud del tratado de paz de Rastadt. Acaso Bélgica es el único país de Europa que conserva testimonios y recuerdos relativamente gratos de la dominación austriaca, que fue allí tan suave y fecunda como en aquellos tiempos era dable. Con todo, el emperador José II emprendió allí reformas que contrariaban fuertemente las tradiciones municipales del país, profundamente arraigadas, y al cabo estalló la revolución, en términos que la nación se había emancipado y constituido en 1789, bajo el nombre de «Provincias Unidas de Bélgica», en los momentos en que la revolución acababa de formalizarse en Francia.

Más a pesar del vigor de la revolución brabantina, el país volvió a quedar sojuzgado por el Austria en 1791, para ser luego el teatro de las guerras francesas y quedar, de 1794 a 1814, anexado a Francia y dividido en nueve departamentos. Es en gran parte a ese doble movimiento de revolución e independencia verificado durante veintiséis años (de 1789 a 1815) y a la influencia de las instituciones francesas engendradas por la república, que debe el pueblo belga la saludable regeneración de que da tan evidentes pruebas. Casi está demás recordar que los tratados de Londres (de 1814) y Viena (de 1815) fundaron la reunión en una sola monarquía de las Provincias holandeses y belgas, bajo la dinastía de los Orange; unión rota en 1830 por la gloriosa revolución con que los belgas conquistaron su independencia. La Europa, al reconocer en 1831 la independencia belga y la neutralidad perpetua del país, dio un golpe mortal al edificio levantado por los déspotas en 1815, al mismo tiempo que aseguró la existencia de un pequeño pueblo que ha sorprendido al mundo con el noble espectáculo de su libertad y sus progresos de todo género. Lo demás pertenece al dominio de lo contemporáneo, y por lo mismo es inútil recordarlo aquí.

La topografía de las provincias belgas, aunque en su mayor parte llana o muy ligeramente ondulosa, está perfectamente demarcada por las hoyas o valles de sus ríos, que forman uno de los sistemas hidrográficos de Europa más abundantes, relativamente, teniendo por bases el Escalda y el Meusa, y hasta cierto punto el Mosela, del lado de Luxemburgo. Toda la región marítima, la de la izquierda del Escalda y la comprendida entre este río y el Meusa central, que contiene a Flandes y el Brabante meridional, es llana o de nivel casi enteramente igual; mientras que las comarcas de Luxemburgo, Lieja, Namur y Hainau, pertenecientes a la hoya del Meusa y de su afluente el Sambra, y las regadas por los riachuelos «Geete» y «Dyle», afluentes del Escalda, son generalmente montañosas o por lo menos de suelo bastante accidentado.

El clima es notablemente frío y desapacible, y el país generalmente fértil, excepto del lado de Amberes, en las márgenes del Escalda.

Mide el territorio belga en su totalidad superficiaria un área de 2.956.183 hectáreas; 981 kilómetros de perímetro en sus fronteras con Francia, Alemania y Holanda y su litoral marítimo; 277 kilómetros en su mayor longitud, de Ostende (N.-O.) al límite del Luxemburgo (S.-E.), y 160 en su mayor anchura. El territorio está dividido en 9 provincias que son: «Amberes», «Brabante», las dos «Flandes», «Hainau», «Lieja», «Limburgo», «Luxemburgo» y «Namur».

Entre todas esas provincias la naturaleza ha establecido una demarcación muy notable respecto de las condiciones del suelo. Así, en la región montañosa se encuentran inmensos depósitos carboníferos, ricas minas de hierro, cobre, plomo y otros metales, canteras de hermosos mármoles, espesos y graciosos bosques cubriendo las colinas y montañas, viñas que medran en el valle del Meusa, etc.; mientras que en la faja marítima, mal defendida por sus barrancas arenosas, y en las llanuras de Flandes y Amberes, florecen los trigos y las papas, la remolacha y el lúpulo, las plantas filamentosas y las oleaginosas, y reina en las ciudades la actividad del comercio, de las fábricas y de las artes. La topografía, pues, produce en Bélgica una gran variedad de industrias, explotaciones y productos, favoreciendo el progreso múltiple del país.

No hay quien no sepa que Bélgica es en Europa, por sus instituciones políticas, un modelo de liberalismo, así como por la práctica de esas instituciones un bello ejemplo de buen sentido y patriotismo. No faltan sin embargo algunas contradicciones en la organización belga, tales como la del fuerte censo de imposición establecido respecto de los senadores elegibles, lo que no es aplicable a los diputados, y el contraste chocante que se nota entre la libertad absoluta acordada a la enseñanza y la que tienen los cultos, limitada esta por la injerencia ilógica del Gobierno en la dotación o mantenimiento oficial de esos mismos cultos.

En realidad Bélgica es una nación democrática, gobernada aparentemente por un rey-ciudadano y dirigida en realidad por el voto popular y la opinión pública. Es muy lisonjero ver que, así como el primer rey de esa joven monarquía ha sabido acomodarse con entera lealtad a su deber de monarca constitucional, el pueblo entero, no obstante la lucha legal en que se agitan los partidos liberal y ultramontano, ha entrado de lleno desde el primer día en la práctica del gobierno constitucional democrático, posee la plena conciencia de sus derechos y deberes, y manifiesta en todos los negocios una solidez de miras poco común y un fondo admirable de buen sentido que no le ha faltado en ningún momento difícil. Libre en las manifestaciones de su opinión, influyente en Europa por la independencia de su prensa, considerado y estimado por la hospitalidad neutral que acuerda al proscrito y al pensamiento extranjero, y engrandeciéndose por medio del trabajo, el pueblo belga es digno de tanto mayor respeto cuanto más visible es la pequeñez de su territorio.

El Parlamento belga es en Europa, después del de Inglaterra (actualmente después del de Italia también) el que manifiesta mejor la posesión de las prácticas parlamentarias. Allí ambas cámaras tienen su origen en el voto popular, si bien restringido este por un censo electoral que hace depender el derecho de la cuota de imposición. Los consejos provinciales y municipales funcionan con independencia y hacen del régimen municipal una verdad palpable. El Gobierno ejecutivo, siempre fiscalizado y contenido o impulsado por las Cámaras y la opinión, practica con sinceridad el régimen constitucional y se muestra en todo caso respetuoso hacia la ley, la libertad y la voluntad nacional. Cada día las ideas ganan terreno en Bélgica en el sentido de la libertad, de la emancipación de todos los esfuerzos legítimos y del ensanche de las instituciones democráticas. Así, es de esperar que la nación belga subsistirá como un feliz ejemplo, como una escuela práctica de liberalismo, y que no muy tarde perfeccionará sus instituciones llevando a sus últimas consecuencias naturales la aplicación de los principios que le han servido de punto de partida.

La población belga carece de homogeneidad de raza, lengua y aun tradiciones, en parte, pero se halla en vía de constante fusión, gracias a las condiciones del suelo, al estímulo de sus libres instituciones y a las grandes facilidades que ofrecen las vías de comunicación. Alemana en las provincias de Luxemburgo y Limburgo, francesa en la región del Meusa, o a lo más franco-alemana, y semi-holandesa o semi-germánica en Flandes y Amberes, la población conserva muy notables diferencias de tipo, dialecto y costumbres que parecen repartirla, como un ser mestizo, entre Francia, Alemania y Holanda. Así, en el sudeste prevalece el idioma o dialecto «wallon», mezcla de alemán, «roman» y francés; en Flandes predomina el holandés algo modificado; en Amberes y su comarca se habla un dialecto bastante diferente, y en Bruselas, Namur y Mons tiene la superioridad la lengua francesa, que en definitiva es la del gobierno, la literatura, el comercio general, la prensa de primer orden y la sociedad elegante y más culta.

La población belga es la más condensada y una de las que progresan mas rápidamente en Europa. El número total de habitantes, que en 1831 era de 3.785.864, había subido en 1856 a 4.529.460, de los cuales unos 2.500.000 de raza flamenca y los demás de la wallona, con excepción de muchos miles de extranjeros e israelitas.

Hoy no baja de 4.600.000 el número total (católicos en las 19 vigésimas partes), con una densidad que, alcanzando a 262 individuos por kilómetro cuadrado en la Flandes oriental, con el mínimo de 44 en Luxemburgo, es, por término medio, en la nación, de 154 habitantes por kilómetro cuadrado: densidad prodigiosa, sin igual en el mundo.

Si bajo ciertos aspectos la población belga está felizmente dotada, hay en su seno un hecho deplorable que no puede menos que serle seriamente funesto, si no se buscan remedios eficaces: hablo de la increíble abundancia de conventos y comunidades religiosas, muy arraigados en el país, en posesión de considerables riquezas y en gran parte apoderados de la enseñanza.

Si esos institutos, entre los cuales algunos son realmente benéficos, no interviniesen más que en la religión, la enseñanza y la beneficencia, por mal que lo hiciesen, el daño no sería muy grave, puesto que la libertad común podría corregirlo fácilmente. Pero esas corporaciones, mantenidas por la nación, son la verdadera fuerza de un partido antinacional y reaccionario que pretende no solo explotar libremente al pueblo, sino también infeudarlo bajo el predominio de la corte pontificia De ahí la lucha ardiente y no poco apasionada de los partidos, y graves peligros para las instituciones liberales, que no cesarán sino el día que el Estado, practicando rígidamente los principios, retire a los cultos toda protección pecuniaria, los emancipe «realmente», y ponga freno a las exacciones y la inmovilización de las propiedades pertenecientes a los institutos a que me refiero.

En estos últimos años la prensa y los tribunales han evidenciado muchos y gravísimos escándalos en la conducta de esas comunidades, que se dicen depositarias de la fe, la piedad y la beneficencia, y encargadas de ganar almas para el cielo y enseñar al pueblo, sin perjuicio de atesorar grandes fortunas. Muchos actos de estafa y fraude, de seducción y concupiscencia, de raptos y ocultación de jóvenes inocentes (particularmente israelitas y protestantes) y especulaciones muy reprobables, así como fraudes políticos o eleccionarios, han sido probados, a cargo de comunidades, frailes y misioneros, saliendo a luz en horribles procesos. La opinión se ha indignado con razón, y la gravedad del mal ha hecho pensar seriamente en los remedios.

Por lo que hace al carácter y tipo de la población belga, ambos varían, según las modificaciones que han sufrido las dos razas principales; pero en general se nota poco vigor de diferencias en los rasgos de las fisonomías, en las costumbres y en los caracteres, y en todas partes se ve siempre asomar un no sé qué de híbrido o indeciso que indica el contacto de las razas vecinas. Sin embargo, nótase que en Flandes todo tiene un aspecto más marcado, aunque poco atractivo, distinguiéndose las ciudades de Gante y Brujas, como la de Amberes, por cierta expresión material y social bastante personal o característica.

Como base de comparación de los progresos que hacen las sociedades europeas, la estadística belga es una de las más interesantes. Sin embargo, debo limitarme a recordar, hechos muy generales, a fin de no fastidiar al lector con guarismos; sin dejar por eso de llamar particularmente la atención de los pueblos colombianos hacia la industria belga, enorme por sus proporciones relativas, que es una de las más estimables y populares de Europa, y cuyas relaciones convienen mucho al comercio colombiano.

La agricultura belga es vasta y muy variada, abrazando casi todos los productos principales de Europa, desde las viñas y el lúpulo hasta el tabaco, las moreras para la producción de seda y las plantas oleaginosas, aparte de la considerable producción de granos alimenticios, lino, cáñamo, etc., etc. Sin exageración alguna se puede asegurar que en ningún país del mundo la tierra es tan bien cultivada ni produce tanto como en Bélgica, en proporción a la extensión superficiaria. Las crías de ganados, aunque estimables, son secundarias por su importancia relativa; pero la horticultura tiene en el país gran desarrollo y produce anualmente más de 9000.000 de francos Bélgica, sobre todo en las provincias flamencas, se distingue por la perfección de sus métodos de cultivo, irrigación y abono. Es muy considerable allí el cultivo de la remolacha, que procura anualmente en azúcar un valor de más de 80.000.000 de francos.

Casi es superfluo hablar de la minería belga, tan conocida por sus explotaciones de hulla y otros carbones, mineral de hierro, mármoles, piedras y

321

otros minerales. Baste decir que la pequeña Bélgica es el país que ofrece mayor cantidad de combustible mineral, y a menor precio, en todo el continente, con mucha superioridad a los demás países que poseen minas. Esa explotación da lugar naturalmente a un gran movimiento industrial y comercial, alimentando en Bélgica el trabajo de centenares de hornos, fraguas y herrerías en que la industria metalúrgica produce muy fuertes valores, consistentes en artículos de maquinaria, quincallería, etc., notablemente apreciados, y dando lugar a un prodigioso movimiento de transportes.

Los demás ramos importantes de la industria belga son numerosos y de valiosa producción, tales como la fabricación de azúcar y cerveza, tejidos de lana, lino y algodón muy apreciables (sobre todo los paños, lanillas, encajes, alfombras y adamascados) locomotivas, rieles, máquinas y aparatos para ferrocarriles, vapores, fábricas, etc., armas de varias clases y una multitud de artículos secundarios. Me reservo tratar, de las bellas artes, del comercio marítimo y de la pesca, al ocuparme de Amberes y Ostende; pero haré notar desde ahora que la industria belga, no solo se manifiesta en el país con esplendor, sino que ejerce su benéfica influencia en otros países y aún continentes, enviando sus capitales, locomotivas y vagones, y sus inteligentes ingenieros y obreros, a extender las empresas de ferrocarriles que revolucionan el mundo.

Terminaré esta breve reseña haciendo notar que, después de Inglaterra, no hay país en el mundo que tenga, relativamente a su territorio, una red tan completa de vías superiores de comunicación, unas fluviales o de canalización, otras férreas, y las demás simplemente carreteras. Todo el país está de tal modo cruzado por ferrocarriles en todas direcciones, y magníficas carreteras, generales y vecinales, que se enlazan de mil modos, que nada es más fácil y sencillo que trasladarse en un día, con comodidad y baratura, de un punto a otro cualquiera de Bélgica, o en dirección al exterior. Allí los viajes son como paseos, y todo el mundo vive paseándose.

Capítulo II. Lieja y el Brabante
Población y panorama de Lieja. Importancia Industrial de la ciudad. Su aspecto interior y sus monumentos. Tirlemont. Lováina. Malínas

Lieja, la antigua capital del principado del mismo nombre, y que es el centro más importante de las poblaciones belgas pertenecientes al interesante grupo de la raza valona (o «wallona»), tiene el primer rango industrial, político y social entre todas las ciudades que demoran en la hoya del Meusa, y es por su población (91.000 habitantes) la cuarta ciudad de Bélgica.

Dominada en los tiempos anteriores a la unificación belga por obispos que tenían el carácter y la autoridad de príncipes soberanos, aunque feudatarios, Lieja supo en todo tiempo resistir a las usurpaciones que podían menoscabarle sus libertades municipales, manifestando siempre la energía de su población laboriosa; y a pesar de las luchas que agitaron su existencia hasta el principio del presente siglo, ha conservado y acrecentado su prosperidad, gracias al carácter de sus habitantes y a la actividad de su industria.

Pocos pueblos, en las comarcas de origen francés o céltico, se han mostrado tan decididos y celosos por el mantenimiento de sus libertades como el de Lieja, siempre belicoso y valeroso, siempre enérgico en sus resoluciones, amante del trabajo, emprendedor y perseverante. La raza de las comarcas que tienen por centro a Lieja es la más bella y robusta de Bélgica, y la historia de su vida política y social ofrece repetidos e interesantes rasgos que prueban cualidades morales muy dignas de aprecio. A la verdad, Lieja es una de las ciudades que caracterizan mejor en Bélgica el genio múltiple de la nación y el tipo complejo de los progresos o la civilización de ese país. Las tradiciones municipales, el espíritu liberal, el interés por las letras, los bellos monumentos del arte antiguo, la actividad fabril y de la explotación minera, la agricultura prospera y la rapidez de las comunicaciones, coinciden en Lieja para formar esa noble y fecunda armonía del progreso que caracteriza al presente siglo.

Y sin embargo, nada ofrece contrastes más evidentes que la estructura interior y el panorama de Lieja. Un pintoresco grupo de pequeñas montañas que parecen afluir hacia la ciudad, determina allí uno de los más risueños valles que he conocido en las regiones de Europa que se inclinan hacia el canal de la Mancha y el mar del Norte. Tres valles se reúnen allí: el del Meusa, el del Urta («Ourthe»), riachuelo que tiene su confluencia en el extremo superior de la ciudad misma, y el del «Vesdra», que se junta con el

Meusa un poco más abajo. La concurrencia de los tres valles y sus ríos, el juego de las colinas que lo dominan, formando un magnífico marco de rica vegetación, y las ondulaciones del terreno en el fondo, producen un primoroso conjunto topo-hidrográfico, cuyo encanto se completa con la extensa masa de la ciudad, de formas caprichosas e irregulares, el aspecto de los fuertes que la dominan desde las cimas de dos colinas, y el risueño aspecto de las campiñas circunvecinas, pobladas de plantaciones y vergeles, graciosas casas campestres, fábricas y otros objetos que indican actividad y bienestar. No he visto en ninguna de las otras provincias belgas que he recorrido un panorama tan encantador como el de Lieja.

Pero al penetrar al interior de la ciudad, dividida por el Meusa en dos porciones muy desiguales, se disipa al punto la impresión que el conjunto del paisaje acaba de producir. Las calles están o solitarias o poco animadas, si se las recorre en las horas de comer, o cuando la gran masa de población obrera está ocupada en las fábricas; a no ser que uno penetre hasta la «Plaza del mercado» y la de «Lambert». Si en los afueras de la ciudad o en los hermosos «boulevards» que van de la estación del ferrocarril de «Malínas» hasta la plaza del «Teatro», se destacan a uno y otro lado nuevos y elegantes edificios que tienen todos una planta casi uniforme, en el interior o la parte antigua de la ciudad todo parece oscurecido por un inmenso crespón, por una atmósfera cargada del polvo y los gases del carbón de piedra que se consume allí en enorme cantidad. Baste decir que Lieja, centro muy importante de la explotación carbonífera, yace sobre vastas galerías subterráneas, teniendo por asiento, como algunas ciudades de Inglaterra, un lecho de carbón. Así, esa ciudad, que trabaja en la superficie como en el seno oscuro de su rico suelo, es hoy esencialmente fabricante, y el viajero curioso no puede ver a sus laboriosos habitantes, sus viejas, tristes y tortuosas calles y sus interesantes monumentos, sino al través del humo y el polvo de carbón que despiden constantemente las chimeneas de sus numerosas fábricas y fraguas.

La producción fabril de Lieja en artículos de quincallería es relativamente enorme, y acaso no tiene rival, por lo menos en cuanto a la cantidad, respecto de cañones, diferentes armas de fuego, armas blancas, y locomotivas o máquinas de vapor destinadas a todos los países del mundo. De allí salen los instrumentos de guerra que «resuelven» los problemas políticos de los pueblos (si es que la fuerza puede jamás resolverlos), tanto en Europa como en el Nuevo Mundo; y de allí salen también los aparatos de vapor, instrumentos de riqueza y civilización, que van a difundir el movimiento en casi todos los ferrocarriles del mundo. Además de los 29 o 30.000 obreros que trabajan en Lieja el fierro y el acero, a quince minutos de allí demora el distrito de «Seraing», que en 1820 contaba apenas 2.000 habitantes y hoy tiene más de 17.000, gracias al inmenso establecimiento fundado por John Cockerill en 1816, el más vasto que existe en el continente para la explotación de hulla, las forjas y hornos de fabricación de hierro y la construcción de máquinas. Ese solo establecimiento ocupa hoy a cerca de 6.000 obreros y produce una enorme cantidad de valores.

Aparte de la ciudadela y otra fortaleza, y de diez o doce edificios públicos notables, los más importantes monumentos de Lieja son tres religiosos y dos civiles: de los primeros, la catedral de «San Pablo», la iglesia de «San Jacobo» y la de «Santa Cruz»; de los segundos, el «Palacio de Justicia» y la «Universidad». Casi todos los monumentos religiosos de Lieja son interesantes, al menos por su antigüedad, pues datan de los siglos X, XI, XII y XIII, y su arquitectura corresponde al mejor y más sencillo estilo ojival, aunque en algunos templos se ven primorosos arabescos. «San Jacobo» y «San Pablo» contienen en su interior obras de arquitectura verdaderamente magistrales, y «Santa Cruz», iglesia muy pequeña, es sumamente curiosa y de un estilo encantador por su ligereza, sencillez y armonía de construcción.

El Palacio de Justicia llama notablemente la atención del viajero. Data del siglo XVI, y su estilo se resiente de la transición que entonces hacía el arte del gótico florido al Renacimiento, ofreciendo en su conjunto y sus pormenores una curiosa mezcla de los estilos ojival, en lo principal, y morisco y veneciano en los adornos y ciertas formas parciales. Es penetrando a los dos patios del edificio, hoy orillados por tiendas de libros, quincallería, etc., que se puede apreciar el capricho de las construcciones híbridas de aquel curioso monumento.

La Universidad de Lieja, que es una de las dos sostenidas en Bélgica con fondos del Estado, se halla establecida en los edificios del antiguo convento de Jesuitas, y data apenas de 1817. Como monumento, la Universidad no tiene nada muy notable; pero como instituto es interesante no solo por los museos, colecciones científicas y biblioteca que contiene, sino también por el papel que hace en esa lucha vigorosa de los partidos belgas, ejerciendo su influencia en apoyo del liberalismo, lucha en que las cuatro universidades del país (dos de ellas libres) intervienen muy activamente.

Al seguir el ferrocarril que de Lieja conduce a Malínas y Bruselas, por Lováina («Louvain» o «Leuven») y Tirlemont, la línea recorre hasta «Ans» un trayecto montañoso, subiendo en plano inclinado hasta una altura de 450 pies sobre el nivel de Lieja. Así, el tren es remolcado por tres locomotivas, y se echa de ver que los trabajos de nivelación han sido muy laboriosos. El magnífico paisaje de Lieja desaparece, y con él los hornos de fundición y las minas de hulla. La hoya del Meusa queda atrás y se entra en la del Escalda o sus afluentes meridionales. Al país montañoso y minero de Lieja suceden las ondulosas campiñas del Brabante occidental, interesantes por sus cultivos, sus industrias de tejidos, etc. Se echa de ver que allí vive otra raza y fundó diferentes tradiciones otra civilización. Donde quiera se ve no sé qué de intermediario entre el tipo francés y el flamenco u holandés algo modificado. Es como si un brazo de la vieja Alemania penetrase hasta allí para grabar en parte el sello de sus razas y su civilización. Ya no se nota en el gesto, en el lenguaje, en el continente y en las costumbres de las gentes, ni en el aspecto de las localidades, esa movilidad, esa franqueza y ese espíritu despierto y rápido que hacen recordar al francés en el país wallon. Todo ha cambiado de aspecto, y Lováina y Malínas, ciudades silenciosas y tranquilas, preparan el ánimo del viajero a la fuerte transición que debe hacer pasando de Lieja a Gante o Amberes.

El tren se detuvo un momento al tocar en Tirlemont, pequeña ciudad de poco más de 12.000 almas, que tiene cierto aire de alegría, no obstante la línea de sus murallas o fortificaciones, cuya circunferencia mide un miriámetro; siendo de notar que, por una previsión poco común, dejaron entre la ciudad y sus murallas un vasto espacio circular que se presta al cultivo y está cubierto de huertos y graciosas sementeras. Es raro que los hombres de guerra que en otro tiempo se mostraban tan cuidadosos de estrangular las ciudades con fortificaciones, hayan tenido delicadezas como la que se revela en Tirlemont, dejando a la población algunos medios de subsistir en caso de sitio.

A 7 kilómetros de Tirlemont demora, sobre las dos márgenes del «Dyle», riachuelo afluente del «Rúpel», y por medio de este del Escalda, la triste y solitaria «Lováina», cuyas murallas le dan la forma casi perfecta de un círculo. Un tiempo opulenta y populosa (con 200.000 habitantes y 4.000 fábricas de paños, en el siglo XIV) cuando la ciudad era capital del Brabante, hoy no tiene sino poco más de 31.000 almas, gracias al bárbaro fanatismo y la intolerancia de los hombres de sotana y sable, que proscribieron a los industriosos tejedores, obligándoles a buscar asilo en Inglaterra.

Habiendo perdido su industria y teniendo su población casi en la totalidad consagrada a la agricultura, Lováina carece de todo movimiento comercial y fabril. Hace gran contraste con casi todas las demás ciudades belgas, y no llama la atención sino por su admirable «Casa municipal» y su «Universidad», que es el cuartel general del ultramontanismo en Bélgica. Es sabido que ahora tres siglos la Universidad de Lováina tuvo en Europa gran celebridad, siendo tal vez considerada como superior a todas sus rivales de Francia, Alemania, Italia, etc. En aquellos tiempos la ciencia tenía otro carácter que en nuestro siglo, y como el ergotismo pedantesco y la teología ocupaban el primer puesto, no era extraordinario que Lováina, ciudad clásica de sotanas, obtuviese la palma. Su Universidad, que había sido fundada en 1426, llegó a ejercer en el país una especie de omnipotencia, hasta que los franceses la suprimieron durante su dominación de conquista. El rey de los Países Bajos le sustituyó en 1817 un colegio filosófico, que no fue del gusto del clero, y este restableció definitivamente la Universidad en 1835, con el carácter de libre, para hacer competencia a las de Lieja y Gante. Hoy ese instituto es el foco de todas las intrigas que se urden en Bélgica contra la causa liberal, y su audacia se manifiesta tanto en las polémicas de la prensa como en las luchas eleccionarias y los debates parlamentarios.

Bélgica es el país clásico de esos palacios de la clase media y de las muchedumbres, llamados: «Casa municipal o Palacio de la ciudad», monumentos admirables que conservan las más notables tradiciones de las luchas y libertades de las ciudades antiguas. Bajo este aspecto, Bruselas, Gante, Brujas, Audenarde, Mons y aun Amberes se distinguen por sus palacios municipales; pero Lováina las sobrepuja a todas con el suyo, que es un primoroso modelo de elegancia y armonía en el arte gótico florido, precursor, en el siglo XV, del Renacimiento.

En Bélgica el paso de una ciudad importante a otra tiene apenas las proporciones de un paseo, de manera que en pocas horas puede el viajero trasladarse sin fatiga desde Verviers hasta Ostende o Courtrai, pasando por una cadena de ciudades tan importantes como Lieja, Lováina, Malínas, Bruselas, Gante, y Brujas Los ferrocarriles cruzan de tal modo la diminuta pero opulenta Bélgica, que el tránsito de una ciudad a otra equivale, en aquel «hogar» de cerca de 5.000.000 de hombres libres, al que se hace en una casa cómoda y bien servida, de un aposento a otro. Así, tres cuartos de hora después de haber partido de Lováina nos deteníamos en «Malínas», ciudad célebre por su catedral, sus encajes y sus almuerzos de patas y orejas de cerdo, y no poco afamada entre los belgas por la terquedad tradicional de sus consejeros municipales. Bajo el punto de vista económico y social tiene la particularidad Malínas de ser el centro de donde parten los ferrocarriles belgas pertenecientes al Estado, en cuatro direcciones distintas, a saber: hacia Holanda, por vía de Amberes; hacia Alemania, por Lováina y Lieja; hacia la costa marítima (Ostende) y la frontera francesa de Lila, por Gante, y hacia Mons, Charleroi y Namur (frontera francesa) por la vía de Bruselas.

No he conocido jamás ciudad tan triste y solitaria como Malínas, circunstancias tanto más extrañas cuanto que a dos pasos de la antigua ciudad reina en la estación del ferrocarril un movimiento prodigioso de viajeros y mercancías de todos los puntos de Bélgica y del exterior, que afluyen al punto céntrico donde se enlazan todas las vías férreas para distribuirse en muchas direcciones. Al dejar la estación y penetrar en la ciudad podría uno creer que ha salido momentáneamente de Bélgica y se halla en una ciudad española, triste, abandonada, estacionaria, petrificada por las tradiciones de peor carácter. Allí os afligen las plegarias de los mendigos; abundan las iglesias y los canónigos; faltan las fábricas y los institutos que atestiguan actividad y progreso, y todo tiene un aspecto de vetustez que sorprende en medio de aquel país. En todos mis viajes he podido observar que el progreso de las ciudades está en razón inversa del número de sus canónigos, frailes y demás seres inútiles, que duermen, cantan y consumen. Malínas es a Bélgica lo que Toledo a España y Friburgo a Suiza.

Malínas, atravesada por el riachuelo «Dyle» (que cerca de allí se reúne con el «Nethe» para formar el río «Rúpel»), es sin embargo una ciudad bien construida, que posee calles anchas y hermosas, edificios de buena planta y plazas espaciosas; pero sus 31.400 habitantes deben de vivir acongojados por el tedio y morir de hipocondría.

La catedral de «Saint-Rombaut» es la joya de Malínas, si bien sus formas exteriores no tienen gran valor. Lo que en ese monumento llama la atención es: la enormidad de su torre única, que mide casi 100 metros de altura; la grandiosidad de su inmensa nave, cuyo interior impresiona fuertemente, y algunos cuadros de pintura considerables, entre los cuales se distingue un interesante Cristo de Van-Dyck. Otra iglesia de Malínas, la de «Nuestra Señora», posee también algunas buenas obras de arte, siendo la más sobresaliente la admirable «Pesca milagrosa» trabajada por Rubens en 1618. Después de esto Malínas no tiene otra cosa que merezca atención ni curiosidad, por lo cual el viajero se da prisa de ir a observar en Bruselas el movimiento político y las pruebas del gran progreso intelectual y social de los Belgas, o bien a admirar en Amberes los esfuerzos del comercio nacional y los monumentos y museos que atestiguan la gloria de esa ciudad que fue la cuna de la escuela brabantina.

Capítulo III. Amberes
Aspecto general de la ciudad. Comercio y bellas artes. Carácter múltiple de Amberes. Sus calles, monumentos, museos y curiosidades. Jardines y paseos

Aunque en Bélgica se encuentran reunidas y armonizan todas las manifestaciones del progreso, sin embargo, cada comarca y cada ciudad tiene ciertos rasgos que le son característicos. Así, por ejemplo, es en Amberes, en Ostende, y en las ciudades vecinas a las fronteras de Francia que se hallan las más notables construcciones militares, símbolo de las luchas provocadas por la ambición o el egoísmo de los gobiernos. En Lováina, Lieja, Gante y Bruselas está concentrado el movimiento universitario. La minería tiene su terreno inagotable en el sur y el sudoeste, como la agricultura más esmerada y valiosa se ostenta en las llanuras flamencas. La fabricación tiene sus principales centros en Gante, Lieja y Verviers, así como la pesca marítima se radica en Ostende. Por último, es en Amberes donde, por una singularidad curiosa, se manifiestan con más energía las fuerzas comerciales y artísticas del pueblo belga.

Amberes, en efecto, es una vasta ciudad, curiosa bajo todos aspectos, donde todo interesa y llama la atención: la estructura de los edificios y las calles, como el tipo, la lengua y las costumbres de los habitantes; el movimiento activo del comercio y de la navegación del Escalda, como el mérito de admirables obras maestras, monumentos y museos; el aspecto de las formidables fortificaciones de la ciudad, como el de sus vastos diques de un lado, y del otro sus alegres campiñas, que hacen contrastar los símbolos de la guerra con los de la paz y la fecundidad.

El aspecto general de Amberes —ciudad tan célebre por su historia comercial y militar, artística y civil— es interesante y notablemente curioso. La masa de construcciones interiores está comprendida entre la ribera derecha del Escalda y un inmenso arco irregular formado por la línea formidable de las murallas y fortificaciones, defendidas por vastos y profundos fosos. Al S.-O. o la parte superior del río, están la «Explanada» de armas, la «Ciudadela» y el «Arsenal» militar, dominando el muelle. Al N.-E. o la parte inferior, se extienden los «Diques» «grande» y «pequeño», que abrigan un gran número de buques mercantes de vapor y de guerra y están rodeados por vastos almacenes de depósito. Allí se ve una red complicada de carriles de hierro, por los cuales giran los carros que sirven para el embarque y desembarque de las mercancías, entre los diques y la estación del ferrocarril que comunica a Amberes con Malinas. Al poniente de la ciudad, cerca de las fortificaciones y fuera de su angulosa línea, se hallan, al lado de un pequeño arrabal, la estación del ferrocarril y el primoroso Jardín Zoológico, perla y orgullo de Amberes.

Al subir sobre alguna de las torres de las numerosas iglesias de la metrópoli brabantina, se contempla en su conjunto un magnífico panorama que interesa mucho cuando sus pormenores son observados con atención. Si se tiende la mirada del lado del Escalda, se ve en primer término la línea inmensa de los muelles de la margen derecha, donde reina un gran movimiento de marineros, carreteros, comisionistas, corredores, etc., ocupados en la carga y descarga de centenares de vapores y buques de vela atracados a los muelles, y en las diversas operaciones propias del comercio y la navegación. El Escalda, corriendo por un lecho arenoso y fangoso, de bajas orillas cubiertas de juncos y otras gramíneas, experimenta la acción poderosa de las mareas, que lo hacen subir y bajar de nivel muy notablemente. Si el río es majestuoso por su caudal, su anchura y sus ondulaciones, e interesante por el gran número de buques que lo surcan, alimentando la masa principal del comercio marítimo de Bélgica, la comarca que se desarrolla del lado de la margen izquierda tiene un aspecto melancólico que impresiona mucho. Allí se extiende una inmensa llanura, triste y uniforme, pero admirablemente cultivada y salpicada por algunas poblaciones, que tiene su límite en el bajo Escalda, del lado de la Zelanda. Tornando la vista hacia el interior de Bélgica se contemplan las llanuras del Brabante y Limburgo, donde la agricultura, la ganadería y la horticultura reinan sin competencia; siendo notable el gracioso conjunto de casas campestres, quintas, huertos, jardines y magníficas alamedas que rodean a Amberes, formándole como un arco de verdura. Allí todo indica gusto y esmero en el cultivo, adelanto y perfección en los métodos de labor, y bienestar en la clase media que posee quintas o casas campestres, y entre los agricultores.

    Al observar el interior de la ciudad todas las construcciones presentan un aspecto que contrasta mucho con la frescura y lozanía de las campiñas circunvecinas: Amberes, cuya población no baja de 109.000 habitantes, y que en el siglo XVI llegó a contar hasta 200.000, es un vasto enjambre de cuadras enteramente desiguales e irregulares, calle y callejuelas tortuosas, estrechas, dislocadas en laberintos extravagantes, casi todas húmedas y sucias, muy mal empedradas y de aspecto por lo común triste y vetusto. Donde quiera plazas irregulares, orilladas por magníficos monumentos, y casas de antiquísima planta, muy curiosas por su estructura, aunque carecen de la grada original y pintoresca de las construcciones holandesas, o del sombrío romanticismo de las antiguas casas alemanas. Por todas partes se alzan torres de diversas formas, principalmente góticas, sobre iglesias que merecen casi todas el nombre de museos religiosos. Por todas partes hormiguea una población inquieta, laboriosa y honrada, que llama mucho la atención por la energía de su lenguaje, áspero y expresivo, la singularidad de su tipo de raza, el liberalismo de sus ideas, el sentimiento de orgullo con que mantiene su patriotismo y sus tradiciones, y la elasticidad particular con que se presta a las más variadas manifestaciones de la civilización.

El comercio y las bellas artes, como he dicho, son las principales demostraciones de la historia y de la actividad actual de Amberes. En otro tiempo, bajo el reinado de Carlos V, esa ciudad fue el emporio del comercio en el norte de Europa, gracias a su magnífico río, visitado entonces todos los días por inmensas flotas mercantes, y a causas políticas y económicas que luego han desaparecido o han modificado profundamente su acción. Pero la dominación de los españoles, que ha sido funesta en todas partes, arruinó la prosperidad de Amberes y el Brabante, como del país flamenco. Las proscripciones perpetradas por el fanatismo religioso, la opresión política y civil, las absurdas leyes fiscales y económicas y los actos de pillaje ejecutados en los tiempos de guerra —política sombría que personificó tan terriblemente en los Países-Bajos el odioso duque de Alba—, diezmaron la población de Amberes, estancaron la industria y el comercio e hicieron de esa opulenta ciudad casi una ruina. Más tarde, la pérdida de la libre navegación del Escalda (consecuencia del tratado de Munster, de 1648) completó la decadencia de Amberes. Hoy, aunque embarazada la navegación por los peajes que cobra el gobierno holandés en el bajo Escalda, Amberes ha recobrado gran parte de su antigua opulencia, gracias a la concentración que allí se verifica respecto de casi todo el comercio marítimo de Bélgica.

Y a la verdad, la prosperidad comercial de Amberes en la actualidad, es más sólida y vale más que la que alcanzó en el siglo XVI, puesto que esta se basaba en el monopolio y las más viciosas instituciones, mientras que la que hoy se palpa se funda en la libertad y la actividad espontánea de los pueblos. A este propósito haré una observación que me parece pertinente. Los filósofos están divididos en el mundo en dos categorías: unos que, tomando la historia por punto de partida, pero la historia viciosamente comprendida, creen que el progreso tiene límites, que la civilización es una serie de evoluciones que se repiten en su espíritu esencial, aunque varían en sus formas, lo que en definitiva no es más que la teoría Vico. Según esos filósofos, las sociedades actuales que han llegado a un gran refinamiento de civilización, están destinadas a comenzar en breve su período de decadencia, a arruinarse y perecer tan luego como completen su evolución limitada de progreso.

La segunda escuela filosófica, la escuela joven, que tiene fe en la perfectibilidad humana y la perpetuidad del bien, y que toma por punto de partida la naturaleza del hombre mismo y de la Creación entera, en lugar de los sofismas de la historia, esa escuela, digo, cree que las sociedades no decaen ni perecen por virtud de una ley ciega y fatal, sino por causas lógicas cuya influencia puede conjurar la voluntad humana. Y cree, también que, cuando esa decadencia y esa ruina aparecen, no son en realidad sino fenómenos del progreso humano, en virtud de los cuales los pueblos que abrigan en su constitución un principio falso y nocivo, que son incapaces de producir la fórmula de la justicia y la verdad, son arrastrados por la ola irresistible del tiempo para dar lugar siempre a una sociedad más sana y justa, a una civilización que se acerque más al ideal de la humanidad.

Así, puede decirse que ningún pueblo está destinado de un modo absoluto a una alta civilización ni a la decadencia, la ruina y la transformación completa. El que tome la vía de la libertad y la justicia, y tenga siempre valor para solicitar el «grande ideal», vivirá progresando y modificándose sin violencia, hasta la consumación de los siglos. El que no sepa comprender, solicitar ni realizar ese ideal, perecerá en el común naufragio de la historia de los «incapaces», a reserva de reaparecer transfigurado y rejuvenecido bajo las nuevas formas que la civilización irá creando... Amberes me pareció la confirmación patente de esta filosofía del progreso con que se ha fortificado mi espíritu.

La civilización, que por lo común se manifiesta en un sistema de compensaciones, ha debido muy nobles triunfos al genio de los amberéses, en el ameno campo de la más sublime de las bellas artes. Cuando Amberes, por la decadencia de su antiguo comercio, parecía condenada a la oscuridad, surgió casi de repente en su seno una falange de hombres inspirados que, fundando la escuela «brabantina» en la pintura (llamada impropiamente escuela «flamenca», por ampliación) debía inmortalizar a los hijos de la antigua metrópoli comercial, prestando servicios eminentes al arte de Rafael. Las provincias de Flandes y Brabante habían sobresalido en ciertas industrias estrechamente ligadas con las artes del dibujo, tales como el bordado, la platería y joyería y la fabricación de encajes y tapices. De ahí el hecho natural de que el dibujo, y con él la pintura, tomasen en aquellas provincias un vuelo muy notable desde la edad media.

Ya desde principios del siglo XV los célebres hermanos Huberto y Juan Van-Eyck habían creado en Gante y Brujas la escuela flamenca, feliz iniciadora de la independencia, la originalidad y el espiritualismo científico del arte; y Hemling y otros cuantos habían seguido más o menos fielmente las huellas de los maestros. A su turno el Brabante había entrado en el movimiento artístico, pero sin dar a sus producciones un carácter particular y bien determinado. El arte se resentía mucho de la imitación italiana o del giro que le habían dado las escuelas flamencas y holandesas. Fue del fin del siglo XVI al principio del XVII que Amberes sintió surgir de su seno la pléyade inspirada que debía procurarle tanta gloria. Entonces aparecieron sucesivamente los grandes maestros cuyas obras embellecen los preciosos museos de Europa. De los obradores de Pedro Breughel, Van-Veen, etc., salieron casi en la misma época: Pedro Pablo Rubens, el maestro soberano (de 1577 a 1640); David Teniers (de 1582 a 1647); su hijo del mismo nombre, que le superó con mucho, sobre todo en la pintura de «género» o de interior (de 1610 a 1694); Van-Dyck, el admirable discípulo de Rubens (de 1599 a 1641); Jordaens, que tanto se esforzó por imitar las más voluptuosas creaciones del mismo maestro (de 1594 a 1678); en fin, los dos Seghers o Zegers, Gaspar de Craeyer, Roose, Neefs, Snyders, Brill y otros notables, hasta Juan Erasmo Quellyn, que falleció en 1715, época en que el noble arte brabantino hubo de correr la misma suerte que el de casi todas las escuelas, decayendo bajo la presión que ejercieron sucesivamente las costumbres cortesanas de los tiempos de Luis XIV, la Regencia y Luis XV.

Es visitando el interesante museo de Amberes, y sobre todo la catedral y las principales iglesias, que se puede admirar el alto grado de atrevimiento, originalidad, energía de expresión, riqueza de colorido y verdad imitativa a que llegaron los tres grandes maestros: Rubens en la pintura histórica, religiosa y de fantasía; Van-Dyck, en el retrato y la composición religiosa;

Teniers el joven, en la pintura de cuadros domésticos maravillosos, llamada de «género». Verdad es que las más numerosas y mejores obras de Van-Dyck, en cuanto a retratos, se encuentran en Inglaterra, en el Castillo de Windsor: pero hay bastantes en Bélgica, y sobre todo en Amberes, para dar idea del mérito de ese artista eminente. En cuanto a Rubens, cuya fecundidad y laboriosidad fueron prodigiosas, aunque su genio y su pincel están muy bien representados en todos los museos de Europa, Bélgica conserva los mejores, particularmente en el género religioso, del cual ofrece pruebas admirables la catedral de Amberes.

No pretendo fatigar al lector con apreciaciones especiales respecto de las obras artísticas de Amberes, apreciaciones que parecerían pedantescas de mi parte. Así, me limitaré a hacer una rápida mención de los monumentos y objetos que más llaman la atención.

Entre la «Plaza verde», donde se alza en medio de arboledas la hermosa estatua del admirable Rubens (quien, como se sabe, fue tan hábil artista como magistrado y diplomático) y la «Gran plaza», donde se halla el «Palacio de la ciudad» (edificio notable, aunque bien inferior a otros de su clase en Bélgica); entre esas dos plazas, digo, se levanta con majestad la mole sombría de la catedral, monumento magnífico, sin rival, por su tamaño y su hermosura, en toda la región de los Países Bajos. Mide 117 metros de longitud por 65 de anchura, data en su principio de 1352, y su arquitectura, que es de estilo gótico sencillo, imponente y grandioso, no encanta menos en su recinto que en su admirable torre principal, la cual, sobre tener la enorme altura de 123 metros, embelesa al que la contempla, por la extraordinaria ligereza de sus formas y el atrevimiento y la perfección de sus primorosos calados, con justicia comparados a encajes.

En el interior, el golpe de vista es soberbio, al situarse uno en frente al coro. Dividida la catedral en siete naves sostenidas por seis órdenes de columnas (estructura única entre todas las catedrales) parece una selva de mástiles de piedras trepando hacia el cielo con la ligereza de cien enormes lianas. De resto, el interés del visitante se concentra en los colosales cuadros de Rubens, suspendidos a los dos lados del coro, que representan la «Erección de la Cruz» y el «Descendimiento», y otro del mismo artista dominando el altar mayor, que manifiesta la «Asunción» de la Virgen. Si en lo relativo a vírgenes no he hallado nunca nada que me parezca superar las creaciones divinas de Rafael, Corregio y Murillo, en lo que toca a la representación de Cristo parece imposible producir obras más grandiosas y más llenas de religión, ciencia y soberana poesía que las dos mencionadas de Rubens.

Después de la catedral son muy interesantes, entre los monumentos religiosos: la iglesia de «San Jacoto», que mide cerca de 100 metros de longitud y la mitad de anchura, notable por su abundancia de cuadros de pintura y monumentos sepulcrales magníficos, y su gran riqueza de mármoles y ornamentación; la iglesia de «San Carlos», construida por los Jesuitas a principios del siglo XVII, enteramente análoga a las del mismo origen en otros países, notable por su magnífica torre y su excesivo lujo de ornamentación o aparato; la iglesia de «San Pablo», rica también por sus adornos y cuadros interiores, y curiosa por un patio que tiene al lado de su entrada lateral, donde está representado el «Calvario» por estatuas de piedra distribuidas en medio de rocas y escombros artificiales; en fin, la iglesia de «San Andrés», notable solamente por su magnífico púlpito de madera esculpida, objeto en que sobresalen sin rival muchas de las iglesias de Bélgica.

Aparte de muchos otros monumentos secundarios, pero todos históricos, que llaman la atención en Amberes, lo más importante, después de lo que llevo mencionado, es el «Museo» de pinturas. Su gran valor consiste en su especialidad, pues aunque contiene algunos cuadros de las escuelas extranjeras, se compone principalmente de obras nacionales y holandesas. Son muy numerosas las obras maestras reunidas allí, debidas al poderoso genio de Rubens, al sombrío pincel de Rembrandt, al fielmente imitativo de Van-Dyck, al admirablemente gráfico y chistoso de David Teniers (joven), y al delicadísimo de algunos pintores en miniatura al óleo, en que abundan los museos flamencos, holandeces y brabantinos.

Si en su recinto es interesante Amberes, fuera de sus fortificaciones ofrece a la vista del viajero objetos importantes. En su primoroso Jardín Zoológico, uno de los más bellos y mejor surtidos y mantenidos en Europa, los amberéses han probado su particular aptitud para esa clase de establecimientos. Si exceptuamos los jardines de ese género que hay en París y

Londres, se puede asegurar que ninguno otro de Europa es comparable a los que en Bélgica y Holanda están consagrados a la botánica y la zoología. Y todavía, bajo el punto de vista de lo pintoresco y agradable, los de estos dos países son superiores a todos los demás. Los Belgas y los Holandeses tienen el buen gusto de combinar la música y los goces sociales con el interés de la ciencia, lo que hace que, como más adelante manifestaré, aquellos jardines sean en Amberes, Bruselas, Ámsterdam, Róterdam, etc., escenarios interesantes y agradables bajo todos aspectos.

Adelante del Jardín zoológico de Amberes se extienden campiñas muy bien cultivadas, y se prolongan magníficas alamedas, orilladas por casas campestres, jardines, huertos y pequeños parques pertenecientes a los ricos negociantes de la ciudad. El vasto y pintoresco arrabal que existe allí está destinado a hacer parte de la ciudad, tan luego como estén demolidas las actuales fortificaciones. Cuando visitamos a Amberes (no en 1859 sino en 1860, después de recorrer la Holanda) habían comenzado los inmensos trabajos de las nuevas fortificaciones, cuya línea semicircular, alejándose bastante de la ciudad, le dejará desahogo y facilidad para ensancharse. La cuestión de esas fortificaciones agitaba mucho a la opinión belga en 1859, y la prensa, el Parlamento, el Gobierno y los hombres del arte se preocupaban muy seriamente con su solución. Amberes se sentía como estrangulada por sus murallas y fortificaciones, sin poder salir de su viejo carapacho de guerra, porque las necesidades sofísticas de la política exigían la subsistencia de ese elemento de defensa nacional.

El patriotismo se mostraba alarmado por los temores, fundados o infundados, de nuevas conquistas de parte de Francia, temores que acababa de despertar la guerra de Italia. Se quería que en caso de invasión el gobierno belga contase con un refugio seguro en Amberes, y para eso se creía indispensable mantener las antiguas fortificaciones, o en caso de demolerlas construir otras nuevas y más formidables. La segunda opinión triunfó, y el pueblo belga se impuso un sacrificio de cerca de 50000.000 de francos, imputables al capítulo «miedo y desconfianza», que hace tan gran papel en los presupuestos europeos. Es curioso notar cómo la amenaza y el miedo se ligan en Europa para mantener esta deplorable guerra de presupuestos y tarifas que se hacen con encarnizamiento los gobiernos! Todo se encadena de manera que los gestos y aun la reserva calculada de cada soberano producen su contragolpe en los demás Estados.

Capítulo IV. Bruselas
La sociedad belga bajo el punto de vista político. Estructura general de Bruselas. El periodismo y la librería. Fisonomía moral de Bruselas; su población. Monumentos civiles; la casa municipal, varios palacios. Monumentos religiosos. Museos, bibliotecas y estatuas públicas. Jardines científicos

Tal vez no hay en el mundo pueblo ninguno que haya ofrecido en tan poco tiempo, como el belga, pruebas tan perentorias de la eficacia de la libertad o del régimen que funda la prosperidad social en el imperio de la paz y de la opinión libre. Los extraordinarios progresos que ha hecho en medio siglo la «América» republicana se deben no solo a las instituciones, sino también a las inmigraciones, las ventajas del suelo, la novedad del país y el concurso que la Europa proletaria y oprimida le ofrecía, solicitando con avidez el Nuevo Mundo.

En Bélgica los elementos han sido muy distintos: ese libre, honrado, sensato y laborioso pueblo no cuenta más que treinta años de vida independiente y gobierno constitucional, y en tan corto tiempo ha hecho prodigios. Y sin embargo, tenía contra sí, en el interior, la división de su población en dos o tres razas, y la tradición de muchas dominaciones extranjeras, que podían haber debilitado en el transcurso de tantos siglos el sentimiento nacional o de independencia y libertad; y en lo exterior, el resentimiento de la Holanda, las pretensiones de la corte romana, y las contrarias influencias de Francia y Austria.

Pero el pueblo belga nutria un profundo espíritu de libertad y un alto sentimiento de dignidad que le hicieron comprender desde el primer día sus verdaderos intereses. Por eso no solo ha resistido a seducciones deslumbradoras por un lado, y por otro a todo consejo reaccionario, sino que, mostrándose prudente y animado de una voluntad firme, ha sobrepujado a todos los Estados del continente en la práctica fiel de las instituciones liberales y parlamentarias. Ello es que la Bélgica es un modelo en casi todas las manifestaciones actuales del progreso. Ella ha sabido aprovechar su feliz neutralidad, consagrándose a perfeccionar sus instituciones, en tanto que las demás naciones parecían preocuparse casi únicamente con las intrigas y el antagonismo de la ambición política.

En Bélgica han encontrado asilo todas las ideas perseguidas o sujetas a discusión; se ha mantenido la más saludable actividad en la vida política —sea en el parlamento y las corporaciones provinciales y municipales, sea en la prensa y las asociaciones privadas, sea en las elecciones y peticiones y en las grandes fiestas nacionales—; y el resultado de esa actividad política se manifiesta en la actitud de los partidos, en la importancia de sus debates o luchas pacíficas, y en la estabilidad que ha adquirido la constitución nacional, fundada en la libre manifestación de todas las opiniones, en el respeto por todos los derechos, en la energía de las costumbres políticas y civiles. El pueblo belga está ya bien educado en la vida progresista, y su educación, fruto de la práctica de la libertad, es la más sólida y gloriosa, puesto que se la debe a sí mismo. Allí el rey no es más que el símbolo popular de la permanencia del gobierno; Leopoldo y sus hijos son verdaderos ciudadanos; la fuerza de la autoridad reposa toda en la ley y la opinión; el país tiene confianza en sus mandatarios y representantes porque la tiene en sí mismo; las razas se han confundido en el amor común a la independencia y la gloria nacional; la alianza entre el pueblo y la dinastía tiene su garantía en la libertad, y la nación ha logrado poner en armonía dos elementos que siempre han sido inconciliables en Europa: la democracia y la monarquía hereditaria.

Ninguna ciudad revela mejor en Bélgica esa alianza de lo pasado con el progreso moderno, que la bella, elegante y animada Bruselas, donde todo hace ver simultáneamente las viejas tradiciones y las esperanzas y reformas del tiempo presente, la yuxtaposición de dos razas y dos civilizaciones distintas. Bruselas, capital al mismo tiempo de la provincia de Brabante, ocupa una posición pintoresca, demorando a orillas de un riachuelo, sobre el ancho lomo, las faldas y el pie de una colina notablemente elevada, en el centro de una llanura. Algunas colinas cierran el horizonte por un lado, y el vasto panorama que rodea la ciudad no carece de interés y hermosura. El origen de Bruselas data del fin del siglo VI, muy humilde por cierto, pero su verdadera importancia no comenzó sino en el XII. Rodeada en otro tiempo par murallas y fortificaciones, el espíritu moderno las ha demolido para reemplazarlas con una cintura de «boulevards» o magníficas calles de alamedas, estaciones de ferrocarriles, jardines públicos y privados, elegantes casas de campo, fábricas y arrabales considerables.

La ciudad está naturalmente dividida en dos partes por la configuración del suelo en que demora: la parte baja y antigua, que tiene su centro en la «Gran plaza» y su admirable «Hôtel de Ville» o Palacio municipal; y la parte alta y nueva, que se extiende sobre la planicie de la colina, y tiene su magnífico centro aristocrático y monumental en el «Parque», que es el «jardín de las Tullerías» de Bruselas. Abajo veréis, si contempláis, la ciudad desde la «Plaza del Congreso», un enjambre de calles y callejuelas formando laberintos, y monumentos y edificios de las más diversas formas, que resumen por decirlo así la historia de Bruselas hasta principios del presente siglo. Allí se alzan en confusión, sobre los techos de las viejas casas, las torres góticas de interesantes iglesias, la masa imponente del precioso Palacio municipal, las fachadas de grandes casas de estilo moderno y los techos de cristal de algunos edificios públicos. Allí circulan sin cesar los «ómnibus» y coches de alquiler, los carros llenos de mercancías, y hormiguea una población activa y de buen carácter (sin contar la gran masa flotante de extranjeros o transeúntes). Allí se encuentran casi todos los hoteles, las librerías, las imprentas, las fábricas y el gran movimiento del comercio y de los negocios de todo género.

Arriba no hallareis en la ciudad, cortada por los «boulevards» de «Waterloo», del «Regente», del «Observatorio» y del «Jardín Botánico», sino palacios y edificios magníficos, sea al derredor del «Parque», sea orillando la hermosísima «Calle Real», sea recorriendo el espléndido barrio de «Leopoldo», enteramente nuevo y aristocrático, llamado el «West-End» de Bruselas por comparación al de Londres. Esa parte privilegiada de Bruselas parece reservada a las clases altas, la ciencia y las bellas artes, a los hoteles donde se alojan los más ricos viajeros, y a los palacios donde residen los miembros de la familia real, los ministerios y los ministros extranjeros y donde tienen sus sesiones las cámaras legislativas. Allí, las calles tiradas a cordel y cortadas en ángulos rectos, las estatuas monumentales, los edificios de hermosas fachadas, los museos de todo género, las bibliotecas, el

Observatorio astronómico, los preciosos jardines Botánico y Zoológico, en fin, cuanto manifiesta los progresos recientes, la vida política, intelectual y artística, la elegancia y el «confort», sin perjuicio de la sencillez.

Si del aspecto físico de Bruselas pasamos a observar la fisonomía moral de su población (como he tenido ocasión de observarlo en dos años distintos), encontraremos también el contraste de dos tipos muy diferentes que coinciden con las dos grandes formas de la ciudad. En efecto, abajo está la población brabantino-flamenca, y no se oye entre la muchedumbre y aún la clase media sino el acento áspero del flamenco modificado, que llaman el dialecto de Bruselas, o se habla muy poco francés relativamente. Allí las costumbres conservan en todo los rasgos más notables de la vieja sociedad semi-holandesa, y el tipo de las gentes tiene esa redondez de formas, esa frescura y robustez y esa sencillez mesurada que distinguen al holandés, aunque bastante modificadas.

En la parte superior de la ciudad, al contrario, nada hace recordar las tradiciones flamencas: allí todo es francés, todo hace recordar a París, todo tiene un aire singular de elegancia y buen gusto, de cultura y refinamiento en la vida social. En los conciertos del Parque, en los grupos que vagan por las anchas y sombrías alamedas, en los hoteles y cafés, en los jardines científicos, en los museos y bibliotecas y en todos los lugares de reunión, no se habla más que francés, no se ven sino manifestaciones de las costumbres francesas o extranjeras. Ese contraste de situación o de fisonomía social le da mucho interés a Bruselas, sea bajo del punto de vista de lo curioso y pintoresco, sea bajo el del fenómeno de la armonía que producen las buenas instituciones entre razas y civilizaciones distintas.

Bruselas, ciudad muy visitada por extranjeros, particularmente alemanes, ingleses y franceses, tiene una población considerable relativamente a la de todo el país. La de la «ciudad» propiamente dicha no baja de 174.000 habitantes, que se eleva a más de 284.000 computando la de los suburbios o arrabales que casi se confunden con Bruselas. Esta capital es el gran centro del liberalismo belga, y no hay esfuerzo necesario en servicio del progreso que no se haga allí, espontáneamente y por la simple iniciativa individual. A esta se debe entre otras cosas la excelente «Universidad libre», fundada allí en 1884 por los jefes del partido liberal, con el fin de hacer saludable competencia a la Universidad jesuítica de Malínas trasladada a Lováina.

Uno de los objetos que más llaman la atención en Bruselas es el vasto y fecundo movimiento de su prensa libre. Es increíble el número de imprentas y librerías que hay en esa ciudad, al servicio de todas las lenguas, de todos los espíritus, de todas las formas literarias, de todos los partidos, de todas las manifestaciones de la vida intelectual de Europa. En Bruselas no solo se publican muchos periódicos diarios, revistas, libros y folletos nacionales, sino que buscan seguro asilo innumerables escritores que carecen de libre publicidad en su patria. Los partidos franceses, italianos, rusos, alemanes y austriacos tienen allí, con más o menos persistencia, órganos de libre acción moral; lo que hace que el periodismo belga tenga en Europa una importancia muy considerable. El libro o folleto que no tiene cabida en las prensas de París, San Petersburgo, Viena o Madrid, encuentra segura protección en Bruselas para salir a luz y penetrar en todas partes. El jesuita y el republicano encuentran allí la misma hospitalidad para sostener su respectiva causa; y por más que algunos reaccionarios empedernidos, o algunos graves meticulosos, pretendan limitar o perturbar la libertad de la prensa, la nación siente que esta preciosa garantía hace parte integrante de su existencia. No hay obra interesante que se publique en Europa, en cualquiera de los más notables idiomas, que no sea traducida o reproducida en Bruselas a muy bajo precio. Por eso el número de libros que salen anualmente de las prensas de Bruselas es inmenso.

¿No es muy interesante el espectáculo de un pequeño pueblo que, favorecido por su libertad, se ha hecho el órgano común de publicidad de todos los pueblos europeos? Por desgracia este saludable ejemplo es muy poco imitado por naciones que se jactan de ser superiores a Bélgica. Sin embargo, creo que el papel que ha desempeñado Bruselas en el movimiento tipográfico de Europa tiene sus inconvenientes para el pueblo belga, bajo el punto de vista literario. El hábito de producir o reproducir las ideas de todos los demás pueblos, ha creado cierto cosmopolitismo de estilo y tendencias que no puede menos que impedir la formación de una literatura verdaderamente «nacional». Ello es que en Bélgica, si se exceptúan las producciones de muy raros pensadores, y las que tienden a reconstituir una especie de nacionalidad «flamenca» literaria (de que luego trataré), no hay más literatura que la francesa, como no hay más teatro que el francés. Si en la política, en las bellas artes y en los intereses económicos Bruselas tiene vida propia y muy notable, en literatura no es, en rigor, sino un apéndice de París.

No quiero fastidiar al lector con minuciosas descripciones de monumentos, museos y otros objetos análogos, respecto de Bruselas, después de lo que llevo dicho acerca de Amberes. Me limitaré a mencionar los objetos más notables que hacen honor en la capital belga al arte y a la ciencia.

En clase de monumentos civiles Bruselas contiene algunos que no carecen de mérito, entre los cuales son notables: el «Palacio de la nación», donde se reúne el Parlamento, agradable por su singular sencillez y excelente distribución para su objeto; y el del «Príncipe de Orange», donde tienen lugar las exhibiciones de pinturas y esculturas. Pero el tesoro de Bruselas es su admirable «Palacio Municipal», obra soberana en su género. Es un trapecio de 80 metros de longitud y 16 de anchura, aislado sobre la «Gran plaza», cuyas mejores obras, las de estilo gótico, datan del siglo XV. Su fachada de esa época es de gran mérito, pero la verdadera maravilla es la torre, que mide cerca de 114 metros de altura y embelesa por su prodigioso atrevimiento, la singular ligereza de sus formas y calados y la armonía elegante que reina en todos sus adornos y su construcción.

Entre los monumentos religiosos no citaré sino la bella iglesia o catedral de «Santa Gudula» y «San Miguel», que es uno de los más bellos edificios religiosos de Bélgica, sencillo, pero sin la grandiosidad de otros análogos. Fue construido del siglo XIII al XVI, por lo cual sus diversas partes corresponden a estilos diferentes, aunque sin carecer de cierta armonía.

Bruselas es rica por sus museos de varias clases y sus bibliotecas, como es una de las primeras ciudades europeas por sus jardines botánico y zoológico. Aparte de la multitud de cuadros y objetos de arte interesantes que se encuentran en las iglesias, en los palacios y en otros edificios públicos, concentran la atención del viajero el «Palacio de la industria» y el «Museo nacional». El primero de estos edificios, bonito monumento construido en 1829 a expensas de la ciudad, es el equivalente del «Conservatorio de artes y oficios» de París. Allí están reunidos en vastos salones de varios pisos todos los objetos que manifiestan el progreso de la industria nacional, particularmente notable en la metalurgia y los tejidos. En el piso bajo del palacio se halla la «Biblioteca real», rica y muy apreciable por su rara abundancia de manuscritos, preciosos en gran parte. No baja su número de 19.000, el de los libros impresos excede de 200.000, y el establecimiento se enriquece sin cesar, gracias a la liberal protección del Gobierno.

El Museo, edificio situado a muy corta distancia, contiene tres colecciones: en la parte superior, la vasta galería de pinturas, compuesta de unos 700 cuadros; en la parte baja, los museos de historia natural y mineralogía. La galería, aunque muy estimable por su variedad y el mérito de muchos de sus cuadros, no contiene sino un corto número de obras maestras del arte nacional, pues las mejores se hallan en las iglesias y catedrales belgas y en los museos de Amberes y Gante. El museo de historia natural es muy rico, muy bello y uno de los mejor acondicionados que he visitado en Europa.

El viajero que se detiene en Bruselas no debe dejar de visitar el palacio del duque de «Aremberg», abierto siempre a los extranjeros con exquisita condescendencia. Allí se encuentran, en la biblioteca del duque, mil preciosidades de tipografía, escultura y antigüedades, y en una galería, cerca de 150 cuadros, casi todos de gran mérito, muchos de ellos delicadas miniaturas del arte flamenco y holandés.

Después de eso, echad una ojeada a la Plaza real, donde se ostenta la magnífica estatua ecuestre de Godofredo de Bouillon; al elegante y suntuoso «Parque», cerca del cual se ve la noble estatua consagrada al general francés Belliard, en memoria del reconocimiento de la independencia belga; a la pequeña «Plaza del Congreso», donde se alza la soberbia columna de la «Constitución», desde la cual se contempla un magnífico panorama, y a la «Plaza de los mártires», en la parte baja de la ciudad, donde está el sencillo y muy curioso monumento consagrado a la memoria de los patriotas que sucumbieron en 1830 peleando por la independencia y la libertad. Todos esos monumentos hacen mucho honor a los Belgas: un pueblo que sabe mantener el culto de los grandes recuerdos patrióticos no será esclavo jamás.

Para completar la visita de Bruselas, dirigíos hacia el Jardín Botánico, y luego, a las cinco de la tarde, al Zoológico. Ambos deben su existencia a la iniciativa individual, si bien el primero es particularmente protegido por el Estado. El Jardín Botánico, muy felizmente situado en un área desigual de cuatro y media hectáreas, al pie de un «boulevard», tiene la ventaja de que todo el mundo puede admirar desde el camellón el conjunto gracioso de aquel templo de Flora. Sus inmensos invernáculos son de los mejores de Europa, y es en medio de sus bosquecillos que se ven las gentes más elegantes de la ciudad, admirando los primores de la naturaleza ayudada por la ciencia y el arte.

El jardín Zoológico, que pertenece a una compañía de accionistas, es uno de los más pintorescos de Europa, pero como apenas data de 1851 no tiene aún la abundancia de animales de cada especie que luego alcanzará. En el centro de sus graciosos bosquecillos se encuentra una plazuela dominada por un templete y rodeada de cafés o cantinas, donde se reúne por las tardes una numerosa concurrencia de extranjeros y gentes de la ciudad, asistiendo a conciertos musicales. Nada más delicioso que uno de esos conciertos del arte humano al aire libre, en medio de los conciertos de la naturaleza formados por las mil voces de soprano y contralto, de tenor, barítono y bajo, que lanzan al viento los huéspedes aprisionados allí para representar el reino animal del mundo entero.

Así como se oyen en gritos, silbidos y gorjeos las voces de todos esos idiomas misteriosos que «hablan» los animales de toda especie, del mismo modo se percibe en los corrillos y grupos humanos del jardín el acento de todas las lenguas europeas. Se habla de todo alegremente: los bruseleses hacen sus comentos locales; los viajeros se narran mutuamente sus aventuras y excursiones recientes; los artistas, los políticos y los literatos departen sobre los ramos que cultivan; las mujeres conversan sobre modas, flores y otras bagatelas agradables; la música completa la seducción del interesante espectáculo; y el viajero se aleja luego de Bruselas llevando las más gratas impresiones de esa capital hospitalaria, elegante, animada, liberal y progresista.

Capítulo V. El país flamenco
Idea general de Flandes. La raza, la literatura y el arte flamencos. Gante: su estructura y sus al derredores. Monumentos e institutos civiles; el «Beffroi»

y sus tradiciones. Monumentos o institutos religiosos; el «Béguinage». Objetos de arte; el Museo de pinturas; el Jardín botánico y el zoológico
En el primer capítulo de esta parte de mi narración he recordado al lector en breves palabras las diversas dominaciones a que estuvo sometido sucesivamente el país belga. Así, por lo que hace a Flandes en particular, solo añadiré que, habiendo formado en otro tiempo un solo cuerpo social y político, bajo el nombre de «condado de Flandes», fue dividido a principios del último siglo en tres porciones: Flandes «holandesa», que es actualmente la provincia llamada Flandes «oriental»; Flandes «austriaca», o sea la actual provincia «occidental» del mismo nombre; y Flandes «francesa», que forma hoy el departamento del «Norte» en Francia.

Si geográfica e históricamente hablando el país flamenco de Bélgica se reduce a las dos provincias del Este y el Oeste, comprendidas entre la costa marítima, las fronteras francesa y holandesa y las provincias de Amberes, el Brabante meridional y Hainau, en rigor la unidad etnológica es más considerable, puesto que la raza flamenca no solo cuenta unos 790.000 individuos en la provincia oriental, 640.000 en la occidental y 440.000 en la de Amberes, sino también un número respetable en el Brabante belga y otras provincias; alcanzando en su totalidad como 2.490.000 individuos que hablan la lengua y conservan las tradiciones de la nacionalidad flamenca.

Es evidente que de los dos grandes grupos que componen la nación belga en lo principal (puesto que el grupo germánico es muy reducido relativamente), el flamenco es el que ha mostrado más consistencia en su tipo moral, en la conservación de sus costumbres y tradiciones, en la índole de sus instituciones municipales, y en su actividad industrial, agrícola y comercial. En el país flamenco todo tiene un sello característico, que se manifiesta igualmente en las fisonomías individuales, en la estructura de las ciudades y villas, en los monumentos e institutos religiosos, en la naturaleza de las industrias, en las bellas artes, en la lengua y en el sentimiento católico de la población, generalmente adversa a las tendencias liberales que predominan en la población francesa.

Gante, un tiempo capital del condado de Flandes, es el centro político y social de la provincia del Este, contando en su seno como 112.000 habitantes. La provincia, que es esencialmente agrícola y fabricante, posee algunos otros centros de poblaciones considerables, tales como «San Nicolás» (con 22.000 hab.), «Lokeren» (con 17.00), «Renaix» (con 14.000) y «Ecloo» (con 9.500), localidades importantes por sus fábricas de tejidos de lino y otros objetos, o por sus ferias concurridas. En toda esa interesante provincia, como en la occidental, la agricultura ha alcanzado un alto grado de perfección, y sus productos son muy valiosos, particularmente en lino y cáñamo, destinados a la fabricación, en remolachas, que alimentan a muchas fábricas de azúcar, granos oleaginosos, lúpulo, tabaco, cereales y papas.

Como toda la comarca es llana y carece de bosques generalmente, el país que se recorre yendo de Bruselas a Gante sería monótono y desapacible, si la agricultura no lo embelleciese con sus galas. No carecen de encanto esas llanuras casi enteramente niveladas, cubiertas de plantaciones de lino y trigos que ondean como lagos de verdura al soplo de las brisas, y salpicadas a trechos de grandes entables de remolachas o papas, de pequeños tabacales, o bien de grupos elegantes de plantas de lúpulo cuyos festones entrelazados y flotantes forman graciosos pabellones de un verde amarillento muy bonito. Ese conjunto de tintas variadísimas en la vegetación, que hace contrastar el verde oscuro de los papales, el vivísimo de los tabacales y el pálido de las plantaciones de lúpulo y lino, con el matiz violeta de las remolachas y el algo confuso de las plantas oleaginosas; ese conjunto, digo, tiene su gracia particular, en el fondo del vasto horizonte donde se pierde la mirada al recorrer las provincias flamencas.

He dicho al hablar de Bruselas que la literatura belga, en su parte francesa principalmente, se resiente, por su falta de carácter nacional, de la influencia que ejerce allí el cosmopolitismo de la prensa. En las provincias de población flamenca sucede lo mismo, por causas diferentes, pero el fenómeno se manifiesta de otro modo. Allí se hacen los mayores esfuerzos por producir una especie de reacción literaria o de resurrección de la lengua flamenca como instrumento literario, y hasta hora esos esfuerzos han sido de poca consecuencia. En Bélgica se halla el singular fenómeno del predominio oficial de una lengua, la francesa, que no es hablada sino por la minoría de los habitantes. En el norte y noroeste del país no se habla sino flamenco; en el este y sudeste se habla «wallon», en el sur, francés; en otras provincias, el alemán algo corrompido. Pero aún reuniendo toda la población no flamenca en un solo grupo, todavía es evidente su inferioridad numérica respecto de la que habla el idioma holandés. Y sin embargo, la lengua francesa le ha sido impuesta a todo el país como lengua oficial, obligatoria y exclusiva en los asuntos nacionales, y aun en muchos de carácter municipal.

Se comprende muy bien que esto haya contribuido mucho a enardecer la lucha de principios y tendencias que divide a los dos grandes partidos belgas. En efecto, el francés es allí la lengua de los liberales progresistas, como el flamenco es, en lo general, la lengua del partido conservador o «católico»; y como algún idioma había de prevalecer en el mundo oficial para evitar la anarquía, es natural que el partido dominante haya impuesto la suya, que es el órgano del liberalismo europeo derivado de la Reforma y la Revolución francesa. Los flamencos alegan contra ese predominio el ejemplo de Suiza, donde las tres lenguas principales coexisten bajo el pie de la igualdad perfecta, al menos en el Parlamento. Pero los liberales replican que no siendo Bélgica una confederación de Estados autónomos, no es aplicable aquel ejemplo.

Una circunstancia que contribuye mucho a apasionar la competencia de idiomas es el recuerdo de las dos últimas dominaciones extranjeras que pesaron sobre el país. Los liberales, por espíritu de independencia nacional, rechazan la lengua que les recuerda la dominación holandesa de quince años; mientras que los flamencos o conservadores, animados del mismo espíritu, rechazan el idioma francés como el símbolo de la dominación que Francia impuso al país desde fines del siglo pasado hasta 1814.

Ignoro si el idioma flamenco tiene sólidos elementos de vitalidad, y si él puede servir para reconstruir una literatura original y respetable en los tiempos actuales. Pero sí me parece evidente que la lengua francesa tiende a absorber todas las fuerzas intelectuales del pueblo belga, y gana terreno día por día; y creo también que los flamencos que han tenido la generosa aspiración de reconstruir la literatura propia han tomado el peor camino posible, comprometiendo así el éxito de su empresa, a cuya cabeza se ha visto a escritores de talento tales como Enrique Conscience, Renier, Snieders, Dautzenberg, Van Duyse y otros que no carecen de valor. Esos escritores, en vez de servirse de su lengua para defender la libertad y el progreso, la han despopularizado, haciéndola servir de instrumento reaccionario, contra la corriente del siglo. De ese modo su labor era doble, pues debían resucitar al mismo tiempo el cadáver del «derecho divino» (o del ultramontanismo) y el cuasi-cadáver de la muy modesta literatura flamenca. Es curioso notar que los periódicos y libros que se publican en lengua flamenca son, con rarísimas excepciones, retrógrados por sus tendencias. Una lengua que voluntariamente se pone al servicio de los muertos, de las causas perdidas, no puede menos que sucumbir, como instrumento literario, corriendo la suerte del latín, porque toda lengua, siendo el instrumento de las ideas, no puede regenerarse si no representa tendencias e intereses de regeneración.

Creo que poco más o menos puede decirse lo mismo de las bellas artes que de la literatura flamenca, pero con esta diferencia: que en realidad la antigua literatura de Flandes tuvo muy poca importancia, mientras que, al contrario, las bellas artes tuvieron muy notable influencia y renombre en Gante y Brujas, en términos de haber formado escuelas y producido numerosísimas obras magistrales en materia de pintura. Si los museos actuales atestiguan el alto grado de adelanto a que llegó la escuela flamenca en el arte de los Van Eyck y Memling, no son menos preciosos los monumentos que en Gante y Brujas, como en Amberes y Bruselas, indican los progresos que hicieron la arquitectura y la escultura; así como en los museos de antigüedades se ven las pruebas del perfeccionamiento que alcanzaron otras artes, tales como el dorado, la cinceladura, la joyería, el bordado, etc.

Sin embargo, es preciso reconocer que, no obstante los laudables esfuerzos que hacen los artistas de hoy por mantener vivas las tradiciones de los flamencos, están muy lejos de haber alcanzado grandes resultados. La regeneración de las bellas artes corre y debe correr parejas con la de las ideas y las costumbres: y así como hoy no es posible reconstituir ninguna literatura con elementos gastados e ideas que han terminado su época, tampoco es dable producir la regeneración artística, si el artista no busca sus inspiraciones en las necesidades, las creencias y las situaciones modernas. El arte que no entraña la revelación característica de su época, no es el arte verdadero, si no una mala copia, una exhumación infecunda, reacción impotente que lleva en sus tendencias mismas el germen de su ruina.

Todo viajero que quiere darse cuenta del panorama de Gante y comprender un poco la complicadísima estructura de esa interesante ciudad (patria del funesto emperador Carlos V de Alemania y rey de España) comienza por subir a lo más alto del «Beffroi», monumento curioso bajo todos aspectos, eminentemente histórico de Gante, y característico de casi todas las antiguas ciudades flamencas y holandesas, que lograron en otros tiempos hacerse otorgar por sus soberanos cartas de franquicias, privilegios y libertades. El Beffroy, edificio comenzado desde fines del siglo XII y situado en el centro mismo de la ciudad, es, por decirlo así, el símbolo histórico de las libertades municipales, las antiguas glorias, las cruentas luchas civiles y las viejas instituciones y costumbres de los ganteses. Era en virtud de privilegio real que los ciudadanos de Gante, enregimentados en corporaciones industriales, siempre celosos por sus libertades y monopolios, tenaces, indomables, arrojados y resueltos, mantenían su enorme torre municipal (el «Beffroi») como un atalaya en constante vigilancia. Desde allí se observaban los movimientos del enemigo (el soberano) y las campanas de las torres convocaban a los ciudadanos a armarse y defenderse, cuando la libertad o los privilegios estaban en peligro, o a deliberar en las plazas públicas sobre los graves asuntos de interés común que se suscitaban.

Hoy la curiosa historia de la torre no es interesante sino por las tradiciones que hace evocar, puesto que la libertad ha dejado de ser un privilegio o «fuero» de ciudades para convertirse en derecho popular, irrevocable y fundamental del orden político y social. El Beffroi es sin embargo muy curioso por su magnífico juego de 44 campanas, que forman sinfonía cada vez que el reloj marca una medida del día. La enorme torre mide hasta la tercera galería, donde están las campanas, 118 metros de altura y todavía la coronación del edificio se eleva de allí unos 36 metros. El mecanismo de aquella gran orquesta de campanas, que agrada tanto a los ganteses, es muy curioso, y el viajero no puede menos que examinarlo con entretenimiento, como un objeto característico.

Desde allí se contempla un panorama singularísimo, que no puede tener semejanza sino en Brujas, y hasta cierto punto en algunas ciudades holandesas. En derredor se dilatan en vastísimo horizonte las llanuras flamencas, tan interesantes por sus cultivos, sus canales y «polders», ya que no por la topografía que es monótona. Donde quiera caseríos o pequeñas localidades, casas de campo, cortijos y sementeras muy diversas; el «Escalda» y el «Lys», que tienen su confluencia de un lado de la ciudad, surcan perezosamente las llanuras, difundiendo en todas partes, con sus aguas hábilmente aprovechadas, la vida y la riqueza, ora alimentando los canales de irrigación y los de activa navegación, ora facilitando los trabajos de innumerables fábricas, manufacturas, ingenios y molinos. El juego de los dos ríos, del canal de Brujas, del gran canal que conduce directamente al mar, de tantas acequias de irrigación, y de los numerosos ferrocarriles y excelentes caminos carreteros que giran en todas direcciones, es sumamente interesante, y da mucha animación al inmenso panorama de verdura que rodea a la gran ciudad flamenca.

Pero si se contrae la mirada a la masa irregular de la ciudad, ella se pierde en el extraño laberinto de tantas calles estrechas, tortuosas, extravagantes; de tanto canales que serpentean en el seno de la ciudad, cortándola en todas direcciones, enlazándose o bifurcándose de cien modos; de un enjambre de monumentos, de casas antiquísimas, singulares en todo, ora mostrando sobre las calles y plazas sus curiosas fachadas, era alzándose en tortuosas hileras sobre los canales, en cuyas aguas fangosas hunden sus cimientos y sus gruesos muros. Por todas partes se ven edificios públicos que hacen recordar las glorias o las tradiciones flamencas, o que manifiestan los progresos modernos. Por todas partes también primorosos jardines y huertos, y fábricas de todas clases, que indican la índole de la ciudad bajo el punto de vista económico. Gante, en efecto, no solo mantiene relaciones de comercio muy considerables, sino que, ante todo, es el centro de una fuerte y muy valiosa fabricación, consistente principalmente en tejidos de lino, algodón y seda y muchos artefactos importantes. Pero si Gante es bajo ese aspecto la «Manchester» de Bélgica, no es poco importante el cultivo que hace de hortalizas y flores. Sus jardines son afamados y proveen de plantas a los de muchas comarcas de Europa, en considerable cantidad.

No me detendré en pormenores respecto de los interesantes monumentos civiles y religiosos de Gante, ni de sus institutos y establecimientos de diversas clases, porque una exposición minuciosa exigiría muchas páginas que, de mi parte, serían necesariamente muy deficientes. Apenas mencionaré lo más interesante, haciendo notar varios objetos que merecen particular atención.

En clase de monumentos civiles son dignos de interés por varios motivos los palacios «Municipal, de Justicia» y de la «Universidad», y la «Casa de reclusión», que en su género es en Europa un magnífico modelo. El vasto palacio de la ciudad («Hotel de Ville») es uno de los más bellos monumentos de su clase en Bélgica y en el norte de Europa. Su parte interior nada tiene de notable, pero el exterior, grandioso por sus proporciones, es sumamente curioso por el contraste que ofrecen sus dos fachadas magníficas; la una enteramente gótica, pero del gótico florido y flamante del siglo XV, extraordinaria por su ornamentación; la otra de estilo italiano o del Renacimiento, dividida en tres órdenes superpuestos de columnatas, dórico abajo, jónico en el medio y corintio en el superior.

El palacio de «Justicia» es notable por la majestad de su conjunto, corresponde al orden corintio, y es el más moderno de los palacios de Gante. Aunque notable también por su conjunto, el palacio de la «Universidad» lo es más por su excelente distribución interior y la magnificencia de su rotunda Además de lo que corresponde especialmente a la Universidad y a varias escuelas anexas, el edificio contiene un buen museo de historia natural y algunas colecciones numismáticas y de antigüedades que no carecen de mérito.

Bajo el punto de vista social la casa de reclusión es sin duda el edificio más interesante. Se halla hacia el vértice del gran triángulo irregular formado por la ciudad, y su terminación data de 1825. La forma general de aquella penitenciaria tiene mucha analogía con la del «Milbank» de Londres, pues se compone de ocho cuerpos triangulares, tendidos como aspas, tocando en sus vértices a grandes patios ligados a otro central. El edificio puede contener hasta 2.600 reclusos, pero ordinariamente no se numeran sino unos 1.200, exclusivamente varones. La pena de muerte subsiste legalmente en Bélgica, pero es muy rara vez aplicada, gracias al progreso de las ideas y las costumbres y a la excelente organización de las penitenciarias. La de Gante, muy análoga a las de Suiza, es notable por el orden, la compostura y el aseo que reinan en ella. Los varios pisos de los ocho triángulos están aplicados de modo que los condenados a trabajos forzados a perpetuidad se hallan en la parte baja, enteramente separados de los reclusos menos culpables. Los presos trabajan en común, muy vigilados, en hilados, tejidos y otras operaciones, cuyos productos sirven para el vestuario del ejército; formándose con ciertas economías un fundo de capital para los reclusos. Es consolador observar que en todas partes el desarrollo de la libertad corre parejas con la mejora del régimen penitenciario, como se ve en los Estados de Norteamérica, en Suiza, en Bélgica, en Baden y en la Gran Bretaña.

En clase de monumentos religiosos, Gante posee tres de mucho mérito, sea por su estructura o estilo arquitectónico, sea por sus preciosidades interiores: tales son la catedral de «San Bavon» y las Iglesias de «San Nicolás» y «San Pedro». Cada una de ellas es un rico museo de pintura y escultura, donde se ostentan en todo su brillo las obras de la fecunda escuela flamenca, que ejerció tan poderosa influencia sobre el arte en el norte de Europa. Donde quiera primorosos púlpitos de madera y mármol, ricamente esculpidos, género de obras en que los belgas han tenido gusto, originalidad y habilidad especiales. Donde quiera, en todas las iglesias, particularmente en «San Bavon» (templo magnífico fundado en el siglo X y terminado en el XVI), una extraordinaria profusión de tumbas y monumentos de mármol muy notables, y sobre todo de obras maestras de pintura, en que revelaron su genio y habilidad los «Van Eyck, Van der Meiren, de Causyer, De Crayer, Pourbus, Maes, Jonssens, Zegers, Roose», y tantos otros artistas flamencos de primer orden.

En materia de institutos religiosos hay en las ciudades flamencas un género sumamente original y curioso, que no se encuentra en ningún otro país: hablo de los «Béguinages» y las «Beguinaes», palabras que no tienen traducción literal en español, a no ser que se les dé la de «Beaterios y Beatas», que no concuerda rigurosamente con el carácter de aquellos institutos. Los pueblos católicos del mediodía han tenido su símbolo de la ociosidad ascética en el convento y el monasterio; los protestantes los han abolido abiertamente como contrarios al interés social. Pero los católicos de Flandes, al menos respecto de las mujeres, han apelado al «beaterio» como una transacción o término medio entre el bullicio del mundo y los votos monásticos perpetuos, entre la completa ociosidad piadosa del claustro y cierta actividad en el ejercicio de la caridad y la enseñanza. Así como la Iglesia ha sido durante tantos siglos una potencia dentro del Estado, el «Béguinage» es una pequeña ciudad extranjera en el seno de la ciudad civil.

  El de Gante se halla, como sus análogos de Bélgica, situado en una de las extremidades de la ciudad, equidistante casi de la antigua y la nueva ciudadela. Podría llamársele la ciudadela del ejército clerical. Confieso que no tenía idea de un objeto tan original como aquel. El «Béguinage», completamente encerrado por altos muros que parecen fortificaciones, del lado de la ciudad, y por fosos o canales del lado de las campiñas exteriores, abarca un área bastante considerable. Al penetrar por la portada principal nos hallamos en una inmensa plaza irregular, hacia la cual afluyen cinco o seis calles, y en cuyo centro se levanta la más considerable de las dos capillas o iglesias del establecimiento. Todas las calles están formadas por hileras de casitas perfectamente iguales, o al menos muy semejantes, habitadas cada cual por una o varias beatas o «beguinas». Las casitas son todas pintorescas, en número de 400, sin contar 18 salones comunes, y en cada una se ve escrito en la puerta el nombre de un Santo, probablemente el de la devoción de la beata habitadora. Regularmente hay como unas 700 «beguinas» en el establecimiento, y no bajan de 1.600 las de toda la Bélgica.

  Las mujeres que allí viven en cuasi-comunidad no son sino cuasi-religiosas, puesto que no hacen sino cuasi-votos. En efecto, les es permitido salir a la ciudad, recibir visitas y tratar con el mundo, y aun dejar completamente el establecimiento, cuando gusten. El instituto parece tener por objetos principales la beneficencia, la piedad religiosa y la enseñanza de niñas. Sus trabajos ordinarios consisten en la fabricación de encajes. Eran las cinco de la tarde cuando entramos a la iglesia principal, con la curiosidad de ver reunidas a las «beguinas» al cantar las vísperas. Poco a poco fueron llegando de todas sus habitaciones y arrodillándose conforme a cierto orden; todas vestidas con un sayón negro de sarga y una cofia blanca de forma particular, y provistas de enormes camándulas y de unos paños o grandes servilletas de lino muy almidonadas y aplanchadas, que llevaban sobre el brazo izquierdo. Al entrar a la iglesia cada una desdoblaba su paño blanco, y con suma prontitud se lo acomodaba en la cabeza, atado con alfileres, dándole la forma extraña de una especie de cartucho horizontal. Después comenzó el canto, y los himnos entonados por seiscientas o más voces femeninas de muy diversos tonos llenaron la iglesia y la plaza circunvecina de una armonía melancólica y singularísima que nos impresionó mucho.

Dos palabras más para terminar este capítulo que se prolonga demasiado. El viajero no puede menos que visitar con interés la «Academia» de bellas artes, a la cual asisten muchos centenares de alumnos. Sin embargo, el «Museo» de pinturas está muy lejos de corresponder a lo que uno se promete de él. No faltan obras de mérito, pero es muy rara la que puede llamarse magistral, toda vez que las iglesias contienen los mejores cuadros del país. En compensación, y reservando para la descripción de Brujas otros rasgos notables que le son comunes a Gante, los jardines de esta ciudad encantan al viajero. El Zoológico, muy nuevo todavía, pero ya bastante rico y hábilmente distribuido, hace honor a los ganteses; pero le es muy superior el Botánico, lleno de gracia y magnificencia en todo, inmensamente rico y mantenido con el mayor esmero y notable provecho para la ciencia y las artes agrícolas.

Capítulo VI. La región marítima

La ciudad de Brujas; aspecto genera. Monumentos e institutos diversos. Objetos de arte y prácticas religiosas. Ostende; su panorama; sus baños; su sociedad. El comercio y la pesca de los belgas

La vía férrea que conduce de Gante a Brujas, tocando en tres pequeñas villas, se recorre en poco más de una hora y carece de todo interés, a causa de la monotonía o tristeza del paisaje. La provincia occidental de Flandes es notablemente inferior en riqueza, población y actividad a la oriental, no obstante la posesión de dos puertos marítimos, el de Ostende y el de Newport o «Nieunpoort». El territorio es arenoso y casi estéril hacia la costa; la producción agrícola y fabril es en todo análoga a la de la provincia oriental; los ferrocarriles, muchos canales importantes, en comunicación con el mar, el Escalda, el Lys, etc., y numerosas carreteras, favorecen el movimiento social y económico de la provincia, que tiene por capital a Brujas, ciudad en otro tiempo floreciente y hoy relativamente decaída. La población de Brujas que llegó a ser de más de 200.000 almas hacia el fin de la edad media, está hoy reducida a cerca de 50.000, de las cuales muchas viven en la mendicidad.

Otra ciudad de esa provincia que ha decaído mucho también es Ipres o «Iperen», plaza fuerte y ciudad muy antigua que fue un gran centro de fabricación de tejidos, hoy reducida a 17.000 habitantes, en vez de 200.000 que, dicen, llegó a contar. Los demás centros importantes de población fabricante en la provincia son: «Courtrai», ciudad muy productora (con 23.000 habitantes); «Thielt, Poperinghe y Roulers o Rosselaere» (cada una con 11.000 habitantes), y «Menin y Thourout» (que tienen de 8 a 9.000); sin contar el importante puerto de Ostende que reúne poco más de 16.000 vecinos.

El aspecto de Brujas es muy triste, no obstante el interés que inspiran sus muy curiosas construcciones de todo género, que conservan profundamente grabado el sello característico de la edad media. La ciudad tiene la forma de un gran óvalo, circundado por un canal o gran foso que mantiene la comunicación entre los seis grandes canales de navegación que afluyen a Brujas, de Ostende, Gante, Newport y otros puntos de la provincia, y los pequeños canales que cortan la ciudad en diversas direcciones, facilitando las operaciones comerciales. Uno de los de gran dimensión, el que conduce a Ostende, es una obra magnífica que se presta a la navegación de los más grandes buques marítimos, y fue a ese medio de comunicación que Brujas debió en otros siglos su importancia como gran centro comercial europeo, o mejor dicho, universal.

Si las campiñas de vastísimo horizonte que rodean a Brujas son notablemente análogas a las de Gante, desde la cima del alto «Beffroi» de aquella (108 metros de elevación) que el pueblo llama la «Gran torre», se alcanza a ver un objeto que aumenta mucho el interés del cuadro. El mar del Norte, tumultuoso y amenazante en la costa de Ostende, se ostenta con majestad como una inmensa onda de plata pronta a inundar las comarcas flamencas. Pero al descender de la «Gran torre» (monumento gracioso y de noble sencillez, cuyo juego mecánico de campanas es superior) se nota en la pobre Brujas un aspecto social muy diferente del de Gante. Ninguna actividad en los negocios ni la vida; las calles desiertas, tanto más tristes cuanto que son mucho más anchas y limpias que las de Gante; el silencio reina en todas partes... Brujas, tan opulenta y animada en otros tiempos, no es hoy sino una inmensa ruina de edificios y monumentos intactos; un vasto museo donde todo es curioso en las cosas materiales, y todo triste y lamentable en las sociales y morales. Donde quiera bandas de mendigos; comisionistas o «ciceroni» que incomodan con suma impertinencia, ofreciendo sus servicios al extranjero; signos de pobreza y estancamiento en todo.

¿Por qué tal decaimiento en una ciudad que fue la lujosa corte de los duques de Borgoña, como condes de Flandes, que fue el centro y depósito de las artes y del comercio del mundo desde el siglo XIV hasta fines del XVI, y en cuyo seno prosperaron tantas industrias y vivieron los nobles y «ciudadanos» con extraordinario lujo?... Se alega que Amberes ha rivalizado a Brujas en el movimiento comercial, que Flandes ha perdido su antigua Corte, y que otros pueblos han reemplazado al flamenco en importantes industrias que antes alimentaban su comercio. Eso es cierto; pero ¿cuáles son las causas de la decadencia? Es que las ciudades y las naciones decaen solamente por virtud de la prosperidad de sus rivales? No! semejante idea sería una herejía contra la ley divina y social de la armonía del progreso. Ningún pueblo degenera o decae por contragolpe del progreso «natural» de otros, sino por sus propias faltas o las de sus gobiernos e instituciones, o porque su anterior prosperidad, fruto del monopolio artificial, ha sido en gran parte ficticia. Todo lo que es artificial es débil y fácilmente perecedero, y si la violencia agrava luego el mal fundamental, tanto peor.

Flandes fue un emporio, y sobre todo Brujas, en tanto que la independencia nacional fue el estímulo poderoso que animara al pueblo flamenco. Pero este pueblo no supo comprender la libertad sino a medias, es decir la libertad convertida en privilegio, exclusiva para las ciudades, nula para los paisanos, y en la ciudad misma fundada en el régimen del monopolio. Cada industria quedó organizada en corporación privilegiada que rechazaba toda competencia. De ahí un germen de ruina bajo la transitoria prosperidad de las ciudades que tanto se esforzaron por obtener privilegios exclusivos para el comercio, la fabricación y la industria. El día que asomó la competencia en otras comarcas, las ciudades que habían obtenido la riqueza artificial del monopolio se arruinaron.

En Flandes la dominación española apuró los motivos de futura ruina. La guerra, la tiranía, el egoísmo dinástico y todas las consecuencias de la unión artificial en que se hallaron España, el Imperio germánico y los Países Bajos, hubieron de apresurar la decadencia. La persecución contra los protestantes de Francia, Bélgica y otros países del continente, obligó a los perseguidos, gentes eminentemente industriosas y honradas, a refugiarse en Inglaterra, en Holanda y Suiza y trasladar allí sus industrias, modificando forzosamente la situación de los intereses económicos. Por último, es preciso reconocer que el predominio de las ideas clericales en Flandes, deteniendo el vuelo de la regeneración popular, ha debido embarazar mucho en los tiempos moderaos el progreso. Brujas ofrece una prueba notable en ese sentido.

Aquella ciudad, lo repito, no ofrece hoy interés sino como un museo, pues son numerosos sus monumentos de todo género dignos de atención, particularmente a los ojos del artista. Citaré muy de paso, como los más notables del orden civil: el «Hotel de Ville» o palacio municipal, edificio bien inferior a otros de su clase en Bélgica, pero notable por la gracia de su arquitectura gótica; el «Palacio de Justicia», interesante por sus tradiciones históricas, y curioso por algunas esculturas y la magnífica chimenea consagrada a Carlos V que decora una de las salas; y el «Hospital de San Juan», que contiene en una pequeña sala las prodigiosas obras de Memling, tan célebres entre los aficionados a la pintura, entre las cuales se distingue el primoroso «relicario», cubierto en su cuerpo y sus abras de pinturas que representan la vida de «Santa Ursula», la tríptica consagrada al «matrimonio místico de Santa Catarina» y el cuadro que imita la «adoración de los magos».

Bélgica es un país clásico de preciosas iglesias que son todas museos artísticos; pero también es el país clásico de la especulación con las iglesias. Cada una de estas es administrada por alguna congregación que hace entrar en sus prácticas piadosas la de vender a todo curioso la simple vista interior de cada templo. Mediante dinero fue que logramos visitar las iglesias de Brujas, como casi todas las demás de Bélgica. Todos los monumentos religiosos de Brujas son interesantes por sus riquezas artísticas; los más notables son: la «catedral» o iglesia de «San Salvador», insignificante por su arquitectura, pero llena de preciosidades de escultura y pintura; la iglesia de «Nuestra Señora», cuya torre tiene proporciones imponentes, y la graciosa iglesita o capilla de la «Santa Sangre», que dicen debió su nombre a unas cuantas gotas de muy «legítima» sangre de Jesucristo traída de Jerusalén por un conde flamenco... De resto, merece también una visita la «Academia» de artes de dibujo, cuyo museo, bastante pobre y mediocre, no interesa sino por algunos cuadros de Memling y los hermanos Van Eyck.

Contáronme en Brujas que allí, como en Gante, los maestros y compañeros que componen las tradicionales corporaciones de artes, industrias y oficios, conservan muy curiosas costumbres respecto del modo de iniciación o admisión de un nuevo miembro. Así, por ejemplo, cuando alguien va a incorporarse en la comunidad de los aguadores, el neófito es conducido a una llanura en procesión y colocado sobre un tonel a guisa de tribuna; allí arenga y contrae sus empeños, y enseguida el jefe de la corporación le vierte en la cabeza un cántaro de agua, aunque sea en el rigor del invierno. Al punto los compañeros de oficio echan mano a los barriles de agua que tienen listos en derredor, y cada cual lanza sobre el infeliz postulante un torrente que lo emparama y entumece. Cuando el pobre diablo no puede moverse y parece exánime, se le conduce en procesión a una taberna, donde el aguardiente, administrado por dentro en gran cantidad, neutraliza los efectos del baño y completa la fiesta de los aguadores. El método no deja de ser brutal, pero no carece de lógica, por vía de experimentación hidroterápica entre gentes que viven siempre en contacto con el agua.

La transición que se hace de Brujas a Ostende es tanto más sensible cuanto que se verifica en poco más de media hora. En vez de una ciudad antigua y solitaria en medio de su vasta llanura, es una ciudad moderna, graciosa, elegante, donde al estruendo magnífico del mar se junta el bullicio de una sociedad eminentemente promiscua, «europea» en toda la acepción del término, ávida de placeres, curiosa de novedades y enteramente ocupada en pasar el tiempo alegremente.

El panorama de Ostende es uno de los más bellos y curiosos que se pueden hallar en las costas europeas del Norte, no obstante la ausencia absoluta de una topografía pintoresca, tal como se encuentra en otros puntos. En Ostende la naturaleza no tiene más encantos ni más acentos que los del mar: todo lo demás es obra del hombre. Allí se encuentran frente a frente la sociedad humana, con todas sus pasiones, sus vanidades y caprichos, y la inmensidad del mar, con todo su misterio, su infinita majestad, su asombrosa elocuencia y sus tesoros inagotables de poesía... ¡Ningún intermediario, ningún testigo entre las dos potencias, si no son las formidables fortificaciones de la ciudad, símbolos de la guerra, ese delirio de los pueblos que suele tener por cómplice a la onda colérica del mar!

Ostende es célebre en Europa por sus baños de mar, sus ostras y sus pesquerías de arenques y bacalao. Si en Amberes se manifiesta la actividad comercial de los belgas, en Ostende tiene su centro o base principal la importante industria de la pesca, que produce anualmente valores bien considerables; sin perjuicio del comercio general que se hace por ese puerto, gracias a su canal y su ferrocarril. Es a Ostende que afluyen los vapores belgas o ingleses que hacen el servicio permanente de las comunicaciones con los puertos de Londres y Dover, además de la línea entre Londres y Amberes. Es de Ostende también que parten todos los años las numerosas flotas de barcas pescadoras, a buscar en el mar de Noruega y todo el mar del Norte su abundante provisión de arenques y bacalao, que tienen tan extenso consumo en Europa, en competencia con el producto de la pesca holandesa. Bien sabido es también que Ostende especula con la cría permanente de sus renombradas ostras. Como las costas arenosas de Bélgica no pueden abrigar a esos moluscos, los pescadores belgas van a buscarlos a las costas de Inglaterra para aclimatarlos en ostreras artificiales de donde salen al consumo.

El tren del ferrocarril se detiene en un gracioso arrabal hacia al sudoeste de la ciudad, arrabal compuesto de hoteles, quintas y jardines laboriosamente conservados. Salís de la estación, y os halláis de repente, como si os mostrasen una vista de cosmorama, cerca del vasto dique del «Comercio», repleto de buques mercantes de todas las naciones, pero principalmente belgas, ingleses y holandeses, cuyas cien banderas hacen un gracioso juego con las chimeneas de los vapores, los mástiles de los buques veleros y el colorido pintoresco y la estructura elegante de los edificios de la ciudad.

Atravesáis el dique por uno de los dos puentes movibles, dejando el bullicio del comercio y la navegación, y al seguir directamente la hermosa y larga calle de la «Chapelle» os halláis en el centro de la graciosa Ostende.

La ciudad, completamente circundada por un vasto foso y fortificaciones y diques que la defienden de las invasiones del mar, es muy pequeña y no tiene monumento ni edificio alguno particular. Pero qué gracia en el conjunto y el estilo sencillo de las construcciones! Todas las calles rectas, paralelas y cortadas con simetría; los techos rojos y los muros generalmente blancos; corrillos de gente, llenos de animación, por todas partes; donde quiera tiendas y almacenes de modas, de objetos artísticos, conchas y curiosidades marítimas; un flujo y reflujo incesante en los numerosos hoteles, de viajeros que llegan o se van; por todas partes algo destinado a la diversión, el entretenimiento o el «confort» de viajeros afluyendo de casi todas las comarcas de Europa.

Por último, salís de la ciudad, salvando el gran foso que la protege, y a un nivel muy superior os encontráis sobre los malecones de los diques, sorprendido por la grandiosidad del océano y la singularidad del cuadro social que tenéis a la vista. Por todo el malecón del formidable dique de defensa, en una extensión como de un kilómetro, hormiguea un enjambre de paseantes, de curiosos de todas las naciones, entretenidos con los encantos del espectáculo o los goces de la conversación. Dominando el mismo malecón, se alzan como elegantes templetes el «Casino», el «Faro» y varios cafés y restauradores, que son los puntos de reunión de la sociedad elegante que va a tomar los baños de Ostende, o solamente por curiosidad y placer. En cada uno de esos lugares reina la animación de las familias y los grupos de millares de viajeros. Allí los caprichos de la moda, las confidencias entre «amigos» del momento, la maledicencia de unos, la «chismografía» política de otros, las intrigas galantes, los falsos cumplimientos, las protestas que jamás se cumplirán, los proyectos y dichos más o menos pretensiosos, la emulación implacable de las mujeres a la moda, las farsas de los caballeros de industria, la insolente coquetería de las cortesanas, las serias conversaciones de los hombres de estado en vacaciones, y las truhanerías del estudiante en peregrinación a la vapor.

Todos los tipos sociales se confunden allí en el culto común del placer; todas las razas europeas, y aun a veces algunas del Nuevo Mundo, tienen sus representantes; todas las lenguas se hacen oír, o si la francesa sirve de órgano al mayor número, se percibe el acento que distingue tan fuertemente unas de otras a las razas latinas, germánicas, eslavas y escandinavas.

Pero hay una lengua, un acento universal y formidable que domina y hace callar a las demás lenguas: la del océano... Al pie del poderoso dique se extiende la vasta playa destinada para los baños de mar. Centenares de casitas ambulantes, sobre ruedas, tiradas por caballos en las horas de baños, yacen allí a disposición de los amigos de la hidroterapia; y multitud de gentes, particularmente mujeres y niños, vagan por el ancho cascajal, recogiendo conchas, plantas o piedras curiosas, o retozando con las olas de la marea que sube sacudiendo sus crespos torrentes espumosos, que parecen inmensas serpientes de plata enroscadas en interminable sucesión. El mar ruge, se recoge, se encrespa, se lanza colérico sobre la playa en estupendas moles, se estrella y despedaza, chispea y se desata en mil torbellinos resplandecientes, apagando casi instantáneamente el chasquido y hervor de cada ola, al retirarse frotando el cascajo de la amplia liza en que sostiene su combate, con el estruendo de las grandes ondas que parecen bombardearse en las lejanas sinuosidades del inmenso abismo...

¡Qué de variedad en aquella aparente monotonía del sublime elemento! ¡Qué de combates y rumores en aquel abismo de inagotable vida y majestad suprema! ¡Qué de inspiraciones para el poeta, el filósofo y el artista en el seno de aquella soledad ostensible, que esconde tantos millones y millones de seres y es el más grandioso símbolo de la omnipotencia de Dios y de la divina armonía de la Creación! Esa sociedad inquieta, indiferente y ociosa que se agita en presencia de aquella majestad ¿comprende acaso el lenguaje misterioso del océano? No lo sé: lo que sé es que al alejarnos de aquel espectáculo tan complejo, el hombre nos parecía más bello y noble, puesto que ha podido reinar sobre el gran soberano del abismo!

Capítulo VI. De Ostende a París
El noroeste de Bélgica. Courtrai y la frontera. La ciudad de Lila. Douai. Arras

Después de visitar a Ostende, nuestra excursión en Bélgica debía terminar. Era tiempo de volver a París, puesto que el resto del país flamenco no llama la atención sino bajo el punto de vista agrícola y fabril. Por lo que hace al sur de Bélgica, la pintoresca región de la hoya del Meusa, nos prometíamos poderla conocer más tarde, al hacer alguna otra correría.

De Ostende era preciso volver a Brujas (ciudad que, lo diré de paso, es renombrada por sus mujeres hermosas), y allí debíamos seguir por el ferrocarril que conduce a Courtrai, en dirección al norte de Francia. La vía que gira por las campiñas occidentales de Flandes es poco interesante relativamente, si bien es mucho menos monótona que la de Bruselas a Ostende, por Gante y Brujas. Donde quiera se abre sobre la vastísima llanura un inmenso horizonte, y el terreno carece de inflexiones perceptibles. Por todas partes ricas praderas, campos esmeradamente cultivados, principalmente cubiertos de plantaciones de lino, remolachas, lúpulo, tabaco, legumbres y plantas de granos oleaginosos. Y en medio de esas praderas y esos campos, graciosos caseríos, o aldeas o pequeñas villas, demorando ya a orillas de un riachuelo, ya a poca distancia de algún canal, y mostrando siempre en la sencillez de sus edificios, en la pulcritud de los lugares visibles, en la esmerada conservación de sus huertos y jardines y en el aire pacífico y honrado de las gentes, cierto conjunto que forma la más simpática armonía.

Un hecho notable en las comarcas flamencas es la feliz distribución de la población. Tan presto se la ve concentrada sin exceso en numerosas villas o pequeñas ciudades de 8 a 12.000 habitantes, como se la encuentra naturalmente repartida en pequeñísimas localidades, de actividad exclusivamente rural, por lo común, o dispersa en innumerables cortijos o habitaciones campestres. Como el gobierno no ejerce ninguna acción que concentre artificialmente en las grandes ciudades la población de obreros y otras gentes en solicitud de altos salarios y una existencia de lujo, el campesino permanece fiel a su campiña. Así, la agricultura prospera constantemente, al mismo tiempo que la fabricación se desarrolla en las ciudades y villas secundarias; sin que las costumbres de los trabajadores, el equilibrio de las industrias, ni la regularidad de los salarios sufran perturbaciones peligrosas, como en otros países.

La vida del agricultor flamenco es dulce y tranquila, en cuanto lo permiten sus labores activas y el rigor del clima en el invierno. Siempre ocupado en algún trabajo, sus faenas varían según las estaciones. Así, durante los meses propios para los trabajos agrícolas, toda consagración del campesino flamenco es para la tierra; cuando el invierno hace suspender o terminar aquellos trabajos, el hogar doméstico se convierte en una pequeña fábrica, o al menos un auxiliar de la fabricación. Cada labrador se ocupa entonces en las preparaciones que exigen el lino, el cáñamo, el lúpulo, etc., para ser utilizados en la fábricas; o bien en la casa del labrador se fabrican hilados, encajes, algunos tejidos, cabullas y otros productos industriales. Nada es más necesario para la moralidad y el bienestar de las clases trabajadoras, en países donde la diversidad de estaciones modifica los climas, que la coexistencia de la agricultura y la industria, en beneficio común, que permite aprovechar el tiempo en todos los meses del año.

De Brujas a la frontera franco-belga, en un trayecto de cerca de tres horas, la vía toca en cinco localidades más o menos importantes que, como antes he dicho, son notables, como otras de la comarca flamenca, por su producción fabril. «Thourout» es la primera villa en que toca la vía, y no carece de gracia su bonita iglesia; después se llega a «Roulers» (en flamenco «Rosselaere»), notable por su mercado de telas de lino y cáñamo, su iglesia gótica de «San Miguel», cuya hermosa torre domina la ciudad desde una colina, y por haber sido en 1794 campo de una sangrienta batalla entre los austriacos y los republicanos franceses, estos bajo los órdenes de dos famosos generales: Pichegru y Macdonald.

Algunos minutos después, la vía pasa por «Iseghem», salva el pequeño río «Lys» y penetra en la considerable ciudad de «Courtrai» (o «Kortryk»). Es curioso notar que la Bélgica tiene precisamente en sus dos extremidades, de oriente a poniente, dos ciudades esencialmente manufactureras, que son como los preludios de la grande actividad relativa de la fabricación belga. Si Verviers es en el extremo oriental, o del lado de Alemania, el primer centro de fabricación de paños o tejidos de lana, «Courtrai» lo es en el extremo occidental, o del lado del norte de Francia, respecto de las telas de lino. Allí son superiores los tejidos de damascos de hilo propios para el servicio de mesa, y la fabricación de encajes merece también mucha estimación. Es sensible que los pueblos americanos, que hacen tan considerable consumo de artículos de lino, no hayan procurado establecer relaciones directas con Bélgica, que les serían muy ventajosas. Un país como este, libre, honrado, muy poco poderoso, y cuya fabricación es tan variada como barata y de excelente calidad, es de los que más pueden convenir al comercio de las repúblicas hispano-colombianas.

Courtrai es famosa por la célebre batalla de «las Espuelas», ganada por los ciudadanos flamencos, en 1302, contra los franceses; y la ciudad no carece de algún valor por sus antiguos monumentos góticos y sus modernos establecimientos públicos. A media hora de Courtrai, hubimos de detenernos en «Mouscron», pequeña villa de cerca de 7.000 habitantes, donde se halla la Aduana. Era preciso consignar los pasaportes y pasar bajo la mirada escrutadora de los aduaneros y hombres de la policía. No he tenido hasta ahora, personalmente, sino motivos de reconocer la cortesía de los aduaneros franceses (excepto en el puente de Kehl), y sin embargo recuerdo siempre con disgusto las escenas que he presenciado en las aduanas, respecto de otros viajeros. Al mostrar nuestro pasaporte en «Mouscron» nos dieron el pase sin la menor vacilación; pero vimos que varias mujeres o señoras fueron introducidas a una pieza reservada para que les registrasen sus vestidos, palpándoles cuidadosamente sus crinolinas y otros atavíos que suelen ser sospechosos. Acaso había motivos fundados para sospechar algún contrabando de encajes belgas, de lo cual fueron víctima unos tres o cuatro jamones que llevaba consigo un viajero, punzados sin misericordia por los aduaneros para cerciorarse de que no había encajes en el interior de las piernas de cerdo.

Como quiera que sea, no es posible ver sin indignación que el rigor de las exigencias fiscales implique el sacrificio del pudor o de la dignidad del viajero, sometido a la prueba del tacto, el registro, etc. Entre las muchas razones que condenan como un grave mal la institución de las aduanas, no es de poca monta el hecho curioso de la contradicción flagrante en que puede hallarse esa institución con las leyes y costumbres políticas de un pueblo. Pocos gobiernos se han mostrado hasta ahora tan rigurosos en eso de registros aduaneros y pasaportes, como el de Bélgica; y sin embargo ese gobierno es el más liberal de los monárquicos del continente, y el pueblo belga es uno de los más libres del mundo en sus manifestaciones civiles y políticas, teniendo en el interior la libertad completa de locomoción. Por fortuna, un nuevo sistema de tratados comerciales ha hecho entrar después a Bélgica, como a Francia, Italia, Alemania, etc., en la amplia vía del libre cambio, tan gloriosamente abierta y casi totalmente recorrida por la inteligente Inglaterra.

Al dejar la estación de Mouscron se corta en breve la frontera belga y se entra al territorio francés. La noche había llegado cuando seguíamos esa parte de la vía, por un suelo algo accidentado, por lo cual no pudimos darnos cuenta del aspecto de «Tourcoing» y «Roubaix», ciudades importantes por su fabricación. Nos detuvimos en Lila, capital de segundo orden en Francia, que teníamos bastante curiosidad de conocer.

El país antiguamente llamado «la Flandes francesa» figura hoy casi en su totalidad en el magnífico departamento del «Norte», el segundo en población (1.212.500 habitantes) de los 88 en que está dividida la parte continental del imperio francés. Donde quiera que subsiste la raza flamenca, las construcciones, la agricultura, la industria, el dialecto y demás rasgos característicos se sostienen en completa analogía con los rasgos propios de la Flandes belga. Hasta en el gran número de canales de navegación e irrigación, en la predilección por el cultivo del lino y de la remolacha, en la fuerte densidad de la población, y en el esmero sobresaliente con que se sostienen los trabajos agrícolas, se nota la similitud de los dos países vecinos, que en un tiempo estuvieron bajo una misma dominación.

La más ligera inspección basta para hacer comprender toda la importancia y las especialidades del departamento del Norte, el más fuerte de los de Francia por el conjunto de su producción, el que, después del «Sena» (París, etc.), crece más en población, con detrimento de otros sin duda, y uno de los que pesan más poderosamente en Francia en lo que se refiere a la política y los negocios económicos. Es curioso un hecho que prueba cuánto la vieja política del egoísmo y la agresión ha falseado la situación de los pueblos: no hay en Francia un departamento más industrial, rico y laborioso que el del Norte; y sin embargo ninguno hay que contenga tan gran número de plazas fuertes o militares.[36] Así, allí donde todo convida a la paz y exige la paz, sin la cual la industria no puede prosperar, se hallan a cada paso los símbolos de la guerra y la devastación. Las máquinas funcionan en medio de murallas y fosos y como a la sombra de los cañones; contraste curioso que envuelve en cierto modo un epigrama terrible contra la civilización actual.

Otro hecho notable en el departamento mencionado es la fuerte concentración de población en numerosas ciudades bastante considerables, concentración indispensable en una provincia esencialmente manufacturera. Me bastará citar entre esas ciudades las siguientes:

«Lila», capital del departamento (con unos 130.000 habitantes, incluyendo los distritos contiguos), poderosa bajo el punto de vista militar, y de mucha importancia por su producción fabril muy variada, su comercio y sus establecimientos públicos y asociaciones de crédito, economía, previsión y beneficencia;

«Roubaix» (36.000 habitantes), una de las primeras ciudades manufactureras de Francia, notable por sus tejidos de algodón y lana;

«Tourcoing», su vecina (29.000 habitantes), con trabajos de fabricación análoga;

«Valenciennes» (24.000 habitantes), célebre por sus encajes y sus fábricas de batistas, linones, gasas y otras telas delicadas y elegantes;

«Cambrai» (19.000 habitantes), muy notable en la historia por su arzobispado y varios sucesos importantes, como por la gloria que le dio el ilustre Fenelon; ciudad que participa al mismo tiempo de las industrias de Roubaix y Valenciennes, y no carece de valor por sus monumentos;

«Douai» (25.000 habitantes), muy industrial y comercial, y digna de atención bajo otros aspectos;

En fin, «Dunquerque» (30.000 habitantes), prescindiendo de muchas localidades subalternas, puerto muy importante sobre el mar germánico o del Norte, ligado al interior por varios canales de navegación que alimentan un comercio considerable.

---

36 Recuerdo por lo menos los nombres de ocho plazas militares en el departamento: Lila (una de las primeras de Europa), Dunquerque, Douai, Cambrai, Condé, Avesnes, Valenciennes y Gravelines.

Poco aprovechamos las horas consagradas a visitar a Lila, porque llovía constantemente. Situada sobre las orillas de dos canales, en el centro de un amplio y rico valle, pero encerrada por sus formidables fortificaciones, Lila parece reclamar el aire libre que le niegan las exigencias militares. Una inmensa masa de obreros vive acumulada o casi asfixiada en aquella capital; y a pesar de las nuevas construcciones, del progreso de la industria y de los esfuerzos que se hacen todos los días, sea por medio de la beneficencia, sea introduciendo grandes mejoras en la organización de las fábricas y manufacturas, me pareció evidente el malestar de las clases trabajadoras. Su modo de alojamiento es deplorable en lo general, y no obstante la existencia de varias sociedades de previsión, economía y socorros mutuos, el número de indigentes es muy considerable y muy fuerte la suma anual que se invierte en actos de asistencia pública, mal dirigida en mi concepto.

Bajo el aspecto material Lila es interesante, pues aunque hay en su conjunto cierto aire de tristeza y monotonía (no obstante el gran movimiento fabril y comercial) las calles son generalmente anchas, y abundan los edificios de buena planta y grandes proporciones. Sin embargo, Lila no tiene atractivos para el artista o el viajero que busca impresiones gratas y pasajeras. Lo que allí se puede observar con provecho es el desarrollo industrial y agrícola y el estado social de las clases trabajadoras.

Desde Lila hasta cerca de Amiens, al través de los departamentos del «Norte», «Paso de Calais» y «Somma» («Somme»), el terreno es bastante accidentado, relativamente, a causa del trayecto que hace la vía de la hoya del Escalda a la del río «Somma». Tócase por esa vía, sucesivamente, en las ciudades de «Douai» y «Arras», que son las más importantes; y donde quiera se ven inmensas plantaciones de remolachas y lino, algunas de tabaco, colza y otros granos oleaginosos, notándose bien en todo el país que el cultivo ha llegado a un alto grado de progreso. En Francia, como en todas partes, se ve persistir ese fenómeno curioso de la superioridad del norte respecto del sur, en el progreso de la industria y de la agricultura, como de las artes comunes.

Douai, situada sobre las orillas del pequeño río «Scarpe», afluente principal del alto Escalda, es una ciudad de aspecto agradable, muy antigua y bastante bien construida. Una vasta llanura la rodea por todas partes, y dentro de sus importantes fortificaciones medran muchas industrias y se mantienen establecimientos públicos que no carecen de interés.

«Arras», plaza militar igualmente (con cerca de 30.000 habitantes) es la capital del departamento del «Paso de Calais», el tercero de los Francia por su población (712.846 habitantes), notable también pos sus plazas de guerra, terrestres y marítimas. Aquella ciudad no es menos importante que las anteriores bajo el punto de vista industrial. Su fabrición es tan activa como variada, y algunos de sus monumentos e institutos públicos merecen atención. Al pasar por allí no puedo uno menos que estremecerse y afligirse, ya recordando los nombres de Robespierre y José Lebon, terribles hijos de Arras, ya pensado en la instabilidad de las revoluciones políticas y sociales que parecen más trascendentales para los pueblos. Efectivamente, la Revolución francesa produjo inmensos resultados que donde quiera se palpan. Pero es triste ver que el gran pueblo que la realizó está todavía esperando, después de setenta años de peripecias políticas, el cumplimiento de las promesas de libertad hechas en los terribles días de una lucha titánica. La libertad, por la cual creyó luchar sinceramente Robespierre, no ha venido todavía; pero quedan aún los recuerdos sangrientos que despierta el nombre del diputado de Arras. Al menos él fue sincero en su fanatismo republicano, y pagó con su cabeza sus extravíos y sus abusos. La esterilidad de su sangrienta obra servirá para probar que no es durable sino la verdadera libertad: la que respeta las creencias ajenas, sin sustituir el despotismo de muchos al de uno solo, so pretexto de salud pública. Tal vez no está lejos el día en que los pueblos que se llaman democráticos reconocerán que la democracia no puede ser una organización justa, y por lo mismo consistente y fecunda, sino a condición de respetar y asegurar la armonía de estos dos derechos que, derivándose el uno del otro, forman juntos el derecho humano: el de la libertad completa del individuo, en lo que le es personal; y el de la autoridad soberana del mayor número social, libremente constituida, respecto de los intereses rigurosamente colectivos. La Revolución francesa, tal como la comprendió y la sirvió Robespierre, no ha reconocido sino el segundo de esos derechos —el derivativo: el porvenir traerá la garantía del primero, que es el primitivo— la fuente de toda justicia social.

Libros a la carta

A la carta es un servicio especializado para
empresas,
librerías,
bibliotecas,
editoriales
y centros de enseñanza;
y permite confeccionar libros que, por su formato y concepción, sirven a los propósitos más específicos de estas instituciones.

Las empresas nos encargan ediciones personalizadas para marketing editorial o para regalos institucionales. Y los interesados solicitan, a título personal, ediciones antiguas, o no disponibles en el mercado; y las acompañan con notas y comentarios críticos.

Las ediciones tienen como apoyo un libro de estilo con todo tipo de referencias sobre los criterios de tratamiento tipográfico aplicados a nuestros libros que puede ser consultado en Linkgua-ediciones.com .

Linkgua edita por encargo diferentes versiones de una misma obra con distintos tratamientos ortotipográficos (actualizaciones de carácter divulgativo de un clásico, o versiones estrictamente fieles a la edición original de referencia).

Este servicio de ediciones a la carta le permitirá, si usted se dedica a la enseñanza, tener una forma de hacer pública su interpretación de un texto y, sobre una versión digitalizada «base», usted podrá introducir interpretaciones del texto fuente. Es un tópico que los profesores denuncien en clase los desmanes de una edición, o vayan comentando errores de interpretación de un texto y esta es una solución útil a esa necesidad del mundo académico.

Asimismo publicamos de manera sistemática, en un mismo catálogo, tesis doctorales y actas de congresos académicos, que son distribuidas a través de nuestra Web.

El servicio de «libros a la carta» funciona de dos formas.

1. Tenemos un fondo de libros digitalizados que usted puede personalizar en tiradas de al menos cinco ejemplares. Estas personalizaciones pueden ser de todo tipo: añadir notas de clase para uso de un grupo de estudiantes,

introducir logos corporativos para uso con fines de marketing empresarial, etc. etc.

2. Buscamos libros descatalogados de otras editoriales y los reeditamos en tiradas cortas a petición de un cliente.

www.ingramcontent.com/pod-product-compliance
Lightning Source LLC
Chambersburg PA
CBHW020218170426
43201CB00007B/248